KB143352

CONFRONTING THE CLASSICS

고전에 맞서며

MARY BEARD

CONFRONTING THE CLASSICS

고전에 맞서며

전통, 모험, 혁신의 그리스 로마 고전 읽기

MARY BEARD

메리 비어드 지음

강혜정 옮김

메리 비어드 Mary Beard 선집 03

글항아리

피터 카슨에게 이 책을 바칩니다

들어가며

━━━ 이 책은 고대 그리스 로마 세계, 즉 고전 세계classical world를 둘러보는 일종의 가이드 딸린 여행기다. 크레타섬의 크노소스에 있는 선사시대 궁전부터, 아스테릭스와 친구들이 로마에 맞서 싸우는 갈리아 지방에 있는 가상의 작은 마을까지 30여 개 주제를 중심으로 둘러볼 예정이다아스테릭스는 프랑스 작가 르네 고시니가 글을 쓰고 알베르 위데르조가 그림을 그린 연작만화의 제목이자 주인공 이름. 로마 제국에 대항하는 작은 갈리아족(골족) 마을 사람들의 영웅담을 그린 것으로, 1961년 이래 34권까지 발간되었다. 도중에 우리는 고대 역사에서 더없이 유명하거나 악명 높은 인물들을 만나게 된다. 이를테면 여류 시인 사포, 알렉산드로스 대왕, 한니발, 율리우스 카이사르, 클레오파트라, 칼리굴라, 네로, 부디카, 타키투스 등이다. 그렇다고 이 책이 이름

만 들어도 누구나 알 만한 유명 인물들의 삶을 전적으로 다루는 것은 아니다. 고대 그리스와 로마 세계의 절대다수인 평범한 일반인들의 삶도 살펴본다. 노예, 군대의 말단 병사, 광활한 로마 제국 곳곳에서 군사 점령하에 생활했던 수많은 백성 등등(19장에 나오는 로마의 제빵사 에우리사케스는 내가 특히 좋아하는 인물이다). 이들은 어떤 이야기를 듣고 웃었을까? 이빨은 잘 닦았을까? 살다보면 생기는 이런저런 문제나 고민 때문에 도움과 조언이 필요할 때는 어디로 갔을까? 결혼생활에 문제가 있거나 경제적으로 파산한 처지라면 나는 이 책 『고전에 맞서며』를 통해 독자들이 고대 역사에서 더없이 인상적인 몇몇 페이지를, 다양한 직업과 신분에 속하는 참 흥미로운 인물 중 몇몇을 만나기를, 이미 알고 있었다면 이전과는 다른 시각으로 볼 수 있기를 바란다. 또한 이 책이 고대 역사와 인물을 둘러싼 호기심을 자극하는 질문들 가운데 적어도 일부에 대한 해답을 주었으면 한다.

그러나 내가 생각하는 이 책의 목표는 이게 다가 아니다. '고전에 맞서며'라는 제목 그대로다. 이 책은 '고전 시대'에 관한 책이면서 동시에 '고전학'에 관한 책이기도 하다. 따라서 나는 우리가 고전학 전통과 어떻게 관계를 맺거나 그에 맞서 도전할지, 21세기에도 고전학에 이렇게 논쟁거리가 많은 이유가 과연 무엇인지를 다룬다. 요컨대 이 책은 그리스 로마 시대를 다룬 고전학이라는 주제가 '완전히 마무리되지' 않고 '현재진행형'인 이유를 알아본다(혹은 부제의 표현을 빌리자면 그것이 '전통'이면서 동시에 '모험'이고 '혁신'인 이유를 탐구한다). 이어질 장들을 통해 부디 이런 부분이 독자들께 쉽고 분명하게 전달되었으면 하는 바람이다. 여러분이 전혀 생각지 못한 의외의 내용도 있겠고, 비교적 널리 알려진 해묵은 논쟁도 있으며, 최근 등장한 새로운 논쟁도 당연히 나올 것이다. 고전학자들은 지독히도 난해한 투키디데스의 그리스어가 정확히 어떤 의미인지를 파악하는 데 여태 애를 먹고 있다(이해의 정도가 전보다 훨씬 나아졌지만 여전히 완벽하지 않다). 또한 '클레오파트라가 로마 역사에서 구체적으로 얼마만큼 중요했는가?' '칼리굴라 황제를 미치광이로 치부해도 좋은가?' 등에 대해서 아직까지 견해 일치를 보지 못하고 있다. 동시에 지금의 새로운 시각에서 보면 항상 새로운 의문이 생겨나기도 하고 새로운 해답이 나오기도 하는 법이다. 현재 고전학계에서는 페르시아 쪽 자료가 알렉산드로스 대왕을 이해하는 데 어떤 도움을 줄 수 있는지부터, 로마인이 대체 어떤 방법으로 필요한 노예를 확보할 수 있었는지까지, 실로 다양한 주제를 놓고 치열한 논쟁을 벌이고 있다. 부디 이 책이 고전학계를 넘어 훨씬 더 광범위한 독자들에게 이런 논쟁을 알리고 생생하게 느끼도록 해주었으면 한다.

여기서 논쟁은 더없이 중요한 단어다. 서론에서 재차 이야기하겠지만 고전학을 연구한다는 것은 일종의 대화에 참여한다는 의미다. 이는 고대의 문헌과 유적 같은 물리적 유산과의 대화만을 뜻하지 않는다. 우리에 앞서 수백 년 동안 고대 그리스인과 로마인을 이해하려고 노력해온 사람들, 그리스인과 로마인의 말을 전하고 인용하면서 한편으로는 재창조 작업을 해온 사람들과의 대화이기도 하다. 부분적으로는 이런 이유로 (말하자면 그들 역시 대화에 참여하고 있기 때문에) 과거 여러 세대의 고전학자와 고고학자, 여행가, 예술가, 골동품 전문가 등을 꽤 비중 있게 다룸으로써 나름의 목소리를 내도록 하고 있다. 마땅히 받아야 할 관심이자 발언권이 아닐까 싶다. 프랑스 풍자만화에 나오는 불굴의 용사 아스테릭스가 끼어들 여지가 있는 것도 이 때문이다. (솔직히 말해서) 우리 중 다수는 이들 용감한 갈리아족 무리, 즉 아스테릭스와 친구들을 통해 현지 주민과 로마 제국주의의 갈등을 어떻게 볼 것인가에 대한 견해를 처음 접했기 때문이다.

여기에 소개된 모든 글은 지난 20년 동안 『런던 리뷰 오브 북스』 『뉴욕 리뷰 오브 북스』 『타임스 리터러리 서플먼트』 등에 실린 서평과 에세이 등을 수정하고 업데이트한 내용인데, 이런 구성은 책의 주제와도 잘 맞아떨어진다. 구체적인 서평의 방법과 의의에 대해서는 후기에서 좀더 이야기할 것이다. 당장은 이런 서평이 오랫동안 고전학 논쟁이 진행되는 가장 중요한 장이었다는 점만 말해둔다. 이제 소개할 내용을 통해 독자들께서 고전학이 여전히 (재미와 유머 소재로는 물론이고) 더없이 진지하게 논의할 가치를 지닌 주제임을 실감했으면 하는 바람이다.

———

우선은 내가 2011년 12월 뉴욕 공립 도서관에서 했던 강연 내용으로 이야기를 시작하려 한다. 영광스럽게도 그곳에서 2002년 이래 매년 진행되는 '로버트 B. 실버스 강연'의 연사로 선정되었을 때의 일이다. '고전학에 미래가 있는가?'라는 그야말로 정곡을 찌르는 제목으로 진행된 강연이었다. 내 나름의 일종의 선언문이라 해도 좋으리라.

──── 2011년은 극작가 고故 테런스 래티건에게 유난히 좋은
일이 많이 일어난 해였습니다. 1960년대 뉴욕에서 초연된 「남자
와 소년Man and Boy」이 대배우 프랭크 란젤라의 주연으로 브로드
웨이 무대에 올랐습니다. 레이철 바이스가 공군 비행기 조종사
와 눈이 맞아 도망치는, 판사의 아내 역할을 맡은 영화 「더 딥 블
루 시」가 11월 말 영국에서 개봉되었고, 12월에는 미국에서도 개
봉되었습니다. 사실 2011년은 래티건(1911~1977) 탄생 100주년이
었습니다. 그렇다보니 100주년에 흔히 하듯 일종의 재평가가 이
뤄진 것입니다. (런던 웨스트엔드 관객들의 생각은 다를지 몰라도 비평
가들은) 오랫동안 특권 계급의 억눌린 고뇌를 다룬 래티건의 고상
한 작품들이 존 오즈번을 필두로 하는 소위 '성난 젊은 극작가들'

의 노동자 계급 리얼리즘에는 상대가 되지 못한다고 생각했습니다. 그러나 지금 우리는 래티건의 작품을 새롭게 보는 법을 배우고 있습니다.

저 역시 요즘 래티건의 작품『브라우닝 번역본』을 다시 보고 있습니다. 1948년에 초연됐던 것이지요. 명문 사립학교 교사인 사십 몇 살의 앤드루 크로커해리스라는 남자의 이야기입니다. 심장에 심각한 이상이 생겨 조기퇴직을 하는, 구닥다리 냄새깨나 풍기는 꼬장꼬장하고 엄격한 교사입니다(학생들은 그를 '크로커Crocker'라는 이름에서 따온 늙은이라는 뜻의 속어 '크록Crock'으로 부릅니다). 크록의 불운은 한창나이에 찾아온 병과 조기퇴직만이 아닙니다. 독기로 똘똘 뭉친 밀리라는 여성과 결혼한 점도 그에게는 크나큰 불운이었지요. 밀리는 같은 학교의 과학교사와 헤어졌다 만났다 하면서 바람을 피우는 것도 모자라 집 안에서도 기발한 가학적 성향을 드러내며 남편을 괴롭히는 여자였습니다.

그러나 희곡의 제목은 우리를 그리스 로마 고전 시대로 데려갑니다. 이미 짐작하겠지만 크록은 학교에서 고전을 가르칩니다(크로커해리스라는 고리타분한 이름에 어울릴 과목이 고전 말고 뭐가 있겠습니까). '브라우닝 번역본'이라는 제목은 그리스 비극 시인 아이스킬로스의 희곡『아가멤논』을 시인 로버트 브라우닝이 1877년에 번역한 것을 말합니다. 기원전 450년대에 집필된 원작은 트로이 전쟁을 승리로 끝내고 고국으로 돌아온 아가멤논 왕의 비극적인 최후를 다루고 있습니다. 아가멤논은 귀국하자마자 자신이 자리를 비운 동안 아내 클리타임네스트라와 놀아난 정부에 의해 살해당합니다.

어떤 의미에서 래티건의 『브라우닝 번역본』의 진정한 주인공은 바로 이 고전입니다. 희곡에서는 존 태플로라는 학생이 은퇴 선물로 크록에게 이 책을 주지요. 태플로는 그리스어 보충수업을 받으면서 괴팍하게만 보이던 교사에게 서서히 애정을 느낍니다. 태플로의 선물 증여는 전체 희곡에서 중심이 되는 결정적인 순간이자 사실상 구원의 순간에 가깝습니다. 내내 굳어 있던 크로커해리스의 얼굴이 펴지면서 감정이 드러나는 최초의 순간이기도 하지요. 『브라우닝 번역본』을 펼친 크록은 울음을 터뜨립니다. 왜 우는 걸까요? 우선 책을 보는 순간 부정한 배우자와의 결혼으로 (아가멤논이 그랬듯이) 자기가 얼마나 망가졌는지 직시하게 되었기 때문입니다(사실 『브라우닝 번역본』을 페미니스트 희곡이라고 보기는 힘듭니다). 한편 그가 우는 이유는 어린 태플로가 속표지에 써놓은 글귀 때문이기도 합니다. 태플로가 그리스어로 정성들여 쓴, 희곡 속의 한 구절이었지요. 크록은 이를 "멀리서 신이 온화한 늙은 마스터를 자비롭게 내려다보고 있네"라고 번역합니다. 그리고 그 구절을 자신의 교사생활에 대한 논평으로 해석하지요. 사실 크록은 그동안 온화한 마스터[교사]가 되지 않으려 노력했고, 신도 결코 그를 자비롭게 내려다보지 않았지만 말입니다.

래티건은 여기서 극심한 고통에 시달리는 영국 중상류층의 정신세계를 탐구하는 데 그치지 않습니다. (또한 이것은 일부 영국 작가가 묘하게 집착하는 빤한 '학원물'만도 아니지요.) 스스로가 그리스 로마 고전에 정통했던 래티건은 『브라우닝 번역본』을 통해서 고전, 고전 전통, 그리고 우리 시대의 고전 수용과 관련된 중요한 질문들을 던지고 있습니다. 우리 자신의 세계를 이해하는 데 고대 세계가 얼마나 도움을 줄 수 있는가? 고전 세계의 재해석과 고전의 2차 전용轉用에 어떤 한계를 두어야 하는가? 아이스킬로스가 "멀리서 신이 온화한 늙은 마스터를 자비롭게 내려다보고 있네"라고 했을 때 그가 말한 '마스터'는 당연히 학교 교사가 아닌 군사 정복자였을 겁니다. 사실 위의 문장은 클리타임네스트라가 아가멤논을 죽이려고 집 안으로 데려가기 전에 아가멤논이 그녀에게 했던 마지막 말 중 하나였습니다. (그리고 저는 이 문장 역시 래티건이 이 희곡에서 말하려던 요점의 일부라고 봅니다.)

바꿔 말하면 어떻게 고전 세계가 오늘을 사는 우리에게 이해되게 만들 것인가? 즉, 어떻게 번역할 것인가? 사실 젊은이 태플로는 브라우닝의 번역을 높이 평가하지 않으며, 실제로 19세기 시어로 가득한 브라우닝 번역본은 (지금 우리 취향에도) 썩 맞지는 않습니다. (위의 문장을 브라우닝이 써놓은 대로 소개하자면 이렇습니다. "Who conquers mildly, God, from afar, benignantly regardeth." 솔직히 이런 문장으로 현대의 독자가 책을 끝까지 읽도록 만들기는 힘들 것입니다.) 그러나 수업 시간에 태플로가 아이스킬로스의 그리스어 버전을 보고 흥분한 나머지 아가멤논 살해 장면에 대해서 의욕은 충만하지만 살짝 부정확한 번역을 내놓았을 때 크록은 이렇게 꾸짖습니다. "그리스어를 번역해야지." (즉 언어를 글자 그대로 번역하라는 의미지요.) "아이스킬로스와 공동 저술을 할 게 아니라."

내가 보기에 요즘 우리는 대부분 공동 저작자에 가깝습니다. 즉, 고전 전통이란 단순히 모방하고 아는 체하며 이야기하는 대상일 뿐 아니라 소통하고 참여하는 것이라고 확신을 가진 공저자들이지요. 이와 관련해서 영국 시인 크리스토퍼 로그가 내놓은, 노골적으로 현대적인 『일리아스』 번역본에 대해 이야기하지 않을 수 없군요. 크리스토퍼 로그는 2011년에 타계했는데 호메로스의 『일리아스』 원작을 서너 권씩 묶어 현대적으로 번역한 『왕들Kings』 『전쟁의 노래War Music』 등을 내놓았습니다. 평론가 개리 윌스는 로그의 번역본에 대해 "[알렉산더] 포프 이래 최고의 호메로스 번역"이라고 평하기도 했지요. 개리 윌스의 평가는 진심어린 것이면서 한편 살짝 반어적인 의미를 담고 있지 않나 싶습니다. 현대의 대표적인 호메로스 공저자인 로그가 그리스어를 전혀 몰랐다는 농담들이 있으니까요.

래티건이 『브라우닝 번역본』에서 던진 여러 질문은 내가 여기서 이야기할 논점의 토대가 됩니다. 그렇다고 고전 시대의 문학, 문화, 예술 등을 진지하게 대해야 한다고 새삼 사람들을 설득할 생각은 없습니다. 대부분 부처 앞에서 설법하는 격일 테니까요. 그보다는 고전과 고전문학의 문화적 언어가 '서구 문화' 속에 내재된 일종의 근본적이고 뿌리 깊은 방언이라고 말하고 싶습니다. 이것이 래티건의 희곡은 물론이고 테드 휴스의 시, 마거릿 애트우드나 도나 타트 등의 소설에도 깊이 스며 있다고 봅니다. 다른 무엇보다 도나 타트의 『비밀의 계절』을 생각해보십시오. 대학의 고전학과가 아니라 지리학과를 무대로 그런 작품이 집필되기는 힘들 것입니다. 또한 나는 여기서 고전 학습이 쇠퇴하고 있다는 사람들의 강박관념도 자세히 살펴보려 합니다. 래티건의 『브라우닝 번역본』과 영화를 비롯한 후속 작품들은 이와 관련해서도 흥미로운 시각을 제공합니다.

『브라우닝 번역본』은 항상 가난한 극장이나 TV 방송국에서 인기리에 제작되는데 래티건이 크로커해리스가 사는 아파트 거실을 무대로 모든 내용을 기술하고 있다는 점도 이런 분위기에 일조합니다. 무대에 들어가는 비용이 아주 저렴하기 때문이지요. 그러나 연극이 아니라 영화로 만들어진 『브라우닝 번역본』도 두 편이나 있습니다. 물론 영화에서는 무대가 크로커해리스의 아파트에 한정되지 않으며 무대로서 영국의 사립학교가 지니는 매력을 십분 활용합니다. 고풍스러운 목조가 특징인 교실부터 완만한 경사를 보이는 초록의 크리켓 구장까지 말입니다. 1951년에 제작된 최초의 영화판 「브라우닝 번역본」의 각본은 래티건이 직접 썼고 마이클 레드그레이브가 주연을 맡았지요. 당시 래티건은 장시간 상영하는 영화의 특성을 활용해 교육 철학으로까지 주제를 확장합니다. (아내 밀리의 정부로 대변되는) 과학 과목 교수 기법과 (크록으로 대변되는) 고전 과목 교수 기법을 대비시키고 크록의 후임자로 고전 교사가 되는 길버트의 비중을 키웁니다. 자신이 라틴어와 그리스어 문법을 주입식으로 가르치는 딱딱하고 따분한 교수 방식이 아니라 요즈음의 소위 '학생 중심' 교수법을 지향한다는 사실을 분명히 밝히면서 말입니다.

『브라우닝 번역본』은 1994년에 다시 영화로 만들어집니다. 앨버트 피니가 주연으로, 그야말로 현대화되었습니다. 크록의 아내 밀리의 이름도 로라로 바뀌고, 그녀의 정부인 과학 선생도 사립학교 출신 엘리트의 전형성을 띠는 미국인으로 바뀌었습니다. 한편 원작의 느낌도 어느 정도 남아 있습니다. 영화에서 피니가 아이스킬로스의 대사를 읽어주는 동안 반 전체가 넋을 잃고 빠져드는 모습이 대표적입니다. 또한 『브라우닝 번역본』을 선물 받은 피니는 1951년 영화의 레드그레이브보다 훨씬 격한 울음을 터뜨립니다. 그런데 1994년 판에서는 생각지도 못하게 고전 교육의 쇠퇴라는 새로운 소재의 도입이 눈에 띕니다. 1994년 판에서는 크록의 후임자가 고전 교육을 완전히 중단하려고 합니다. 영화에서 크록의 후임자는 이렇게 말하죠. "내 임무는 새로운 언어학부를 구성하는 것입니다. 현대 언어들로요. 독일어, 프랑스어, 스페인어 등등. 다문화 사회니까요." 1994년 판에서 크록은 쇠락해가는 종족의 마지막 후손 정도로 여겨집니다.

그런데 영화는 고전 학습의 종말을 예견할 뿐만 아니라 무심코 공식화하는 모양새입니다. 크록이 아이스킬로스가 쓴 그리스어 단락 하나를 학생들과 살펴보는 장면이 있는데 학생들이 이만저만 고전하는 모습이 아닙니다. 예리한 관찰력을 지닌 고전학자라면 누구라도 학생들이 힘들어하는 이유를 어렵잖게 알아차릴 겁니다. 학생들의 책상에는 펭귄 출판사에서 나온 아이스킬로스 번역본만 한 권씩 놓여 있습니다(표지만 보고도 금세 알 수 있지요). 그리스어본은 없으니 선생님이 가르치는 그리스어 해석이 어려울 수밖에요. 아마 소품팀에 『아가멤논』 20권을 가져오라 했는데 영어판 말고 그리스어본을 준비하는 데까지는 생각이 미치지 못한 모양입니다.

고전 학습의 종말이라는 유령은 대부분의 독자에게도 익숙한 이야기일 겁니다. 두려운 마음이 없진 않지만 나는 고전 학습의 종말을 새로운 각도에서 보고자 합니다. 암울한 전망을 논하는 그간의 진부한 견해를 넘어서서 '고전학'을 새로운 시각에서 보고자 합니다. (부분적으로 테런스 래티건의 도움을 받아서요.) 먼저, 고전학의 미래는 차치하고, 현황에 대한 최근 논의가 주로 강조하는 것을 생각해봅시다.

기본적인 메시지는 우울합니다. 지난 수십 년 동안 수백 가지의 책, 기사, 서평, 사설 등이 '위기의 고전학' '고전학은 살아남을 수 있을까?' '누가 호메로스를 죽였는가?' '미국에 고전학 전통이 필요한 이유' '보수주의로부터 고전학 구출하기' 등의 제목을 달고 나왔습니다. 구체적인 방법은 달라도 고전학의 죽음을 애도하고, 시체를 해부해 나름의 사인을 밝혀내며, 다소 늦었다 싶은 구명 절차 등을 제안한다는 점에서는 큰 차이가 없습니다. 우울한 사실과 수치 등에 대한 장황한 설명은 물론 어조까지 전반적으로 비슷해 이미 낯설지 않은 이야기지요. 중고등학교에서 라틴어와 그리스어 교육이 내리막길을 걷고 있다는 이야기, 세계 곳곳의 대학에서 벌어지는 고전학부 폐지 등이 신문의 헤드라인으로 나오는 경우도 드물지 않습니다(최근 동향을 보면 잉글랜드와 웨일스 지역 대입 준비생 가운데 고전 그리스어를 대입 준비 상급 시험인 A레벨

과목으로 택한 학생은 채 300명이 안 되며, 더구나 이들의 대다수는 정부 지원을 받지 않는 사립학교 출신이라고 합니다).

실제로 2011년 11월에는 (고전 언어 소외 현상이 점점 커지는 점을 고려해) 유네스코에서 라틴어와 그리스어를 특별 보호 '인류무형유산'으로 지정해야 한다고 요구하는 국제적인 청원 운동이 공식적으로 시작되기도 했습니다. 고전 언어를 멸종 위기의 동식물이나 희귀 문화유산처럼 취급하는 움직임을 어떻게 봐야 할지 저도 잘 모르겠습니다. 하지만 이들 언어의 보존 작업이 (청원 운동에서 말하는 것처럼) 이탈리아 정부의 책임하에 이뤄져야 한다는 주장엔 동의하기 힘듭니다(그게 아니라도 이미 이탈리아 정부에 지워진 책임은 과중하니까요).

이런 쇠퇴의 원인이 무엇인가에 대해서는 다양한 견해가 있습니다. 어떤 이들은 이것은 고전이 자초한 결과라고 질타합니다. 알고 보면 고전이 제국주의, 서구 모델이 최고라는 유럽중심주의부터 사회적 속물근성, 지루하기 짝이 없는 주입식 교육 행태까지 온갖 문화적, 정치적 잘못과 죄악에 대해 너무나 자주, 편리한 면죄부를 제공해왔으며 이런 추악한 면모에도 불구하고 좋은 쪽으로만 과대평가되어왔다는 주장입니다. 영국은 로마 키케로의 저서를 손에 들고 제국을 지배했으며, 나치 독일의 선전 장관이었던 괴벨스는 침대 머리맡에 늘 그리스 비극을 두고 읽었습니다(여러

분 중에는 마틴 버널의 주장을 믿는 이들도 있을 것입니다. 알다시피 버널은 유럽인이 '아리아족의 우월성' 이론을 정립하는 과정에서 본인만의 기발하면서도 논란 많은 견해들을 제시했습니다. 그리고 이런 견해를 뒷받침할 근거를 그리스 로마 고전 전통에서 찾곤 했지요). 마틴 버널은 『블랙 아테나』라는 대표 저서를 통해 그리스 문명이 이집트를 비롯한 동방 문명에서 기원했으며, 19세기 유럽인들이 그리스 고대사를 서술하면서 동방의 영향을 받았다는 사실을 삭제하고 아리아족 기원설을 정립함으로써 그리스 문명을 유럽중심주의 관점에서 재구축했다고 주장했다. 이전과 달라진 다문화 세계에서 고전학이 직면한 쇠퇴는 자업자득이라는 비판도 종종 들립니다. 적어도 영국에서는 라틴어 학습이 오랫동안 엄격한 계급적 특권과 사회적 배타성을 지키는 수문장 역할을 했습니다. (얼핏 수혜자로 보이는 이들의 엄청난 희생에도 불구하고 말입니다.) 어떤 희생이냐고요? 라틴어 학습을 통해 이들이 소수의 엘리트가 될 수 있었던 것은 분명하지만, 한편으로 그보다 더 좁을 수 없겠다 싶은 한정된 교육 커리큘럼에 매인 채 유년 시절을 온통 쏟아부어야 했습니다. 모국어를 라틴어로 번역하고, 역으로 라틴어를 모국어로 번역하는 것 외에는 이렇다 할 게 없었습니다(그리고 나이가 조금 들면 그리스어 번역이 더해지는 식이었지요). 영화판 「브라우닝 번역본」에는 크로커해리스가 학생들에게 19세기 영국 시인인 앨프리드 테니슨의 「샬럿의 아가씨The Lady of Shalott」라는 시의 첫 네 연을 라틴어로 번역하게 하는 장면이 나옵니다. 뭔가 있어 보이지만 사실 무의미한 연습이기도 하지요.

고전학이 현대 학계의 분위기에 영합하고 휘둘리다보니 쇠퇴했다고 주장하는 이들도 있습니다. 빅터 데이비스 핸슨과 그 동료들의 주장에 따르면 고전 과목의 전반적인 몰락의 책임은 출세제일주의에 찌든 아이비리그와 옥스퍼드, 케임브리지 등의 대학, 그리고 (높은 월급과 긴 안식년을 좇아) 자기밖에 모르는 포스트모던의 막다른 골목을 배회해온 학자들에게 있습니다. 일반 학생과 '대중'은 호메로스와 그리스 로마의 귀감이 되는 위인들의 이야기를 간절히 듣고 싶어하는데도 나 몰라라 하고 맙니다. 이런 주장에 반박하며 정반대 주장을 펴는 이들도 있습니다. 고전학 교수들이 현대의 최신 이론을 받아들이고 활용하기를 거부하며 (마치 그것이 무조건 존경하고 감탄해야 할 문화인 양) 장밋빛 안경을 쓰고 고대 세계를 보기만을 고집했기 때문에 고전이 고물수집가나 거들떠보는 구닥다리로 전락할 위기에 처했다는 것입니다.

고대 세계를 마냥 찬미할 게 아니라 불결하고 누추한 생활 환경, 노예 제도, 여성혐오, 부조리 등을 직시해야 한다는 목소리도 적지 않습니다. 이런 주장은 영국의 고전학자 모지스 핀리와 아일랜드의 시인이자 고전학자인 루이스 맥니스를 거쳐 제인 엘런 해리슨에게까지 올라갑니다. 해리슨은 19세기에 내 모교인 케임브리지 대학에서 활약한 저명한 교수입니다. 맥니스는 저서 『가을 일기』에서 내가 그리스의 영광을 암기하고 있어야 했던 시기에 다음과 같은 인상적인 이야기를 합니다.

> 대신에 나는 [다른 것들을] 생각한다.
> 사기꾼, 투기꾼, 기회주의자들,
> 경망한 운동선수와 나이 어린 동성애인들……
> ……선동가들이 지르는 소리
> 시끄러운 수다, 무덤에 술을 붓는
> 여자들,
> 델포이의 사대주의자, 스파르타의 얼간이, 그리고 마지막으로
> 노예들을 생각한다.

물론 고전학의 현주소를 이야기한 모든 글이 절망으로 얼룩진 암울한 내용은 아닙니다. 가령 일부 낙관주의자는 대중이 보이는 고대 세계에 대한 새로운 관심을 지적합니다. 영화 「글래디에이터」나 스테이시 시프의 클레오파트라 전기가 거둔 대중적인 성공, 끊임없이 이어지는 문학계의 고전에 대한 찬사 또는 고전을 활용한 작업 등을 보십시오(2011년 한 해에만 호메로스 작품을 소설과 시로 재작업한 것이 최소 세 편이나 나왔습니다). 또한 앞서 나온 (괴벨

스와 영국 제국주의 같은 좋지 않은 예들에 맞서서) 좀더 진보적인 방향으로 고전을 수용한 위인 목록을 보란 듯이 나열할 수도 있습니다. 지그문트 프로이트, 카를 마르크스, 미국 건국의 아버지 등 면모도 다양하지요(마르크스의 박사논문은 고전 철학에 관한 것이었습니다).

라틴어 자체와 마찬가지로 크로커해리스 이후의 라틴어 교육에 대해서도 실로 다양한 이야기가 나옵니다. 라틴어 교육이 완전히 폐지되지 않은 곳에서는 예전의 딱딱한 문법 주입식에서 완전히 탈피했으며, 라틴어가 지식 전반과 언어 능력을 높이는 데 큰 도움이 된다는 주장을 담은 글을 쉽게 접할 수 있습니다. 근거로는 브롱크스 지역의 학교들을 연구해서 나온, 라틴어 학습이 아이들의 IQ 향상에 영향을 미친다는 결과를 들기도 하고, 프랑스어, 이탈리아어, 에스파냐어를 비롯해 어떤 인도유럽어족 언어를 배우든 라틴어를 알면 크게 도움이 된다는 일반적인 주장을 들기도 합니다.

그런데 여기에 문제가 있습니다. 낙관주의자들의 반론 중 일부는 확실히 정곡을 찌릅니다. 고전 전통을 끌어다 유리한 방향으로 활용한 이들이 보수 독재 진영만은 아니었습니다. 고전은 보수적인 독재뿐만 아니라 여러 혁명에도 정당성을 부여하는 역할을 해왔습니다. (아이스킬로스의 작품은 나치의 선전용으로 많이 상연되었지만 동시에 사하라 이남 아프리카 지역에서 일어난 독립 운동에 힘을 실어주는 데도 활용되었습니다.) 그렇지만 낙관주의자들의 일부 반론에는 오해의 여지가 꽤 있습니다. 영화 「글래디에이터」의 성공은 전혀 새로울 게 없는 현상입니다. 「벤허」 「스파르타쿠스」 「성호The Sign of the Cross」 그리고 영화 탄생 초창기까지 거슬러 올라가는 「폼페이 최후의 날」의 여러 버전을 생각해보십시오. 인기 있는 고전 시대 인물을 다룬 전기의 대중적인 성공 역시 새로울 게 없습니다. 저와 같은 세대의 수많은 사람이 고전학자이자 작가인 마이클 그랜트가 집필한 전기들을 통해 고대를 처음 접했고, 지금은 거의 잊어버렸지요.

또한 현재 라틴어 학습의 필요성을 뒷받침하는 근거로 활용되는 많은 주장은 상당히 위험해 보이기도 합니다. 라틴어를 통해 언어와 언어의 작동 원리에 대해 배울 수 있는 것은 사실입니다. 게다가 라틴어는 '사어死語'이기 때문에 한결 가벼운 마음으로 접근할 수 있기도 합니다. 나만 해도 라틴어로 피자를 주문하는 법, 성당 가는 길을 묻는 법을 배울 필요가 없다는 사실에 늘 고마워하고 있습니다. 그러나 솔직히 말해서 프랑스어를 배우고 싶다면 굳이 다른 언어를 먼저 배울 필요 없이 곧장 프랑스어를 배우는 편이 나을 것입니다. 라틴어 학습이 필요한 정말로 타당한 이유가 하나 있는데 바로 라틴어로 쓰인 글을 읽고 싶을 때입니다.

그렇지만 여기서 내가 말하려는 핵심은 이게 아닙니다. 더 큰 질문은 이렇습니다. 대체 왜 우리는 이토록 끈질기게 고전학의 '현주소'를 검토하고, 고전학의 쇠퇴를 한탄하는 책을 사는 것일까요? 고전학의 쇠퇴를 둘러싼 각종 의견을 훑다보면, 특이한 의학 드라마를 보는 그런 느낌이 들기도 합니다. 학계의 ER 드라마랄까요? 여러 의사에 둘러싸여 있는, 분명 아파 보이는 환자('고전학')가 한 명 있는데, 의사들은 진단과 처방에 대해 합의를 보지 못하고 있습니다. 점진적으로 개선은 되겠지만 한창때의 건강으로는 되돌아가지 못하는 정도일까? 아니면 이미 말기여서 일시적 통증 완화 처치만 가능한 비관적인 상황일까? 그것도 아니면 은밀한 안락사만이 유일한 해결책일까?

어쩌면 이보다 훨씬 더 중요한 질문은 이런 게 아닐까요? 도대체 우리는 왜 고전의 현황에 이렇게 관심을 갖고, 이런 식의 토론을 벌이며, 서로 다른 해답으로 그렇게나 많은 책의 지면을 채우고 있는 것일까요? '고전학의 쇠퇴' 혹은 종말을 논한 책들을 구입하는 이들은 대개 고전학의 핵심 옹호자가 아닐까 싶은데, 규모는 작지만 이들에게 의존하는 출판 시장이 존재한다는 점에는 뭔가 역설적인 데가 있습니다. 라틴어와 그리스어가 안중에도 없다면 아무도 거기에 관심을 갖지 않게 된 이유를 설명하는 책을 굳이 읽으려 하지 않을 테니까요.

물론 고전학에 대한 다양한 진단과 처방의 저변에는 '고전학'이 무엇인가에 대한 서로 다른 가정들이 깔려 있습니다. 라틴어와 그리스어에 대한 학문적 연구로 요약되는 어떤 것이라는 생각부터 (스펙트럼의 정반대쪽에 있는) 좀더 넓은 의미에서 고대 세계에 대한 대중의 다양한 관심이라는 생각까지 말입니다. 말하자면 사람들 사이에 '고전학'의 현황에 대한 생각이 다른 이유 중 하나는 '고전학Classics'(미국인들은 'the Classics'라고 말하기도 하지요)에 대해 논할 때 각자가 가지고 있는 개념에 차이가 있기 때문이라는 것입니다. 그렇다고 여기서 '고전학'이 무엇인가를 분명하게 재정의할 생각은 없습니다. 그러나 고전학이 우리가 스스로에 대해, 스스로의 역사에 대해 생각하는 것에 훨씬 더 복잡한 방식으로 영향을 미치며 깊이 스며들어 있음을 시사하는, 래티건의 희곡에 나타난 몇몇 논점을 짚고 싶기는 합니다. 고전학은 그저 먼 과거의 무엇, 혹은 먼 과거에 대한 무엇이 아닙니다. 고전학은 우리가 과거 사상과의 대화 속에서 터득해온 문화적 언어이기도 합니다. 그리고 당연한 말이겠지만, 어떤 의미에서, 고전학의 대상이 사람이라고 보면, 그것은 그리스인과 로마인뿐만 아니라 오늘을 사는 우리 자신에 관한 것이기도 합니다.

그러나 먼저 고전학의 쇠퇴와 관련하여 암울한 내용의 글을 또 하나 소개하고자 합니다.

라틴어와 그리스어의 역할은 끝났다고, 즉 라틴어와 그리스어의 시대는 지났다고 (…) 사방에서 자신 있게 주장하는 소리를 들을 수 있다. 만약 효과적인 교육 도구로서 이들 언어의 소멸이 문명의 발전이 냉혹하게 요구하는 희생이라면, 후회는 무의미한 일이며, 요구에 복종해야 마땅하다. 그러나 우리는 역사를 통해서 위대한 전통이 몰락하는 적잖은 이유가 옹호자들의 나태와 선견지명 없는 근시안적인 사고에서 비롯됐음을 알고 있다. 그러므로 이런 이유가 존재하는지 여부를 밝히고, 존재한다면 어떻게 제거할지 강구하는 것은 (…) 그리스어와 라틴어가 과거에 그랬듯이 미래에도 각종 고등 교육에 대단히 귀중한 도움이 되리라고 믿는 사람들의 몫이다. 이들 학문이 추락하면, 그들 역시 루시퍼처럼 추락할 것이기 때문이다. 추락 뒤에 제2의 르네상스를 기대하기는 힘들다.

문장의 수사 양식을 보면 최근에 집필된 글이 아니라는 것쯤은 여러분도 충분히 짐작할 것입니다. (물론 최근에 작성된 같은 요지의 글이야 많겠지만 표현은 확실히 달라졌지요.) 사실 위의 글은 케임브리지 대학의 라틴어 학자 존 포스트게이트가 1902년에 라틴어와 그리스어 교육의 쇠퇴를 한탄하며 쓴 것입니다. 영향력 있는 영국 잡지 『포트나이틀리 리뷰The Fortnightly Review』에 게재된 유명한 만가挽歌로 파급력도 엄청났습니다. 100여 년 전 영국고전

학협회의 창립으로 직결됐으니까요. 협회의 목적은 당연히 뜻을 같이하는 동지들을 한데 모아 고전학을 위기에서 구출하자는 것이었습니다.

요지는 고전학과 관련된 그간의 역사를 보면 거의 모든 곳에서 이런 한탄과 우려의 목소리를 찾을 수 있다는 것입니다. 1782년에 토머스 제퍼슨이 자신의 교육 커리큘럼에서 고전학의 중요성을 강조한 것은 널리 알려진 사실입니다. 제퍼슨이 이런 주장을 펼치는 데에는 당시 유럽의 상황도 일조했지요. "듣자 하니, 유럽에서 그리스어와 라틴어 학습이 폐기의 길로 들어서고 있다고 합니다. 그쪽의 풍습이나 직업 면에서 어떤 다른 요구가 있었는지는 잘 모르겠습니다. 아무튼 우리가 그들의 사례를 따르는 것은 더없이 무분별한 처사일 것입니다."

이런 모든 내용이 지금 우리가 보기에는 터무니없다 싶습니다. 왜냐면 우리 관점에서 보자면 고전 연구와 이해의 황금기에 나온 이야기들이기 때문입니다. 잃어버렸기에 그리워하는 그런 시대 말입니다. 그러나 이런 지적들을 통해서 우리는 고전학이 지니는 가장 중요한 상징적인 특징 하나를 새삼 확실하게 떠올리게 됩니다. 임박한 상실의 느낌, 지금을 사는 우리와 머나먼 고대와의 유대가 두려울 정도로 약하다는 느낌, 문 앞의 야만이라는 공포, 소중한 그것을 보존하는 작업을 충분히 해내지 못하고 있다는 불안감과 자책 같은 것이지요. 말하자면 고전학의 쇠퇴에 관한 글들은 고전학에 관한 논평이 아니라, 내부 논쟁인 셈입니다. 부분적으로는 고전학이 늘 띠어왔던 상실감, 염원, 향수의 표현이지요. 항상 그렇듯이 고전학자보다 창의적인 작가들이 이런 느낌을 더 정확하게 포착, 표현합니다. 『브라우닝 번역본』도 그중 하나입니다. 고전이 쇠퇴하고 사라지고 있다는 느낌, 고전은 지나간 영광일 뿐 그것의 시대는 끝나가고 있다는 느낌은 『브라우닝 번역본』의 명백한 메시지입니다.

그러나 고전이 지니는, 곧 사라져버릴 듯한 위태위태함의 다른 측면을 핵심 주제로 다룬 훌륭한 연극이 또 있습니다. 1988년에 초연된 토니 해리슨의 『옥시링쿠스의 사냥개들The Trackers of Oxyrhynchus』입니다. (현대와 고대를 오가는 복잡한 구성인데 중간에) 이미 수천 점의 파피루스 조각이 나온 이집트 옥시링쿠스 마을의 쓰레기더미를 뒤지는 두 명의 영국 고전학자가 주인공으로 나옵니다. 그들이 찾는 것은 혹시 있을지 모르는 완전히 '새로운' 고전 문헌을 담고 있는 파피루스 조각, 혹은 고대 세계의 평범하고 너저분한 일상을 말해주는 소중한 단편들입니다. 그러나 해리슨이 강조하듯이 그들이 발견하는 것이라고는 쓰레기통 속의 조각들뿐입니다. 이로 인한 절망과 실망 때문에 한 사람은 미치고 말지요.

사실 고전은 정의상 당연히 쇠퇴 국면에 있는 게 맞습니다. 현재 우리가 '르네상스'라 부르는 시대에조차 인문주의자들은 고전의 '르네상스', 즉 '부활'을 생각하지 않았습니다. 오히려 해리슨의 연극에 나오는 '사냥개'들과 마찬가지로, 자신들이 무상하고 부서지기 쉬운 고전의 흔적을 망각에서 구출하려는 필사적인 마지막 시도를 하고 있다고 여겼습니다. 적어도 서기 2세기 이후로는 자신들이 앞 세대보다 고전 전통을 더 잘 보존하며 발전시키고 있다고 생각한 세대는 없습니다. 이런 정서에도 물론 긍정적인 면은 있습니다. 상실이 임박했다는 느낌, 지금이 고전을 완전히 잃어버리기 직전 상태일지 모른다는 반복되는 두려움은 (전문 연구 분야에서든 창조적인 전용 분야에서든) 고전이 여전히 가지고 있는 활력과 예리함을 되살리는 매우 중요한 동인입니다.

이것이 고전의 미래 예측에 도움이 될지는 모르겠습니다만 2111년에도 사람들은 여전히 불안해하면서 창의적으로 고전을 활용하고 있을 테고, 여전히 고전학의 쇠퇴를 한탄하고 있지 않을까 싶습니다. 그리고 어쩌면 지금 우리 시대를 고전학 연구의 황금기라면서 부러운 마음으로 돌아보고 있지 않을까요.

그래도 여전히 질문은 남습니다. '고전학'이라고 하면 어떤 의미인가? 내가 비판해왔던 이들만큼이나 나 자신이 사용하는 '고전학'의 의미에도 일관성이 없다는 것을 잘 알고 있습니다. 때로는 라틴어와 그리스어를 의미하는 말로, 때로는 자칭 고전학자들의 연구 대상을 가리키는 말로, 때로는 (영화, 소설, 시 등) 훨씬 보편적인 의미의 문화재를 가리킵니다. 요즘 나오는 이런저런 정의는 얼핏 비슷해 보이지만 뜻이 많이 다릅니다. 똑 부러지고 호소력 있는 정의일수록 너무 많은 것을 배제하는 경향이 있습니다. 반면에 범위가 넓고 신중한 듯한 정의는 조심스럽다 못해 흐릿해서 결국 쓸모없어지곤 하죠. (최근의 고전 정의 시도 중 하나를 보자면 이렇습니다. "가장 넓은 의미에서, 태고부터 7세기의 이슬람 침략까지 그리스어와 라틴어를 사용했던 사람들의 문화에 대한 연구." 맞는 말입니다. 하지만……)

그렇다고 여기서 다른 정의를 내놓아 대체할 생각은 없습니다. 그러나 정의의 좌표가 될지 모르는 것, '고전학'이 무엇이며, 그것의 미래가 어떻게 펼쳐질지 고민하는 데 좀더 유용할지 모를 하나의 모형을 깊이 생각해보고 싶습니다. 가장 단순한 형태로, 나는 (방금 전에 인용한 정의에도 내재되어 있는) 고전학이란 고대 세계의 문학, 예술, 문화, 역사, 철학, 언어라는, 혹은 그런 것들에 대한 무엇이라는, 표면적으로 그럴듯한 생각을 넘어서야 한다고 생각합니다. 이런 정의는 물론 부분적으로는 옳습니다. 앞서 말했던 상실감과 갈망은 분명 얼마쯤은 아득한 과거, 옥시링쿠스의 쓰레기더미에서 나오는 파피루스 파편을 향한 것입니다. 그러나 그게 전부는 아닙니다. 앞서 소개한 J. P. 포스트게이트의 향수에 젖은 글이 분명히 보여주듯이, 이런 상실감과 갈망은 고대 세계와의 관계가 우리보다 훨씬 더 긴밀했다고 여겨지는 선배 혹은 전임자들을 향한 감정이기도 합니다.

최대한 명쾌하게 표현하자면 고전 연구는 고대와 우리 자신 사이에서 일어나는 일에 관한 연구입니다. 이는 고전 세계의 문화와 우리가 나누는 대화일 뿐만 아니라, 그들 자신이 고전 세계와 대화 중이었던 오래전에 떠난 선배들과 우리가 나누는 대화이기도 합니다(단테, 라파엘, 셰익스피어, 에드워드 기번, 피카소, 유진 오닐, 래티건 등등 누가 됐든 말입니다). (서기 2세기의 작가들이 이미 간파했듯이) 고전학은 "죽은 자들과 나누는 대화"입니다. 그러나 여기서 말하는 '죽은 자'에 2000년 전 무덤 속에 들어간 고대인들만 포함되는 것은 아닙니다. 이런 생각 역시 『포트나이틀리 리뷰』에 게재된 다른 글에서 훌륭하게 표현되고 있습니다. 이번에는 1888년에 실린 저승세계를 무대로 하는 촌극입니다. 유명한 고전학자 셋이 저승에서 에우리피데스와 셰익스피어를 만나 자유롭고 허심탄회하게 대화를 나누는 내용입니다(등장하는 고전학자 중 둘은 이미 오래전에 타계한 영국인 리처드 벤틀리, 리처드 포슨이고 나머지 한 명은 비교적 최근인 19세기 말에 타계한 덴마크인 동료 요한 니콜라이 마드비입니다). 짧은 촌극을 보면서 여기서 유일한 실제 대화자는 우리 자신이라는 사실을 새삼 떠올리게 됩니다. 복화술을 하는 것도 우리고, 고대인들이 하는 말에 생명을 불어넣는 것도 우리입니다. 촌극에서 고전학자들은 자기네가 저승에서 얼마나 끔찍한 시간을 보내고 있는지 토로합니다. 고대의 유령들이 이들 고전학자가 자기네를 오해했다고 불평하며 호통치는 바람에 편할 날이 없다는 이야기입니다.

여기서 두 가지 단순명쾌한 결론이 나옵니다. 첫째, 고전 세계에 대해 무언가를 주장할 때 더 신중하고 조심해야 한다는 것입니다. 아니 적어도 전략적으로 어떤 주장이 누구의 것인지 분명히 알고 있어야 한다는 것입니다. 가령 "고대 아테네인이 민주주의를 발명했다"는 흔한 주장을 봅시다. 이렇게 말하면 전혀 사실이 아닙니다. 우리가 아는 한 고대 그리스인 가운데 누구도 그렇게 말하지 않았습니다. 게다가 민주주의란 피스톤 엔진처럼 어느 순간 '짜잔' 하고 '발명되는' 그런 게 아닙니다. 지금 우리가 쓰는 '민주주의'라는 단어는 그리스어에서 나왔습니다. 이 말은 맞습니다. 그렇지만 우리는 그것을 넘어 기원전 5세기 아테네인에게 '민주주의의 발명자'라는 지위를 부여해온 게 사실입니다. 명쾌한 기원에 대한 우리 욕망을 그들에게 투사해온 것입니다. (사실 이것은 200년 전에 살았던 선배들이 들으면 놀라 자빠질 일입니다. 그들 대부분은 기원전 5세기의 아테네 정치를 형편없는 중우정치衆愚政治의 전형으로 여겼으니까요.)

둘째, 서구 문화 안에 고전 전통이 떼려야 뗄 수 없이 긴밀하게 뿌리 박혀 있다는 것입니다. 그렇다고 고전이 서구 문화와 동의어라고 말하려는 것은 아닙니다. 물론 고전 외에도, 현재 우리의 정체성을 규정하고, 그것이 없었다면 현대 세계 자체가 한없이 빈약해지고 말, 그렇기에 우리가 주의를 기울여야 마땅한 다양한 문화의 흐름과 전통이 있습니다. 그러나 단테가 고대 메소포타미아의 『길가메시 서사시』가 아닌 베르길리우스의 『아이네이스』를 읽었다는 사실은 중요합니다.

지금까지 내가 강조했던 바는 선배들의 고전과의 관계를 통해 이뤄지는 우리와 선배들의 관계입니다. 이를 살짝 바꿔서 말하자면 현재 우리는 베르길리우스 없이는 단테를 이해할 수 없고, 플라톤 없이는 존 스튜어트 밀을, 에우리피데스 없이는 도나 타트를, 아이스킬로스 없이는 래티건을 이해할 수 없다고 말할 수도 있을 것입니다. 이것이 고전의 미래 예측까지 이어질 수 있을지는 잘 모르겠습니다. 그러나 적어도 다음과 같이는 말할 수는 있습니다. 고전을 현대 세계에서 잘라내려 한다면, 이것은 일부 대학의 고전학부를 폐지하고, 라틴 문법을 망각의 쓰레기더미에 처박는 수준보다 훨씬 더 복잡한 함의를 지니리라는 것입니다. 이는 서구 문화의 몸뚱이에 피가 철철 흐르는 상처를 내는 일이며,

스스로의 문화 자체를 이해하지 못하는 암울한 미래를 예비하는 행위입니다. 적어도 나는 우리가 그 길로 가리라고는 생각지 않습니다.

마지막으로 두 가지를 지적하면서 이야기를 마무리하고자 합니다. 하나는 지식 및 전문 기술과 관련된 살짝 엄숙한 지적이고, 다른 하나는 우리 모두가 감사하고 축하할 만한 것에 관한 반가운 소개입니다.

첫째, 지식입니다. 나는 우리가 고대 그리스인, 로마인과 말없이 이야기를 나누는 방법, 그들이 남긴 글과 물리적 흔적에 생명을 불어넣는 방법에 대해서 여러 차례 언급했습니다. 그런데 우리가 그들과 나누는 대화는 평등한 것이 아닙니다. 운전대를 잡고 있는 것은 우리입니다. 그런데 그것이 지리멸렬하거나 결국 무의미한 대화가 되지 않고 유용하고 건설적인 대화가 되려면, 고대 세계와 고대 언어에 대한 전문 지식에 토대를 두어야 합니다. 그렇다고 모든 사람이 라틴어와 그리스어를 배워야 한다는 뜻은 아닙니다(베르길리우스의 작품을 직접 읽지 않고는 단테를 읽어봐야 아무 소용 없다고 말하는 것도 아닙니다). 다행히 문화 이해는 집단적이고 사회적인 활동입니다.

여기서 문화적으로 중요한 핵심은 구성원의 일부가 베르길리우스와 단테를 읽어야 한다는 것입니다. 달리 말해 고전의 전반적인 영향력은 중고등학교나 대학에서 정확히 얼마나 많은 학생이 라틴어와 그리스어를 알고 있는가에 의해 측정되는 것이 아닙니다. 오히려 얼마나 많은 사람이 세상에는 라틴어와 그리스어를 제대로 아는 사람이 있어야 한다고 생각하는가, 얼마나 많은 사람이 그리스어와 라틴어에 우리가 진지하게 받아들일 가치가 있는, 그리하여 궁극적으로 대가를 지불할 만한 전문 지식이 있다고 생각하느냐가 올바른 측정 기준입니다.

여전히 고전에 열광하는 분위기가 폭넓게 퍼져 있는 한편 방금 말한 의미에서의 전문 지식은 훨씬 더 취약하지 않은가 하는 게 내가 우려하는 것 중 하나입니다. 크리스토퍼 로그는 『일리아스』 번역에 착수할 때 그리스어를 전혀 몰랐던 것이 사실입니다. 하지만 로그는 그리스어를 아는, 그것도 아주 잘 아는 사람을 알고 있었습니다. 바로 도널드 칸로스인데, 나중에 보스턴 대학 고전학과 교수가 된 인물입니다.

고전학과 가까운 (예컨대 미술사, 영어 같은) 학문 분야에서 나온 중요한 번역본에서도 라틴어와 그리스어를 잘못 쓰고 혼동하며 엉터리로 해석하는 등의 오류가 빈번합니다. 이들 번역본과 로그와 칸로스의 공동 작업 결과를 한번 비교해보십시오. 나는 작가가 이들 언어를 모르는 데는 신경 쓰지 않습니다. 그건 괜찮습니다. 그러나 이들 언어를 제대로 번역하도록 도와줄 사람, 제대로 된 전문 지식을 갖춘 누군가를 찾으려 하지 않는 것은 문제라고 봅니다. 그런 면에서 무엇보다 얄궂은 점은 내가 구매한 래티건의 『브라우닝 번역본』 최신판에서 희곡의 중심 소재인 그리스어에 워낙 오자가 많아서 거의 이해가 되지 않는다는 사실이 아닐까 싶습니다. 깐깐한 고전학 교사였던 주인공 크록이 알았다면 무덤 속에서도 탄식할 일이 아닐 수 없습니다. 이런 식으로는 내가 말하는 고대와의 대화도 당연히 불가능하겠지요.

그러나 이렇게 인색하고 어찌 보면 부정적인 지적으로 이야기를 마무리하고 싶지는 않습니다. 그동안 썼던 글을 살펴보다가 나는 고전과 관련하여 그동안 간과해온 중요한 사실 하나를 발견했습니다. 경탄해야 마땅한 사실이지요. 사실 전문 고전학자들은 이런 감정에는 인색합니다. 그들에게서 자주 듣는 소리는 오히려 불평불만과 한탄이지요. 그들은 고대 세계와 관련하여 우리가 밝혀내지 못한 온갖 것에 대해 불만을 늘어놓고, 리비우스의 많은 저서를 잃어버렸다고, 혹은 타키투스가 로마 빈민에 대해서는 아무것도 말해주지 않는다고 개탄하기 바쁩니다. 그러나 이는 진짜 핵심을 간과한 태도입니다. 고대 세계와 관련하여 진정 경탄스러운 점은 사라져버린 것이 아니라 지금까지 남아 있는 것들입니다. 고전이나 고전학에 대해서 잘 모르는 사람에게 2000년도 더 전에 살았던 이들이 쓴 작품이 보통 사람이 평생 읽어도 다 못 볼 만큼 많이 남아 있다는 이야기를 한다면 어떻게 느낄까요? 아마 쉽게 믿지 못할 겁니다. 하지만 사실입니다. 그리고 이로 인해 세상 무엇보다 경이로운 공동 탐구의 가능성이 열립니다.

이쯤에서 브라우닝의 『아가멤논』 번역본으로 돌아가서 그가 서문에서 책을 소개하는 내용을 잠시 살펴봅시다. 브라우닝은 이런 말을 합니다. "재창조를 한답시고 해온, 다소 고되고 결실도 없지 않나 싶은 모험의 끝에서 몇 마디 해도 될까요?" 고되다고? 그럴 수도 있으리라 생각합니다. 결실이 없다고? 그에 대해서 적어도 나는 동의하지 않습니다. 브라우닝 특유의 옛날식 수사라고 해도 말입니다. 모험이라고? 100퍼센트 동의합니다. 고전 속의 모험은 너나없이 우리 모두가 공유할 수 있는 것이기도 합니다.*

* 2011년, 뉴욕 공립도서관에서 있었던 '로버트 B. 실버스 강연' 내용

1부

—

고대
그리스

고대 그리스의 머나먼 선사시대 과거에 대해 현대의 우리는 무엇을 알 수 있을까? 과연 어떤 방법으로 페리클레스가 파르테논 신전 건축을 후원하고, 소크라테스가 독미나리즙을 마시고 죽기 수백 년 전에 번성했던 초기 지중해 문명으로 돌아갈 수 있을까? 아서 에번스 경은 선사시대의 그리스 문명을 발견하는 과정에서 중요한 역할을 한 핵심 인물로 꼽힌다. 1899년 에번스는 크레타섬의 주도 헤라클리온 외곽의 땅을 매입해 기원전 2000년경까지 거슬러 올라가는 거대한 궁전 유적을 발굴하고, 오늘날 우리가 보는 모습으로 재건하는 작업을 했다. '선사시대' 궁전이라는 웅장한 건물이 알고 보면 크레타섬에서 철근 콘크리트로 작업한 최초의 건물 중 하나라고 농담들을 하지만.

1장에서는 에번스가 크레타섬의 고대 도시 크노소스에서, 그리고 '미노스 문명'에서 발견한 것들을 좀더 포괄적으로 살펴볼 것이다(에번스는 '미노스 문명'이란 명칭을 최초로 쓴 인물이기도 하다). 에번스가 얼마나 정확하게, 혹은 얼마만큼 상상력을 더해 궁전과 그곳의 유명 벽화들을 복원했는가, 에번스의 목적, 방법, 동기 등에 대한 논의가 어떻게 진행되어왔는가라는 질문을 던지고 답을 찾는다(지금까지 계속되는 질문이자 논의다). 이런 과정에서 고고학자들 간의 견해차가 꼴사나운 개인적인 싸움으로 비화되는 일이 왜 그렇게 잦은가도 잠시 짚어본다.

"고대 그리스에 대해서 우리가 안다고 생각하는 것을 어떻게 알게 되었나?"라는 근본적인 주제는 1부에서 다양한 방식으로 이어진다. 2장에서는 그들이 남긴 문헌이 이렇게 적은데 그리스 여성의 목소리를 어떻게 포착할 것인가라는 질문으로 시작한다. 흔히 생각하는 것보다 자료가 많긴 하다. (가령 코린나, 노시스, 멜린노 같은 여류 시인에 대해 들어본 사람은 많지 않다. 멜린노는 기원전 2세기경 「로마 찬가A Hymn to Rome」라는 시를 썼다고 추정되는데 이는 현전하는 자료다.) 그러나 결코 많지는 않다. 게다가 남아 있는 글조차 그것이 의미하는 바는 격렬한 논쟁에 휩싸이곤 한다. 기원전 6세기 초반 레스보스섬에 살면서 작품을 썼던 사포의 시를 둘러싼 논쟁만큼 격렬한 것도 드물 것이다. 사포는 예로부터 지금까지 단연코, 가장 유명한 그리스 여성 시인이다. (일부 그리스인은 그녀를 '열 번째 뮤즈'라고 부른다.) 그러나 사포의 작품이 실제로 '무엇에 관한' 내용인지, 특히 다른 여성들에 대한 사포의 글이 얼마나 에로틱한 내용인지에 대해서는 여전히 논란이 일고 있다. 사포는 그녀가 살았던 섬의 이름에서 유래한, 성적 정체성과 관련된 '레즈비언lesbian'이라는 단어를 현대 세계에 선사한 인물이기도 하다. 그러나 사포가 현대적인 의미에서 '레즈비언'이었는지, (보수적인 19세기 비평가 다수가 믿고 싶어하는 것처럼) 그저 여성 친구와 제자에게 유난히 애정을 쏟은 사람이었는지는 전혀 다른 문제다.

이처럼 상이한 해석은 5세기의 그리스 역사가 투키디데스나 알렉산드로스 대왕의 일대기를 살펴볼 때도 문제가 된다. 아테네와 스파르타 사이에 벌어진 대단했던 '펠로폰네소스 전쟁'에 대한 투키디데스의 기술은 보통 신중하고 엄격한 역사 서술의 본보기로 여겨지며, 가끔씩 등장하는 고대 권력 관계에 대한 냉철한 분석 때문에 지금도 외교 정치 분석가들 사이에서 필독서로 통한다. 3장에서 설명하겠지만, 여기서 던지는 질문은 아테네의 패인敗因에 대한 투키디데스의 설명이 정확한가뿐만이 아니다(정말로, 투키디데스의 말처럼, 아테네인이 시칠리아 침략에 나섬으로써 스스로 감당하기 힘든 일을 벌인 게 원인일까? 전쟁 초반에 위대한 장군 페리클레스가 죽은 뒤 정말로 아테네인은 페리클레스의 신중한 정책들을 거부하는 우를 범한 것일까?) 훨씬 중요한 질문은 이렇다. 유난히 난해한 투키디데스의 그리스어를 과연 우리는 얼마나 이해하고 있을까? 투키디데스의 책에 나온, 널리 알려진 유명 문구들 중 일부는 한심한 수준, 혹은 적어도 지나치게 낙관적인 오역으로 밝혀졌다. 지금도 투키디데스의 그리스어 중 상당 부분이 실제 무슨 의미인지는 분명치 않으며, 이를 밝히려는 노력은 계속되고 있다. 완전한 이해에 점점 다가가고 있는 것은 맞다. 그러나 이는 고전이라는 학문의 기본적인 준비 작업조차 완료와는 얼마나 거리가 먼가를 보여주는 좋은 예이기도 하다.

알렉산드로스 대왕의 경우, 문제는 그의 군사적 활약과 때때로 보여주는 과장된 생활 방식에 대해 생생하게 기록한 고대 문헌이 풍부하게 남아 있는 반면, 알렉산드로스 대왕이 살았던 기원전 4세기 동시대인이 집필한 다수의 역사서와 회고록 중 어떤 것도 현전하지 않는다는 점이다. 그 대신 우리는 수백 년 뒤에 쓰인 기록들을 가지고 있는데 모두 로마 제국주의 아래서 집필된 것이다. 4장에서는 알렉산드로스 대왕을 그리스의 위대한 영웅 혹은 악당이 아닌 로마의 문학적 창조물로 봐야 한다는 다소 과감한 주장을 펼친다(사전 경고가 필요한 꽤 도발적인 내용이 될 듯싶다).

1부의 마지막 장은 모든 사람이 정말 답하기 힘들다고 생각할 주제 하나를 다룬다. 옛날 사람들은 어떤 일에 웃었을까? 지금까지 전해지는 고대 소화집笑話集 속 유머와 우스갯소리들을 되살려보는 장이다. (우리가 제대로 이해한 것인지는 아무도 모를 일이지만 아무튼 일부는 굉장히 엉뚱하고 기이하다.) 또한 그리스 북부에 있었던 아브데라라는 고대 도시가 웃고 웃기는 사람들과 그렇게 긴밀히 연관된 이유는 무엇일까라는 질문도 던진다. 전구 하나를 교체하려면 얼마나 많은 아브데라인이 필요한 것인가……?

1. 유적의 건설자

━━━━━ 20세기 초반에 활동한 영국의 소설가 겸 평론가인 에벌린 워는 크노소스에 있는 선사시대의 미노스 궁전 유적과 유명한 궁전 장식을 보고 전혀 감동받지 않는 그다운 모습을 드러낸다. 1930년에 발표한 여행기 『꼬리표Labels』에서 에벌린 워의 서술을 보면, 발굴 현장 자체보다는 훌륭하다고 소문난 벽화와 조각에 대해 특히 실망한 기색을 내비치고 있다(발굴 현장에 대해서는 "그곳에서 아서 에번스 경은 (…) 궁전을 다시 짓고 있었다"며 짓궂은 한마디를 던진다). 헤라클리온에 있는 박물관으로 옮겨진 유물들이었다. 워는 조각에 대해 "진정한 미감을 불러일으키는 작품은 하나도 볼 수 없었다"고 말한다. 프레스코 벽화들은 그보다 훨씬 더 난해했다. "우리 앞에 드러난 넓은 영역 중 불과 3~4인치만 20년

1. 선사시대 예술품일까, 『보그』지의 표지일까? 「백합 왕자」는 아서 에번스가 특히 좋아했던 미노스의 그림 가운데 하나였다. 하지만 복원 과정에서 온갖 오류가 뒤범벅된 작품이기도 하다.

이상 된 것이고 나머지는 그 이후 작업의 결과물이기 때문에 작업한 화가들이 정확한 복원에 대한 열정보다는 『보그』지의 표지 스타일에 휘둘리는 부적절한 상황이 벌어지지 않았나 하는 의구심을 떨칠 수 없었다"고 말했다.

에벌린 워는 벽화 복원 현장을 방문한 직후 박물관의 전시 작품들을 봤기 때문에 이들 미노스 문명의 걸작이 고대 문명과 얼마나 미약한 연관성을 가졌는가를 간파하기 좀더 쉬웠던 듯하다. 그로부터 거의 100년이 흘러 그림의 색깔도 제법 바랜 요즘, 헤라클리온 박물관을 찾는 방문객들은 어떨까? 다행히 그들은 수많은 엽서, 포스터, 박물관 기념품 등에 나오는 선사시대 크레타 문명의 상징물들이 기원전 2000년과는 간접적으로만 연결될 뿐 대체로 20세기 초반의 재창조품이라는 사실을 모른다(「돌고래」 「푸른 옷을 입은 여자들Ladies in Blue」 「백합 왕자Prince of the Lilies」 등의 벽화가 특히 유명하다). 또한 현대의 관광객 대부분은 크노소스 유적지의 트레이드마크가 된, 원시적인 분위기를 물씬 풍기는 땅딸막한 궁전 기둥이 사실 100퍼센트 현대의 콘크리트로 만들어졌으며, 아서 에번스에 의한 '재건축'의 일부라는 점도 알지 못한다.

아서 에번스는 20세기 초 25년 동안 크노소스 궁전의 발굴과 복원을 지휘했다(널리 알려진 중요한 유물들은 대부분 1900~1905년, 즉 발굴 초기에 이뤄졌지만). 1851년에 (제지업으로 큰돈을 번) 유명한 골동품 수집가의 아들로 태어난 에번스는 옥스퍼드 대학에서 현대사를 공부했다. 우수한 성적에도 불구하고 대학원 장학금을 받지 못하자 에번스는 동유럽 여행으로 관심을 돌렸다. 고고학에 대한 개인적인 관심과 『맨체스터 가디언』의 발칸 지역 통신원이라는 역할을 동시에 충족시키는 선택이었다. 탐사 보도는 예나 지금이나 위험이 따랐고 발칸 지방에서는 특히 위험한 일이었다. 헤르체코비나에서 스파이 활동을 했다는 혐의로 오스트리아-헝가리 제국 전역에서 활동이 금지되자 에번스는 옥스퍼드로 돌아갔고, 1884년 옥스퍼드 대학 부속 미술 및 고고학 박물관인 애슈몰린 박물관 관장으로 임명되었다(소문에는 당시 관장 자리를 놓고 경쟁을 벌인 상대가 에번스의 아버지였다고 한다).

이는 결과적으로 박물관에 많은 변화를 가져온 획기적인 인사였다. 벤저민 조잇 등의 온갖 반대에도 불구하고, 에번스는 기금을 조달해 애슈몰린 박물관 소장품을 선사시대부터 시작해 유럽 전역의 고고학 발전에 기여할 연구 자원으로 만드는 작업에 착수했다. 1894년 에번스는 박물관을 보몬트가에 있는 대학 미술관 뒤편의 넓은 부지로 옮기기로 했고 1895년 이전 작업을 완료해 새롭게 문을 열었다. 이로써 현재의 애슈몰린 박물관이 탄생했다. 1890년대 중반부터 에번스의 관심은 점점 더 크레타섬에 집중되었다. 처음에 그는 선사시대 문자 체계를 추적했다. 하인리히 슐리만이 미케네 유적 발굴 과정에서 그렇게나 밝히고 싶어했지만 실패한 초기 문자 사용 증거를 크레타 유적이 제공해줄 거라 확신했기 때문이다. 그러나 시간이 흐르면서 기존에 우리가 갖고 있던, 그리스의 선사시대 모습 자체가 위태롭다는 사실은 분명해졌다. 에번스가 발굴하는 유적지는 미케네가 지배하는, 남성적인 전사 버전의 초기 그리스 모습에 이의를 제기하게 된다.

1899년 에번스는 집안의 자금으로 헤라클리온 남쪽의 케팔라 유적지를 사들이는 데 성공했다. 오래전부터 진행된 소규모 발굴 결과들을 보면, 이곳은 선사시대 도시 크노소스가 있던 곳이었다. 전설에 따르면, 크노소스는 미노스 왕과 아리아드네 공주의 도시이자, 다이달로스가 건설한 미궁에 갇혀 있다는 사람을 잡아먹는 괴물 미노타우로스의 도시다. 당연히 그곳을 손에 넣으려 했던 이는 에번스만이 아니었다. 하인리히 슐리만도 1880년대에 이곳을 접수하려 했다. 장정 100명만 있으면 일주일 만에 발굴할 수 있다고 큰소리쳤다는데 전체적으로 보면 그리 적극적이지는 않았던 모양이다. 결국 현금으로 땅주인들을 집요하게 설득한 에번스가 이곳을 손에 넣었다. 1900년 발굴이 시작되고 불과 몇 주 만에 '수영장' 딸린 '왕관의 방'에서 유명한 '왕관'이 나왔고, 한때 벽을 장식했던 매혹적인 프레스코 벽화 조각들이 발견되었다('수영장'에 대해서는 물로 정화의식을 하는 '정화 공간'이라는 주장도 있고, 물고기를 기르는 '양어장'이라는 주장도 있다). 에번스는 곧장 풍부한 상상력을 가미한 나름의 해석에 빠져들었다. 바랜 석고 조각이 3~4인치쯤 지상으로 모습을 드러냈을 때부터 에번스는 이미 마음의 눈으로 복원을 하느라 바빴다. (아리아드네인가? 아니면 술 따르는 시종인가?) 동시에 그는 발견된 방들에 '쌍날 도끼의 방' '여왕의 방' 등 이런저런 의미의 명칭을 붙였다. 처음에는 임시로 단 것이지만 그대로 굳어졌다. 이 모든 게 에번스가 발굴하는 문명의 ('미노스'라는 명칭도 그가 붙인 것이다) 강렬한 이미지 형성에 기여했고, 당연히 화가와 건축가들이 만들어낸 물리적인 형태도 이와 일치했다. 이들이 에번스의 설계도에 따라서 조각과 벽화들을 '완성하고' 궁전의 많은 부분을 재건축했기 때문이다.

이런 과정은 발굴 초기부터 논란이 되었다. 헤라클리온 박물관에서 본 '선사시대' 작품들이 『보그』 표지까지는 아니더라도 적어도 20세기 초반 유행했던 아르데코 양식과 묘하게 닮은 것을 보고 미심쩍게 여긴 사람은 에벌린 워뿐만이 아니었다. 발굴 현장에서 (어느 프랑스 신문의 표현을 빌리자면) '유적의 건설자' 역할을 하는 에번스의 모습에 거부감을 느낀 사람 역시 에벌린 워뿐만이 아니었다. 영국의 고고학자 R. G. 콜링우드는 유적지를 찾은 "방문자의 첫인상은 크노소스 건축물이 차고와 화장실로 이뤄졌다는 것"이라고 단언했다. 이런 유의 논평은 한둘이 아니었다.

문제가 된 것은 '현대화'만이 아니었다. 훗날 밝혀진 바에 따르면, 당시의 정교한 복원 작업에는 민망할 만큼 어처구니없는 실수들이 저질러졌다. 그중 가장 악명 높은 것은 「푸른 원숭이Blue Monkey」라는 이름의 프레스코 벽화다. 발굴된 부분이 몇몇 조각에 불과했던 그림을 에번스 휘하의 화가들이 사프란 꽃을 따는 섬세한 소년의 모습으로 복원했다. 소년은 이곳에 살았으리라 생각되는, 걱정 없이 태평하고 자연을 사랑하는 순수함을 지닌 크노소스인의 완벽한 상징이 되었다. 어떤 사람이 그림에 보이는 이상한 푸른색에 의문을 품고 꼬리로 보이는 것을 찾아낸 것은 최초의 복원 이후 꽤 오랜 시간이 흐른 뒤였다. 이후 그림은 사프란 들판에 있는 푸른 원숭이로 다시 복원되었다. 강렬한 실루엣이 인상적인 「백합 왕자」(사진 1)라는 작품에도 비슷한 물음표가 여전히 달려 있다. 그림 속의 남자는 아랫도리만 가린 허리감개를 하고 백합 목걸이에 우아한 깃털이 꽂힌 백합 머리 장식을 하고 있다. 인물이 복원된 방식에 대해 초기에 의문이 제기됐음에도, 에번스는 그것이 미노스의 '사제왕priest-king'을 표현한 것이라고 확신했다. 그래서 여러 권의 유적지 발굴 보고서 표지 각각에 비싼 금박까지 입혀 문제의 머리 장식을 넣었다. 이 그림에서 실제 발굴된 부분은 크게 세 조각으로 머리 장식, 몸통, 한쪽 다리의 여러 부분이었다. 그런데 지금 보면 이 세 조각이 원래 하나의 인물을 구성했던 부분 같지는 않다. 또한 문제의 머리 장식은 제임스 조지 프레이저가 말하는 사제왕의 왕관과는 거리가 있는 듯하고, 오히려 옆에 있는 스핑크스의 머리를 장식하는 용도였을 가능성이 높아 보인다.

그러나 이런저런 논란이나 명백한 실수도 에번스의 재창조품들의 인기에 큰 영향을 미치지는 않았다. 당대 유명인들이 줄을 지어 크노소스를 방문했다. (무용가 이사도라 덩컨은 궁전 앞의 넓은 계단에서 '즉석' 무용을 선보였다고 한다.) 나아가 에번스의 작품은 관광객들이 크레타섬을 방문할 충분한 이유가 되었다. 단적인 예로 1888년에 나온 베데커 여행 안내서 그리스 편에는 크레타라는 항목이 아예 없었다. 그러나 1904년에는 크노소스를 비롯해 크레타섬의 명소를 열다섯 쪽에 걸쳐 상세히 소개하고 있다. 지금도 연간 100만 명이 크노소스 유적지를 방문하고 있다. 에번스의 재창조품들은 영감의 출처였던 문화에도 역으로 눈에 띄게 영향을 주고 있다. 크노소스 궁전의 미적인 특징은 20세기 초반의 예술계에서 직접적으로 파생되었음이 당연하다. (실제로 에번스는 미노스 벽화 조각 하나를 윌리엄 모리스의 벽지와 비교한 적도 있다.) 그러나 20세기 후반에는 거꾸로 화가, 영화 제작자, 소설가 등이 에번스와 그 휘하 작업팀의 창조물에서 영감을 얻었다(고대 그리스를 배경으로 하는 역사소설로 유명한 메리 레놀트가 대표적이다). 그리스의 영웅 시대를 다룬 영화치고 배경을 부분적으로라도 '미노스 궁전'에서 끌어내지 않은 영화는 거의 없다.

이런 인기는 결코 놀라운 게 아니다. 인기를 얻은 이유가 에번스가 다소 평범하다 싶은 유적지와 단조로운 벽화 조각들을 [상상력을 동원해] 볼 만한 것으로 탈바꿈시켰기 때문만은 아니다. 물론 에번스가 유적지를 애초의 발굴 상태로 내버려두었다면, 크노소스 유적지를 보겠다고 줄 서는 사람의 수는 연간 100만 명보다 훨씬 적었으리라. 하지만 20세기 초반의 세계가 원하던 원시 문화의 이미지를 에번스가 정확히 제공했다는 (아니 오히려 돌려줬다는) 사실이 이런 인기에 훨씬 강력한 요인으로 작용했다. 미노스 문명 사람들은 하인리히 슐리만이 발굴한 미케네 문명 사람들 같은 정이 좀 안 가고 폭력적인 영웅들이 아니었다. 또한 괴물 미노타우로스 신화를 보면 떠오르는 음울하고 사악한 사람들도 아니었다. 오히려 그들은 대개 평화를 사랑하고, 자연과 조화를 이루며, 적당히 활기차고, (거의 종교적인 색채를 띠는) '황소 뛰어넘기'와 같은 스포츠를 즐기며, 왠지 근사한 모계사회 분위기를 기분 좋게 풍기고 있었다. 에번스의 전기에서 J. A. 맥길리브레이는 다소 조악한 대중심리학을 토대로 미노스 문화의 모습에서 에번스가 유난히 모신母神을 강조한 이유를 다음과 같이 설명한다. "에번스의 나이 여섯 살에 돌아가신 어머니로 인해" 그의 삶에 생긴 "공백" 때문이라는 것이다. 내 생각에 그보다는 오히려 인류학과 신화 연구에서 나타난 당시의 시류와 관련 있지 않을까 싶다. 미노스의 '사제왕'이라는 아이디어 전체가 주로 제임스 프레이저한테 영향을 받았던 것처럼 말이다.

그러나 이런 공들인 재건에서 고고학은 어땠을까? 바로 여기에 에번스를 둘러싼 역설이 있다. 정통 고고학의 관점에서 보자면 에번스가 콘크리트와 페인트로 재창조한 (그리고 어느 기자의 달필을 빌려 발표한) 미노스 문화의 로맨틱 버전은 조롱의 대상이 되기 쉽다. 그러나 유적지 발굴 자체는 의외로 빈틈없이, 당시 기준으로, 극도로 세심하게 이뤄졌다. 이런 세심함은 부분적으로는, 아니 어쩌면 대체로는 에번스의 발굴 작업을 보조했던 덩컨 매켄지의 공이었는지도 모른다. 에번스는 크레타섬의 넓은 땅을 사들일 만큼 충분한 자금을 가지고 있었다. 하지만 1900년 크노소스에서 본격적인 발굴이 시작되었을 때 그는 고고학 발굴에는 상대적으로 경험이 미숙한 상태였다. 이때 그리스 아테네에 소재한 고고학 연구 기관인 영국연구소 소장은 지인의 도움을 받아 발굴하라고 조언했다. 조언에 따라 에번스가 고용한 사람이 덩컨 매켄지였다. 매켄지는 그리스 밀로스섬의 발굴 작업을 감독한 경험이 있었다. 고고학자 콜린 렌프루에 따르면 "에게해에서 활동한 이들 가운데 가장 과학적이었던 초기 작업자 중 한 명"인 매켄지는 정확한 기록에 목숨을 거는 사람이었다. 그는 (총 26권이나 된다는) '작업 일지'를 보관하고 있었는데, 여기에는 크노소스 발굴과 관련된 세세한 내용이 모두 기록되어 있었고, 이는 훗날 종종 에번스가 발표한 내용의 토대가 되기도 했다. 매켄지는 또한 밀로스섬에서의 경험을 살려 에번스가 유적지의 층위層位를 이해하고 결과적으로 시대에 따른 점유 순서에 대해 일정한 개념을 갖도록 도왔다.

그러나 크노소스 유적지에서 이뤄진 비교적 수준 높은 발굴 작업이 전적으로 매켄지의 공로인 것만은 아니다. 에번스의 미노스 문명에 대한 피상적인 수준의 열광, 신화 속의 미노스와 아리아드네라는 이름에 대한 집착, 금방 발굴한 방들에 너무나 성급하게 붙인 ('왕관의 방'과 같은) 한껏 미화한 명칭에도 불구하고, 에번스의 발굴 보고서와 여러 권의 유적지 소개서는 오랜 세월의 시험에도 굳건히 버티고 있다. 오늘날 학계의 이론과 논쟁의 관점에서 봐도 해석상의 중대한 오류는 거의 없다. 반세기 뒤에 마이클 벤트리스와 존 채드윅이 밝혔듯이, 에번스가 크노소스에서 발견된 수백 장의 점토판에 새겨진 선형문자Linear B가 그리스 문자의 한 형태가 아니라고 결론 내린 것은 상당히 잘못됐다(그래도 알파벳 이전 초기 그리스 문자에 지금도 사용되는 '선형문자 A' '선형문자 B'라는 명칭을 붙인 공로는 여전히 에번스에게 돌아간다). 또한 에번스가 자신이 발견한 '미노스' 문명이 선사시대 에게해 지방의 주류 문화라면서 본토에 있는 '미케네 문명'의 궁전들을 지엽적인 비주류 문화로 강등시킨 것도 분명 잘못이었다. 그러나 이런 오류 외에 에번스의 핵심 주장 대부분은 그대로 유지되고 있다. 일반적으로 인정되지 못한다면 적어도 논쟁의 소지가 있는 채로라도. 고고학계 다른 학자들의 심히 적대적인 공격이 계속되는 터라 이런 결과는 의미가 더 크다고 하겠다(사실 그리스 이전 시대 고고학 분야에서 학자들은 사이가 딱히 좋지 않다). 또한 당시 에번스가 제기했던 문제 대부분이 여전히 토론의 의제가 되고 있다. 크노소스에서 궁전의 기능은 무엇이며, 유사한 다른 건물들의 기능은 무엇인가? 크노소스 유적지가 말해주는 당시의 사회 구조, 정치 구조는 무엇인가? 미노스 사회가 몰락한 원인은 무엇인가? 미케네 유적지 발굴자인 하인리히 슐리만의 운명과 비교해보면 에번스의 강점은 더 두드러진다. 슐리만이 발굴한 유적지와 유물 자체는 여전히 중요한 위치를 차지하지만, 발굴 이후 불과 100여 년이 흐른 지금 (연대에 대해서든, 해석과 관련해서든) 그가 제기한 주장이나 질문은 거의 남아 있지 않다. 아가멤논의 황금 가면을 보면서 슐리만의 주장에 신경 쓰는 사람이 어디 있는가? 아가멤논의 황금 가면은 하인리히 슐리만이 미케네 발굴 때 발견한 유해 위에 얹혀 있던 마스크 중 하나다. 슐리만은 유해의 주인이 아가멤논이라고 생각해 '아가멤논 가면'이라 불렀

으나 이후 학자들의 연구에 따르면 시대가 맞지 않아 아가멤논 가면이라고 보기는 힘
들다.

크노소스에서 에번스의 작업을 중점적으로 다룬, 맥길리브레
이의 전기는 이처럼 미묘하면서도 역설적인 측면들을 짚어주기보
다는 신랄하게 헐뜯고 비하하며 빈정거리는 논조로 일관한다. 맥
길리브레이 자신도 크노소스 현장에서 몇 년간 일했었다. 따라서
그의 에번스 전기가 부분적으로는, 여전히 묵직한 존재감을 지니
는 고인에게 묵은 원한을 갚는 수단이라는 견해를 완전히 부인
하기는 힘들다. 솔직히 에번스는 외부 시각에서 볼 때 특별히 악
당 같은 모습은 아니다. 그렇다보니 맥길리브레이가 에번스를 악
당처럼 그리려고 동원하는 전술들은 페이지를 넘길수록 점점 더
필사적으로 되어간다. 경멸의 의미를 띠는 형용사가 포함되지 않
은 문장이 거의 없다. 아무리 악당이라도 나쁘지 않은 동기가 있
게 마련인데, 에번스 입장에서의 좋은 동기는 하나도 말하지 않
는다. 그렇다보니 보스니아 헤르체코비나에서 에번스의 보도들
이 상당히 통찰력 있고 영향력이 컸음에도 불구하고 에번스는 평
범한 '이류' 기자로 이야기된다. 에번스의 학위 역시 "간신히 '1등'
을 했다"는 식으로 무시되고, 에번스의 사망 기사 하나에 담긴 주
장을 노골적으로 확대 해석하면서 심사위원 쪽의 부패 가능성
을 넌지시 암시한다. 후배 모티머 휠러의 50파운드에 불과한 장

학금을 자비를 들여 두 배로 불려주었던 에번스의 관대함은 "보이스카우트 규칙 제3항과 제9항을 준수했을 뿐이다"라는 식으로 기이하게 기술되어 있다(문제의 조항이 뭐든 간에 사실일 리가 없다). 미노스 문명에 대한 에번스의 열광은 일관되게 인종주의, 아리아 민족주의, 아프리카인과 셈족 문화가 끼친 영향에 대한 무지와 동급으로 취급된다. 실제로는 크레타에서 이집트의 영향 찾기에 과도하게 집착했다는 것이 에번스에 대해 줄곧 제기된 비판 중 하나이다보니 맥길리브레이의 이런 주장은 더욱 기괴하게 들린다. 이집트 영향 찾기에 워낙 열심이었던 덕분에 마틴 버널의 『블랙 아테나』에서 다른 학자들에 비해 상대적으로 가벼운 처벌을 받았던 에번스가 아닌가! 그야말로 '오류투성이'인 장황한 전기에서 가장 희한한 주장 하나는 에번스의 키가 "120센티미터를 크게 넘지 않았다"는 대목인데, 이는 책에 나온 사진들과도 분명하게 모순된다(에번스의 동료 고고학자들이 모두 같은 비율로 축소되었거나, 에번스가 눈속임을 하는 특이한 촬영 방식을 고집하지 않았다면 말이다).

아니나 다를까 전기에는 에번스의 성생활도 단역으로 얼굴을 비친다. 에번스는 1878년에 결혼해 1893년 아내 마거릿이 폐결핵으로 사망하기까지 길지 않은 결혼생활을 했다. 둘 사이에는 아이가 없었다. 그리고 1924년, 73세의 나이에 에번스는 젊은 남자와 런던 "하이드파크에서 공중의 풍기를 문란하게 하는 행동을 했다는 이유"로 벌금형을 선고받았다. 맥길리브레이는 이것을 비중 있게 다루면서 보이스카우트에서 에번스의 역할에 대한 미덥잖은 분석으로 서너 페이지를 채웠고, 심지어 에번스의 더없이 관대한 기부 행위가 실은 이에 대한 유죄판결을 덮으려는 의도에서 나온 것이라고 주장하기까지 한다. 하이드파크 사건에 대한 법원 심리가 있던 날, 크노소스 유적지를 아테네 소재 영국연구소에 넘겨준다는 발표가 나왔기 때문이다. 이는 당연히 그저 우연의 일치가 아닐 것이다. 그러나 이런 증여가 전혀 예기치 못한 "뜻밖의 소식"이라거나 주된 동기가 법원 심리에 쏠릴 관심을 돌리기 위한 것이라는 생각은 옳지 않다. 미술사학자이자 이복 누이로 아서 에번스보다는 40세 이상 어린 조앤 에번스가 가족 회고록인 『시간과 우연Time and Chance』에서 분명히 밝힌 것처럼, 유적지를 증여하겠다는 에번스의 계획은 적어도 1922년 이후 적극적으로 준비한 것이기 때문이다. 아서 에번스가 사망한 직후인 1943년에 출간된 『시간과 우연』은 에번스 가족의 이야기를 우아하면서도 절제된 어조로 기술하고 있다. 그러나 맥길리브레이는 여기 실린 내용에는 거의 관심을 갖지 않는다. 오히려 회고록은 "깊이가 부족하며" "윌리엄 리치먼드 경이 그린 초상화만큼이나 단조롭기 짝이 없다"고 비난한다. (에번스가 자신이 발굴한 유물들에 둘러싸여 있는 모습을 그린, '단조로운' 것과는 거리가 있는 화려하고 이색적인 초상화를 말한다. 지금은 애슈몰린 박물관에 걸려 있다.) 그러나 전반적으로 맥길리브레이의 천박하고 종종 근거 없는 빈정거림보다는 조앤 에번스의 서술이 그녀의 이복 오빠의 삶과 동기를 잘 전해주는 훨씬 좋은 안내서가 아닌가 싶다.

책의 각종 오류, 그리고 에번스의 명성을 흠집 내려는 노골적인 태도를 보면서 우리는 고고학의 역사와 관련된 중요한 질문 하나를 떠올리게 된다. 고고학, 특히 선사시대 고고학이 이런 독설에 유독 많은 시간을 쏟는 이유는 무엇인가? 저명한 현역 고고학자들이 슐리만이나 에번스 같은 선배들의 고고학과 직결된 성과뿐만 아니라 사생활 영역인 도덕적 결점까지 굳이 거론하는 이유는 무엇인가? 선배들이 작업을 했던 다른 역사적·사회적 환경이나 맥락에는 거의 관심도 안 가지면서 오히려 사적이고 도덕적인 부분까지 굳이 관심을 갖는 이유는 무엇인가? 에번스가 19세기 말 고고학계를 주도했던 대지주 스타일로 발굴 유적지를 개인 영지로 매입한 것은 사실이다. (맥길리브레이는 이런 사실을 거론하며 에번스를 비난하는데) 뉴턴의 하인에 대한 대우가 그의 중력 이론과 무관하듯이 이것 역시 에번스의 고고학적인 '업적'과는 무관해야 한다. 그런데 왜 관련 있는 것처럼 보이는 걸까? 혹은 하인리히 슐리만이 아주 훌륭한 사람이 아니라는 사실이 왜 중요해

보이는 걸까?

이런 질문에 대한 부분적인 답은 당연히 고고학 초기에 발굴
자이자 탐험가로 활약했던 이들이 가지고 있는 일반적인 영웅 이
미지에 있다. 이런 이미지 때문에 콧대를 꺾어놓을 목표물이 되
기 쉽고, 이를 위해 가능한 모든 방법이 동원된다(사람의 키에 대
한 누가 봐도 차별적이고 비열한 암시까지 서슴지 않는다). 게다가 이게
전부가 아니다. 고고학의 재료 자체의 속성, 그리고 발굴자와 그
들이 내놓는 자료 사이의 극단적일 만큼 밀접한 관계도 고고학계
의 이런 분위기에 일조하고 있다. 전통적인 고고학 '발굴'이 고고
학적 '파괴'의 완곡한 표현이라는 사실은 자명한 이치다. 고고학
의 이런 특성은 우리가 고고학자의 정직성에 의존할 수밖에 없다
는 의미가 된다. 사건이 일어난 뒤에 대조하고 확인할 수가 없으
며, 고고학자가 진행했던 절차를 되풀이할 수도 없다. (대다수 과
학 실험에서는 가능한 일이지만 고고학에서는 불가능하다.) 그런 작업
에 필요한 재료 자체가 발굴 과정에서 파괴되었기 때문이다. 사정
이 이렇다보니 온갖 극단적인 전략을 동원해 고고학 분야에서의
신뢰성을 시험하고자 하는 지금과 같은 상황이 어찌 보면 불가피
하다. 슐리만이 자기 사생활에 대해 거짓말을 했다면, 자신이 발
견한 유물과 발굴 결과에 대해서도 정직하지 못하다는 암시 혹
은 방증이 되지 않을까? 말하자면 이런 심리다.

고고학 발굴의 이런 특성은 또한 과거의 발굴자가 대상의 미래에 강력한 영향력을 행사한다는 의미도 된다. 문득 이런 의문이 든다. 에번스의 작업이 지금도 크노소스 유적지와 관련해 많은 토론거리를 제공한다면, 핵심 이슈를 찾아내는 예리한 능력보다는 오히려 (슐리만과 다른) 에번스의 자료 공개 방식 때문이 아닐까? 말하자면 에번스는 지금까지도 생산적인 질문은 당시 그가 던진 질문일 수밖에 없도록 자신의 자료를 공개한 것은 아닐까? 당연히 분야 전체의 발전과 관계되는 훨씬 중요한 질문은 그것이 얼마나 옳은가의 여부다. 그러나 19세기 말과 20세기 초에 활약한 이들 발굴의 거장이 앞으로도 한동안 학계에서 생생한 논쟁의 중심에 위치할 가능성이 높다는 것만은 확실하다. 에번스와 슐리만, 그리고 그들이 남긴 논쟁을 불러일으키는 자료들은 '역사'라는 후미진 구석으로 보내기에는 너무나 중요하기 때문이다.

서평 도서

1 J. A. MacGillivray, 『미노타우로스: 아서 에번스 경과 미노스 신화의 고고학Minotaur: Sir Arthur Evans and the Archaeology of the Minoan Myth』(Jonathan Cape, 2000)

2. 사포의 목소리

━━━━ "비정상적이고 극단적인 관행에 빠진 어떤 여자가 (…) 운율의 조화, 상상력이 풍부한 묘사, 정돈된 사고라는 법칙에 완벽하게 부합하는 글을 쓸 수 있다는 것은 사물의 이치에 어긋난다." 미국의 고고학자 데이비드 로빈슨이 1924년에 발표한 『사포, 고대와 현대 문학에 미친 그녀의 영향Sappho&Her Influence on Ancient and Modern Literature』에 나오는 문장이다(1960년대에 책의 재판이 나왔다). 위의 글로 보아 로빈슨에게는 사포 시의 '완벽함'이 그녀의 흠 잡을 데 없는 됨됨이를 보증하는 충분한 증거였다. 로빈슨은 (적어도 여성 작가들은) 훌륭한 도덕성이 겸비될 때만 좋은 시를 쓸 수 있다는 확고부동한 믿음을 가졌다는 점에서 특이한 사람이리라. 그러나 달리 보면 로빈슨은 사포라는 그리스 시인

을 그녀 자신의 글이 암시하는 바로부터, 특히 그녀가 다른 여성들과 육체적인 사랑을 즐겼다는 암시로부터 구출하려고 무던히도 노력해온, 그동안 줄기차게 이어진 학계 전통의 일부일 뿐이었다. 예를 들면 심지어 근래의 일부 비평가들조차 사포를 주로 종교적인 인물로, 아프로디테 여신을 숭배하는 젊은 여자들이 모인 종교 집단의 지도자로 그리려고 공을 들인다. 상상력이 훨씬 풍부한 이들은 사포를 어린 여학생들에게 시와 음악은 물론이고 미래에 한 남자의 아내가 되었을 때 필요한 육체적 쾌락을 즐기는 비법까지 가르치는 일종의 여교수 혹은 교장으로 본다.

사포의 시에 포함된 (레즈비언) 성적 취향이라는 중요한 부분을 어떻게든 부정하려는 이런 노력들의 허점을 찾기란 어렵지 않다. 제인 스나이더는 『여자와 리라The Woman and the Lyre』에서 전통적인 사포 비평의 주요 흐름을 훑어보면서 사포가 처한 사회적 배경과 문학적 상황에 대한 이해 자체에 시대착오적인 모순이 있다고 지적한다. 사포가 살았던 기원전 6세기의 레스보스는 전쟁이 잦은 힘든 시기로 젊은 여자들을 위한, 요즘으로 치면 인문과학 대학의 원형 같은 게 있을 상황이 아니었다. 그리고 그런 것이 존재했다고 주장하는 것은 불온한 부분을 모두 삭제하고 마음에 드는 부분만 골라 편집하는 기상천외한 발상일 뿐이라고 했는데 옳은 지적이라 여겨진다. 그러나 "사포에게 존경할 만한 측면을 주입하려는" 이런 헛된 시도들로부터 거리를 두고, 대신 사포의 시를 "시가 실제 말하는 그대로" 읽어달라는 소박한 소망을 피력하면서 스나이더는 사포와 그녀의 시에 대한 전통적인 반응이 함의하는 중요한 이슈 일부를 간과하고 있다. 중요한 것은 누가 봐도 명백한, 젊은 여성을 좋아하는 사포의 성적 취향을 바라보는 보수적인 고전 연구자들의 우려만이 아니었다(물론 그런 우려가 대부분의 공격적인 반응을 심화시키는 요인임은 분명하지만). 존 윙클러가 저서 『욕망 억제The Constraints of Desire』에 실린 글에서 주장했듯 그보다 중요한 것은 작가, 즉 시의 화자話者가 여성이었다는, 그것도 자신의 성적 취향을 말할 권리를 주장하는 여성이었다는 사실이다. 여기서 문제되는 것은 여성 동성애가 아니라 '여성의 목소리'였으며, 여성이 자기 목소리를 세상에 알리고 이해시키는 방식이었다.

(사포, 그리고 그만큼 유명하지는 않은 그녀의 추종자들을 포함한) 그리스와 로마 여성 작가들에 대한 어떤 논의든 그것이 '여성의 목소리'라는 본질에 초점을 맞춰야 한다. 고대 세계의 지배 이데올로기를 보면 대부분 공적인 대화에서 여성에게 발언 기회를 주지 않았다. 정치와 권력에서 여성의 배제는 여성에게 자신의 목소리를 알릴 권리가 없었다는 훨씬 크고 근본적인 문제의 단면에 불과했다. 호메로스의 『오디세이아』에서 텔레마코스가 어머니 페

넬로페에게 "발언은 남자들의 일"이라고 말하는 데서 분명히 드러나듯이 말이다(페넬로페가 어느 시인의 시 낭송 중간에 감히 끼어들었을 때의 일이다). 이처럼 여성의 침묵을 집요하게 강요하는 이데올로기 안에서 여성 작가들은 과연 어떻게 자신의 창작 능력을 펼칠 공간을 찾을 수 있었을까? 그들은 압도적으로 남성 위주인 문학적, 사회적 유산과 어떻게 교감하고 상호작용을 했을까? 과연 그들이 남성의 언어를 전용하고 전복시켜 차별화되는 여성적인 형태의 글쓰기에 성공했을까?

스나이더는 이런 중요한 문제를 거의 다루지 않는다. 기원전 7세기에서 기원전 6세기의 전환기를 살았던 사포에서 시작해 그보다 1000년 뒤에 글을 썼던 히파티아와 에게리아까지 다루는 스나이더의 글은 중요한 고대 여성 작가들의 이야기를 종합하고, 현재 남아 있는 그들의 작품을 번역해서 제공한다. 그런데 의외로 빠진 인물들이 군데군데 눈에 띈다. 놀랍게도 스나이더는 산타 페르페투아에 대해서는 전혀 언급하지 않는다. 기독교 박해 시절 투옥되어 재판을 받은 그녀의 자전적인 이야기는 지금까지 보존된 보기 드문 고대 기록 가운데 하나로 꼽힌다. 가엾은 멜린노 역시 찾아볼 수 없다("그대를 환영하노라, 로마여, 아레스의 딸/전쟁을 사랑하는 여왕……" 등의 내용으로 이어지는 「로마 찬가」라는 작품이 지금까지 전한다). 그러나 이처럼 누락된 부분이 있음에도 불구하고 기존의 (남성) 고대 작가 목록에 익숙한 이들에게는 스나이더가 정리해놓은 여성 작가의 목록 자체가 충분히 인상적이다. 미르티스, 코린나, 프락실라, 아니테, 노시스, 에린나, 레온티온, 술피키아, 프로바…… 이외에도 많다.

그러나 안타깝게도 쥐꼬리만큼밖에 남아 있지 않은 이들의 단편적인 작품과 스나이더의 지극히 평이한, 문학적·역사적 분석 시도는 그리 인상적이지 못하다. 그나마 가장 잘 보존된 것은 코린나의 시다. 원래는 훨씬 장편이었을 시에서 발췌한 일부 내용과 단편적인 2행 연구들이 남아 있는데, 총 100줄 정도가 된다. 스나이더의 주된 관심은 "그리스 문학사에서 [코린나에게 걸맞은] 적절한 자리를" 배정하는 것이었다. 스나이더는 코린나의 생존 연대(기원전 5세기 아니면 기원전 3세기?)에 대한 논란을 살펴보고, 코린나가 시 경연대회에서 남성 라이벌인 핀다로스(기원전 518?~기원전 438?)를 이겼다는 앞뒤가 맞지 않는 이야기들을 검토하면서 훨씬 중요한 상징적인 진실보다는 있는 그대로의 실체적 진실을 좇지만 소득은 없다. 스나이더 스스로도 관련 글의 말미에서 코린나의 일대기 중 이런 부분들에 대해 어떤 확실한 결론을 내리기는 불가능하다는 점을 분명히 인정한다. 그러나 내내 시인의 전기에 집착한 나머지 시 자체에 대한 진지한 분석에는 충분한 관심을 기울이지 못한 듯하다. 예를 들면 '옛날이야기' 모음집의 도입부로 보이는 부분이 파피루스에 기록되어 남아 있다.

테르프시코레 여신이 나를 불렀네.
옛날의 아름다운 이야기들을
하얀 옷을 입은 타나그라의 소녀들에게 불러주라고.
그리고 도시는 크게 기뻐하였네.
나의 청아하고 애처로운 목소리에……

스나이더는 지극히 일반적인 관점에서만 코린나의 작품을 논한다. 스나이더는 코린나 작품의 "신속하게 전개되는 이야기" "소박하고 직설적인 언어" "신화의 세계와 인간의 일상 행동 사이의 유사점"을 보여주는 참신한 기법 등을 높이 사는 반면 코린나의 작품이 "본질적으로 보수적이고" "일반적으로 인정되는 전통을 전파하는 데만 관심 있을 뿐 거기에 도전하지는 않으며" 전체적으로 "철학적 깊이"가 부족하다고 주장한다. 어쩌면 이런 평가가 최선일지도 모르며, 코린나를 창조성 넘치는 천재로 볼 필요는 없다. 그러나 이런 평가는 남성 위주의 전통에서 여성의 글쓰기라는 핵심 문제를 직접적으로 다루지 않는다. 코린나가 남성 위주의 전통에 매몰되고 말았을까? 아니면 코린나의 "보수적으로 보이는" 신화 이야기가 "신화의 세계와 인간의 일상 행동 사이의 좀

더 신랄한 유사점"을 암시하고 있는 것은 아닐까? (흥미롭게도 길이 가 있는 시편들 중 하나에 강의 신 아소포스의 아홉 딸이 강간당한 이 야기가 나온다.)

많은 경우, 남아 있는 작품이 워낙 적고 단편적이다보니 고대 여성 작가의 작품과 관련된 문학적인 논의는 거의 불가능하다. 학 자로서 제아무리 남다른 재주를 지녔다 해도, 현재 전해지는 부 분이 20단어도 되지 않는 아르고스의 「텔레실라」에 대해서는 사 실상 이야기할 내용이 많을 수 없다("하지만 아르테미스, 오 처녀들,/ 알페이오스에서 도망치는……" 현재까지 남은 가장 확실한 부분은 이렇 게 진행된다). 그러나 상당 분량의 발췌 작품들이 있고, 온전하게 보존된 시가 적어도 하나는 있는 사포는 전혀 다른 범주에 속한 다. 그런데 여성 작가의 작품에 대한 상세한 분석이 처음으로 가 능해지는 바로 이 지점에서 스나이더의 핵심 이슈 회피가 가장 두드러지게 나타난다.

사포의 작품을 논하면서 스나이더는 사포 시에서 "여성적인 언 어"를 파악하려 한다. 예를 들어 스나이더는 사포라는 시인의 감 각적인 서술, 분명하게 드러나는 자연세계에 대한 애정, 자기성찰 적 성향 등을 부각시킨다. 그러나 이런 진부한 "여성적인" 특성들 에 집중하느라 중요한 부분을 놓친다. 바로 사포 시가 가지고 있 는, 남성 위주의 문학 '서사' 전통에 대한 철저한 전복이다. 이런 특성은 「아프로디테 찬가」라고 알려진 시에서 가장 잘 드러나는데, 여신한테 다시 한번 자신에게 와서 자신이 사랑하는 소녀를 찾도록 도와달라고 부탁하는 내용이다. 시는 이렇게 시작된다.

오, 찬란한 불멸의 여왕 아프로디테여,
제우스의 따님, 꾀가 많은 당신에게 간청하나니,
고통과 번민으로 제 마음을
압도하지 마소서, 오, 여신이여.

그러나 여기로 오소서. 예전에,
멀리서 제 울음소리를 듣고,
거기에 주의를 기울여주셨듯이. 아버지의 집을 떠나
황금 마차를 타고 여기로 오셨듯이.

마차에 묶인 아름답고 날랜 참새들이
쉴 새 없이 날갯짓을 하여
드넓은 창공을 통과하여
당신을 하늘에서 검은 대지 위로 데려왔지요.

갑자기 새들이 도착했지요. 오 축복받은 여신이여,

당신은 불멸의 얼굴에 미소를 띠고,

물었지요. 무엇이 또 나를 힘들게 하는지,

내가 왜 당신을 다시 부르고 있는지……

이 시는 분명 사포가 "그리스 기도의 일반적인 형식을 모방하면서" 내용을 "자기 자신의 목적에 맞게" 바꾼 것이다. 그러나 스나이더는 사포가 훨씬 구체적으로, 호메로스의 『일리아스』5권에 나오는, 트로이 전쟁 중 영웅 디오메데스가 했던 말을 그대로 따라하고 있다는 사실은 알아채지 못했던 모양이다. 디오메데스가 여신 아테나에게 도움을 청하며 기도를 드리는 내용이다. ("아이기스 방패를 든 제우스의 따님, 불굴의 그대여, 제 기도를 들어주소서……" 디오메데스의 기도는 이렇게 시작된다.) 존 윙클러의 주장처럼 이런 모방 사실은 시에서 드러나는 사포의 '목소리'(혹은 '목소리들')를 이해하는 핵심 열쇠를 제공한다. 이를 통해 우리는 서사시에 등장하는 영웅의 무용담이라는 남성의 세계와 여성의 관심사인 사적 영역 사이의 거리에 주목하게 된다. 이런 모방은 시인이 호메로스의 서사시를 읽고 재해석하여 차별화되는 여성의 언어를 이용해 새로운 의미를 부여하고 있음을 말해준다. 시인은 이런 모방을 통해 '전사들의 전쟁 경험 서술에 쓰이는 언어를 사랑에 빠진 여성들의 경험을 서술하는 언어로 바꿈으로써' '영웅 위주의 기존 질서' 전체를 효과적으로 뒤집는다. 말하자면 여기서 사포의 글은 지배적인 남성의 언어에 대한 전략적인 전복에 해당 된다.

'여성의 침묵'을 강요한 고대 이데올로기는 물론 다른 방식으로 도 도전을 받았다. 여성들은 글쓰기에서 '목소리'를 냈을 뿐 아니 라, 가장 두드러지게는 종교 의식, 예언, 신탁 발언에서 자기 목소 리를 냈다. 줄리아 시사의 『그리스의 처녀성Greek Virginity』은 도입 부에서 델포이 아폴론 신전의 처녀 사제, 피티아를 다룬다. 시사 는 신탁에서 피티아의 역할과 처녀성 사이에는 어떤 관련이 있었 을까를 묻는다. 피티아의 '발언권'이 여성의 신체 구조에 대한 그 리스인의 생각과 어디까지 관련될 수 있을까? '신성하면서 동시에 여성적이었던 피티아 특유의 언어'를 우리는 어떻게 이해해야 할 까?

줄리아 시사는 그리스인이 생각하는 처녀의 '개방성openness'이 피티아의 역할에서 핵심이었다고 주장한다. 이런 생각은 처녀 몸 의 '폐쇄성closure'을 강조하는 현대인의 (그리고 일부 로마인의) 생 각과는 뚜렷한 대조를 이룬다. 우리에게는 처녀막이라는 봉인이 처녀의 순결을 나타내는 물리적인 상징 역할을 한다. 그리고 최 초의 삽입 시에 상처와 함께 파열된다고 생각한다. 그러나 그리스 인들이 생각하는 처녀성에는 이런 물리적인 장벽이 포함되지 않왔다. 말하자면 그들의 처녀성에 대한 생각에서 처녀막 같은 것은 고려 대상이 아니었다. 그들이 보기에 처녀의 몸은 열려 있었고 삽입에 대비하고 있었다. 폐쇄는 임신 기간에 자라는 태아 주위를 봉인하는 순간에만 온다. 그것이야말로 처녀성을 잃었다는 확실한 신호였다. 피티아의 경우, 처녀성은 그녀가 아폴론을 향해 열려 있음을 의미했다. 그것도 (완벽한 신부처럼) 아폴론에게만 열려 있음을 의미했다. 기독교 저자들은 [신탁을 받는 순간에] 피티아가 앉는 방식에 대해 온갖 경멸의 단어를 쏟아냈다. (그들에 따르면) 피티아는 삼각대 위에 다리를 벌리고 앉아서 아폴론의 예언의 정령이 내뿜는 증기를 자신의 질로 받아들인다. 그러나 이것이야말로 그리스인들이 생각하는 피티아의 처녀성, 그리고 개방성의 핵심이 아닐 수 없다. 피티아의 몸은 바로 신의 언어를 향해 열려 있었던 것이다.

여기에는 여성의 생리와 관련된 낯선 개념들 이상의 중요한 논점이 있다. 피티아의 역할은 '여성의 목소리'와 '성', '말하고 먹는 입'과 질이라는 '입' 사이의 불가분의 관계를 부각시킨다. 그런 점에서 시사의 책은 신성한 예언뿐만 아니라 인간의 발언 도구로서 여성의 몸에 대한 섬세한 탐구라 할 수 있다.

서평 도서

1 Jane McIntosh Snyder, 『여자와 리라: 고전 시대 그리스와 로마의 여성 작가The Woman and the Lyra: Women Writers in Classical Greece and Rome』(Bristol Classical Press, 1989)

2 J. J. Winkler, 『욕망의 억제: 고대 그리스에서의 섹스와 성별의 인류학The Constraints of Desire: The Anthropology of Sex and Gender in Ancient Greece』(Routledge, 1990)

3 Giulia Sissa, 『그리스의 처녀성Greek Virginity』, trans. Arthur Goldhammer (Harvard, 1990)

3. 어느 투키디데스를 믿을 것인가?

━━━━━ 투키디데스는 거의 해석이 불가능하다 싶을 만큼 난해한 그리스어로 『펠로폰네소스 전쟁사』(이하 『전쟁사』)를 기술했다. 엄청나게 뒤틀리고 일그러진 언어는 그의 작업 자체가 지니는 혁명적인 참신성과 관련 있는지도 모른다. 기원전 5세기 말에 『전쟁사』를 쓰면서 투키디데스는 일찍이 없었던 시도를 하고 있었다. 자신이 살고 있는 시대를 기존 역사 서술의 주류인 종교적인 설명에서 완전히 벗어나 철저하게 이성적이고, 누가 봐도 객관적이도록 분석하는 것이었다. 그리스의 강력한 두 도시국가 스파르타와 아테네가 30년 동안 단속적으로 싸운 펠로폰네소스 전쟁은 신이 아니라 인간의 정치와 권력 투쟁이라는 관점에서 이해되어야 한다는 게 투키디데스의 생각이었다. 호메로스가 트로이 전쟁

을 다루면서 또는 헤로도토스가 그리스와 페르시아 간의 전쟁을 설명하면서 보여준 것과 같이 이런 사건을 올림포스산의 신들의 대결로 이해하는 방식은 옳지 않았다. 당시로 보면 투키디데스의 이 같은 관점은 그야말로 '혁명적'이었다.

그러나 이런 강점이 있어 아무리 너그럽게 본다 해도, 투키디데스의 『전쟁사』가 온갖 신조어, 어색한 추상관념, 각종 희한한 표현이 버무려져 때로 이해하기 힘든 상태라는 사실을 완전히 덮어버리는 것은 아니다. 이는 비단 현대 독자들만의 문제가 아니다. 이런 특징은 고대 독자들 역시 격분하게 만들었다. 문학비평가이자 역사가였던 할리카르나소스의 디오니시오스는 기원전 1세기에 투키디데스의 작품만을 다룬 장문의 비평에서 (자기주장을 뒷받침하는 다량의 인용문을 제시하면서) '부자연스러운 표현' '불합리한 추론' '인위적 수식' '수수께끼 같은 모호함'을 불평거리로 늘어놓았다. 디오니시오스는 이렇게 말한다. '어떤 사람이 실생활에서 이렇게 말한다면 상대가 그의 부모라 해도 대화로 인한 불쾌감을 참기 어려울 것이다. 또한 외국어를 듣는 거나 다름없어서 실로 번역가가 있어야 할 것이다.'

저서 『투키디데스: 역사의 재발명Thucydides: The Reinvention of History』(이하 『투키디데스』)에서 도널드 케이건은 디오니시오스보다는 관대한 입장을 취한다. 하지만 케이건조차 "그의 문제가 너무 압축되어 있어서 이해하기 힘든 경우가 많으며 따라서 어떤 번역이든 필연적으로 해석이 될 수밖에 없"음을 인정한다. 그런데도 오늘날 우리는 역사가로서 투키디데스를 찬미한다. 여기서 우리는 겉으로 드러나지 않는 몇 가지 중요한 결론을 끌어낼 수 있다. 첫째, 투키디데스의 『전쟁사』에 대한 '훌륭한' 번역, 다시 말해 유창하고 잘 읽히는 번역은 원본에 있는 그리스어의 언어적 특성을 제대로 살리지 않은 것이며, 따라서 독자에게 실상을 오해하게 할 여지가 다분하다는 것이다. 번역이 '좋을수록' 투키디데스가 썼던 난해한 원본의 분위기와는 멀어질 가능성이 높기 때문이다. 비유하자면, 제임스 조이스의 『피네간의 경야』를 제인 오스틴의 똑 떨어지는 표현법으로 고쳐 쓴 것 같다고나 할까? 둘째, 투키디데스의 글에서 우리가 애용하는 '인용구'의 다수, 투키디데스의 독특한 역사관을 보여주기 위해 활용하는 근사한 '슬로건'들이 실은 원본의 문장과는 빈약하게만 관련 있다는 것이다. 일반적으로 말해서 슬로건이 머리에 쏙쏙 들어올수록 투키디데스 자신의 산물이기보다는 번역가의 생산물일 가능성이 높다. 말하자면 투키디데스는 기지 넘치는 발언이나 명언 따위는 쓰지 않았다.

세계 곳곳의 국제관계 강의에서 반복적으로 거론되는 투키디데스의 온갖 경구 중 가장 사랑받는 것을 꼽으라면 "강자는 할 수 있는 것을 하지만, 약자는 해야만 하는 것을 하느라 고달프다"

가 아닐까 싶다. 이는 냉정한 '현실주의' 정치 분석의 기초를 닦은 문구로 여겨지고 있다. 투키디데스가 저서를 통해 생생하게 재현한 아테네인과 밀로스인들 사이의 유명한 논쟁에서 등장하는 문구다. 먼저 아테네인들이 스파르타와의 전쟁에서 중립을 지키던 밀로스인들에게 아테네 편에 서라고 요구했다. 밀로스인들이 요구를 받아들이지 않고 저항하자 양쪽은 이를 놓고 토론을 벌인다. 오만한 아테네 대표들은 '힘이 곧 정의'라는 논지를 무시무시한 표현을 써가며 펼쳤다. 그들은 정의란 동등한 세력 사이에서만 존재할 뿐, 그렇지 않은 상태에서는 강자가 약자를 지배하며 좌지우지하는 법이라고, 따라서 아테네는 언제든 힘으로 이곳 작은 섬의 꿈을 짓밟아버릴 수 있다고 주장했다.

밀로스인들은 의연하면서도 순진하게 자기네만의 독립적인 위치를 고수했다. 그로 인한 결과는 바로 나타났다. 아테네인들이 밀로스섬을 포위 공격하여 함락시킨 다음, 눈에 보이는 남자란 남자는 다 살해하고, 여자와 어린아이들은 노예로 삼았다. 『전쟁사』를 보면 이어지는 중요한 사건이 처참하게 끝난 아테네의 시칠리아 원정인데, 참으로 의미심장한 구성이 아닐 수 없다. 시칠리아 원정에서 '힘이 곧 정의'라는 아테네인들의 주장이 자신들에게 부메랑이 되어 돌아왔고 스파르타에 의한 아테네의 패배는 이를 거듭 확인해주는 결정적인 사건이었다.

강자와 약자의 처지에 관한 이 유명한 문구는 분명히 아테네인들의 주장에서 나온 것이며, 현대의 인기는 강자는 '할 수 있는 것'을 하고, 약자는 '해야만 하는 것'을 하느라 고달프다는 식으로 대구를 이룬 균형 잡힌 표현에 힘입은 바가 크다. '해야만 하는 것'이라는 표현을 통해 전달되는 불가피성(관점에 따라서는 리얼리즘)이라는 철칙과 더불어서 말이다. 그러나 이는 투키디데스가 썼던 표현이 아니다. 투키디데스의 『전쟁사』 전체를 자구字句대로 따라가며 해설한 기념비적인 해설서의 마지막 3권에서 사이먼 혼블로어가 올바르게 표현한 것처럼 정확한 번역은 이렇다. "강자는 할 수 있는 것을 요구하고, 약자는 따라야 한다." 심지어 이것도 약자에 대한 강요라는 개념을 과장한 감이 있다. 투키디데스가 말한 내용은 그저 "약자는 따른다"로, 반드시 해야 한다는 불가피성을 전혀 포함하지 않는다. 혼블로어의 해설은 또한 흔히 강자의 행동이 정확히 어떤 것이라고 생각하는가에 대해서도 의문을 제기한다. 원본의 그리스어를 보면 '하다' 또는 '요구하다', 심지어 (르네상스 시대의 어느 학자가 생각한 것처럼) '강요하다'로 번역되어도 무리가 없는 단어다. '할 수 있는 것을 한다'와 '할 수 있는 것을 강요한다'는 강자가 힘을 활용하는 방식에서 전혀 다른 이미지를 떠올리게 한다.

언어상의 미묘한 차이가 어떻든 간에 우리가 투키디데스 작품

1부 고대 그리스

이라 여기는 저 유명한 '문구'가 적어도 부분적으로는 리처드 크롤리의 작품임을 부인하기 힘들다. 19세기 옥스퍼드 대학의 고전학자였던 리처드 크롤리는 알렉산더 포프풍의 풍자시 서너 편 덕분에 그나마 이름을 알렸지만 고전학 분야에서의 성과는 신통치 못했다. 투키디데스 번역을 빼고는 말이다. 크롤리의 번역본은 20세기 초 랜덤하우스의 '디에브리맨 라이브러리'라는 고전 시리즈에 채택되었다. (의미가 명확하고 술술 읽히는 명문처럼 보였기 때문이다. 이는 해당 시리즈에서 요구했던 조건이다.) 오래전에 저작권이 만료되었지만 지금도 사람들이 좋아하는 번역본으로 꾸준히 재판되고 있다. 정치 이론과 국제관계 강의용으로 신보수주의, 현실주의, 때로는 좌익의 정치적 주장을 뒷받침하는 슬로건으로 활용되는 '투키디데스'는 바로 이런 외피를 쓴 모습이다.

투키디데스 작품의 번역과 해설은 르네상스 시대 이래 꾸준히 이어져왔다. 그런데도 혼블로어는 무려 20년 이상의 세월을 쏟아부어 『전쟁사』 전체를 상세히 다룬 역사적, 문학적 해설을 내놓았다. 새삼 그럴 필요가 있었냐고? 투키디데스의 그리스어가 워낙 모호하고 난해해서 이런 작업은 지금도 충분히 가치 있다. 오늘날에도 투키디데스의 의도를 정확하게 이해하지 못한 부분이 없지 않지만, 수백 년의 세월이 흐르면서 이전보다 더 많이 이해하게 되었다는 것만은 사실이다. 혼블로어의 이런 학문적인 작업이 없었다면, 투키디데스의 이름으로 자행되는 온갖 거짓말과 잘못된 인용은 아무런 통제나 검증도 받지 않고 사실인 양 퍼져나갔을 것이다.

사실 3권까지 작업하는 동안 혼블로어 스스로의 실력이 점점 좋아지는 것을 볼 수 있다. 3부작의 마지막 부분은 1991년에 발표된, 학구적이지만 따분한 1권에 비해 훨씬 세련되고 수준 높은 텍스트 해석을 제공한다. 이처럼 실력이 나날이 늘어가는 와중에도 2000쪽이 넘는 해설서 전체에 걸쳐 반복적으로 나타나는 변하지 않는 주장이 하나 있다(2000쪽이면 그리스어 원본 쪽수의 10배가 넘는 분량이다). 투키디데스가 했다고 흔히 믿는 말들이 사실 투키디데스의 말이 아니라는 주장이다.

좋은 예 중 하나는 투키디데스의 『전쟁사』에 나왔다는 인용구인데, 혼블로어는 3부작의 1권에서 이에 대해 이야기한다. 이는 우익 현실주의자보다는 좌익 자유주의자들이 좋아하는 문구이며, 조지 오웰의 『1984년』에 나오는 주장을 2000여 년 전에 간파했다고 하여, 투키디데스의 날카로운 통찰력을 보여주는 사례로 꼽히곤 한다. 고대 도시 케르키라(현재의 코르푸)에서 일어난 무자비한 내전이 그곳의 언어에 (이외의 많은 것에도) 미친 영향을 돌아보면서 투키디데스는 다음과 같이 말한다. 역시 많이 인용하는 크롤리 번역본에 따른 것이다. "단어도 통상적인 의미가 바뀌고 새로

이 주어진 의미를 취하게 되었다." 이대로만 보면 많은 고전학자가 자랑스레 주장해온 것처럼 조지 오웰이 『1984년』에서 말하는, 언어를 특정 목적을 위해 통상의 의미와는 다르게 사용하는 소위 신언어newspeak를 투키디데스식으로 표현한 것이 아닌가 싶다. 이런 주장대로라면 우리가 현대적인 발상으로 생각하는 것을 고대작가가 2000년도 더 앞서 말한 좋은 사례가 된다.

그러나 사실은 그렇지 않다. 원본의 그리스어를 이렇게 번역함으로써 크롤리가 오웰을 거의 1세기쯤 앞질러갔을지 모른다는 것은 사실이다. 반면 투키디데스는 (혼블로어가 강조한 것처럼, 그리고 최근의 많은 연구가 보여주는 것처럼) 절대로 그렇지 않았다. 투키디데스 『전쟁사』의 이 대목에 나오는 그리스어는 특히나 어색해서 해독하기가 쉽지 않다. 하지만 조지 오웰 사상의 원형과 거리가 먼 것만은 확실하다. 투키디데스는 케르키라 내전 상황에서 과거에 나쁘게 생각되었던 행동이 좋게 재해석되었다는 훨씬 단순한 요점을 이야기하고 있다(케르키라 내전은 아테네를 지지하는 민주파와 스파르타를 지지하는 과두파 사이의 싸움이었다). 혼블로어는 이 대목을 정확하면서도 원래 문체와 조화를 이루도록 이렇게 번역한다. "그리고 사람들은 행동을 평가하는 통상적인 언어 역시 새로운 것으로 바꾸었다. 자신들이 정당하다고 생각하는 관점에 비추어." 이어지는 투키디데스의 설명을 보면 구체적인 의미는 "무모한 비이성적" 행동들이 "자기 당파를 위한 용기와 충성심 있는" 행동으로 간주되게 되었다는 것이다. 해석의 정확도야 어떻든 간에 해당 문장은 언어 자체의 변화보다는 도덕적 가치의 변화를 이야기하고 있다.

1932년생인 도널드 케이건은 오랫동안 학자로서 성공적인 경력을 쌓아온 인물로 투키디데스와 기원전 5세기 역사 연구에 혼블로어보다 훨씬 더 많은 시간을 바쳤다. 총 네 권으로 이뤄진 케이건의 펠로폰네소스 전쟁사 첫 권이 1969년에 나왔고, 마지막 권은 거의 20년 뒤인 1987년에 나왔다. 2003년에는 전체를 500쪽 정도로 간추린 대중적인 요약본이 나왔다.『펠로폰네소스 전쟁: 아테네와 스파르타의 잔인한 싸움(기원전 431~기원전 404) The Peloponnesian War: Athens and Sparta in Savage Conflict(431~404 BC)』이 그것이다. 그런데 특히 지난 10년을 보면 케이건의 연구가 현대 정치에 대한 명백하게 보수적인 개입들로 점철되고 있음을 알 수 있다. 가장 널리 알려진 결과물로『미국이 잠자는 동안While America Sleeps』(2000)을 들 수 있다. 아들 프레더릭 케이건과 공동 집필한 책으로 꽤 높은 강도의 군비 증강을 주장하는 호전적인 내용이다. 또한 미국에 '세계 지도자라는 진정한 부담'을 짊어지라고 호소하는 내용이다. 동시에 이것은 제목에서 드러나듯이 1920년대와 1930년대 영국의 소극적인 외교 정책을 비판한 처칠의 『영국이 잠자고 있었던 동안While England Slept』이라는 저서에 대한 찬사이자 경의의 표시이기도 하다. (나중에 존 F. 케네디 역시 하버드 대학 졸업논문에서 같은 주제를 다루었다. 케네디의 논문 제목은 「영국은 왜 잠자고 있었나Why England Slept」이다.)

『투키디데스』에서 케이건은 다시 펠로폰네소스 전쟁으로 돌아가지만 이번에는 초점을 구체적으로 투키디데스 서술의 질과 신빙성에 맞추고 있다. 펠로폰네소스 전쟁에 대한 투키디데스의 유명한 주장들이 여기에 재등장하며, 새로운 분석이 곁들여진다. 케이건은 흔히 재앙과 같은 결과를 낳았다고 여겨지는 아테네의 머나먼 시칠리아 원정이 그간의 생각처럼, 그리고 투키디데스 자신이 주장하는 것처럼, 잘못된 판단이 아니었다고 본다. 그동안 시칠리아 원정은 아테네인 입장에서는 믿을 만한 정보가 몹시 빈약한 나라에서 치러진 이길 수 없는 싸움이라고 여겨졌지만 케이건은 그렇게 생각하지 않았다. 케이건이 보기에 문제는 군대의 인사에 있었다. 케이건은 늙은 니키아스가 아닌 다른 사람을 원정군 사령관으로 임명했다면 아테네에 승산이 있었을지 모른다고 본다.

전반적으로 케이건의 입장은 아테네인이 점점 커지는 제국주의적 야심과 지나친 공격성 때문에 패배했다는 일반적인 견해와는 배치된다(이 일반적인 견해는 직접적·간접적으로 투키디데스에게서 나온 것이기도 하다). 이는 우리 시대 정치 관련 논쟁에 대한 케이건의 입장과도 일치하는데, 케이건은 아테네인이 충분히 공격적이지 못했으며, 바로 그 때문에 스파르타 동맹군의 손에 그렇게 끔찍한 패배를 당했다고 주장한다. 케이건의 다른 역사서들을 읽은 독자라면 이런 주장에 익숙할 것이다. 『투키디데스』에서 새로운 것은 투키디데스의 『전쟁사』 자체를 평가하려는 직접적인 시도다.

케이건은 투키디데스의 빈틈없고 냉정한 분석적 방법론과 정확성에 대해서는 칭찬 일색이다. 심지어 『전쟁사』 전체에 걸쳐 나오는 전쟁 당시 주요 인물들의 장황한 연설조차 비교적 양호하다고 평가한다(사실 이들 연설은 장황할뿐더러 투키디데스라고 감안하고 봐도 심할 만큼 뒤틀린 그리스어로 표현되어 있곤 한다). 이들 연설 기록은 투키디데스 작품의 신뢰성 평가에서 수십 년간 가장 논란이 되어온 내용이었다. 투키디데스는 자신이 『전쟁사』를 집필하기 20여 년 전에 말한 내용을 어떻게 그리 정확하게 기록할 수 있었을까? 백번 양보해 투키디데스가 현장에 있었고 선견지명까지 지녀 기록해두었다고 볼 수 있는 대목도 있다. 하지만 투키디데스는 직접 들었을 가능성이 전혀 없는 말까지 책에 포함시켰다. 투키디데스는 전쟁 이후 채 10년이 되지 않아 아테네에서 추방당했기 때문이다(아테네군의 지휘관으로서 주요 전쟁에서 패한 책임을 물은 것이었다). 투키디데스에게 믿을 만한 정보원이라도 있었던 걸까?

아니면 투키디데스가 현장에 없었던 상황에서의 연설 중 일부는 그 자신의 창작의 산물일까?

현대의 일부 독자는 『전쟁사』의 문학적인 구조에서 이들 연설의 역할을 강조하면서 이것들이 허구의 창작물이라는 생각을 거리낌 없이 받아들인다. 혼블로어는 투키디데스의 책에 나오는 일부 연설이 실제 내용을 대략 반영했으리라는 가능성을 배제하진 않는다. 하지만 그는 문학적 중요성과는 다른 측면에서 이들 연설이 지니는 중요성을 이야기한다. 예를 들어 혼블로어는 얼마나 자주 이런 연설을 하든, 그것이 아무리 훌륭한 주장을 담고 있든, 결과적으로 청중 설득에 실패한 적이 많다는 사실을 강조한다. '이성적인 토론이 갖는 힘의 한계'를 보여주기라도 하듯 말이다(비슷한 시기에 집필활동을 했던 에우리피데스 역시 자신의 비극작품에서 비슷한 주장을 폈었다).

반면, 이들 연설의 신뢰성 문제가 책 전체의 신뢰성에 결정적인 영향을 미친다고 보는 이들도 있다. 30여 년 전에 케이건은 글에서 다음과 같이 말했다(그리고 지금까지도 이런 생각을 바꾸지 않고 있는 것 같다). "만약 우리가 여기 나오는 연설 중 하나라도 핵심적인 의미에서 창조된 것이라는 가능성을 받아들인다면 투키디데스의 신뢰성은 무너질 수밖에 없다." 당연히 케이건은 이런 가능성을 받아들이지 않았고 투키디데스의 신뢰성을 지지했다. 전쟁 초기 단계에서 아테네의 주요 정치인이 했다는 연설 내용에 대해서 케이건은 "페리클레스의 모든 연설은 글을 쓰는 역사가가 아니라 말을 하는 화자의 사상을 분명하게 드러내고 있다"고 주장한다. 투키디데스가 당시 언쟁에 참여한 다른 많은 핵심 인물의 발언이라고 기록한 연설들에 대해서도 마찬가지다.

투키디데스는 『전쟁사』의 서두, 자신의 방법론에 대해 말하는 부분에서 이에 대한 의견을 직접 밝혔는데, 저자의 설명이 이를 둘러싼 각종 논쟁을 명확하게 해주기는커녕 더 혼란스럽게 만들고 있다. 먼저 투키디데스는 작품에 포함시킨 연설이 모두 자신이 직접 들은 것은 아니며, 타인의 완벽한 기억에 의존한 것도 아니라고 솔직히 인정한다. 이어서 그는 어떤 말을 했을까? 이어지는 글은 이해하기 쉽지 않다. 케이건은 이들 연설이 역사학적인 관점에서 정확하다는 낙관적인 입장을 취하면서, 핵심이 되는 부분에 대한 크롤리의 다음과 같은 해석을 인용한다.

발언자들이 다양한 상황에서 그들에게 요구되었던 바를 발언하도록 하는 것이 내 습관이다. 물론 그들이 실제 말한 내용의 전체적인 의미에 가능한 한 가깝게 하면서 말이다.

케이건은 특히 문장의 마지막 부분에 비중을 두면서 "취지의

(…) 명확성을 무시할 수는 없다"고 말한다. 그러나 원래 그리스어 문장의 의미는 케이건이 이해하는 것보다 훨씬 까다롭고 불명확하다. '물론'이라는 단어는 100퍼센트 크롤리의 창작이다. 또한 '실제 말한 내용의 전체적인 의도'라는 표현이 '전체적인 의미'보다 투키디데스의 원문을 훨씬 잘 반영한 것이며, 이렇게 해석하면 연설 내용의 '정확성'에 대한 투키디데스 자신의 주장이 전달하는 메시지가 상당히 달라진다고 보는 이들도 있다.

그러나 케이건이 무턱대고 투키디데스를 믿는 '맹신자'는 아니다. 실제로 케이건은 투키디데스의 역사학적인 방법론을 옹호하면서도 많은 부분에서 그의 사건 해석이 부정확하거나 적어도 매우 편파적이었음을 밝히려 한다. 케이건이 보기에 투키디데스는 펠로폰네소스 전쟁과 전략에 대한 일반적인 정통 해석을 뒤집기 위해 글을 쓰는 일종의 수정주의 역사학자였다. 그러나 투키디데스가 탁월한 해석 능력을 보여준 부분이 있었을진 몰라도 전반적으로 정통 해석이 옳았고 투키디데스의 수정주의 입장은 틀렸다고 케이건은 주장한다. 또한 케이건은 어떤 의미에서 투키디데스가 흥미로운 이유는 그가 워낙 꼼꼼하고 양심적인 역사가여서 오늘날 우리가 투키디데스 자신의 서술을 이용하여 그를 반박하고, 그의 역사 해석의 근본적인 약점을 보여줄 수 있다는 점이라고 주장한다. 케이건은 "서로 다른 다양한 해석의 (…) 증거가 그의 서술 자체에서 나온다"고 말한다.

투키디데스의 수정주의 관점이 가장 눈에 띄는 사례로 아테
네 여러 전쟁 지휘관의 자질에 대한 평가를 들 수 있다. 투키디데
스는 페리클레스의 '광팬'이었다. 그가 보기에 페리클레스는 전쟁
초기에 현명하게 '대기 전술waiting game'을 구사했던 사람이다. 당
시 스파르타인은 해마다 한 달 정도 아테네 영토에 침범해서 외
곽지역을 사정없이 파괴하곤 했는데, 페리클레스는 그들과 교전
하지 않고 내버려두는 쪽을 택했다. 성벽 안쪽으로 철수하여 적
이 떠날 때까지 기다리는 식이었다. 사실 이는 그리스 전쟁사에
서 전례 없는 전략이었다(케이건의 올바른 지적처럼 그리스 전통에서
는 "싸우겠다는 의지와 용기, 전투에서 물러서지 않는 꿋꿋함이 자유민
과 시민의 필수 자질이었기 때문이다"). 그러나 투키디데스는 페리클
레스의 이런 전술을 후임자들의 성급한 군사 행동 결정과 비교하
며 좋게 평가한다. 후임자들은 (시칠리아 원정처럼) 결국은 실패로
끝날 온갖 경솔하고 무모한 정책에 착수했던 이들이다. 투키디데
스가 보기에는 페리클레스가 옳았다.

반면 케이건이 보기에는 그렇지 않다. 케이건은 아테네가 보유
한 금전 규모에 비추어, 페리클레스의 두고 보는 관망 정책의 금
전적인 비용을 계산한다. 이런 자료 역시 꼼꼼한 투키디데스가 남
긴 기록을 통해 얻는다. 케이건의 결론은 그런 전술을 택했을 경

우 아테네가 금전적으로 버틸 수 있는 기간은 기껏해야 3년이라는 것이다. 당연히 3년은 스파르타인이 연례행사처럼 반복하는 아테네 침략이 성과가 없다고 낙담해서 포기할 만큼 긴 기간은 아니었다(사기가 꺾인 스파르타가 침략을 포기하는 것이 페리클레스가 대기 전술을 통해 노린 목적이었다). 이론적으로는 말이 될지 몰라도 "해당 전술은 효과가 없었다". 페리클레스의 대기 전술은 (투키디데스의 생각처럼) 신중한 천재의 성공적인 작품이기는커녕 아테네를 확실한 패배로 이끈 주범이었다.

페리클레스가 페스트로 사망하기 전에 아테네인들이 이미 그에게서 등을 돌린 것은 전혀 놀라운 일이 아니다. 사실 『전쟁사』 말미에서 투키디데스는 페리클레스의 전략을 바라보는 대중적인 관점을 이전 책들에 비해 명쾌하게 이야기한다. "아테네가 1년을 버틸 수 있으리라 생각한 사람도 있었고, 2년을 버틸 수 있으리라 생각한 사람도 있었지만, 3년 이상 버틸 수 있으리라 생각한 사람은 아무도 없었다." 아테네의 경제 상황을 고려한 케이건의 계산에 따르면 일반적인 의견이 옳았고, (투키디데스와 현대의 많은 학자가 찬양해 마지않는) 페리클레스의 신중해 보이는 정책은 사실상 위험천만한 것이었다.

아테네 군대 지휘관 중에 가장 악명 높은 페리클레스의 후임자는 클레온이라는 남자다. 투키디데스는 『전쟁사』에서 정보가 부족한 와중에 무모하게 공격을 감행한 점을 지적하며 클레온의 전략뿐 아니라 천박한 졸부 이미지까지 싸잡아 격렬하게 비난하고 공격했다. 이에 대해서도 케이건은 투키디데스와는 반대 견해를 제시한다. 케이건은 투키디데스와 달리 클레온의 정책이 효과를 냈다는 사실을 반복적으로 보여준다. 사실 『전쟁사』는 전체적으로 유머나 웃음을 찾아보기 힘든 딱딱한 책이다. 그런데 유일하게 웃음이 나오는 대목이 있다면, 페리클레스가 죽고 얼마 지나지 않아 나온 클레온의 허세 어린 자기 자랑을 투키디데스가 (노골적으로 불신하며) 비웃는 대목이다. 당시 클레온은 자기한테 권한만 주면 펠로폰네소스반도 서안의 스팍테리아섬에 고립된 스파르타 병사 대부분을 20일 내에 항복시켜 생포할 수 있다고 큰소리쳤다.

실제로 클레온은 말한 그대로 해냈고, 투키디데스가 조롱하거나 언급하지 않은 다른 많은 정책도 주도적으로 추진했다(아테네 동맹 도시들의 전쟁 분담금을 재평가하여 [상향] 조정하는 안이 대표적이다). 케이건이 보기에 아테네가 전쟁에서 거의 이길 뻔했던 것은 페리클레스의 신중한 정책 덕분이 아니라 클레온의 이런 결단력 덕분이었다.

사실 투키디데스와 펠로폰네소스 전쟁을 둘러싼 현대의 논의를 보면 이런 문제, 특히 페리클레스와 클레온의 상대적인 장점에 대한 논쟁이 오래전부터 있어왔다. 케이건이 이를 살펴볼 여유가 없었다는 점은 안타까운 일이다. 1850년대에 영국에서 이를 둘러싼 논쟁이 특히나 격렬하게 터져나온 적이 있다. 민주주의자를 자처한 역사가이자 은행가인 조지 그로트가 기원전 5세기의 아테네 역사를 자기 시대의 민주주의 선거권 확대 캠페인에 활용하려고 했을 때다. 이 과정에서 그로트는 케이건처럼 클레온의 명예 회복에 관심을 갖게 되었다. 클레온은 투키디데스의 견해를 받아들이는 많은 고전학자가 권력에 굶주린 선동 정치가이자 민주주의와 보통선거권이 정치 질서에 크나큰 위협이 될 수 있는 이유를 보여주는 명백한 증거로 간주해온 그런 인물이었다. 당시 그로트와 케임브리지 대학의 고전학자 리처드 실레토 사이의 논쟁은 19세기에 가장 격렬했던 학계 논쟁 가운데 하나로 꼽힌다. 일류 고전학자이면서 극단적인 보수주의자이기도 했던 리처드 실레토는 1851년, 그로트의 『그리스 역사History of Greece』 6권 내용을 반박하는 「투키디데스인가, 그로트인가?」라는 제목의 논문을 발표했다. 여기서 실레토는 어떻게 클레온 같은 사람을 지지함으로써 투키디데스의 불편부당함에 의문을 제기할 수 있는지, 그것이 과연 상대가 말하는 선거권 확대라는 것인지 물으며 그로트의 주장을 반박한다.

그러나 케이건의 『투키디데스』 주위를 맴도는 가장 위협적인 그림자는 19세기의 그것이 아니라 아주 최근 학계의 그림자다. 케이건의 『투키디데스』는 대부분 1960년대와 1970년대의 성과에 뿌리를 두고 있다. 이는 책의 주석을 보면 분명하게 드러난다(케이건이 말하는 '예리한' 투키디데스 독자 대부분은 한 세대나 두 세대 전 사람들이다. 또한 그가 말하는 '뛰어난 현대 역사가들'은 반세기 전에 글을 썼던 이들이다). 케이건은 종종 아주 최근의 흐름인 『전쟁사』에 대한 '문학적' 접근을 부정적인 어조로 언급한다. 투키디데스를 "역사적 객관성이라는 속박으로부터 자유로운, 순수하게 문학적인 천재"로 보는 접근이라는 표현을 쓰면서. 이런 언급이 지난 30년여에 걸친 투키디데스 연구의 주된 흐름을 말하는 것이라면, 다시 말해 『전쟁사』의 문학적인 구조를 무엇보다 강조하고 드라마나 시 같은 다른 장르와의 연관성을 강조하는 연구들을 말하는 것이라면, 케이건은 그런 연구의 핵심을 거의 이해하지 못한 셈이다.

현대의 많은 투키디데스 연구자가 투키디데스의 이야기 구성 방식을 이해하는 데 공들이고 있다. 이들은 역사 문제에 무관심하거나 투키디데스를 역사적 배경 밖에 있는 문학 천재로 보기는커녕, 현대의 문학 분석 이론을 활용해 (예를 들면) 투키디데스가 기원전 5세기 말이라는 배경 속에서 역사적 객관성이라는 이미지를 구성한 방식을 보여주고자 노력한다. 그동안의 연구를 통

해 이들은 『전쟁사』에서 연설의 기능에 대한 질문이 연설의 신뢰
성에 대한 과거의 질문보다 중요하며, 해답을 찾을 가능성도 높다
는 점을 보여주었다. 그리고 이제는 『전쟁사』에 쓰인 언어가 그렇
게 해독하기 어려운 이유, 그리고 그런 언어 사용의 효과가 무엇
인가를 묻기 시작했다.

예를 들어 에밀리 그린우드는 투키디데스가 세심하게 대본을
작성한 연설 및 자신의 방법론에 대한 세심한 설명의 일부 목적
은 역사 구성에서 '진실'의 속성 자체에 의문을 제기하는 것이라
고 강조한다. 말하자면 진실이 당시 말한 내용 그대로에 있는 것
인지, (실제 말한 내용과 아무리 동떨어져 있다 해도) 역사가가 기록
한 말에 있는 것인지? 그린우드는 투키디데스의 『전쟁사』를 부분
적으로 하나의 이론으로, 단순히 전쟁의 역사가 아니라, 역사를
가장 진실하게 이야기할 방법에 대한 고찰로 봐야 한다고 주장
한다. 이런 주장은 작품 후반부에서 드러나는 혼블로어의 목표와
도 멀지 않다. 사실 혼블로어의 『투키디데스 해설A Commentary on
Thucydides』 2, 3권이 1권보다 설득력 있는 이유는 현대의 문학비
평과 서사에 대한 이론이 미친 분명한 영향 덕분이다.

아마 케이건도 이런 새로운 문학 흐름의 영향을 스스로가 인
정하는 것보다 더 많이 받았을 것이다. 그러나 케이건의 『투키디
데스』의 대부분은 펠로폰네소스 전쟁과 관련 역사가들을 생각하

면서 보낸 투키디데스의 오랜 생애를 우아하게, 때로는 신랄하게 기술한 요약으로 채워져 있다. 케이건의 『투키디데스』는 지난 세기 투키디데스와 관련하여 제기된 여러 핵심 이슈를 다루고 있으며, 일부는 지금까지도 의미가 있다. 하지만 미래의 투키디데스까지는 아니다.

서평 도서

1 Donald Kagan, 『투키디데스: 역사의 재발명Thucydides: The Reinvention of History』(Viking, 2009)

2 Simon Hornblower, 『투키디데스 해설A Commentary on Thucydides』, Volume III, Books 5.25~8.109(Oxford University Press, 2008)

1부 고대 그리스

4. 알렉산드로스 대왕, 얼마나 위대한가?

━━━ 기원전 51년 마지못해 로마의 서재를 떠나 지금의 터키 남부에 위치한 실리시아 속주 총독으로 부임했던 마르쿠스 툴리우스 키케로는 현지 반란군을 상대로 사소한 승리를 거두었다. 지금까지 남아 있는 키케로의 편지들을 보면 당시 그는 자신이 유명한 앞사람의 발자취를 따라가고 있다는 사실을 의식했다. 친구 아티쿠스에게 보낸 편지에서 키케로는 이렇게 말한다. "며칠 동안 우리는 이수스에서 다리우스와 싸울 때 알렉산드로스가 점령했던 바로 그 장소에서 야영을 했다네." 그러곤 곧장 사실 알렉산드로스가 "자네나 나보다는 확실히 나은 장수"였다는 말을 덧붙이며 인정하는 모양새를 취했다.

책상물림 키케로의 알렉산드로스 언급 자체는 이만저만 아이러니한 게 아니다 싶지만 알고 보면 거의 모든 로마인이, 여단급 군대를 지휘하면서 제국의 동방에 있는 상황이 되면 알렉산드로스 대왕이 되는 꿈을 꾸곤 했다. 적어도 상상 속에서나마 그들은 마케도니아의 젊은 왕의 입장이 되어봤다. 알렉산드로스는 기원전 334년부터 기원전 323년 사이에, 다리우스 3세 치하의 페르시아를 정복하고, 군대를 이끌고 고국에서 거의 5000킬로미터나 떨어진 인도 펀자브 지방까지 누비고 다녔던 인물이다. 그리고 고국으로 돌아오는 길에 바빌론에서 서른두 살의 젊은 나이로 죽음을 맞았다. 사인이 (공식 버전에서 말하는) 치명적인 열병인지, (다른 버전들에서 암시하는) 독살 혹은 음주 관련인지는 명확치 않지만.

다른 로마인들은 흔히 책상물림으로 통하는 키케로보다 한층 당당하게 '새로운 알렉산드로스'라고 주장할 수 있었다. 또한 이들은 반어적인 의미보다는 실제 연관성을 훨씬 중요하게 여겼다. 키케로와 동시대인인 그나이우스 폼페이우스는 오늘날 경쟁자 율리우스 카이사르에 가려져 크게 빛을 보지 못하는 게 사실이다. 그러나 젊은 시절 폼페이우스의 무공은 카이사르를 능가했다. 그는 카이사르보다 훨씬 대단한 적들을 상대로 훨씬 결정적인 승리를 거두었다. 기원전 80년대에 아프리카를 정복하고 돌아온 폼페이우스를 사람들은 '크다, 위대하다'라는 의미의 '마그누스Magnus'

라 부르며 열렬히 환영했는데, 알렉산드로스 '대왕'이라는 칭호를 직접적으로 모방한 것이다. (지금도 폼페이우스는 'Gnaeus Pompeius Magnus'로 알려져 있다.) 이런 연관성을 한층 더 확실하게 각인시키려 했던 것일까? 지금까지 남아 있는 폼페이우스의 유명한 두상을 보면 알렉산드로스 대왕이 했던 특징적인 머리 모양을 하고 있다(두상은 현재 코펜하겐의 글립토테크 미술관에 있다). 이마 중앙 부분에서 위로 올려 빗은, 영어로 '퀴프quiff'라고 하는 앞머리다(그리스에서는 이를 아나스톨레anastole라고 불렀다).

알렉산드로스 추종이라면 율리우스 카이사르도 결코 뒤지지 않는다. 알렉산드리아 방문 당시 카이사르는 알렉산드로스의 무덤을 찾았다. (알렉산드리아는 알렉산드로스의 시신이 생각지 못한 사고를 포함한 힘든 여정 끝에 영면에 들어간 장소다. 바빌론에서 고국 마케도니아로 이송하던 중 알렉산드로스의 '후계자' 한 명이 영구차째로 시신을 탈취해 이집트로 가져갔다고 한다.) 서기 1세기의 로마 시인 마르쿠스 루카누스는 카이사르의 알렉산드로스 무덤 방문을 일종의 '쇼'라고 비웃으면서 미친 폭군에게 경의를 표하는 또 다른 미친 폭군이라고 표현하기도 했다.

(이처럼 신랄한 루카누스의 언급이 암시하듯이) 로마에는 알렉산드로스를 보는 다른 시각들 역시 존재했다. 사실과 반대되는 조건을 제시하고 가정을 해보는, 소위 '사후 가정 역사counterfactual

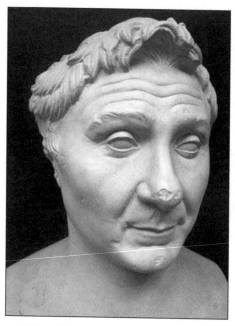

2. 로마의 알렉산드로스인 폼페이우스. 앞머리 중앙의 위로 빗어 올린 부분을 영어로는 퀴프, 그리스어로는 아나스톨레라고 한다.

history'의 초기 형태가 아닌가 싶은데, 역사가 리비우스는 "만약 알렉산드로스가 로마 침략을 결심했다면 어느 쪽이 이겼을까?" 라는 질문을 던졌다. 예상대로 리비우스는 로마 제국이 다른 적들을 상대로 그러했듯이 알렉산드로스 상대로도 천하무적임을 증명했으리라고 결론 내린다. 맞는 말이다. 알렉산드로스가 '위대한 '장군'이기는 하지만, 리비우스 당시 로마에는 '다수의 위대한 장군'이 있었고, 이들은 "여자와 환관을 데리고" 전쟁터에 왔다는, 어떻게 봐도 "쉬운 상대"였던 페르시아 왕과는 비교도 안 되는 불굴의 의지를 지니고 있었다.

더구나 알렉산드로스는 일찍부터 치명적인 약점이 되는 징후들을 드러냈다. 자만심, 아랫사람에게 강요했던 부복俯伏, (만찬 자리에서 좀 전까지의 친구들을 무참히 죽이기도 했다는) 잔인함, 악명 높은 음주 습관 등을 보라. 그러므로 알렉산드로스의 로마 침략은 인도 침략보다 고된 시험이 되었을 것이다. "그가 술 취한 군대와 함께 흥청망청 술잔치를 벌이며 만유漫遊했다"는 곳이 바로 인도 아닌가.

키케로조차 냉정한 순간에는 알렉산드로스의 문제점들을 인지했다. 지금은 단편적으로만 남아 있는 『국가론De re publica』에서 키케로는 거의 500년 뒤 성 아우구스티누스의 글에 다시 등장하는 일화 하나를 인용했던 것으로 보인다. 이야기에 따르면 보잘것없는 해적 하나가 붙잡혀 알렉산드로스 앞에 끌려왔다. 왜 해적선을 끌고 다니며 바다를 공포에 떨게 하였는가? 알렉산드로스가 물었다. "당신이 전 세계를 공포에 떨게 하는 것과 같은 이유다." 해적이 신랄하게 받아쳤다. "세계를 공포에 떨게 한" 행동의 사례야 차고 넘쳤으니 해적이 마음만 먹으면 얼마든지 나열할 수 있었으리라. 티레와 가자 지역 포위 공격 뒤에 성인 남성 전체 학살, 편자브에서 현지 주민 대학살, 페르세폴리스에서 왕궁 파괴 등등. (소문에 따르면) 알렉산드로스가 만찬회에서 곤드레만드레 취한 후 페르세폴리스 왕궁에 불을 질렀다고 한다.

로마인들이 보는 알렉산드로스의 이처럼 애증이 교차하는 양면적인 모습이 잘 표현된 것은 바로 유명한 「알렉산드로스 모자이크」다. 글자 그대로 수백만 개의 작은 테세라로 이뤄진 거대한 작품으로, 고대 폼페이에서도 가장 규모가 컸던 '목신의 집' 바닥을 장식했던 것이다(지금은 나폴리국립고고학박물관에 소장되어 있다). 알렉산드로스와 다리우스 3세의 전투를 묘사한 작품으로 알렉산드로스는 앞머리가 특징적인 '퀴프' 모양이어서 누구라도 알아볼 수 있으며, 다리우스 3세는 마차를 타고 있다. 예전 그리스 그림을 로마인이 모자이크 형태로 모방한 작품이라 여겨져왔지만 명확한 근거가 뒷받침되는 주장은 아니다. 로마 예술가들은 원본의 창조자라기보다는 원본을 모방한 파생 작품을 만든다는 오래전부터의 추정이 근거라면 근거일 것이다.

그러나 작품을 찬찬히 살펴보면 작가의 의도가 상당히 헷갈리게 되어 있는 구성이다. 작품 왼쪽에 치우쳐 있는 알렉산드로스는 말을 타고 돌진하면서 불쌍한 페르시아인 한 명을 긴 창('사리사'라고 하는 유명한 마케도니아의 장창長槍)으로 찌르고 있다. 한편

오른쪽에서 적을 맞는 다리우스는 전장에서 도망치려는 모양새다. 실제로 왕의 마차를 모는 마부는 말들의 방향을 돌린 채 전속력으로 내뺄 준비를 하고 있다. 누가 승자인지에 대해서는 의심의 여지가 없다. 그러나 작품을 보는 사람들의 관심은 알렉산드로스가 아니라 오히려 다리우스에게 쏠리게 되어 있다. 전장에서 홀로 우뚝 솟아 있으며 알렉산드로스 방향으로 팔을 뻗고 있다. 이런 구도를 만들어낸 작가가 누구든, 지는 해인 페르시아와 떠오르는 해인 마케도니아 사이에서 벌어진 유명한 싸움에서 관객의 관심을 승자가 아닌 패자에게로 유도하려 했음이 분명하다. 나아가 패자를 향한 동정심마저 자극하는 모양새다.

알렉산드로스를 둘러싼 논쟁은 수백 년에 걸쳐 계속되고 있다. 당연히 새로운 주제들이 등장했다 사라지곤 한다. 최근에는 알렉산드로스가 '그리스인인가?'를 둘러싸고 팽팽한 긴장감이 도는 정치적 논란이 있었다. 알렉산드로스는 정말로 '구舊유고슬라비아 마케도니아공화국FYROM'이 주장하는 것처럼 슬라브인일까? (그리하여 FYROM을 대표할 적절한 상징이며, 이곳의 수도 스코페 공항에 적합한 이름일까?) 아니면 진짜 그리스인일까? (그리하여 FYROM과는 아무런 상관이 없는 것일까?)

이런 논쟁이 성과를 보기 힘들다는 것은 불 보듯 뻔하다. 고대의 민족 정체성은 여간 파악하기 어려운 개념이 아니다. 특히 마

3. 패배자의 얼굴. 알렉산드로스 모자이크의 일부분으로 다리우스는 방향을 틀어 전장에서 도망치기 직전, 맞은편의 적을 보고 있다.

케도니아인의 민족 정체성은 거의 완벽하게 신화에 가려져 있다. 그렇지만 이처럼 자명한 상황도 2009년 수백 명의 학자(주로 고전학자)가 미국의 버락 오바마 대통령에게 편지를 써서 알렉산드로스는 "반박의 여지 없이 100퍼센트 그리스인"이라고 선언하면서 오바마 대통령이 나서서 FYROM이 주장하는 역사적 오류를 "정리해달라"고 부탁하는 황당한 사태를 막지는 못했다. 그에 대한 오바마의 대답은 밝혀지지 않았다. 이후에 비슷한 논쟁이 다시 한번 점화되었는데, 조악한 30톤짜리 조각상이 마케도니아의 수도 스코페 중앙 광장에서 세워지던 때다. 기단 높이 9미터에 조각상 높이가 15미터나 되는 거대한 규모였다. 나름 신중을 기해서 '말 탄 전사'라고만 명명한 문제의 조각상은 알렉산드로스의 일반적인 이미지와 놀라울 정도로 닮아 있다. 당연히 '쿼프'라 부르는 특징적인 앞머리도 빼놓지 않았다.

때로 새로운 증거가 발견되어 기존 생각을 흔들어놓기도 한다. 1880년대에는 '알렉산드로스 석관'이라는 형태로 이런 충격을 일으켰다. 석관은 레바논에서 발견되어 현재는 이스탄불 고고학 박물관에 소장되어 있다. 연대가 기원전 4세기 말까지 거슬러 올라가는 석관은 알렉산드로스 자신이 제작한 젊은 군주의 대리석 석관인 것이 거의 확실해 보인다. 석관 주위에는 알렉산드로스의 일생에서 중요한 전쟁과 사냥 장면들이 조각되어 있다. 더구나 이것은 현재 남아 있는 어떤 알렉산드로스 대왕의 이미지보다 연대상 그의 생전에 가장 가깝다. (현재 남아 있는 대형 알렉산드로스 '이미지'는 모두 그의 사후에, 때로는 사후 오랜 세월이 흐른 뒤에 제작되었다. 지금은 사라진 생전 작품을 토대로 하고 있다고 해도 말이다.)

마케도니아 왕궁에서 가까운 그리스 북부 베르기나 고고 유적지에서 1970년대 이래 발굴된 유물들은 더 인상적이다. 사람의 손을 타지 않은 기원전 4세기 무덤들이 특히 인상적인데, 귀한 보석, 금은으로 만든 그릇, 정교한 가구, 벽화 등이 고스란히 남아 있다. 마케도니아인이 일반적인 의미에서의 '야만인'이었다는 기존 생각을 뒤흔드는 수준 높은 유물들이다. 이들 무덤은 마케도니아 왕실 일원의 것일 가능성이 높다. 물론 알렉산드로스 자신은 아니고, 어쩌면 (기원전 336년에 암살당한) 그의 아버지 필리포스 2세와 필리포스 2세 사후 권력 투쟁 과정에서 역시나 끔찍한 최후를 맞았던 여러 친인척의 무덤일 가능성이 높다. 알렉산드로스 자신의 것은 아니지만 무덤에 들어 있는 부장품들을 통해 우리는 일찍이 생각 못 한 정도로 가깝게 그와 그의 시대에 다가갈 수 있다.

그러나 전반적으로 보면 알렉산드로스를 둘러싼 논쟁과 이를 뒷받침하는 증거는 과거 2000년 동안 크게 달라지지 않았다. 작가, 영화 제작자, 예술가, 정치가들이 맞닥뜨리는 가장 근본적인 딜레마는 알렉산드로스를 계속 찬양할지, 비난해야 할지에 관한 것이다. 많은 이에게 알렉산드로스는 '위대한 장군'이라는 긍정의 본보기로 남아 있다. 고국에서 점점 멀어지는 타지에서 영웅적으로 자기 군대를 이끌어 승리를 쟁취한 위대한 지휘관이라는 이미지로. 알렉산드로스 찬양자로 유명한 인물이 바로 나폴레옹이다. 나폴레옹이 알렉산드로스를 찬양하는 마음을 담은 인상적인 유물은 지금도 전해진다. 나폴레옹의 의뢰로 제작된 값비싼 탁자

1부 고대 그리스

로 버킹엄 궁에 소장되어 있다. 자기와 금동으로 제작된 탁자 상판을 보면 알렉산드로스의 얼굴이 중앙에 주인공으로 자리 잡고 있으며, 고대 군대의 거물들이 조연 역할을 하면서 그의 주위를 둘러싸고 있다. 나폴레옹은 이를 '알렉산드로스를 위하여'라는 메시지로 해석했다.

『알렉산드로스 대왕Alexander the Great』이라는 전기로 보건대 필립 프리먼 역시 찬양자 중 한 명이다. 상대적으로 신중하다는 점이 나폴레옹과의 차이라면 차이다. 요약 발췌 부분에서 프리먼은 "종종 잔인함을 보이는 알렉산드로스의 전술"에 동의하기 힘든 건 인정하면서도 이렇게 덧붙인다. "합리적인 역사학자라면 알렉산드로스가 역사상 최고의 장군 중 한 명이라는 점을 인정해야 한다." 책의 마지막 문장에서는 이렇게 말한다. "우리는 그렇게 위대한 일들을 해낸 남자를 찬양하지 않을 수 없다."

프리드먼과 달리 알렉산드로스 찬양을 어렵잖게 자제하는 이들도 있다. 단테는 폭력 행사의 죄를 범한 이들이 가는 제7지옥에서 '알렉산드로스'의 자리를 찾았다(알렉산드로스라는 이름이 등장하진 않지만 단테가 말하는 이가 '대왕'이라는 사실은 누구도 어렵잖게 짐작할 수 있다). 펄펄 끓는 피의 강에 눈썹까지 잠긴 채 고통으로 비명을 지르고 있는 모습이다. 훈족의 아틸라 왕, 시라쿠사의 폭군 디오니시우스 같은 극악무도한 이들과 함께 영원히 그곳에 있어야 하는 신세다. 현대의 많은 작가가 단테의 생각을 따르고 있다. 예를 들어 알렉산드로스 역사가 중 대가로 꼽히는 A. B. 보즈워스는 언젠가 알렉산드로스의 일생을 을씨년스러운 표현으로 요약했다. "그는 생애의 많은 시간을 직접 살인하거나 살인을 지시하면서 보냈다. 확실히 살인이야말로 그가 가장 잘하는 일이었다." 나도 비슷한 의미지만 그보다 경망한 어조로 알렉산드로스를 묘사한 적이 있다. "현대 어느 국가에서도 나라를 대표하는 인물로 택하기 힘들다고 생각되는 주정뱅이에 미성숙한 폭력배."

필립 프리먼과 피에르 브리앙은 이런 비판을 시대착오적인 가치 판단이라며 일축한다. 브리앙은 『알렉산드로스 대왕과 그의 제국Alexander the Great and His Empire』에서 보즈워스의 의견이 "우리 시대 가치관에 맞는 일반적인 판단이지만 알렉산드로스 시대의 가치관에는 맞지 않는다"고 말한다. 프리먼은 내가 했던 빈정거리는 표현 역시 "지나치게 단순화한 것"이라고 지적한다. "그는 스스로가 폭력이 난무하는 시대를 살았던 사람이며, 그의 행동은 카이사르나 한니발보다 나을 것도 못할 것도 없다." 물론 역사가들이 시대착오적인 가치 판단을 이유로 서로를 비난하는 것이야 흔한 일이다. 그러나 이 경우는 지금까지 살펴본 데서도 드러나듯이 전혀 시대착오적이지 않다. 이미 카이사르 시대에 일부 로마인은 알렉산드로스를 스케일 있게 노는 해적과 다름없다고 묘사하지 않았던가.

알렉산드로스의 행적을 어디까지 찬양할 것인가라는 문제는 그가 이루려 했던 바가 무엇인가라는 질문과 밀접하게 연관된다. 알렉산드로스의 방법이 불편하게 느껴진다면 그의 목적은 어떤가? 이와 관련해서도 꽤 다른 다양한 의견이 제시된다. 19세기 영국의 제국주의 슬로건에나 맞을 법한 낡은 사고에 따르면 알렉산드로스는 '문명화'에 대한 사명감을 지녔으며 헬레니즘 문화의 높은 이상을 미개한 동양에 전파한다는 고매한 계획을 품고 있었다. 사실 이런 생각은 흥행에 참패한 올리버 스톤 감독의 영화 「알렉산더」(2004)의 핵심 주제와도 그리 멀지 않다(옥스퍼드 대학의 역사학자 로빈 레인 폭스가 자문으로 참여했고 기병대 돌격 장면에서 '엑스트라'로 출연까지 한 것으로 유명하다). 스톤 감독의 영화에서 알렉산드로스는 성적으로 장애가 있는 꿈을 좇는 몽상가다. 아무튼 꿈을 좇는 사람.

알렉산드로스의 행동 이면의 심리학적인 근거를 찾으려는 움직임은 꾸준히 있어왔다. 알렉산드로스의 만족을 모르는 강박적인 '동경' 혹은 '욕망'(로마 시대에 활동했던 그리스인 루키우스 플라비우스 아리아누스가 서기 2세기 중엽에 사용했던 그리스어 표현을 빌리자면 포토스pothos 그리스 신화에 등장하는 갈망과 애욕의 신라고도 말할 수 있으리라)을 강조하는 학계 흐름이 있다. 다른 흐름은 호메로스의

『일리아스』에 나오는 영웅들과의 동일시라는 문학적 의미를 이야기한다. 알렉산드로스가 자신을 아킬레우스로, 친구 헤파이스티온을 아킬레우스의 친구 파트로클로스로 보고, 트로이 전쟁을 재연한다고 생각했다는 주장이다. (한번은 아킬레우스가 헥토르의 시신을 마차에 매달고 트로이 성벽 주위를 도는 장면을 잔인하게 개작하여 재연했다고 한다. 알렉산드로스의 경우는 희생자가 적어도 잠시 동안은 살아 있는 상태였다는 점이 가장 큰 차이였다.)

그보다 현실적인 견해에서는 알렉산드로스가 단순히 자기 아버지의 뒤를 잇는 데서 시작했다고 본다. 그의 아버지 필리포스 2세는 암살 당시 이미 소아시아 지역에서의 군사 작전을 일부 시작했던 인물이다. 알렉산드로스가 군사적 성공으로 거만해졌고, 어디서 멈춰야 할지 몰랐다는 게 문제라면 문제였다는 것이다. 이언 워딩턴은 『마케도니아의 필리포스 2세Philip II of Macedonia』에서 시작은 그렇게 거창하지 않았지만 알렉산드로스가 정복 전쟁을 인도 펀자브 지방까지 계속 밀고 나간 이유는 가능한 모든 방법으로 아버지를 능가하기 위해서였다고 주장한다. (관련 심리를 좀더 살펴보자면, 워딩턴은 알렉산드로스가 "필리포스 2세의 치세 말년에 느낀 소외감 때문에 일종의 편집증"을 앓고 있었다고 말한다.)

알렉산드로스를 연구하는 현대 역사가들은 여러 면에서 이견을 보인다. 그러나 그들의 논쟁은 실제보다 부풀려진 면이 있다.

(겉으로 드러나는 각종 견해차와 상충하는 가치 판단들의 기저를 보면) 동일한 증거에 대한 동일한 접근법에 기초하여, 동일한 전통적인 질문들에 대한 답을 찾으려 하고 있음을 알 수 있다. 10년 전에 제임스 데이비드슨은 『런던 리뷰 오브 북스』에서 보즈워스와 E. J. 베이넘이 편찬한 알렉산드로스 논문집에 대한 서평을 쓰면서 이런 주장을 설득력 있게 제시했다. 학계의 '알렉산드로스 산업'의 심히 유감스러운 현주소를 환기시키며 고대 역사가들 사이에서 유명해진 서평이기도 하다. 거기서 데이비드슨은 서사학부터 성 연구까지 고전학의 거의 모든 분야가 20세기 후반 반세기의 새로운 이론적 발전을 받아들이고 활용해온 반면, "알렉산드로스 나라의 학문만은 1945년 이래 역사학과 고전학을 완전히 바꿔놓은 각종 변화에 거의 영향을 받지 않은 채로 남아 있다"고 지적했다.

사실 알렉산드로스 연구는 고대 역사 전체로 보면 극히 짧은 시기를 다루고 있다(알렉산드로스가 정복 전쟁을 벌인 기간은 10여 년에 불과하다). 그 분야의 전문가들은 현존하는, 아주 생생하지만 신뢰성이 심히 의심되는 문헌 자료를 근거로 "실제 어떤 일이 있었는가?"를 재구성하는 데에만 몰두하고 있었다. (보통은 아리아누스가 남긴 일곱 권의 책이 '가장 좋은' 자료로 간주되지만 플루타르크의 『알렉산드로스의 생애Life of Alexander』, 디오도로스 시켈리오테스의 『역사총서Library of History』 등에도 많은 자료가 있다. 그 밖에도 자료는 많다.) 데이비드슨은 고대 세계에서 "실제 어떤 일이 있었는가?"를 재구성하려는 이런 작업엔 "실제로 어떠했는가?"를 재구성하려는 다른 시도들에 비해 훨씬 결점이 많았다고 주장한다. 남아 있는 증거들의 특성 때문이다. 지금 우리가 가지고 있는 알렉산드로스의 정복 전쟁에 관한 모든 이야기는 알렉산드로스가 죽고 수백 년 뒤에 쓰인 것들이다. 따라서 분야 역사가들의 작업은 보통, 어느 정도 믿을 만하지만 사라진 동시대 기록에서 유래했을 서술 안에서 구절들의 출처를 찾고 확인하는 식이었다. 사라진 동시대 기록이 알렉산드로스의 비서가 남긴 『일지』든, 이집트의 프톨레마이오스가 썼던 당시 역사서든 간에. 예를 들면 비서의 『일지』에는 알렉산드로스가 마지막에 앓았다는 '병'이 기록되었다고 한다. 지금은 전하지 않는 알렉산드로스의 정복 전쟁 기록을 남겼다는 프톨레마이오스는 영구차에 실린 알렉산드로스의 시체를 탈취하여 자기가 지배하는 영토의 수도인 알렉산드리아에 안치한 인물이다. 말하자면 알렉산드로스 시신 탈취 사건을 행한 장본인이다 알렉산드로스의 부하 장수 프톨레마이오스는 알렉산드로스 사후 이집트로 건너가 스스로 왕으로 칭하며 프톨레마이오스 왕조를 열었다.

데이비드슨은 (남은 자료의 특정 부분이 사라진 자료의 어느 부분에서 나왔는가 확인할 희망이 있다 해도) 사라진 자료가 반드시 신뢰성 있으리라 가정하기는 어렵다고 주장한다(고전학자들은 그렇게 생각하고 싶어하지만). 일부 기록은 위조된 것임이 거의 확실하다(특히 『일지』는 모작模作일 가능성이 높다). 또한 일부는 고대 세계 자체의 비평을 통해 확인되는 범위에서 판단하자면 아주 조악한 엉터리 기록이었다. (그런 의미에서 "사라진 기록은 (…) 잘못해서 잃어버린 것이 아니라, 일부러 잊어버린 것이다"라는 데이비드슨의 지적은 옳다.) 결과적으로 우리가 '알렉산드로스의 자취'라고 알고 있는 역사적 구조물 자체가 극도로 엉성하고 빈약한 상황에서 현대 학자들은 이를 쥐어짜서 알렉산드로스를 둘러싼 각종 질문에 대한 답을 얻으려 하고 있다. 알렉산드로스를 움직인 동기가 무엇인가는 물론이고, 그가 아내 록사나를 정말로 사랑했는가, 혹은 자신이 정말 아문 신의 아들이라고 믿었는가와 같은 질문에 대한 답을. 이는 진정한 역사학이 아니라 교묘한 속임수에 불과하다.

피에르 브리앙은 알렉산드로스 연구 현황을 다룬 부록에서 데이비드슨의 일부 주장이 "정곡을 찌르고 있다"며 너그럽게 인정하는 모양새를 취한다. 그렇다고 해도 지금까지의 책들은 맛보기일 뿐이다. 프리먼의 『알렉산드로스 대왕』은 장인의 솜씨가 느껴지는 전통적인 전기인데, 때로는 재미있고 때로는 살짝 과하다 싶게 경박하다("전장에서의 사건들은 마케도니아에 유리하게 돌아가고 있었다"). 프리먼의 책은 기껏해야 추측에 불과한 각종 느낌, 감정, 성격에 대한 언급으로 가득하다("알렉산드로스는 자신의 운이 믿기지 않았다" "그가 왜 인생의 바로 이 시점에 갑자기 박트리아 여인과 결혼하기로 결심했는지 의아할 것이다. 답은 아마도 정치와 열정의 혼합이리라"). 프리먼의 『알렉산드로스 대왕』은 이해하기 힘든 전투 전략과 복잡한 등장인물 때문에(무엇보다 같은 이름을 가진 사람이 너무 많다) 알렉산드로스 이야기가 (이렇게 단순화된 반# 허구 버전에서조차) 얼마나 골치 아프고 어려운가를 새삼 상기시킨다.

알렉산드로스의 생애를 중심이 아닌 곁다리로 보는 것이 효과적일 수 있다고 생각하는 현대 역사가들도 있다. 이언 워딩턴이 그런 역사가 중 한 명인데 필리포스 2세에 집중하면서 아버지의 업적이 그보다 유명한 아들의 업적에 미친 영향을 파악하려한다. 전반적으로 박식하고 정통한 서술이지만 가독성을 높이려고 비전문 분야에까지 아는 체를 하면서 너무 많은 설을 풀어놓는다(어쩌면 이런 전개가 불가피했으리라). 여러 학자가 그렇듯이 워딩턴은 필리포스 2세의 사리사 발명, 즉 엄청난 파괴력을 가졌을 전투 장비의 발명에 경외심을 품고 있다. 그러나 사리사는 유난히 긴 창에 불과했기 때문에 그렇게 대단한 파괴력을 지녔다면 필리포스 2세의 적들이 왜 모방하지 않았는지 궁금해진다. 필리포스 2세가 기원전 338년 지금의 그리스 중부 카이로네이아에서 그리스 연합군을 격파했을 당시 그의 전략에 대해서는 지도까지 곁들인 상세 설명이 나와 있다("2단계: 필리포스가 퇴각하고 중앙과 좌익이 앞으로 나간다. 아테네 쪽은 중앙과 보이오티아인이 좌측 앞으로 나간다" 등등). 독자로서는 그처럼 상세한 내용이 훨씬 뒤에 만들어진 얼마 되지 않는 자료에 나오는, 혼란스럽고 (완전히는 아니라도 상당 부분) 서로 모순되는 몇 줄의 설명에서 비롯됐다는 사실을 짐작조차 하기 어렵다.

한편, 『왕좌의 유령Ghost on the Throne』에서 제임스 롬은 연대상으로 워딩턴과는 반대 방향으로 나가 알렉산드로스 사후를 살핀다. 그리스 세계의 분할과 (프톨레마이오스, 안티고노스, 셀레우코스 등) 다수의 헬레니즘 왕조의 창조로 이어진 여러 장군 사이의 갈등을 중심으로 다루는 것이다(알다시피 이들 왕조는 모두 훗날 로마의 수중에 떨어진다). 지정학적 영향이라는 면에서 알렉산드로스의 정복 전쟁 시기보다 그의 사후가 더 중요하고 결정적인 시기였다고 보는 롬의 기본 발상은 당연히 옳다. 그러나 인상에 남는 훌륭한 표현들 외에 전반적으로는 이야기를 어떻게든 재미나게 만들려고 몸부림친 기색이 역력하다. 권력 투쟁을 벌이는 장군들 사이의 복잡한 막후 협상과 이권 다툼, 알렉산드로스 가문 내에서 일어난 다수의 왕족 살해, 임종 직전의 민주주의를 붙잡고 있는 매력 없는 아테네 지도자들의 변덕스러운 책략과 술수 등을 잔뜩 나열하면서.

잠재적 가능성만 보자면 가장 중요한 책은 브리앙의 『알렉산드로스 대왕』이다. 브리앙은 페르시아 (아케메네스 왕조) 제국에 관한 한 세계 최고 권위자 중 한 명이기 때문이다. 따라서 브리앙의 책은 페르시아 쪽 증거를 포함시키면 알렉산드로스를 다른 시각에서 볼 수 있지 않을까 하는 잠재적 가능성을 안고 출발한다. 실제 결과물에서 그런 통찰이 엿보이지만 기대보다는 하찮다. 그리고 두 가지 중요한 문제가 있다. 첫째, 브리앙은 역사가가 해야 할 일과 하지 말아야 할 일을 살짝 겁을 주는 어조로 설교한다든가 해서, 조금은 고압적인 전문가 입장에서 글을 쓴다. 동시에 문체 면에서는 전보 같은 간결함을 추구한다(실제로 본문 글씨가 제법 큰데도 총 144쪽에 불과해 부제에서 말하듯 '간단한 소개'가 맞다). 또한 브리앙은 예를 들어 '사트라프satrap 고대 페르시아 제국 속주의 태수'의 직무에 대해 사전 지식이 없을 수도 있는 독자를 거의 배려하지 않는다. 문서나 자료에 대해서도 마찬가지다. 책에서 브리앙은 특히 "중요하다"거나 "유용하다"고 여겨지는 문서를 몇 번 언급하는데, 이때도 그것이 어떤 문서이며, 해당 시기 역사학에 문서의 내용이 어떤 영향을 미쳤는가를 거의 설명하지 않아 문외한으로서는 공감하기 쉽지 않다.

예를 들면 박트리아에서 발견된 "더없이 중요한" 아람어 문헌과 "모두 다리우스 왕 3년에 만들어진, 채무 내용을 기록한 18개의 나무 막대기가" 아케메네스 왕조 지배에서 마케도니아 지배로의 이행을 정확히 어떻게 설명해준다는 것인지 알 수 없어 당혹스러웠다. 더욱이 브리앙이 페르시아 문서가 당시 역사 이해에 얼마나 기여했는가를 상세히 설명했을 때 밀려드는 실망감은 더 컸다. 이것이 내가 말하는 이 책의 중요한 두 번째 문제다. 브리앙의 설명과 달리 실제 기여도가 놀라울 정도로 미미할 때가 많기 때문이다. 브리앙도 인정한 것처럼 페르시아 작가들이 남긴 "지속적인 기록"은 없다. 그러나 단편적인 설형문자 서판들마저 브리앙이 약속하는 내용에 부응하지 못했다. 예를 들어 브리앙은 기원전 331년 아르벨라(혹은 가우가멜라) 싸움과 알렉산드로스의 바빌론 입성 사이의 기간에 대해 "상세한 이미지를 제공하는" 어느 "유명한 바빌로니아 서판"에 대해 말한다. 상세한 이미지라고? 내가 알기로 이는 천문 일지로 "다리우스의 군영에서 극심한 공포가 일었고" "다리우스 군대는 심각한 패배를 당했으며" "왕의 군대가 도망쳤고" 이어서 "세계의 왕"이 바빌론으로 들어왔다는 내용을 지나가는 말로 띄엄띄엄 하고 있을 뿐이다. 페르시아의 관점을 일별할 수 있는 소중한 자료일지 모르지만 어디까지나 '일별'이지, 역사 서술을 바꾸기에는 역부족이다.

그렇다면 알렉산드로스와 관련하여 대체 우리는 무엇을 해야 하는 걸까? 그와 관련한 역사 서술에서 부족한 부분, 빠져 있는 부분은 무엇인가? 데이비드슨은 현대 알렉산드로스 역사가들이 놓치고 있는 사각지대는 '애정'이라고 주장하면서 마케도니아 궁정의 동성애와 육체 숭배에 관심을 돌려야 한다고 주장했다. 나는 그보다 평범한 사각지대를 제안하고 싶다. 바로 로마다. 로마 작가들은 단순히 알렉산드로스의 성격에 대해 논쟁만 한 것도 아니고, 그를 본보기로 여겨 칭송하기만 한 것도 아니다. 그들은 오늘날 우리가 아는 '알렉산드로스'를 거의 만들어냈다. 다이애나 스펜서도 훌륭한 저서 『로마의 알렉산드로스The Roman Alexander』 (2002)에서 비슷한 주장을 펼쳤다. 사실 '알렉산드로스 대왕'이라는 명칭이 쓰인 입증 가능한 최초의 사례는 로마 시대 플라우투스의 희극에 나오는데 알렉산드로스 사후 150여 년이 지난 기원전 2세기 초반의 것이다. 내가 보기에 플라우투스 자신이 그 단어를 고안해냈을 가능성은 희박하며 아마도 로마인들 사이에 퍼진 신조어였을 것이다. 반면, 그리스에 있는, 알렉산드로스의 동시대인이나 직계 후손들이 그를 '알렉산드로스 대왕'이라고 불렀음을 입증하는 확실한 자료는 전혀 없다. 어떤 의미에서 '알렉산드로스 대왕Alexander the Great'은 '위대한 폼페이우스Pompey the Great'와 마찬가지로 로마인의 창작물이다.

그보다 훨씬 더 중요한 것은 알렉산드로스의 생애를 다룬 현존 고대 기록의 성격과 문화적 배경이다. 모두 실제 사건보다 한참 뒤에 쓰였다는 사실은 앞서 거듭 지적했다. 그러나 더 중요한 것은 이런 기록이 모두 로마 제국 시대에, 로마 제국주의를 배경으로 쓰였다는 사실이다. 현존하는 최초의 기록은 디오도로스 시켈리오테스가 기원전 1세기 말에 작성한 것이다. 현재 학자들이 가장 애용하는 정보원인 아리아누스는 서기 80년대에 (오늘날 터키 서북부의) 니코메디아라는 도시에서 태어났고, 로마 정계에서 경력을 쌓아 120년대에 집정관이 되었으며, 나중에는 카파도키아의 총독으로 복무했다. 물론 이들 로마 작가가 참고 자료 하나 없는 상태에서 알렉산드로스 이야기를 처음으로 만들어낸 것은 아니다. 당연히 이들은 알렉산드로스의 동시대인들이 남긴 글에 의존했다. 지금은 전하지 않지만 질이야 좋든 나쁘든, 동시대 기록이 분명 있었을 것이다. 그러나 이들이 로마인이라는 사실이 이야기를 이해하고 걸러내는 일종의 '필터' 역할을 할 수밖에 없다. 따라서 이들 로마 작가는 스스로가 살고 있는 시대의 특징인 정복과 제국 팽창이라는 관점에서 기존 기록들을 해석하고 정리할 수밖에 없었다.

아리아누스의 『알렉산드로스 원정기Campaigns of Alexander』를 다시 읽는 동안 나는 로마인의 목소리를 계속 느꼈다. 때로는 아리아누스 자신이 로마 제도와 마케도니아 제도를 명시적으로 비교하기도 한다. 그러나 굳이 설명할 필요가 없는 암묵적인 비교가 훨씬 많다. 스스로가 신, 혹은 적어도 신의 아들이라는 알렉산드로스의 주장에 우려를 표명하는 대목에서는 로마 황제들이 주장하는 신적 지위, 혹은 반신반인半神半人 지위에 대한 로마인의 우려가 분명하게 느껴진다. 알렉산드로스의 외국 군대 활용, 다민족 출신으로 구성된 알렉산드로스 행정부에 대한 강조는 실제 로마 제국의 관행들을 상기시킨다(로마군에서 속주 출신을 보조병으로 활용하거나 정복지 엘리트를 제국의 행정관으로 통합한 사례 등이 대표적이다. 아리아누스 자신이 그런 관행 덕분에 성공한 사례였다).

로마와의 유사성이 가장 두드러지는 부분은 친구 헤파이스티온의 죽음 앞에서 알렉산드로스가 보인 반응이 아닌가 싶다. 책에서 아리아누스는 다음과 같이 설명한다. "거의 하루 종일 (…) 알렉산드로스는 애통해하며 눈물을 흘렸고, 동료들이 억지로 데리고 나올 때까지 친구 곁을 떠나기를 거부했다고 한다." 직후에 알렉산드로스는 헤파이스티온을 '영웅'으로 격상시키고 제국 곳곳에 숭배 공간을 만들었다. 이는 (아리아누스 자신이 섬겼던) 로마의 하드리아누스 황제가 총애하던 안티누스가 죽은 뒤에 했다는 행동과 거의 일치한다. 어쩌면 하드리아누스가 알렉산드로스를 흉내 낸 것일 수도 있으리라. 그러나 아리아누스가 자신이 모시는 황제의 행동에 비추어, 자신만의 알렉산드로스 이미지를 만들어 냈다는 쪽이 훨씬 그럴싸하다.

데이비드슨이 '알렉산드로스 나라'에 촉구했던 변화는 우리가 그것이 그리스인의 나라일 뿐만 아니라 로마인의 나라이기도 하다는 사실을 인식하고 받아들일 준비가 돼야만 비로소 가능해지리라 생각한다. 또한 그럴 준비가 되었을 때 우리는 비로소 폼페이에서 발견된 '알렉산드로스 모자이크'를 "해당 싸움 이후 몇십 년 내에 만들어진 그리스 그림을, 아마도 목격담에 의존해 모방한" 작품이 아니라 자랑스러운 로마인의 창작품으로 볼 수 있게 되리라(인용 부분은 제임스 롬이 새로 편찬한 아리아누스의 『알렉산드로스 원정기』 안의 사진 설명 내용이다).

서평 도서

1 Philip Freeman, 『알렉산드로스 대왕Alexander the Great』(Simon and Schuster, 2011)

2 James Romm (ed), translated from the Greek by Pamela Mensch, 『랜드마크 시리즈 아리아누스: 알렉산드로스 원징기The Landmark Arrian: The Campaigns of Alexander』(Pantheon, 2010)

3 Pierre Briant, translated from French by Amélie Kuhrt, 『알렉산드로스 대왕과 그의 제국: 간략한 소개Alexander the Great and his Empire: A Short Introduction』(Princeton University Press, 2010)

4 Ian Worthington, 『마케도니아의 필리포스 2세Philip II of Macedonia』(Yale University Press, 2008)

5 James Romm, 『왕좌의 유령: 알렉산드로스 대왕의 죽음과 왕위 및 제국을 향한 싸움 Ghost on the Throne: The Death of Alexander the Great and the War for Crown and Empire』(Knopf, 2011)

5. 그리스인은 어떤 때에 웃었을까?

──── 기원전 3세기 로마 사절단이 이탈리아 남부의 그리스 식민도시 타렌툼(현재 이탈리아 타란토)을 방문해 협상을 벌이던 중 그리스인 진영에서 무분별하게 터져나온 웃음이 평화의 희망을 완전히 날려버렸다. 고대 작가들의 설명을 보면 웃음이 터진 정확한 이유에 대해서는 의견이 분분하지만 그리스인의 웃음이 로마인을 전쟁으로 몰고 간 최후의 결정타였다는 데는 이견이 없다.

어떤 설명에서는 로마 사절단 단장인 루키우스 포스투미우스의 서툰 그리스어를 원인으로 지목한다. 문법도 엉망인 데다 억양마저 이상해 타렌툼인들이 웃음을 참지 못했다는 것이다. 이와 달리 역사가 카시우스 디오는 로마인의 전통 의상이 원인이라고 말한다. "타렌툼인들은 로마 사절을 예의 바르게 맞기는커녕 특히 로마인의 토가를 비웃었다. 토가는 지금 우리가 중앙 광장에서 입는 공식 복장이다. 사절단은 적당히 위엄 있는 인상을 주려고 혹은 스스로 두려운 마음을 감추고자 토가를 입었을 것이다. 토가를 입으면 타렌툼인들이 존경심을 느끼리라고 생각한 것이다. 그러나 방자한 그들은 예상과 달리 로마 사절을 조롱하고 비웃었다." 디오의 이야기는 여기서 끝나지 않는다. 타렌툼인 중 한 명이 문제의 의복 곳곳에 "오물을 투척하기까지 했다". 이게 사실이라면 당연히 로마인들의 분노를 샀을 것이다. 그러나 포스투미우스가 미래를 예언하는 위협적인 어조로 강조했던 것은 오히려 그들의 웃음이었다. "웃어라. 아직 웃을 수 있을 때. 이제 너희가 오래도록 눈물을 흘리며 울게 될 날이 올 테니까. 그때가 되면 너희의 피로 이 옷을 세탁할 것이다."

분개한 포스투미우스의 악담이 위협적이긴 하나 위의 이야기에는 꽤 흥미로운 구석이 있다. 우선 토가를 입고 거드름을 피우며 걸어가는 로마인의 모습이 고대 지중해에 살던 인근 주민들에게 어떤 모습으로 비쳤는지 알게 해주는 드문 사례가 아닐 수 없다. 사실 치렁치렁한 데다 입기도 어렵고 어딘가 둔해 보이는, 온몸을 휘감은 토가는 지금 우리가 보기에도 우스꽝스러운 면이 없지 않다. 아무튼 위의 이야기를 통해 우리는 수천 년 전 남부 이탈리아에 살던 그리스인도 우리와 비슷한 느낌을 받았다는 사실을 확인할 수 있다. 동시에 이 이야기는 웃음과 관련된 고대의 몇 가지 핵심 요소를 복합적으로 보여준다. 권력, 민족, 그리고 적을 비웃는 사람은 머지않아 자신이 비웃음거리가 된다는 변치 않는 진리까지.

남을 놀리는 농담을 하는 사람이 역으로 그로 인한 희생자가 되기 쉽다는 것은 고대 '웃음학gelastics'의 확고한 법칙이었다('gelastics'는 그리스인의 웃음을 다룬 스티븐 홀리웰의 묵직한 연구서에 등장하는 용어다. '웃다'라는 의미의 그리스어 'gelan'에서 나왔다). 라틴어 형용사 'ridiculus'는 우스꽝스러운 어떤 것(영어로 ridiculous)과 일부러 사람을 웃게 만드는 어떤 것 혹은 사람을 의미했다.

웃음은 항상 고대 군주와 폭군들이 애용하는 도구였고 그들에게 대적하는 좋은 무기이기도 했다. 당연히 훌륭한 군주는 농담을 받아넘기는 법을 알았다. 각종 우스갯소리와 농담 앞에서 아우구스투스 황제가 보인 아량은 사후 400년 시기에도 찬양의 대상이었다. 고대 세계에서 가장 유명한 짤막한 농담 중 하나는 아우구스투스의 부계를 빗댄 것이었는데, 20세기까지 여기저기서 활용되면서 왕성한 생명력을 자랑하고 있다(다른 등장인물이 같은 구절을 말하는 모습을, 프로이트의 책, 아이리스 머독의 『바다여, 바다여』 등에서 반복적으로 볼 수 있다). 어쨌든 전해지는 이야기에 따르면 자기와 많이 닮은 지방 출신의 남자를 발견한 황제가 남자에게 어머니가 궁에서 일한 적이 있느냐고 물었다. "아닙니다. 저희 아버지가 일한 적이 있습니다." 남자의 대답은 이랬다. 아우구스투스는 현명하게도 씩 웃으며 참고 넘겼다.

반면 폭군들은 자신이 웃음거리가 되는 농담을 너그럽게 받아들이지 못한다. 자기는 늘 아랫사람을 놀리면서도 그랬다. 기원전 1세기의 잔인한 독재자였던 술라는 유명한 필로겔로스 philogelos(웃음을 즐기는 사람)였던 반면, 폭군 엘라가발루스 황제는 짓궂은 남학생이나 할 법한 못된 장난으로 사람들에게 모욕감을 주곤 했다. 예를 들어 엘라가발루스는 공기를 넣어 부풀린 방석 위에 만찬 손님들을 앉히고, 방석에서 서서히 공기가 빠져나가는 동안 손님들이 탁자 아래로 사라지는 모습을 즐겨 봤다고 한다. 그러나 고대 독재자의 결정적인 표시이자 권력자가 (요란하게) 미쳐간다는 확실한 신호는 웃음을 통제하려는 시도였다. 어떤 이들은 통제를 넘어 아예 금지하려고까지 했다(칼리굴라가 누이의 죽음을 공개적으로 애도하는 과정에서 웃음을 금지했던 것이 대표적이다). 반대로 불행을 당한 아랫사람에게 더없이 부적절한 순간에 웃음을 강요하는 경우도 있었다. 여기서도 칼리굴라를 빼놓을 수 없는데 그는 웃음을 가장 잔인한 고문 기구로 바꾸는 데 재주가 있었다. 칼리굴라는 아침에 어느 노인에게 아들의 처형 모습을 지켜보게 하고, 그날 저녁 노인을 만찬에 초대해 웃고 농담하라고 강요했다고 한다. "노인은 대체 왜 이런 말도 안 되는 요구에 따르고 모욕을 감내했을까?" 철학자 세네카가 묻는다. 답은 노인에게는 또 다른 아들이 있었기 때문이다.

그리스의 식민도시 타렌툼 사람들과 로마의 토가 이야기에서 드러나듯 민족의 특성 역시 웃음거리가 되기 쉽다. 고대의 것으로 현존하는 유일한 소화집에도 이와 관련된 이야기가 적지 않다. 『필로겔로스』라고 알려진 그리스어 농담 모음집으로, 약 260가지의 우스운 이야기가 나와 있다. 서기 4세기에 만들어진 듯한데 이런 모음집이 흔히 그렇듯이 그보다 훨씬 이전의 것들도 포함하고 있다. 『필로겔로스』가 고대의 대중적인 웃음 소재를 엿볼 창을 제공하는 것인지(이발소에 가면서 심심풀이로 들고 가는 그런 책), 아니면 나중에 로마 제국의 어느 학자가 대중성과 무관하게 죄다 끌어모은 백과사전식 모음집인지에 대해서는 의견이 분분하다. 어느 쪽이든 여기서 우리는 의사, 입 냄새가 심한 남자, 고자, 이발사, 탈장 증세를 보이는 남자, 대머리 남자, 수상한 점쟁이, 이외에도 (주로 남자인) 고대의 다양한 등장인물에 얽힌 우스갯소리들을 보게 된다.

『필로겔로스』에서 웃음의 소재로 가장 많이 등장하는 것은 경멸적인 의미의 '지식인egghead'이다. 특히 상상력이라고는 없이 말을 곧이곧대로만 듣는 스콜라 철학자가 등장하는 이야기가 '지식인 농담'의 절반 이상을 차지한다. ("어느 지식인 의사가 환자를 진료하고 있었다. 환자가 말했다. '선생님! 아침에 일어나서 20분 동안 어지럼증을 느꼈습니다.' '그럼 20분이 지난 다음에 일어나세요.' 의사가 대답했다.") '지식인' 다음으로는 민족적 특성을 소재로 한 농담들이 2위를 차지하고 있다. 아일랜드인이나 폴란드인을 대상으로 하는 요즘 농담들을 떠올리면 되는데, 특히 그리스 도시인 아브데라, 쿠마이, 시돈 시민을 놀림감으로 삼는 이야기가 많다. "전구 하나를 교체하려면 얼마나 많은 아브데라인이 필요할까?"처럼 주로 멍청함을 비웃는 내용이다. 하필 왜 이 세 도시인지는 알 수 없다. 아무튼 이 세 곳의 주민은 앞서 나온 '지식인'만큼이나 고지식하면서 훨씬 둔하게 그려진다. "어떤 아브데라인이 고자가 여자와 이야기를 나누는 것을 보고 여자가 그의 아내냐고 물었다. 남자가 고자는 아내를 가질 수 없다고 대답하자 아브데라인이 다시 물었다. '그럼 저 여자는 당신 딸인가요?'" 『필로겔로스』에는 이와 비슷한 농담이 여러 개 등장한다.

무엇보다 신기한 것은 『필로겔로스』에 나오는 우스갯소리들 중 다수가 지금도 어느 정도 우습게 느껴진다는 점이다. 2000년이라는 세월이 가로놓여 있는데도 독자를 웃기는 효과 면에서는 현대의 대다수 농담집보다 낫다. 또한 19세기 영국에서 발행된 만화잡지 『펀치Punch』에 나오는 풍자만화의 내용이 지금 보면 도통 이해가 안 되고 모호한 것과 달리『필로겔로스』에 나오는 농담들은 오늘날 우리가 사용하는 희극喜劇 언어와 크게 차이가 없는 듯하다. 실제로 몇 년 전에 영국의 스탠드업 코미디언 짐 보언이『필로겔로스』에 나오는 농담을 적절히 각색해 코미디 공연을 했는데 21세기 관객들의 반응은 뜨거웠다. 짐 보언이 (살짝 후하게 쳐서) 20세기 영국의 전설적인 코미디 그룹인 몬티 파이튼이 BBC 방송에서 소개한, 유명한 '죽은 앵무새 콩트Dead Parrot Sketch'의 원형이라고까지 주장한 것도 있었다.

무려 2000년 전의 농담이 현대에도 어색하지 않게 통하는 이유는 무엇일까? 보언의 공연에서는 세심한 번역과 항목 선정이 통했다(달리기를 잘하기로 유명한 운동선수가 십자가에 못 박힌 채 길가에 있는 모습을 보고 아브데라인이 '이제 그렇게 빠르게 뛰지는 못하겠지만 날 수는 있겠네!'라고 말하는 농담을 듣고 현대의 관객이 배꼽을 잡지 않았을 것이다. 짐 보언은 현명하게도 이런 항목들을 공연에서 제외했다). 게다가 이들 이야기의 요점을 파악하는 데는 배경 지식이 거의 필요 없다. 반면에『펀치』에 나오는 풍자만화들을 이해하려면 시사 문제와 관련된 정확한 정보와 참고 문헌들이 필요하다. 물론 보언의 공연을 보던 관객 가운데 일부는 현대의 코미디에서 2000년 묵은 개그를 이야기하는 데서 느껴지는 모순과 부조화 자체를 보고 웃었다는 것은 말할 것도 없다.

그러나 이것이 전부는 아니다. 내가 보기에 이는 소위 유머 주제의 '보편성'과는 크게 상관이 없다(지금처럼 2000년 전에도 죽음과 신원 오인이 농담에서 중요한 부분을 차지하기는 했지만 말이다). 오히려 이는 고대 세계에서 지금 우리에게 전해진, 웃음 전통과 관련된 직접적인 유산의 문제다. 아이를 키워봤거나 키우고 있는 부모를 가까이서 지켜본 경험이 있는 이라면 누구나 인간은 어떻게 웃을지, 무엇을 보고 웃을지를 '배운다'는 사실을 알 것이다(예를 들어 광대를 보고는 웃어도 되지만 장애인을 보고는 웃으면 안 된다). 범위를 넓혀 보면 현대 서구 문화가 '농담'을 듣고 웃는 법을 배워왔던 대상은 (전부는 아니더라도 대부분이) 르네상스 시대의 농담 전통이다. 그리고 르네상스 시대의 전통은 곧장 고전 시대로 연결된다. 르네상스 시대의 소화집에서 가장 즐겨 하는 개그 하나는 "아니오-저희-아버지가-일한 적이 있습니다"라는 부계에 대한 농담이었다. 한편 이쪽 분야의 '대가로 통하는' 케임브리지 대학의 고전학자 리처드 포슨은 『조 밀러의 우스운 이야기Joe Miller's Jests』라는 유명한 18세기 소화집에 실린 농담의 대부분이 『필로겔로스』에서 유래했다고 한다. 말하자면 우리가 지금도 이들 고대 농담을 보고 웃는 이유는 '농담을 듣고 웃는다'는 것이 무엇인가를 바로 그들에게서 배웠기 때문이다.

그렇다고 고대인의 '웃음 코드' 전체가 현대와 직결되며 현대인에게 통한다는 이야기는 물론 아니다. 사실 전혀 그렇지 않다. 『필로겔로스』에도 이해가 안 되는 황당한 농담이 몇 개 있다(고대와 현대의 차이라기보다는 애초에 썩 잘 만들어진 농담이 아니어서일 수도 있다). 좀더 일반적으로 말해 그리스인과 로마인이 웃음거리로 삼는 대상은 지금의 우리와 달랐다(시각장애인이 대표적인 경우다. 반면 청각장애인을 보고 웃는 일은 드물었다). 또한 그들은 우리와는 다른 상황에서 다른 목적으로 웃거나 웃음을 유발할 수 있었다. 요즘 법정에서는 조롱이 무기로 사용되는 경우가 극히 드문 반면 고대 법정에서는 흔히 쓰이는 일반적인 무기였다. 소문에 따르면, 고대 최고의 법정 변론가 키케로는 농담을 잘하는 최고의 익살꾼이기도 했다. 냉정한 평가를 내리는 일부 시민은 키케로의 농담이 정도가 지나쳐서 그 자신한테도 도움이 되지 않는다고 생각했다.

고대 희극 가운데 최고로 꼽히는 작품들에도 지금 보면 당혹스럽고 이해되지 않는 부분들이 있다. 아테네 관객이 아리스토파네스의 연극을 보고 진심으로 웃었듯이 우리도 그럴 수 있으리라는 데는 이의가 없을 것이다. 그러나 정형화되고 도덕적인 훈계를 담은 내용인데도 기원전 4세기에 엄청난 성공을 거두었던 극작가 메난드로스의 희극을 보면서 웃을 거리가 많다고 느끼는 현대 독자는 거의 없으리라. 우리가 그 속의 농담을 놓친 것일까? 아니면 크게 웃음을 터뜨릴 정도로는 웃기지 않은 것일까?『그리스인의 웃음Greek Laughter』에서 연극에 대해 논하면서 스티븐 홀리웰은 그럴듯한 해답 하나를 제시한다. "메난드로스의 유머는 가장 넓은 의미의 유머라는 개념에서 봐도 확실한 판단을 하기가 쉽지 않다"는 사실, 말하자면 웃긴 것인지, 그렇다면 구체적으로 어떻게 웃긴 것인지 우리로서는 알 수 없다는 사실을 인정하면서, 홀리웰은 문제를 완전히 뒤집어서 생각한다. 메난드로스 희극의 유머는 애초부터 웃음을 유발하려는 의도가 아니다. 오히려 "웃음에 관한 것이다". 메난드로스 연극의 복잡한 '희극적' 구성, 우리가 보면서 웃고 싶은 웃음의 대상이 되는 등장인물, 함께 웃고 싶은 웃음의 주체가 되는 등장인물 사이의 대비 등은 웃음이 가능하거나 불가능한 조건, 웃음이 사회적으로 용인되거나 되지 않는 조건 등에 대해 관객이나 독자가 생각하도록 자극하고 있음이 분명하다. 달리 말해 홀리웰이 보기에 메난드로스의 '희극'은 그리스 '웃음학'의 기본 원칙들을 말해주는 '연극 형식의 논문'이다.

우스운 이야기에도 등급이 있기 마련이다. 어떤 것은 살짝 재미있는 데 비해 어떤 것은 웃겨 죽겠는 식으로. 그런데 고전 시대 사람들이 우스운 정도를 가늠하는 방식과 이유는 지금 우리 눈으로 볼 때 항상 그렇게 명확하지는 않다. 홀리웰은 내친김에 너무 웃어서 죽었다는 고대의 유명 인물들이 등장하는 일화를 언급한다. 기원전 5세기경 제욱시스라는 그리스의 저명한 화가도 그런 인물이다. 제욱시스는 자기가 그린 노파 그림을 본 뒤 (의식을 잃고) 쓰러졌다고 한다. 기원전 3세기의 그리스의 스토아 철학자 크리시포스와 메난드로스의 동시대인인 극작가 폴레몬도 마찬가지다. 둘 다 자기 몫의 식사로 준비된 무화과를 먹는 당나귀를 보고 나서 죽었다는 똑같은 이야기가 전한다. 둘은 하인들에게 당나귀에게 포도주도 주라고 말한 다음 그 장면을 보고 웃다가 죽었다고 한다.

웃다가 죽는다는 발상이 기발하긴 하나 고대 세계에만 국한되는 이야기는 아니다. 예를 들면 소설가 앤서니 트롤럽은 토머스 앤스티 거스리(필명 F. 앤스티)의 장편 만화 『거꾸로Vice Versa』를 읽다가 "시체가 되었다"고 한다. 그러나 죽을 만큼 우습다는 사실이 증명된 이들 구체적인 장면, 혹은 『거꾸로』란 책은 대체 뭐가 문제란 말인가? 제욱시스의 경우 고대의 여성혐오라는, 이미 널리 알려진 흐름을 간파하기는 어렵지 않다. 크리시포스와 폴레몬의 경우 동물과 인간 사이의 경계 혼란이 웃음을 유발하지 않았나 싶다. 동물이 인간처럼 행동한다든가 하는 이런 혼란이 웃음을 유발하는 고대 이야기는 종종 볼 수 있다.

절대로 웃지 않는 사람, 즉 '아겔라스트agelast'로 유명했다는 어느 로마인 이야기에서도 비슷한 경계 혼란이 웃음 유발 요소로 등장한다. 이야기의 주인공은 마르쿠스 크라수스로 크게 웃은 적이 일생에 단 한 번밖에 없다고 한다. 바로 당나귀가 엉겅퀴를 먹는 모습을 본 후였다. 크라수스는 (유명한 고대 속담을 인용하면서) "엉겅퀴가 마치 당나귀 입술에 붙은 상추 같군" 하며 혼잣말을 내뱉곤 웃었다. 여기에는 20세기 초중반 일반 동물원에서 볼거리로 제공했던, 소위 '침팬지 다과회침팬지 다과회는 침팬지가 사람처럼 차려입고 식탁에 앉아 음식과 음료를 서빙받는 모습을 사람들이 둘러앉아 구경하는 식으로 이뤄졌다'가 유발하는 웃음을 떠올리게 하는 무언가가 있다(수십 년에 걸쳐 오락거리로 제공되던 이런 공연은 사람들이 동물 공연과 전시에 까다로운 잣대를 들이대고 반감을 가지면서 사라졌다). 아무튼 고대의 웃음도 인간과 다른 종의 경계가 모호해지는 회색지대에서 작동했던 모양이다. 동물과 인간의 경계를 넘나드는 '침팬지 다과회' 같은 시도가 눈길을 끄는 이유는 인간과 동물의 구분에 의문을 표하는 한편 그것을 재확인해주었기 때문이다.

홀리웰은 고대 '웃음 문화'에서 두드러진 특징 하나는 고대 철학, 문화, 문학 이론 등에서 웃음이 차지하는 핵심 역할이라고 주장한다. 웃음에 그리 관심을 두지 않는 현대와 달리 고대 학계에서는 철학자와 이론가들이 웃음과 그 기능, 의미 등에 대해 저마다 견해를 갖는 것을 당연시했다. 그리고 이것이 홀리웰의 주된 관심사다.

홀리웰의 책은 호메로스부터 (웃음을 악마의 소행으로 간주하면서 웃지 못하는 상황이 되어 점점 우울한 분위기로 치닫는) 초기 기독교도까지 그리스인들의 웃음에 대한 광범위한 연구 조사 결과를 제공한다. 책의 도입부에서는 웃음의 역할을 개괄했는데 내가 지금까지 읽은 바로 역사상 최고 수준이 아닐까 싶다. 그러나 『그리스인의 웃음』은 사실 그리스인이 재미있다고, 즉 웃기다고 생각했던 것이 무엇인지를 알고 싶은 사람을 위한 책은 아니다. 막상 홀리웰의 책에는 『필로겔로스』에 대한 논의도 없고 찾아보기에 '농담jokes' 항목도 없다. 홀리웰의 주관심사가 그리스 고대 문학과 철학 문헌 속에 보이는, 그리고 그것들이 탐구하는 웃음에 관한 것이기 때문이다.

이런 측면에서 홀리웰의 일부 설명과 주장은 더없이 훌륭하다. 그는 아리스토텔레스의 견해에 대해서도 신중하면서 명확한 설명을 제공한다. 아리스토텔레스의 비극론이 지금까지 남아 있는 데 반해 희극론은 사라진 것에 대한 아쉬움이 항상 컸고, 사실 이런 공백을 메우려는 다소 무모하고 어설픈 시도들이 학자들 사이에 있어왔다. 홀리웰의 설명은 이런 문제점을 보완하고 아쉬움을 달래줄 유용한 해결책이 아닌가 싶다. 그러나 진짜 하이라이트는 기원전 5세기의 철학자이자 원자론자였던 데모크리토스에 대한 논고다. 데모크리토스는 항상 웃는 것으로 유명해서 '웃음의 철학자'라 불린 인물로, 프랑스 화가 앙투안 쿠아펠이 17세기 말에 그린 걸작의 주인공이기도 하다. 아니나 다를까 쿠아펠이 그린 데모크리토스가 홀리웰 책의 표지를 장식하고 있다. 쿠아펠의 그림에서 '웃음의 철학자'는 역시나 활짝 웃고 있으며 앙상한 집게손가락으로 앞의 관객을 가리키고 있다. 얼굴에 나타난 유쾌한 웃음과 위협적으로 느껴지는 손가락이 결합되어 전체적으로 약간 으스스한 분위기를 풍긴다.

항상 웃는 데모크리토스의 습관을 다룬 고대의 가장 흥미로운 이야기는 로마 시대 서한체 소설에 나온다. 바로 『히포크라테스 서한집Letters of Hippocrates』으로, 그리스 의학의 아버지로 유명한 히포크라테스의 작품이라고 되어 있지만 실은 히포크라테스 사후 수백 년 뒤에 작성되었고 내용도 사실이 아닌 허구다. 소설을 보면, 서신 교환을 통해 히포크라테스와 데모크리토스의 만남을 이야기하는 대목이 나온다. 철학자의 고향 친구들은 (장례식부터 정치적 성공까지) 어떤 일을 마주하든 웃기만 하는 철학자의 모습을 보고는 걱정하며 데모크리토스가 미친 게 분명하다는 결론에 이른다. 그리하여 세상에서 가장 유명한 의사를 불러와 그를 치료하게 한다. 그러나 히포크라테스는 마을에 도착하고 얼마 안 되어 데모크리토스가 미치기는커녕 그를 걱정하는 고향 사람들보다 더 온전한 정신 상태임을 알게 된다. 데모크리토스만이 인간

존재의 부조리absurdity를 깨달았고 따라서 이를 비웃는 건 너무나 당연했기 때문이다.

홀리웰은 꼼꼼한 분석을 통해 문제의 서간체 소설에서 '오해시정', 즉 제정신으로 판명된 미치광이라는 정형화된 이야기를 훌쩍 넘어서는 심오한 의미를 끌어낸다. 홀리웰은 이런 질문을 던진다. "데모크리토스 이야기를 과연 어디까지, 사뮈엘 베케트와 알베르 카뮈를 통해 지금은 상당히 친숙해진 '존재의 부조리'의 그리스 버전으로 봐야 할까?" 메난드로스 분석 때와 마찬가지로 홀리웰은 서간체 소설에 실린 데모크리토스 이야기가 웃음과 관련된 근본적인 물음들을 제기한다고 주장한다. 히포크라테스와 데모크리토스 사이의 논쟁은 철저한 부조리주의 입장을 과연 어디까지 유지할 수 있는가에 대한 고찰로 이어진다. 데모크리토스의 고향 사람들은 데모크리토스가 세상 모든 것을 비웃는다고 생각한다. 그리고 히포크라테스는 어느 순간, 철학적인 관점에서, 자기 환자가 (홀리웰의 표현을 빌리자면) "무한의 중심에 있는 우주의 부조리"를 일별한 것은 아닐까 생각한다. 그러나 데모크리토스가 최종적으로 취한 입장은 그것이 아니다. 데모크리토스는 현자賢者란 '비웃음을 면제받는' 지위라고 보는데, 이유는 세계의 보편적인 부조리를 인식할 수 있기 때문이다. 다시 말해, 데모크리토스는 자기 자신, 혹은 자신의 이론은 비웃지 않는다.

4. 앙투안 쿠아펠이 그린 '웃음의 철학자' 데모크리토스. 복장 등은
17세기풍으로 꾸민 모습이다.

그러나 이처럼 상세한 분석을 내놓으면서 홀리웰이 강조하지 않은 부분이 하나 있는데, 데모크리토스의 고향이 다름 아닌 아브데라라는 점이다. 아브데라는 발칸반도 동남부 트라키아 지방에 위치한 그리스 식민도시로 앞서 말한 것처럼 그곳 사람들은 『필로겔로스』에 나오는 농담들에서 웃음의 대상이었다. 홀리웰이 이를 전혀 언급하지 않은 것은 아니다. 책의 주석에서 그는 "데모크리토스의 웃음 자체가 아브데라인들이 어리석다는 속설의 원인이었다"는 생각을 간단히 일축해버린다. 그러나 고대 웃음 이론뿐만 아니라 실제 관행에도 관심이 많은 사람이라면 분명 양자의 연관성을 그렇게 쉽게 일축해버리진 않을 것이다. 아브데라에 대한 이런 속설은 '웃는 철학자'나 고자가 뭔지도 모르는 어리석은 서민들만의 문제가 아니기 때문이다. 엘리트로 유명한 키케로 역시 아브데라라는 명칭을 뒤죽박죽 엉망진창이라는 의미로 사용했다. "여기는 온통 아브데라다." 키케로는 자신의 글에서 로마에 대해 이런 말을 한다. 최초의 이유가 무엇이든 기원전 1세기경에는 '아브데라'가 (현대의 턴브리지웰스Tunbridge Wells처럼, 어쩌면 그만큼 다채로운 의미까지는 아니라도 비슷하게) 고대 사람들을 확실히 웃게 만드는 보증수표 같은 이름이 되었음이 분명하다.

서평 도서

1 Stephen Halliwell, 『그리스인의 웃음: 호메로스부터 초기 기독교 시대까지 문화심리학적인 연구Greek Laughter: A study of cultural psychology from Homer to early Christianity』(Cambridge University Press, 2008)

2부

—

초기
로마의
영웅과
악당들

전설에 따르면 로마는 (소위) 기원전 753년에 세워졌다. 그러나 기원전 2세기까지는 당대에 작성된 어떤 로마 문헌도 풍부하게 남아 있지 않다. 물론 로마라는 도시의 기원을 돌아보고, 그 건설자인 로물루스와 레무스, 사비니족 여인 강탈, 자기를 희생한 고귀한 로마인들의 (솔직히 믿기 어려운) 온갖 영웅적인 행동 등에 대해 상세히 설명하는, 후대에 작성된 로마에 관한 기록과 이야기는 많이 있다.

초기 로마 역사와 관련하여 제기되는 중요한 질문 하나는 이런 이야기가 얼마나 사실에 근거하고 있는가다. 만약 이들 중 다수가 (요즘 대부분의 사람이 생각하는 것처럼) 역사보다는 신화에 가깝다면 로마 역사의 초기 수백 년을 어떻게 설명해야 할까? 로마라는 도시가 대리석 건물이 즐비한 웅장한 대도시로 성장하고, 세계적인 제국의 수도가 되기 전의 모습을? 다시 말해 '완성형'이 아닌 '진행형'이던 시절 로마는 실제 어떤 모습이었을까?

2부는 도시의 건설자인 로물루스와 레무스까지 곧장 거슬러 올라가는 이야기로 시작한다(6장). 물론 이런 과정에서 '로마 건국자가 한 명이 아닌 두 명인 이유가 무엇인가?'라는 곤혹스러운 질문을 살펴보게 된다. 나아가 왜 둘 중 한 명(로물루스)이 다른 쪽(레무스)을 죽여야 했을까? 그런 이야기가 처음 나온 것은 언제일까? 누가 친형제를 죽이는 이야기를 만들어냈으며 그 이유는 뭘까? 이런 과정에서 우리는 초기 로마 문화, 특히 형에게 살해당한 불쌍한 동생 레무스의 이야기가 표현되었을, 사라진 연극 전통과 관련된 다양한 추론 및 추측들을 접하게 된다(이런 추론과 추측 중에는 날카로운 직관이 돋보이는 것도 있고 누가 봐도 근거가 빈약하다 싶은 것도 있다). 로마는 고대 그리스만큼이나 '연극을 중시하는' 사회였고, 사회 구성원이 공유하는 신화를 보여주며 공통의 관심사와 문제를 논의하는 장으로 연극 무대를 활용했기 때문이다. 그런데 로마는 그리스와 달리 중요한 연극 중 현전하는 작품이 거의 없다는 게 문제다. 때문에 후대 작가들의 글에 인용된 단편적인 문장 몇 개, 옛날 삽화 한두 장을 가지고 대대적인 재구성 작업을 해야 한다. 이는 당연히 흥미진진한 작업으로, 덕분에 그동안 간과했던 로마 문화의 일면을 엿볼 기회도 많다. 다른 한편 이는 아주 위험한 작업이기도 하다(고도의 기술과 기교가 요구되는 고전학 분야의 공중곡예라고나 할까?). 비어 있는 공간을 채우는 상상력이 가미된다는 점에서 이는 1장에서 살펴봤던 아서 에번스의 '선사 시대'의 크노소스 궁전 복원과 별 차이가 없을 수도 있다.

2부의 마지막 장인 10장에서는 현존하는 초기 로마 관련 자료에 뚫린 또 다른 공백을 어떻게 메울 것인가를 다룬다. 바로 평범한 로마 시민의 관점이다. 현존하는 로마 문헌 대부분은 부유한 특권층의 펜대 아래서 나온 결과물이다. 그렇다면 "특권층이 아닌 평범한 로마인들은 도시의 역사와 정치에 대해서 어떻게 생각했을까?"라는 의문을 품지 않을 수 없다. 로마의 빈민들은 로마군의 연전연승과 상대편의 대학살을 어떻게 생각했을까? 정권 탈취를 꿈꾸는 부자들이 (그들 자신의) '자유'라는 미명하에 율리우스 카이사르를 암살했을 때, 로마의 빈민들은 어떻게 반응했을까? 10장은 수사관처럼 노련하고 꼼꼼한 조사를 통해 로마 하층민의 관점, 그들이 외쳤던 정치 구호, 그들이 생각한 영웅 등을 밝혀내는 과정을 보여준다.

그렇다고 로마 공화국 역사 하면 떠오르는 전통적인 등장인물들이 매력을 상실했다는 말은 아니다. 전혀 그렇지 않다. 7장에서는 로마와 한니발 사이에 벌어진 전쟁에서 중심 역할을 했던 인물들을 탐구한다(더불어 아득한 고대 로마에서 점진적인 개혁을 통한 사회주의를 표방했던 19세기 말 영국 지식인 단체 '페이비언 협회'의 기원을 살펴본다). 7장에서는 또한 로마의 역사가 리비우스가 한니발의 전쟁 이야기를 풀어가는 방법도 고찰한다. 리비우스가 얼마나 훌륭한 역사가였는가라는 질문을 던지며, 한니발이 얼어붙은 바위 위에 식초를 부어 이를 부수고 길을 낸 뒤 알프스를 통과했다는, 저 유명한 '보이스카우트풍' 이야기에는 약간 회의적인 견해를 제시한다.

이어지는 8장과 9장은 기원전 1세기의 그야말로 전설적인 인물 키케로와 관련된 내용이다. 키케로는 로마의 가장 유명한 웅변가이자, 자기선전에 능한 정치인이며, 놀라울 정도로 많은 작품을 집필한 작가이기도 하다(사적인 편지, 철학 논고, 연설 원고, 살짝 조잡한 수준의 광시狂詩 등이 다수 남아 있다). 어쩌면 고대 로마인 중에 우리가 가장 잘 알고 있는 인물이 키케로일지 모른다(그럼에도 불구하고 키케로에 대해 깔끔하게 정리된 '전기'를 쓰기란 여간 어려운 일이 아니다. 이에 대해서는 8장에서 상세히 살펴볼 것이다). 지금도 도처에서 키케로가 남긴 말이며 제기했던 쟁점들을 심심찮게 만난다. 때로는 전혀 예상치 못한 곳에서 말이다. 존 F. 케네디부터 2012년 헝가리의 급진주의 시위대까지 각양각색의 현대 정치인과 활동가들이 자기 주장에 설득력을 부여하기 위해 키케로가 2000여 년 전에 말한 유명한 문구와 구호들을 인용하고 있다. 또한 예술품 절도부터 테러 방지까지 실로 다양한 주제에 관한 현대의 논쟁과 토론의 이면에서도 키케로라는 존재가 불쑥불쑥 튀어나온다. 키케로는 (본인의 주장에 따르면 국가 안보를 위해) 일단의 로마인 테러 혐의자를 재판 등의 적법한 절차 없이 처형했다는 이유로 로마에서 추방된 적도 있다. 더없이 경각심을 불러일으키는 고전 시대 역사의 교훈이 아닐 수 없다.

6. 누가 레무스의 죽음을 원했나?

━━━━━ 로마 황궁 바로 옆에는 나무로 지은 작은 오두막이 하나 있다. 로마인들에 따르면 건국자인 로물루스의 집으로 로마 아주 초기 정착지의 유일한 흔적이다. (전통적인 연대 추정에 따르면) 기원전 8세기 무렵에 건설된 것으로 여겨진다. 누가 이 오두막을 만들었는지(독실한 체하는 골동품 연구자인지, 고대를 이용한 관광산업에 눈독 들인 로마의 사업가인지, 아니면 로물루스 자신인지) 우리는 결코 모른다. 아무튼 이곳은 적어도 서기 4세기 무렵에는 도시 건설자의 기념물로, 애정을 기울여 (혹은 냉소를 담아) 관리되고 있었다. 그곳을 지나치는 모든 사람에게 오두막은 로마의 기원을, 훗날 세계적인 대제국의 수도로 우뚝 섰던 태고의 미개한 마을을, 그리고 왕의 딸로 태어났으나 기득권과 유산을 모조리 박탈당한

공주가 군신 마르스와 관계하여 낳았다는 아기 로물루스를 떠올렸으리라. 사악한 삼촌에 의해 강에 버려졌으나 늑대에게 발견되어 늑대의 젖을 먹으며 자랐고, 나중에는 양치기들의 보살핌을 받으며 성장해, 결국 자기를 버린 삼촌을 왕좌에서 끌어내리고 자신의 도시 로마를 건설한 그를.

또한 로물루스를 생각하면 자연히 쌍둥이 동생 레무스가 떠오른다. (리비우스를 비롯한 작가들이 말하는 조금씩 다른 버전들의) 친숙한 이야기에 따르면, 레무스는 새로운 도시 건설 직전까지 로물루스의 협력자였다. 당시 형제는 각기 다른 위치에 자리를 잡고, 도시 건설을 재가해줄 하늘의 신호를 기다렸다. 로물루스는 자신이 동생보다 강력한 하늘의 신호를 봤다고 주장하면서 성채를 건설하기 시작했다(로물루스는 열두 마리의 독수리를 봤고 레무스는 여섯 마리만 봤다). 질투심을 느낀 레무스는 로물루스가 만든 해자를 뛰어넘어 경계를 침범했고, 즉시 로물루스 혹은 그 부하에 의해 살해당했다. "내가 만든 담장을 넘는 이는 누구든 이렇게 죽게 되리라." 리비우스에 따르면 이것이 그때 로물루스가 한 말이다. 이후 1000년 동안 로마사의 특징이 될, 형제자매 살해라는 끔찍한 행위들을 정당화하는 데 이용되는 문제의 문구다. 그러나 다른 버전에서는 쌍둥이의 협력관계 파탄에 대한 다른 이야기가 등장한다. 쌍둥이는 한동안 새로운 도시를 함께 통치했는데 로물루스가 폭군으로 변하더니 동생을 살해했다는 내용, 심지어 레무스가 로물루스보다 오래 살았다는 버전도 있다.

피터 와이즈먼의 『레무스: 어느 로마 신화Remus: A Roman myth』는 로마 건국 이야기의 중요한 부분인 살해된 쌍둥이에 관심을 집중한다. (실제로 로마인들은 흔히 '레무스와 로물루스'라고 부를 정도로 레무스를 우선으로, 중요시했다.) 와이즈먼은 여기서 세 가지 핵심 질문을 던진다. 이 특이한 건국 전설에 하필 쌍둥이가 등장하는 이유는 무엇인가? 레무스가 레무스라고 불린 이유는 무엇인가? 소위 정본으로 생각되는 이야기에서 레무스가 살해당하는 이유는 무엇인가? 달리 말해, 로마인들은 왜 도시 건설을 마치기 전 죽어버린 쌍둥이 건국자의 이야기를 만들어냈을까? 권좌에 앉은 건국자의 첫 번째 행동을 형제이자 협력자를 무정하게 살해하는 것으로 그리는 사회는 대체 어떤 곳이었을까?

그동안 많은 현대 역사가는 레무스 이야기, 그 이야기가 내포하는 기이함, 혹은 그런 기이함이 자신들의 과거에 대한 로마인의 견해와 관련해 어떤 의미를 지니는가에 관심을 갖지 않았다. 이는 색인 항목에 '레무스: 로물루스 참조'라고 나와 있는 '홀대' 정도가 아니다. 쌍둥이 살해 신화의 함의에 대해 거의 의도적이다 싶을 만큼 무관심했다. 심지어 이탈리아 역사가 아르날도 모밀리아노는 (평소의 그답지 않은 무심함을 드러내며) "로마인은 (…) 도시 건설 과정에서 형제 살해가 있었다는 발상을 대수롭잖게 받아들였다"고 말하기도 했다. 그러나 와이즈먼의 가장 날카로운 공격은 오히려 의도적인 게 아닌가 싶을 만큼 무심한 방관자들이 아니라 레무스와 그의 죽음의 의미를 이해해보려 했던 앞사람들을 향하고 있다. 따라서 그는 앞사람들의 이론을 공격하고 타파하는 데 책 전반부의 상당 부분을 할애하고 있다. (레무스가 대부분의 인도-유럽 문화권 창조 신화의 특징을 이루는 우주의 태초의 쌍둥이라고 보는) 인도-유럽어족 비교언어학자들의 이론을 시작으로, 레무스와 관련하여 지금까지 시도된 거의 모든 이론 및 설명이 옳지 않은 이유에 대해 명쾌한 설명을 내놓는다. 가령 헤르만 슈트라스부르거는 레무스와 로물루스 신화가 로마인들 입장에서는 워낙 불쾌한 내용이라 로마의 적들이 만들어낸 것일 수밖에 없다는 독창적인 주장을 펴는데, 와이즈먼은 이런 주장이 로마인들 스스로가 해당 신화를 계속해서 열광적으로 떠들어댄 이유를 설명하지 못한다며 반박한다(슈트라스부르거의 관점에서 보면 사비니족 여인 강탈이 다음으로 문제가 되는 사건이리라). 어찌 보면 쌍둥이 건국자는 (항상 2인 1조가 되는) 로마 집정관 제도를 상징한다는 테오도어 몸젠의 아이디어의 경우 쌍둥이 중 한쪽이 살해되는 이유를 설명하지 못한다. 2인 1조 집정관 제도의 핵심은 둘이 함께 통치하는 것이지 한쪽이 로마를 홀로 통치하려고 다른 한쪽을 재빨리

5. 이른바 '볼세나 거울'. 뒷면에 새겨진 것은 늑대와 쌍둥이를 표현한 초기 이미지로 보인다.

처치하는 것이 아니지 않은가!

이어서 와이즈먼은 해당 신화가 언제, 어떻게, 왜 만들어졌는지 알아야 신화의 의미를 이해할 수 있다고 주장한다. 그러면서 그 신화를 자기만의 방식으로 복원하기 시작한다. 와이즈먼은 시각적 이미지나 문자 기록 상관없이 해당 신화에 대한 현존하는 자료를 모두 검토한 다음, (로물루스와 달리) 레무스는 로마 건설 이후 수백 년이 흐른 기원전 3세기 이전까지는 신화에 등장하지 않는다고 결론 내린다. 우리에게 익숙한 '로물루스와 레무스' 콤비는 원래 '로물루스'뿐이었다는 것이다. 이 주장 하나만 봐도 문제가 없지 않다. 이를테면 이런 주장은 이탈리아 중부에 위치한 볼세나에서 발견된, 유명한 기원전 4세기 거울을 증거에서 배제하고 있다. 문제의 거울 뒷면에는 갓난아기 상태의 로물루스와 레무스가 늑대의 젖을 빨아먹는 모습이 무심코 보는 사람도 금세 알아차릴 만큼 분명하게 조각되어 있다. 그러나 와이즈먼은 (레무스가 나중에 등장한다는 생각을 고수하기 위해) 여기에 새겨진 이미지가 존재감이 미미한 로마 가정의 수호신인 '공공의 라레스'라고 주장할 수밖에 없었다.

그러나 논의가 진행될수록 더 어려운 문제들이 기다리고 있다. 와이즈먼의 주장을 계속 들어보자. 와이즈먼은 로마 정치의 이원성이라는 몸젠의 아이디어로 돌아가는데, 2인 1조로 구성되는 집정관 자체의 이원성이 아니라 귀족과 평민의 집정관 공유에 초점을 맞춘다는 점에서 몸젠과는 차이가 있다. (기원전 4세기 말 소위 '신분 투쟁'의 종식과 더불어 이전까지 귀족계층으로 한정되었던 집정관직은 이외의 시민, 즉 평민에게도 전면 개방되었다.) 이때 로마 정치에 평민 참여 원칙을 표방하기 위해 레무스가 만들어졌다. '지연'이라는 라틴어에서 나온 레무스라는 이름은 평민의 권력 공유 달성이 많이 늦어졌음을 의미한다. 레무스의 이야기는 (지금은 사라졌지만 와이즈먼이 열과 성을 다해 복원한) 기원전 4세기 말과 기원전 3세기 초에 만들어진 여러 연극에 등장했다. 그리고 레무스 살해는 기원전 3세기 초 로마 승리의 여신 신전 신축 당시에 거행된 인신공희와 연결되는 것 같다(솔직히 정확히 어떻게 연결된다는 것인지 잘 모르겠다). 대략 이런 주장이다.

이것은 굉장히 재미있고 솔깃한 구석도 많은 주장이다. 와이즈먼은 (훨씬 널리 알려진 그리스 신화에 맞서서) 로마 신화와 문화의 중요성을 강조하는 영향력 있는 작업을 해온 인물로 유명하다. 이 책 『레무스』에서 와이즈먼은 그런 작업에서 자신이 느낀 흥분과 희열을 전달하는 데 성공한다. 『레무스』는 지난 반세기 동안 나온 고대 역사서 가운데 문장도 훌륭하고 더없이 흥미로우면서 생각할 거리가 많은 자극적인 내용을 담은 책 중 하나다. 분명 여러 측면에서 훌륭한 책이다. 한편 책의 많은 내용이 실제 역사보다는 판타지에 가깝다는 점을 지적하지 않을 수 없다. 지금은 소실된 로마 연극들은 사실 거의 없는 증거들을 가지고 재구성한 것인데, 와이즈먼은 이런 연극이 신화 전파의 중요한 매개체가 되었다고 본다. (가령 "신이 자신의 사원에서 나와 인근의 보나 데아 여신의 숲을 지나 라라를 지하세계로 데리고 가는 2막짜리 공연이 열렸다는, 메르쿠리우스 신전 맞은편에 위치한 원형의 대경기장 끝에서" 와이즈먼이 지어낸 허구 이상의 어떤 것도 발견하지 못하겠다.) 기원전 3세기

초의 인신공희 이야기는 어떤 종교적 위기가 있었다는 일부 문헌의 언급과 승리의 여신 신전 기단 아래서 발견된 불분명한 내력의 무덤을 결합시켜 내린 추론이다(문제의 무덤은 무시무시한 인신공희와는 관계가 없을 가능성이 크다). 『레무스』에서 이처럼 근거가 확실치 않은 내용을 뽑자면 얼마든지 있다.

무엇이 잘못된 걸까? 근거가 탄탄한 훌륭한 주장이 어떤 것인가는 와이즈먼 스스로도 아주 잘 알고 있다. 또한 그는 자신의 신화 복원 작업이 얼마나 위험한 것인가를 거듭 인정한다. ("이번 장의 주장이 보통보다 근거가 훨씬 빈약한 추측에 기대고 있다는 사실이 지금쯤은 분명해졌으리라 생각한다.") 그럼에도 불구하고 와이즈먼이 그런 주장을 펴는 이유는 무엇일까? 주된 이유는 신화의 속성에 대한 와이즈먼의 이해에 있다. 와이즈먼은 신화를 하나의 과정, 특정 문화에서 오랜 세월을 두고 형성된 세계와 세계 역사에 관한 사고방식의 복합체로 보지 않는다(로마에서는 특히나 그렇게 봐야 하는데도 말이다). 오히려 그는 신화를 그것이 최초로 이야기된 특별한 행사와 연관된, 확인 가능한 발명의 순간이 있는 이야기로 본다.

이런 생각 때문에 와이즈먼은 신화의 기원을 찾아 끈질기게 시대를 거슬러 올라간다. 실은 레무스와 로물루스 신화가 로마에서 중요하다는 사실을 우리가 분명하게 인지할 수 있는 시기는 기록도 없이 흐릿한 기원전 3세기가 아니라 그와는 여러 면에서 사뭇 다른 시기, 기록도 훨씬 잘되어 있는 제국 초기다. 그런데도 와이즈먼이 이처럼 잘못된 논리로 무장하다보니 독자뿐 아니라 스스로에게마저 일말의 의심 없이 이런 진실을 감추게 된다. 로물루스 이야기는 초대 황제인 아우구스투스 치하에서 특히 당면한 사안이었다. 아우구스투스가 황제 칭호를 택하는 시점에서 로물루스라는 이름을 고려했으나 형제 살해 이미지 때문에 제외한 것으로 보인다. 한편 시인 호라티우스는 로마 내전을 로마를 건설한 쌍둥이의 불가피한 유산으로 기록했다. 역사가 타키투스 역시 100여 년 뒤에 네로가 어린 동생 브리타니쿠스를 살해한 것에 대한 대중의 반응을 기록하면서 비슷한 태도를 보인다. "옛말처럼 형제란 전통적인 적이로군" "왕궁은 하나인데 왕이 둘일 수는 없지" 등등. 달리 말해, 레무스와 로물루스 이야기는 로마 제국의 군주제 패러다임 및 그로 인한 왕실의 갈등과 직결되었다.

로물루스 등 초기 로마 왕들에 대한 아우구스투스 황제 시대의 논쟁을 특정하여 상세히 다룬 책은 많았다. 그러나 와이즈먼의 『레무스』만큼 열정과 조예가 느껴지는 것은 없다. 어쨌든 이들 책은 작업의 성공 면에서는 차이가 있지만 로마 제국 초기의 복잡한 신화 이야기를 분해하여 검토했다는 공통점을 갖고 있다. 매슈 폭스의 『로마의 역사 신화Roman Historical Myths』는 아우구스투스 황제 시대의 주요 작가들을 한 명씩 살펴보면서 이들이 로마 초기 왕들의 시대를 논한 이유가 아우구스투스 황제의 통치 방식에 대해 우회적으로 논평할 좋은 정치적 비유였기 때문만은 아님을 보여주려 한다(어쨌든 로물루스 비판이 아우구스투스에 대한 직접적인 비판보다 안전한 선택이기는 했다). 폭스는 로마인이 도시의 신화와 역사를 거듭 이야기하면서 자신들이 무엇을 하고 있다고 생각했을지, 신화적 진실과 역사적 진실 사이, 혹은 신화와 동시대 역사 사이에 경계를 어디에 두었을지 등을 좀더 주의 깊게 생각해야 한다고 주장하는데 (때로 지나치게 상세한 듯하지만) 전반적으로 설득력 있는 주장이다.

다수의 로마 작가를 살펴본 매슈 폭스와 달리 게리 마일스는 『리비우스: 초기 로마의 재구성Livy: Reconstructing early Rome』에서 로마의 기원을 다룬 역사 기록 가운데 리비우스의 기록에만 집중한다. 집중할 만한 가치가 충분하면서 알려질 만큼 알려진 지금도 그에 합당한 관심을 충분히 받고 있다고 할 수 없는 자료다. 마일스는 로마인이 자신들의 문화적 정체성에 의문을 품은 방식에 대해 학계의 최신 트렌드를 따라 이런저런 도표가 뒤섞인 판에 박힌 견해를 제시한다(가령 리비우스가 로물루스와 레무스 협력 체제의 특징으로 규정했던 '전원생활' '변경' '평등주의'가 로물루스 단독 지배의 특징인 '도시생활' '중심' '권위주의'와 어떻게 대조를 이루는지 도

해로 보여주는 식이다). 구조인류학의 서투른 모방처럼 보이는 이들 도표 중 사족이다 싶은 것도 적지 않다.

개별 자료를 다룬 훨씬 흥미로운 연구는 기원 전후에 활동한 로마 시인 오비디우스의 『파스티Fasti』를 집중적으로 다룬 캐럴 뉴랜즈의 『시간 가지고 놀기Playing with Time』다. 『파스티』는 로마의 연중행사를 노래한 보기 드문 시로, 로마의 종교 축제들의 기원을 설명하기 위해 왕조 시대 로마의 여러 신화를 이야기하고 있다. 『파스티』에서 로물루스는 누가 봐도 긍정적인 관점에서 딱 한 번 등장하는데, 여기서 그는 동생 레무스의 죽음이 새로운 왕인 자신의 소행이 아니라 흉악한 심복의 소행이라고 말한다. 그러나 뉴랜즈가 날카롭게 지적하듯, 화자는 이 부분의 도입부에서 퀴리누스 신에게 영감을 구하는데 퀴리누스는 신격화된 형태의 로물루스 자신이다. 다시 말해 오비디우스의 이런 설명은 타인에게 책임을 전가하려는 로물루스의 시도에 대한 노골적으로 편파적인 것으로, 조롱으로까지 볼 수 있다.

이들 중 어느 것도 와이즈먼의 영역은 아니다. 와이즈먼의 관심은 스스로가 신화의 기원이라고 생각하는 것, 그리고 '다른 로마The Other Rome'라고 부르는 것에 있기 때문이다. '다른 로마'란 다양한 문화를 아우르는 세계적인 대제국의 수도가 되기 전, 현대 학계에서 말하는 로마의 특징을 규정지어왔던 현존 문헌의 시대가 도래하기 전, 작은 도시국가였던 로마를 말한다.『로마의 시작 The Beginning of Rome』에서 T. J. 코넬이 다루는 주제 역시 이런 로마다.『로마의 시작』은 여러 면에서 와이즈먼의『레무스』만큼이나 의미 있고 중요한 책이다. 최근 이탈리아 중부 지방에서 강도 높게 진행된 고고학 발굴의 결과물까지 아우른, 초기 로마에 대한 최초의 중요한 역사적 연구물이기 때문이다(발굴자들 스스로가 내놓은 해석을 능가한다는 평가를 종종 받는데 합당한 평가라고 본다). 일종의 표준 교과서가 되지 않을까 싶은데 충분히 그럴 만하다. 그러나 어떤 종류든 동시대 저작이 거의 남아 있지 않은 시대와 사회의 '역사'에 대해 쓴다는 것은 그 자체로 위험을 떠안을 수밖에 없다. 그리고 과거로 가면 갈수록 그 위험은 커지게 마련이다.

코넬은 우리가 실제로 초기 로마에 관한 사실을 파악할 수 있다는 강한 믿음을 가지고 있다(어쩌면 그에게 그런 믿음은 불가피한 것이기도 하다). 수백 년 뒤 로마인이 기록한 초기 도시의 역사가 '실제 정보', 즉 당시까지 남아 있던 동시대 기록 또는 적어도 그런 기록을 직접 접했던 역사가들의 기억에 토대를 두고 있다는 믿음이다. 그러나 믿음이 강할수록 속을 위험도 높아지는 법인데 코넬에게서도 이따금 염려스러운 면들이 보인다. 좋은 예가 소위 '집정관 파스티Fasti'라는 자료의 신빙성이다(앞서 말한 오비디우스의 시와 같은 라틴어 제목이지만 여기서는 초기 왕정이 끝난 후 공화국

설립 시기까지 거슬러 올라가는 집정관들의 명단을 말한다). 만약 이 목록이 (기원전 1세기 로마인들이 당연하게 생각했던 것처럼) 기원전 6세기까지 거슬러 올라가는 도시의 최고 행정관에 대한 정확한 자료라면 아주 초기까지 포함하는 로마사 서술에 안정적인 틀을 제공한다고 할 수 있다.

물론 그렇지 않을 가능성이 높다. (자신이 펴는 주장 때문에도 '집정관 파스티'에 뚜렷이 회의적 태도를 보이는) 와이즈먼은 훌륭해 보이는 목록 뒤에 로마의 옛것 애호가들의 수정, 날조, 합리화가 꽤 숨어 있을 거라고 강하게 주장한다. 현대 학자들이 매우 열성적으로 공들이고 수정해온 어떤 자료든 간에 알고 보면 고대 로마 학자들이 엇비슷하게 공들여 매만진 자료였을지 모른다고 주장해도 무방하리라(이는 경험 법칙이다). 반면에 코넬은 '집정관 파스티'의 대체적인 정확성과 그것이 제공하는 연대기적 틀을 불신할 그럴듯한 이유를 찾을 수 없다고 주장한다.

코넬의 주장이 지닌 문제점은 로물루스와 그의 뒤를 이었다는 여섯 왕으로 거슬러 올라가면 더 심각해진다. 책의 초반에 코넬은 로물루스의 건국 이야기가 "전설일 뿐 역사적 서술이라고 간주할 아무런 근거가 없다"며 확신하는 듯한 태도를 보인다. 그러나 얼마 안 있어 독자는 "비록 로물루스는 전설이어도, 그에게서 기인하는 제도들은 역사적 사실이며 초기 왕조 시대로 거슬러

2부 초기 로마의 영웅과 악당들

올라가는 것으로 볼 수 있다"는 문장과 마주하게 된다. 이런 서술은 꼭 리비우스의 논리에 기대지 않더라도 왕의 '인격' 재도입에 이미 상당한 힘을 실어주고 있다. 코넬의 서술이 4대와 5대 왕에 이를 즈음에는 이런 인격이 거의 당연하게 여겨진다. "안쿠스 마르키우스(재위 기원전 641~기원전 617)와 루키우스 타르퀴니우스 프리스쿠스(재위 기원전 616~기원전 578)는 그들의 선조보다 원만하고 어쩌면 역사성이 짙은 인물들이다." 몇 쪽 뒤로 가면 그들의 통치에 할당되어 있는 244년이라는 시간을 불과 일곱 왕으로(사실은 일곱 명 이상이었다고 가정하거나 연대를 줄임으로써) 채우는 방법이 문제로 부각된다. 그리고 역사적 신기루는 타르퀴니우스 왕조의 깔끔한 가계도에 의해 완성된다(전통적인 로마 자료에서 암시하는 온갖 관계와 관련해 본질적으로 신뢰하기 힘든 면은 없음을 보여주는 가계도). 이들 일곱 왕 모두가 훗날 로마인이 지어낸 (그렇기 때문에 더 흥미로운) 허구가 아니라는 납득할 만한 설명을 여전히 필요로 하는 독자라면 이쯤에서 와이즈먼 같은 사람의 앞뒤가 맞아떨어지는 판타지를 고대할 수밖에 없다.

　그러나 로마의 선사시대에 관한 이런 추측들 중 크게 중요한 것이 있을까? 매슈 폭스는 『로마의 역사 신화』 서론에서 "대체 왜 (로마) 왕정 시기에 대한 담론이 1990년대에 흥미를 끄는 것일까?"라는 과감한 질문을 던진다. 아마 대다수 역사가가 흥밋거리가 전혀 없다고 생각해왔다는 점을 의식한 질문이지 싶다(고전학자 모지스 핀리는 확실히 이런 입장이다). 알고 보면 그것이 재미있고 중요할지 모른다는 점을 독자에게 납득시켰다는 것은 코넬과 (특히) 와이즈먼이 거둔 크나큰 성과다. 그리고 와이즈먼은 스스로도 이를 거의 확신하고 있다. 그의 『레무스』의 한 장은 다음과 같은 개성적인 문장으로 시작한다. "1970년대 초만 해도 레무스는 영 가망이 없었다." 이는 농담일 수도 있고 아닐 수도 있다. 농담이라면 심하게 자조적인 태도이고 농담이 아니라면 순진할 정도로 진지한 셈이다. 여러분이 어느 쪽이라고 생각하든, 자신이 다루는 주제에 이처럼 짓궂게 접근하는 모습은 참으로 와이즈먼다우며, 자유분방함이 돋보이는 경이로운 저서 『레무스』에도 더없이 어울리는 태도인 것만은 확실하다.

서평 도서

1 T. P. Wiseman, 『레무스: 어느 로마 신화Remus: A Roman Myth』(Cambridge University Press, 1995)

2 Matthew Fox, 『로마의 역사 신화: 아우구스투스 시대 문헌에 나타난 왕정 시대 Roman Historical Myths: the regal period in Augustan literature』(Clarendon Press, 1996)

3 Gary B. Miles, 『리비우스: 초기 로마의 재구성Livy: Reconstructing early Rome』(Cornell University Press, 1995)

4 Carole E. Newlands, 『시간 가지고 놀기: 오비디우스와 파스티Playing with Time: Ovid and the Fasti』(Cornell University Press, 1995)

5 T. J. Cornell, 『로마의 시작: 청동기 시대부터 포에니 전쟁까지 이탈리아와 로마(c 기원전 1000~기원전 264)The Beginnings of Rome, Italy and Rome from the Bronze Age to the Punic Wars, c 1000~264BC』(Routledge, 1995)

7. 궁지에 몰린 한니발

━━━ 점진적 개혁을 통해 사회주의를 추구하는 영국의 페이비언 협회Fabian Society의 명칭은 로마 시대 군인이자 정치가였던 퀸투스 파비우스 막시무스 베루코수스의 이름에서 유래했다. 파비우스가 현대 사회주의 지식인 단체의 후원자라니 어울리지 않아 보일지 모른다. 고대 로마의 명문 귀족 집안 출신인 파비우스가 빈민에 대한 동정이나 공감으로 유명했던 것은 아니니 말이다. 사실 1880년대의 페이비언 협회 창립자들이 파비우스에게서 받은 영감의 원천은 따로 있었다. 바로 한니발과의 전쟁에서 파비우스가 택한 전술이었다.

한니발과의 전쟁에서 로마는 거의 패배 직전까지 갔다. 경험이 부족한 장군들이 줄줄이 나와서 카르타고와 정면으로 맞서 싸워야 한다는 경솔한 주장을 폈다가 참담한 결과를 낳았기 때문이다. 그중에서도 기원전 216년의 칸나에 전투가 최악이었다. 당시 전투에서는 약 5만 명의 로마군이 사망한 것으로 추정된다(아마도 전장은 게티즈버그 전투 또는 솜 전투의 첫날처럼 끝없는 피바다를 방불케 했을 것이다). 그러나 파비우스가 지휘관이 되자 이전과는 다른 전략을 택했다. 파비우스는 한니발과 정면으로 맞서는 '회전會戰'을 벌이지 않고 영리한 지연 전술을 구사했다. 소규모 게릴라전으로 적을 괴롭히는 한편 이탈리아 땅에 불을 질러 농작물, 주택, 은신처 등을 태웠다. 한니발을 지치게 하고 대군을 먹일 식량이 바닥나게 하자는 전략이었다. 그리하여 파비우스는 훗날 쿤크타토르Cunctator, 즉 '지연 전술을 구사하는 자'라는 별명을 얻는다.

지금은 고인이 된 빅토리아 시대의 '페이비언' 사회주의자들이 자본주의를 상대로 구사하려던 것도 바로 이 지연 전술이었다. 혁명처럼 무모한 (혹은 거북한) 방법이 아니라 점진적으로 적을 약화시키면서 때가 무르익기를 기다리자는 전략이었다. 페이비언 협회 창립 멤버 중 한 명으로 ('페이비언'이라는 명칭을 생각해낸) 영국 작가 프랭크 포드모어는 글에서 명칭의 의미를 다음과 같이 설명한다. "인내심을 가지고 최적의 순간을 기다려야 한다. 파비우스가 한니발을 상대로 전쟁을 벌이면서 더없는 인내심을 발휘했듯이."

1880년대에는 지금보다 더 많은 사람이 파비우스 막시무스의 이름을 알았을 것이다. 그러나 그때조차 모르는 사람이 없을 정도인 한니발에게 파비우스의 인지도는 상대가 되지 않았다. 한니발은 무적의 로마를 거의 무너뜨릴 뻔한 인물이다. 또한 한니발은 코끼리 군단을 거느리고 눈 덮인 알프스를 넘어오는 불가능에 가까운 묘기를 구사해낸 인물이기도 하다(그것이 의미 있었는가는 논외로 치고 엄청나게 유명한 사건이었다). 로버트 갈런드의 한니발 연구서를 보면 '사후 평가'를 다룬 훌륭한 장이 나온다. 여기서 갈런드는 현대 장군들이 가장 관심을 보였던 부분은 항상 카르타고의 군사 전략, 특히 칸나에 전투에서의 전략이었다고 말한다(조지 워싱턴은 미국 독립전쟁 초기에 파비우스의 전략을 택하긴 했지만). 각종 소설, 오페라, 영화 등의 소재가 된 인물 역시 파비우스가 아니라 한니발이었다. 사실 19세기에도 파비우스를 세련된 전략가라기보다 겁 많고 우유부단한 사람으로 보았다. 별명인 '쿵크타토르'에는 '영리한 지연 전술 구사자'라는 의미뿐 아니라 '느림보', 매사를 질질 끄는 '늑장꾸러기' 등의 의미도 있다.

페이비언 협회 발족 직후 (『런던 이브닝 스탠더드』의 전신인) 『펠멜 가제트Pall Mall Gazette』에 실린 짧은 기사에서 초점을 맞춘 부분도 바로 파비우스의 이런 면이었다. 도대체 무슨 이유로 사회주의자 단체가 '느림보 늑장꾸러기' 파비우스의 이름을 따서 명칭을 정한단 말인가? "협회의 실제 명칭은 카틸리나 클럽이고, 페이비언이라는 말은 영국의 대중이 너무 놀라지 않도록 반대로 표현한 익살스런 완곡어법이거나 별명일 수도 있지 않을까?"(카틸리나는 로마 공화정 말기에 체제 전복을 꾀한 혐의로 처형된 인물이다.) 며칠 뒤 익명의 '페이비언 협회원'이 협회 명칭은 결코 농담이 아니며 진지한 결정이라고 설명하는 독자 투고를 보내왔다. 미적미적 꾸물거리는 게 아니라 "충분히 고려한 뒤에 하는 신중한 행동"이 핵심 의미임을 강조하면서.

파비우스의 업적을 바라보는 이런 양면적인 태도는 고대 로마에도 존재했다. 기원전 2세기 로마의 시인 퀸투스 엔니우스는 (지금은 단편적인 인용으로만 남아 있는) 로마 역사를 다룬 대서사시에서 파비우스를 한니발로부터 혼자 힘으로 도시를 구하는 커다란 공을 세운 인물로 묘사했다. "한 남자가 홀로 지연 전술로 cunctando 나라를 구했다." 그러나 '쿤크타토르'를 굼뜬 느림보로, 로마인이 생각하는 용맹함·미덕·뛰어난 군사적 재능과는 결코 맞지 않는 늑장꾸러기로 보는 이들도 분명 있었다.

리비우스가 기원전 1세기 말에 집필한, 로마 건국 시기부터 다루는 142권에 달하는 로마 역사서는 흔히 『로마사The History of Rome』라 불리지만 정확한 라틴어 명칭은 'Ab Ubre Condita'로 글자 그대로 옮기면 '로마 건국 이래'다142권 중 35권만 현전한다. 아무튼 리비우스의 『로마사』의 제2차 포에니 전쟁에 대한 서술에는 기원전 204년 한니발의 대응 전략을 놓고 선배인 파비우스와 군사 분야의 떠오르는 샛별인 스키피오 아프리카누스 사이에 벌어진 논쟁이 등장한다. 스키피오는 (당시 후퇴하던) 한니발을 쫓아가 북아프리카 본거지에서 완벽하게 무너뜨릴 생각이었다. 아니나 다를까 파비우스는 신중론을 주장한다. 둘은 각자가 주장하는 행동 방향을 정당화하고자 다양한 역사 속 선례를 효율적으로 활용한다. 그중 특히 눈에 띄는 것은 처참한 결과로 끝난, 펠로폰네소스 전쟁 도중 아테네의 시칠리아 원정이다(투키디데스의 서술을 통해 널리 알려진 사건이기도 하다. 3장을 참조하라). 리비우스는 과거의 갈등에서 스키피오가 알키비아데스의 역할을 맡는다면, 파비우스는 로마의 니키아스에 해당되리라는 점을 분명히 했다(늙은 데다 미신을 믿고, 지나치게 신중해서 사실 그런 자리에 어울리지 않는 사람). 실제로 알키비아데스는 그렇지 못했지만 스키피오는 공격을 계속해서 성공을 거두었다. 스키피오는 기원전 202년 북아프리카에서 벌어진 자마 전투에서 한니발을 결정적으로 격파했는데, 파비우스가 죽은 지 1년 뒤의 일이었다. 이는 지연 전술이 아니라 속전속결과 뛰어난 군사적 재능에 의한 승리였다. 갈런드의 표현에 따르면 한니발 입장에서는 그야말로 '참패'였다.

파비우스 막시무스 '쿤크타토르'라는 인물이 영웅으로든, 우유부단한 느림보로든 대중의 기억에서 희미해진 이유는 리비우스의

『로마사』 자체의 운명과도 얼마쯤 관계가 있다. 『로마사』는 20세기 거의 내내 학문 연구의 변방으로 밀려나 찬밥 신세를 면치 못했다. ('쟁기질 도중에 부름받은 킨킨나투스' '호라티우스는 어떻게 다리를 지켰나' 같은) 고대 로마인의 용맹함을 보여주는 놀라운 이야기들 덕분에 19세기에는 대중의 사랑을 받았지만 지금은 헤로도토스, 투키디데스, 타키투스 등과 달리 일반 대중에게는 거의 읽히지 않는 책이 되었다.

내 생각에 완전 전문적인 고전학자라 해도 한니발 전쟁을 다룬 리비우스의 10권의 책(21권부터 30권)에 나온 더없이 상세한 파비우스의 행적과 정책을 전부 읽지는 않을 것이다. 어쩌면 놀라울 게 없는 현상이다. 물론 기억에 남는 하이라이트들은 있다. 21권에서 한니발이 코끼리를 이끌고 눈 덮인 알프스를 넘는 장면이 대표적이다. 한니발이 바위를 뜨겁게 가열한 다음 위에 식초를 부어 부수고 전진했다는, 유명하나 출처는 몹시 불분명한 이야기다(고전학자들이 아마추어 화학자로 변신해 보이스카우트 단원들이나 할 법한 온갖 실험을 하게끔 한 일화이기도 하다). 그러나 한니발 전쟁에 대한 리비우스의 기록 대부분은 이해하기가 이만저만 어려운 게 아니다. D. S. 레빈이 『한니발 전쟁에 관한 리비우스의 기록Livy on the Hannibalic War』에서 "이야기를 따라가며 파악하는 자체가 심히 어렵다고 느껴질 정도"라고 인정했듯이 말이다. (이탈리

2부 초기 로마의 영웅과 악당들

아와 시칠리아뿐 아니라 스페인과 후에는 아프리카, 동방까지) 실로 다양한 전쟁의 무대가 등장하는데 장소와 시간이 바뀔 때마다 맥락을 파악하기 힘들다. 레빈의 지적은 여기서 멈추지 않는다. "또한 책에는 특징 없는 다수의 카르타고인이 등장하는데 대부분 한노, 마고, 아니면 하스드루발로 불리는 바람에 누가 누구인지 더 구별이 안 된다. 로마인 등장인물은 상대적으로 이름이 다양하지만 기억할 만한 특징이 없다는 점에서 카르타고인과 다를 바 없다." 아주 잘 만들어진 지도가 포함된 다수의 참고문헌 없이는 리비우스가 말하는 한니발 전쟁에 대해서 어떤 만족할 만한 이해도 불가능하다.

뿐만 아니라 정통적 관점에서 볼 때 리비우스는 고대 기준으로든 현대 기준으로든 아주 형편없는 역사가였다. 리비우스는 매우 기본적인 조사도 하지 않고 전해오는 과거 이야기에 전적으로 의존하는 역사가였다. 물론 고대에는 이런 모습이 굉장히 특이한 경우라고 할 순 없다. 그렇지만 리비우스는 대다수의 고대 역사가보다 그 정도가 더 심했다. 리비우스는 입수한 정보를 스스로도 완전하게 이해하지 못하거나, 일관성 있는 단일한 서사 구조로 집약시키지 못할 때도 많았다. 리비우스가 같은 사건을 두 번 서술한 악명 높은 사례들이 있는데, 다른 두 자료에서 살짝 달리 서술된 내용을 보고 같은 사건임을 모른 채 빚어진 실수가 아닌가 싶다.

(레빈의 지적처럼 현재 이탈리아 칼라브리아주에 위치한 크로토네와 로크리가 카르타고의 수중에 떨어지는 내용이 다른 연도로 두 번씩 기록되어 있다.) 또한 리비우스가 그리스어 실력이 부족해 핵심 정보원 중 한 명을 제대로 이해하지 못했다는 분명한 신호들이 감지된다. 문제의 정보원은 그리스 역사가 폴리비오스다. 폴리비오스 역시 지중해에서 로마의 패권 확립 과정을 이야기하면서 한니발 전쟁을 비중 있게 다뤘고, 지금까지 남아 있는 분량도 상당하다. 덕분에 우리는 리비우스 버전과 그가 의지했던 폴리비오스 버전을 비교해볼 수 있다.

리비우스의 눈에 띄는 오역 중 하나는 전쟁이 끝난 뒤인 기원전 189년 로마의 그리스 암브라키아 포위 공격에 대한 서술에서 나온다. 로마와 암브라키아 양쪽 진영에서 판 여러 개의 땅굴 속에서 복잡한 싸움이 전개되던 중이었다. 이때 리비우스는 '문들이 막고 있는foribus positis' 상황에서 진행되는 싸움에 대해 언급한다. 문들이 갑자기 어디서 튀어나온 것인가? 땅굴에서 문이라니 대체 어떤 용도란 말인가? 그러나 폴리비오스의 기록을 보면 사뭇 다른 이야기임을 알 수 있다. 폴리비오스는 문이 아니라 '방패'라고 말한다. 이런 차이에 대한 가장 그럴듯한 설명은 리비우스가 '로마의 방패'(라틴어로 scuta)라는 표준어를 잘못 이해했다는 것이다. '로마의 방패'는 그리스어로 'thureous'로 '문'을 의미하

2부 초기 로마의 영웅과 악당들

는 'thuras'와 비슷하기는 하다. 굳이 리비우스의 편을 들자면 이 두 단어는 어원적으로 연결되어 있다. 로마의 방패가 '문 모양'을 하고 있기 때문이다. 그러나 이런 사정을 감안해도 이것이 묘사 대상인 전투 장면을 전혀 이해할 수 없게 만드는 매우 기본적인 번역 오류임은 변하지 않는다.

이런 모든 문제점에도 불구하고 레빈은 리비우스의 명예를 회복시키고자 한다. 최근 들어 리비우스의 작품이 잦은 실수와 오류에도 불구하고 문학적, 역사적으로 상당한 수준이라고 보는 학계의 움직임이 점점 커지고 있는데 이런 흐름과 궤를 같이하는 주장이다. 레빈은 리비우스의 한니발 전쟁 서술이 "현존하는 모든 고전 문헌 가운데 가장 주목할 만하고 훌륭하며 일관된 산문 설명"임을 보여주려 한다. 이런 시도가 성공적이었을까? 어느 정도는 그렇다. 물론 레빈 자신이 저술한 책의 방대한 분량이나 장황한 설명은 목적 달성에 크게 도움이 안 되는 게 사실이다(레빈은 "같은 요점을 설명할 다섯 가지 이상의 사례가 있으면 절대로 하나만 사용해서는 안 된다"는 문학비평 유파에 속하며 레빈의 책은 리비우스의 책과 마찬가지로 느릿느릿 힘들게 읽어나가야 하는 부분이 많다). 이런 한계에도 불구하고 레빈은 리비우스의 한니발 전쟁 기록을 무시하는 기존 정설에 맞서 상당한 성공을 거두었다. 적어도 레빈 이후에는 이들 10권의 책을 무시하기가 불가능할 것이다.

특히 레빈은 리비우스의 기록 같은 걸 읽고 이해하려면 "이렇게 해야 하지 않을까?" 하는 현대인의 예상을 통쾌하게 깨버린다. "지도를 치워라." 레빈은 이렇게 주장한다. 고대 독자들이 옆에 지도를 두고 리비우스의 글을 읽지 않았을 것이며 거기 등장하는 작은 마을 하나하나가 실제로 어디 있었는가는 그리 중요하지 않을지 모른다(고대 독자들도 그런 세세한 부분까지는 몰랐으리라). 나아가 레빈은 흔히 간과하는, 글의 문학적 치밀성을 보여주는 설득력 있는 사례를 다양하게 제시한다. 가령 시칠리아에서 로마 장군 마르켈루스의 행동에 대한 리비우스의 설명이 100여 년 후 시칠리아의 탐욕스러운 로마 총독 베레스를 고발하는 키케로의 연설 내용을 활용해 만들어졌음을 입증하는데 나는 이 대목이 특히 마음에 들었다. 레빈은 기원전 3세기 말의 마르켈루스가 이미 공화정 말기 최악의 로마 지배자 모습을 보여주는 정확한 선례로 제시되고 있다고 주장한다.

또한 레빈은 리비우스가 역사와 역사적 인과관계를 보는 관점에서도 자신의 주요 정보원인 폴리비오스의 냉담한 합리주의와는 다른 견해를 제시하려 했던 듯하다고 설명하는데, 역시 인상적이다. 리비우스는 그리스인 전임자의 설명을 희석시키거나 오해한 것만이 아니다. 어떤 측면에서 리비우스는 폴리비오스보다 뛰어난 면모를 보인다. 이런 예로 레빈은 한니발이 알프스를 넘어가

2부 초기 로마의 영웅과 악당들

기에 앞서 겁에 질린 병사들에게 격려의 연설을 하는 대목을 든다. 리비우스는 폴리비오스가 자기 앞사람들의 어리석음을 비판하면서 했던 말의 일부를 한니발의 발언에 집어넣는다. 폴리비오스는 이전 역사가들이 알프스산맥의 위험을 과대평가하면서 사실상 거짓말이나 다름없는 터무니없는 이야기들을 늘어놓았다고 비판한다. 리비우스의 『로마사』에 나오는 한니발은 폴리비오스의 주장에 공감하면서 알프스산맥이 워낙 높아 하늘에 닿아 있다고 생각하는 어리석은 사람들이 있다고 말한다. 그러나 계속 읽다보면 뒷맛이 씁쓸해지는 것은 어쩔 수 없다. 한참 뒤에 마침내 알프스산맥에 도착한 병사들이 목도한 현실은 어땠을까? 리비우스의 표현에 따르면 "눈이 하늘과 뒤섞여 거의 구분되지 않는다"였다. 산맥은 정말로 하늘에 닿아 있었고, 폴리비오스가 "냉정한 이성주의자의 면모를 보이며 알프스에 대한 공포가 과장되었다고 비판한 내용은 사실 틀렸으며, 병사들을 두렵게 했던 풍문이 진실이었다." '지연 전술을 쓰는 자'일 뿐만 아니라 신을 깊이 존중했던 파비우스 막시무스처럼 리비우스는 역사 전개에서 신의 영향력, 비이성적인 것, 예상하지 못한 낯선 것의 영향력을 강조한다.

레빈은 리비우스의 강력한 옹호자이면서 동시에 리비우스의 실수와 결점들을 인정한다. 그런 점에서 레빈은 리비우스가 간혹 보인 비일관성이나 중복 설명을 모두 교묘한 강조, 혹은 포스트모던에서 말하는 '불안정화destabilization' 전략의 고대 버전이라고 미화하는 요즘의 일부 독자와는 다르다(이런 입장에서는 "… 같은 사건 설명을 두 번 반복한 것은 리비우스가 실수한 게 아니라 단일한 선형적 서사linear narrative의 속성 자체에 의문을 품으라는 리비우스의 메시지다"라는 식의 설명을 내놓는다). 다행히 레빈이 말하는 리비우스는 항상 고도의 치밀함을 보이는 완벽한 모습이 아니라 실수가 허용되는 인간적인 모습이면서 동시에 아주 설득력 있는 역사적 논증들을 해낸다. 그러나 이런 설명에도 불구하고 리비우스와 관련해 몇몇 의문이 남는 것은 어쩔 수 없다. 레빈의 설명대로 리비우스가 과도한 합리화에 치우친 선배들에 비해 오히려 균형 잡힌 시각을 지녔고, 역사적 인과관계에 대해서도 남다른 통찰력이 돋보이는 날카로운 주장들을 제기했을지 모른다. 그러나 '방패'라는 그리스어를 분명하게 알지 못했던 로마 역사가에게서 과연 얼마나 똑똑한 폴리비오스 독해를 기대할 수 있을까?

서평 도서
1 Robert Garland, 『한니발Hannibal』(Bristol Classical Press, 2010)
2 D. S. Levene, 『한니발 전쟁에 관한 리비우스의 기록Livy on the Hannibalic War』
 (Oxford University Press, 2010)

8. 도대체 언제까지……?

━━━━ 마르쿠스 톨리우스 키케로는 기원전 43년 12월 7일에 죽임을 당했다. 로마에서 가장 유명한 연설가이자 한결같다고는 할 수 없어도 공화주의 자유 이념의 옹호자이자 전제 정치에 매서운 비판을 가했던 인물이다. 키케로를 쫓던 마르쿠스 안토니우스의 부하들이 마침내 그를 찾아냈다. 안토니우스는 당시 로마를 지배하던 군사정부제2차 삼두정치의 일원이자 그야말로 아찔한 독설이 난무하는 키케로의 마지막 연설의 핵심 공격 대상이기도 했다. 연설가로서 키케로의 마지막 작품은 「필리포스 탄핵 Philippicae」이라 불리는 열 번도 넘는총 14회 신랄한 공격 연설이다. 「필리포스 탄핵」이란 명칭은 300년 전 마케도니아의 필리포스 2세를 마찬가지로 신랄하게 공격했던 아테네의 데모스테네스 연

설을 모방해 비슷한 스타일로 한 데서 연유한다. 은신처가 발각되자 그동안의 추격전이 상당한 정교함을 요구하면서도 때론 웃기는 게임 같은 숨바꼭질로 변해버렸고, 키케로는 빌라에 몸을 숨겨 언제 들이닥칠지 모르는 불청객을 기다릴지, 바다 쪽으로 내뺄지 고민해야 했다. 결국 키케로는 가마를 타고 바닷가로 향하던 중 암살자들에게 붙잡혔다. 암살자들은 키케로의 목을 벤 다음, 암살에 성공했다는 증거로 머리와 양손을 싸서 안토니우스와 아내 풀비아 앞으로 보냈다. 섬뜩한 소포가 도착하자 안토니우스는 이를 중앙 광장에서 효수하도록 지시했다. 중앙 광장에서도 키케로가 그야말로 지독하다고밖에 할 수 없는, 길고 신랄한 공격 연설을 했던 바로 그 연단에. 그런데 효수 전에 아내 풀비아가 키케로의 머리를 자기 무릎 위에 놓고, 입을 벌려 혀를 빼낸 다음, 머리에 꽂고 있던 핀을 빼서 계속 찔렀다고 한다(진위는 불분명하지만 전하는 이야기는 그렇다).

참수와 뒤이은 장식품 역할은 율리우스 카이사르의 암살로 이어졌던 100여 년의 내전 도중 로마의 일선 정치가들이 항상 마음속에 채비해야 했던 직업상의 위험 같은 것이었다. 예를 들어 기원전 1세기 초에도 집단 학살이 여러 차례 일어났는데, 그 와중에 마리우스파에 의해 살해된 안토니우스의 할아버지 머리가 가이우스 마리우스의 만찬 식탁을 장식했다. 키케로의 사촌 한 명은 (키케로의 표현에 따르면 "아직 살아서 숨 쉬는") 잘린 머리를 독재자 술라에게 선물했다. 그보다 훨씬 기괴한 상황도 드물지 않았다. 로마 최악의 군사적 패배로 꼽히는 기원전 53년 파르티아와의 싸움에서 패장敗將 마르쿠스 크라수스의 머리는 파르티아 궁정에서 상연된 에우리피데스의 「바카이Bakchai」에서 단역으로 무대에 올랐다. 이런 일이 워낙 자주 일어나자 일부 로마인은 전통적으로 로마의 저택을 장식하는 조상의 흉상과 수많은 조각상 모델의 마지막 운명 사이에서 불편한 연관성을 찾아내기도 했다. 가장의 집무실 겸 응접실로 쓰이는 방에 가족의 흉상을 전시하는 것이 로마 특유의 전통이었기 때문이다. 이런 관점에서 보면, 기원전 61년 폼페이우스가 로마에서 개선 행진을 할 때 사용된 거대한 두상 역시 머잖은 그의 죽음을 예견하는 불길한 전조로 여겨졌으리라. 기원전 49년 9월 이집트 해안가에서 살해당한 폼페이우스의 머리는 (앤서니 에버릿이 키케로 전기에서 설명하듯이) "식초에 절여" 고이 보관되었다가 석 달 뒤 알렉산드리아에 도착한 카이사르에게 바쳐졌다.

키케로의 잘린 머리를 놓고 풀비아가 했다는 잔인한 행동은 로마 정치 생활의 일부라고 할 일상적인 가학증 이상의 함의를 지니고 있다. 풀비아는 키케로가 신랄한 독설을 퍼부으며 공격하고 미워했던 두 남자와 결혼했다. (풀비아의 첫 남편은 유독 남의 부아를 돋우는 쪽으로 능력을 발휘한 푸블리우스 클로디우스였는데, 키케로를 로마에서 일시적으로 추방하는 데 성공하지만 결국 키케로의 심복에게 살해당한다. 이어서 결혼한 두 번째 남편이 바로 안토니우스였다.) 그러므로 풀비아는 여자로서 자신만의 복수를 할 기회를 잡은 셈이었다. 머리핀으로 키케로의 혀를 찢어발기면서 풀비아가 공격했던 것은 당시 로마 정치에서 남자들의 역할을 규정했던 바로 그 능력, 특히 키케로에게 중요했던 발언 능력이었다. 동시에 그녀는 여성의 머리장식으로 쓰이는 일상 용품을 끔찍한 무기로 둔갑시키는 나름의 창의력도 보여주었다.

키케로 살해와 시신 손상 과정에 얽힌 더없이 끔찍한 이야기는 후대 로마 문화 및 문학에서 그것이 차지하는 신화적 지위에 적잖이 일조했다. 키케로의 죽음은 로마 남학생들이 연설 기술을 익힐 때 등장하는 인기 주제였고 만찬 뒤의 연설에서 유명 연설가들이 즐겨 활용하는 주제이기도 했다. 연설을 익히는 수습 연설가는 신화나 역사 속 유명 인물에게 가상의 조언을 하는 연설, 또는 과거의 악명 높은 범죄를 옹호하는 연설을 해야 했다. '레무스 살해 죄와 관련하여 로물루스를 변호하시오' '아가멤논에게 딸 이피게네이아를 제물로 바쳐야 하는지, 말아야 하는지 조언하시오' '알렉산드로스 대왕은 불길한 조짐에도 불구하고 바빌론에 들어가야 했을까?' 등등. 그리고 수많은 로마의 교실과 셀 수 없이 많은 만찬 파티에서 되풀이된 가장 인기 있는 주제 두 가지가 바로 키케로와 관련된 것이었다. 하나는 키케로가 목숨을 부지하기 위해 안토니우스에게 용서를 구해야 했을까, 아닐까? 다른 하나는 만약 안토니우스가 키케로에게 그간 작성한 글을 모조리 소각하면 목숨을 살려주겠다고 할 경우 키케로는 이런 조건을 받아들여야 했을까, 아닐까? 로마 제국의 문화 정치 지형에서 이런 문제를 판단하기는 어렵지 않았다. 더없이 똑똑했지만 결국 실패자였던, 과거의 공화제 질서 옹호자가 (모두 동의하듯이) 용납할 수 없는 전제 정치의 대변자였던 남자에 맞서게끔 논지를 전개하는 것이다. 또한 목숨을 좌우하는 무자비한 폭력에 맞서는 문학의 가치 역시 비중 있게 다뤄준다. 로마 비평가들은 거의 예외 없이 키케로가 타의 귀감이 되는 당당한 죽음을 맞았다고 생각했다는 사실에도 방점이 찍혔다. 사리사욕 추구, 우유부단함, 비겁함 등 어떤 죄목으로 키케로의 생애를 공격하든 키케로가 죽음 앞에서 더없이 훌륭했다는 평가에는 이견이 없었다. 당시 키케로는 타고 있던 가마에서 목을 길게 빼고, (이후 영웅들이 줄곧 그렇게 해온 것처럼) 암살자에게 임무를 제대로 처리하라며 침착하게 요구했다.

그러나 정치와 저작 분야에서 키케로의 여타 업적에 대한 평가는 천차만별이다. 일부 역사가는 키케로를 로마가 점점 심각한 내전에 빠져들고, 결국 '1인 지배'를 향해 나아가는 시점에서 전통적인 정치적 가치를 옹호했던 유능한 대변자로 여겨왔다. 반면 어떤 이들은 ('존엄한 평화' '사회 계층 간의 화합' 등) 로마라는 국가가 직면한 혁명적인 문제들에 공허한 슬로건으로 맞섰다며 키케로를 비난한다. 19세기의 독일 역사가 테오도어 몸젠은 충성의 대상을 끊임없이 바꿨던 키케로의 행태를 돌아보면서 "근시안적인 이기주의자"라고 했다(마지막에는 평소 혐오한다고 목청 높였던 독재자들의 꼭두각시 노릇을 했다). 반면 앤서니 에버릿은 키케로의 전기 『키케로: 파란만장한 인생Cicero: A Turbulent Life』에서 그를 합리적인 실용주의자로 묘사하는 가운데 그가 취한 "영리하고 융통성 있는 보수주의"를 높이 평가한다. 계몽주의 시대 학자들에게 키케로의 철학 논고들은 합리성의 지침이 되는 등대 같은 존재였다. 대표적인 계몽사상가 볼테르가 창작한 독특한 이야기를 보면, 중국 황실에 파견된 로마 사절이 키케로의 『점에 관하여De Divinatione』 번역본을 읽어주자 매사에 시큰둥하던 중국 황제가 탄복했다는 내용이 나온다(『점에 관하여』는 점, 신탁, 예언 등을 세심하게 해부한 내용이다). 그런가 하면 '툴리우스의 의무론', 즉 의무에 관한 논고(『의무론De Officiis』)는 17세기 영국 신사들의 윤리 지침서였다. 그러나 키케로를 찬양하던 이런 정서는 19세기 유럽 전역에서 발흥한 필헬레니즘philhellenism, 즉 고대 그리스 문화를 찬미하는 친親그리스주의 앞에서 고개를 숙이고 만다. 이에 따라

2부 초기 로마의 영웅과 악당들

19세기와 20세기 거의 내내 키케로의 철학은 (근대에 나온 여섯 권 모두) 과거 그리스 사상에서 나온 이차 해설에 불과하며, (가치가 있다 해도) 고대 이래 사라진 그리스 원본 자료에 대한 정보를 제공한다는 점에서 가치가 있을 뿐이라는 식으로 폄하, 무시되었다. 심지어 가능한 모든 부분에서 '무죄 추정의 원칙에 따라' 키케로에게 유리한 해석을 해주었던 에버릿마저 이와 관련해서는 "천재적인 보급자", 독창적이기보다는 "원숙한" 종합자 정도로 키케로를 평가한다.

어쨌든 키케로의 행적과 관련하여 어떤 것보다 많은 논쟁을 불러일으키는 사건 하나가 있다. 바로 집정관 시절인 기원전 63년, 소위 '카틸리나의 음모'를 진압한 일이다. 키케로에게는 이때가 전성기이자 황금기였다. 이후의 삶에서 키케로는 기회만 있으면 63년 자신이 혼자 힘으로 나라를 파멸에서 구했다는 사실을 상기시키곤 했다. 나아가 키케로는 『집정관 시절에 대하여 De Consulatu Suo』라는 세 권짜리 서사시를 통해 이런 자신의 업적에 불멸의 생명력을 불어넣으려 했다. 지금은 단편적으로만 전하는 문제의 서사시는 중세 암흑기를 거치며 살아남은 엉터리 라틴어 시의 대표 주자로 여겨지곤 하며 특히 자기 자랑으로 충만한 다음의 구절 때문에 유명하다. ("O Forunatam natam me consule Romam." 해석하자면 "오, 로마는 행운의 도시로 태어났노라, 내가 집정관으로 있는 동안" 정도가 되겠다.) 물론 이것은 어디까지나 키케로 본인의 생각이었고, 로마인들이 키케로에게 정확히 얼마나 빚졌는가를 놓고는 고대부터 지금까지 다양한 의견이 있다.

사건 발생 당시 로마의 귀족 청년 루키우스 세르기우스 카틸리나는 당연히 자기 몫이라고 생각했던 관직에 입후보했다가 낙선하자 깊은 절망을 느끼는 동시에 경제적으로도 엄청난 빚더미에 올라앉았다(더구나 주변에는 비슷한 처지의 귀족 청년이 적지 않았다). 한편 키케로는 여러 비밀 정보원을 통해 기원전 63년 늦여름에 카틸리나가 국가 전복 음모를 꾸미고 있다는 사실을 알게 되었다. 카틸리나의 계획에는 로마에 불을 지르는 것과 (로마 보수층에게는 진정 공포로 느껴졌을) 부채의 전액 탕감이 포함되어 있었다. 집정관 키케로는 이런 정보를 원로원에 알렸고 원로원에서는 비상사태를 선포했다. 그해 11월 초 (본인의 주장에 따르면) 암살 시도에서 간신히 살아 나온 키케로는 원로원 회의에 출석해 음모와 관련된 더 무시무시한 디테일을 거론하며 카틸리나 탄핵 연설을 했고, 결국 카틸리나는 로마를 떠나 지지자들이 있는 에트루리아로 도피했다. 정부에서 이들을 처리할 토벌군을 파견했고 이듬해 초 카틸리나는 전장에서 목숨을 잃었다. 로마에 있던 공모자들도 색출한 다음, 원로원에서 열띤 토론을 벌인 끝에 일종의 비상사태 선언인 '원로원 최종 권고'를 발동해 재판 없이 처형했다. 승리로 의기양양해진 키케로는 중앙 광장에서 결과를 기다리는 군중을 향해 유명한 한마디를 외쳤다. "vixere!" "그들은 다 살았다", 즉 "그들은 죽었다"는 의미다.

재판도 없이 사형당한 이들 죄수의 운명은 즉각 논란에 휩싸이는 악명 높은 사건이 되었다. 기원전 1세기 초에 가장 첨예했던 정치적 논쟁 하나는 (다른 정치체제에서도 종종 그랬듯이) 비상사태 선포의 본질에 집중되었다. 어떤 상황에서 비상사태를 선포해야 하는가? 계엄령, 테러방지법, 혹은 (로마의 표현을 쓰자면) 원로원 최종 권고를 통해 당국은 정확히 어디까지 할 권한을 얻는가? 입헌 정부가 국민의 헌법상의 권리를 유보하는 것은 어디까지 적법한가? 카틸리나 음모 사건에서 재판 없는 죄수의 처형은 로마 시민의 기본권인 재판받을 권리를 무시한 것이었다. 원로원 회의에서 (무에서 유를 창조하는 특유의 상상력을 발휘해) 사상 유례없는 종신형을 주장했던 율리우스 카이사르는 이런 문제점을 잘 알고 있었다. 장기인 연설을 통해 열변을 토하고, 원로원 최종 권고라는 절차에 의존했음에도 불구하고, 키케로의 음모 가담자 처리는 이후 그의 발목을 잡을 수밖에 없었다. 4년 뒤에 실제로 그런 일이 일어났다. 앞서 말한 것처럼 푸블리우스 클로디우스가 재판 없이 로마 시민을 처형했다고 탄핵하는 바람에 일시적으로 로마에서 추방당한 것이다. 추방당한 키케로가 그리스 북부에서 비참한 생활을 할 때 클로디우스는 공격의 고삐를 더욱 죄어 로마의 키케로 집을 부수고는 자유의 여신에게 바치는 신전으로 바꿔버렸다.

키케로의 카틸리나 음모 처리와 관련하여 제기되는 의문은 재판 없는 죄수 처형 문제만이 아니다. 다수의 현대 학자와 당대의 일부 회의론자들도 카틸리나가 정확히 얼마나 국가에 위협이 되었는가에 의문을 품었다. 키케로는 소위 자수성가한 정치인이었다. 든든한 귀족 연줄 따위는 없었고, 어찌어찌해서 로마 엘리트 사회 최상층에 여전히 불안하고 미덥잖은 자리 하나를 차지했을 뿐이었다. 도시 건설자인 로물루스 시대부터 이어지는 탄탄한 연줄을 자랑하는 쟁쟁한 가문들 사이에서 말이다(가령 율리우스 카이사르는 신화 속의 선조인 아이네이아스와 비너스 여신까지 거슬러 올라가는 막강한 연줄을 자랑했다). 때문에 키케로는 집정관으로 있는 동안 자신의 지위를 확고히 해줄 무언가를 해야 했다. 세상이 떠들썩할 정도의 관심과 호평을 받을 만한 무언가를. 로마에 위협이 되는 야만인 적들을 물리치는 남다른 군사적 업적을 보여주는 게 가장 좋은 방법이었으리라. 하지만 그렇게는 못 했기에 (더구나 그는 군인도 아니었기에) 다른 방법으로 '나라를 구할' 필요가 있었다. 현재까지 상황으로 봐서는 카틸리나의 음모가 로마의 생존이 달린 비상사태라기보다는 '찻잔 속의 태풍'과 '키케로의 상상의 산물' 사이 어디쯤에 위치해 있다고 생각하지 않을 수 없다. 카틸리나라는 인물이 장기적인 안목을 지닌 급진주의자였을지도 모른다(그가 주장한 부채 탕감이 기원전 63년 로마에 정확히 필요한 조치였을 수도 있다). 어쩌면 카틸리나는 물불 가리지 않는 테러리스트였을지도 모른다. 지금 우리가 정확히 확인할 길은 없다. 그러나 카틸리나가, 어떻게든 공을 세워 명성을 다지려는 마음에 누구라도 물고 늘어지려고 혈안이 된 어느 집정관 탓에 억울하게 폭력으로 내몰렸을 가능성도 적지 않다. 말하자면 '카틸리나의 음모'는 냉전 시기 '빨갱이 딜레마'의 고전 시대 버전일 수도 있다. 잠입한 '빨갱이'가 실제로 있었나, 아니면 모든 게 어느 보수주의자가 꾸며낸 거짓말이었나?

키케로와 카틸리나 이야기를 흥미롭게 여겨 관심을 가졌던 이들은 역사가만이 아니다. 적어도 지난 400년 동안 극작가, 소설가, 시인, 화가, 영화 제작자 등이 저마다 카틸리나의 음모를 둘러싸고 다양한 해석 가능성을 탐구해왔다. 나라를 멸망 위기에서 구한 고귀한 정치가의 영웅담과 보수(반동) 세력에 의해 날개가 꺾인, 제대로 이해받지 못한 선각자라는 낭만적 비극이 맞섰는데, 여기엔 분명 관점에 따라 여러 해석이 나올 수 있는 모호성이 잠재돼 있었다. 영국에서 화약 음모 사건이 일어나고 불과 몇 년 뒤에 집필된 극작가 벤 존슨의 『카틸리나』는 카틸리나를 강간, 근친 상간, 살인 등 그악한 범죄를 저지른 끔찍한 반反영웅의 모습으로 묘사한다화약 음모 사건은 1605년 영국 제임스 1세의 가톨릭 박해에 맞서 가톨릭 교도들이 의회 의사당 지하실에 화약을 묻어놓고, 의회 개회일에 맞춰 터뜨려 제임스 1세와 대신, 의원들을 죽이려 했던 암살 미수 사건. 존슨에 따르면 카틸리나에게 희생당한 사람이 너무 많아서 저승의 뱃사공 카론의 배가 꽉 찼다(그리스 로마 신화에 따르면 죽은 사람은 누구나 스틱스강을 건너야만 저승에 이를 수 있었다). 한편, 존슨이 그리는 키케로는 단조로운 목소리로 쉬지 않고 웅얼거리는 따분한 사람이다. 그의 연설이 어쩌나 단조롭고 지루하던지 연극 초연 당시 상당수의 관객은 키케로가 원로원을 향해 장황한 카틸리나 탄핵 연설을 하는 도중에 극장을 나갔다고 한다(연극을 보면 카틸리나가 이런 키케로를 향해 "오만방자한 혀를 가진 사람"이라고 조롱하는데 이런 대사는 분명 키케로의 혀에 대한 풀비아의 끔찍한 공격을 상기시켰으리라). 1850년 필명으로 발표된 헨리크 입센의 처녀작 『카틸리나』는 키케로가 완전히 배제된다는 점에서 존슨의 작품과는 전혀 다른 모습이다. 키케로는 무대에 아예 나타나지 않으며 이름도 거의 거론되지 않는다. 대신에 입센은 카틸리나를 자신이 사는 세계의 부정부패에 필사적으로 맞서는 카리스마 넘치는 지도자로 묘사한다. 종국엔 실패해 마지막 장면에서 귀족 아내와의 동반 자살 약속에 따라 피를 철철 흘리며 죽지만 말이다. 입센의 이런 태도는 1848년 유럽 각국에서 일어난 자유주의 혁명의 흥분이 아직 가시지 않은 시대 분위기를 전해준다. 20세기에 들어서면 더 다양한 관점과 이야기들이 나온다. 푸블리우스 클로디우스의 누이와 카틸리나가 불륜관계였다는 이야기부터(W. G. 하디, 『강 되돌리기Turn Back the River』, 1938) 카틸리나가 동성애 지지자였다는 알쏭달쏭한 이야기까지(스티븐 세일러, 『카틸리나의 수수께끼Catilina's Riddle』, 1993). 한편 프랜시스 포드 코폴라 감독이 만들려고 했던 영화 「메갈로폴리스Megalopolis」도 있다. 미완성작인데, 사전 홍보 내용에 따르면 미래의 뉴욕에 관한 유토피아적 비전과 카틸리나 음모 관련 주제를 결합시키려 했다고 한다. 어떤 방법으로 이를 구현하려 했는지는 알 수 없다.

키케로와 카틸리나 이야기가 로마 정치사의 다른 사건보다 강렬하게 기억되는 이유는 키케로가 카틸리나를 고발한 탄핵 연설문이 남아 있다는 단순한 사실 때문이다. 당연히 연설 이후 키케로 자신의 편집과 교정을 거친 산물일 것이다. 연설 당시 미진했던 부분을 깔끔하게 정리하고 깜빡 잊어버린 짤막한 농담 같은 것을 추가하면서 말이다. 그래도 그동안 우리는 현재 『인 카틸리남 1In Catilinam I』(첫 번째 카틸리나 탄핵 연설)이라고 알려진 연설문을 키케로가 원로원에서 사용했던 단어, 기원전 63년 11월 카틸리나를 로마에서 추방할 때 말했던 내용에 가능한 한 가깝게

최선을 다해 보존해왔다. 당시 키케로가 사용한 문장들은 카틸리나의 음모 자체만큼이나 독특하고 흥미로운 사후 생명을 누리고 있다. 탄핵문의 첫 구절이 특히 그렇다. "Quousque tandem abutere, Catilina, patientia nostra?"("카틸리나여, 그대는 도대체 언제까지 우리 인내심을 악용하려 하는가?" 1611년 관객이 극장을 떠나고 싶을 만큼 지루하게 느꼈던 벤 존슨 버전의 연설문을 인용하자면 이렇다.) 현재 이 구절은 베르길리우스의 『아이네이스』의 시작 부분인 "Arma virumque cano……"("무기와 한 남자에 대해서 노래하노니……") 다음으로 유명한 라틴어 구절이 아닐까 싶다. 더구나 원래 의미를 나타내면서 다양하게 개작되고 패러디되어 지금까지 널리 사용되는 문장이기도 하다.

이런 유명세는 고대까지 거슬러 올라간다. 안토니우스에게 용서를 구할지 말지를 놓고 키케로에게 조언하는 연습을 했던 고대 학생들은 로마 연설의 고전이랄 수 있는 이 작품을 아주 상세하게 공부해야 했을 것이다. 어쩌면 연설문 전체를 암기했을지도 모른다. 르네상스 시대부터 20세기 중반 무렵까지 서구의 엘리트 학생들도 마찬가지였으리라. 같은 연설문 첫 번째 문단의 살짝 뒤에 나오는 "O tempora, o mores"라는 구절의 유명세도 마찬가지다("도대체 우리는 어떤 시대에 살고 있는지!"가 일반적인 번역이다. 하지만 글자 그대로 해석하자면 "오, 시대여! 오, 관습이여!"가 된다). 더 놀라운 것은 첫 번째 문장이 지금도 라틴어와 현대 언어 해석 모두로 통용되고 있다는 사실이다. 키케로 연설을 신경 써서 공부하는 학생이 극소수에 불과한 시대에도 말이다. 이런 현상은 어쩌면 18세기부터 『인 카틸리남 1』의 첫 번째 문단이 도서 조판 (그리고 지금은 웹페이지) 시험용 샘플 문장으로 애용되고 있다는 사실과도 관계있을 것이다. 이런 관행 때문에 해당 문장과 단어들이 우리 문화의 잠재의식 어딘가에 깊이 자리하고 있는 건지도 모른다. 하지만 그것만으로 그 문장의 유명세를 100퍼센트 설명하기는 어렵다.

아프리카부터 아메리카까지 세계 어디서나 정치권에 대한 실망과 좌절을 표현하고 싶을 때면 키케로의 문장을 상황에 맞게 변형시키기만 하면 된다. 아니, 변형이랄 것도 없이 '카틸리나' 대신 각자의 적 이름을 넣기만 하면 끝난다. 최근 사례로는 2012년 헝가리 시위자들이 집권 여당인 청년민주동맹Fidesz에 대한 항의로 "Quousque tandem"이라고 쓰인 배너를 흔든 것을 들 수 있다. 비슷한 예는 이외에도 많다. "Jusqu'à quand Kabila abus-erez-vous de notre patience?" 2001년 콩고민주공화국의 야당 의원 한 명은 로랑 카빌라 대통령에게 프랑스어로 이렇게 물었다. "호세 마리아 아스나르여, 그대는 대체 언제까지 우리의 인내심을 악용하려 하는가?" 1999년 8월 에스파냐 일간지 『엘 파이스』의 사설은 칠레의 독재자 피노체트를 법정에 세우길 꺼리는 에스파냐 총리를 비판하며 이렇게 묻는다. "Quousque tandem abutere CRUESP patientia nostra?" 이는 불과 얼마 전 브라질 주립대학 파업 참가자들이 대학총장협의회CRUESP를 향해 외친 구호다.

해당 문구는 정치뿐 아니라 다양한 적과 상황에서도 훌륭하게 적용될 수 있음이 여러 실례를 통해 증명되었다. 가령 미국의 학자이자 사회비평가인 카밀 팔리아는 카틸리나 자리에 미셸 푸코를 넣고 푸코를 향해 악명 높은 공격을 퍼부었다. 제2차 세계대전이 끝나갈 즈음 군 복무 때문에 갓 결혼한 신부와 헤어져야 했던 새신랑은 히틀러를 향해 이렇게 말한다. "오, 히틀러여, 그대는 언제까지 우리의 성생활을 학대하려 하는가!" (안타까운 사연 속의 신부는 미국의 안무가 겸 무용가로 연극 「로데오」 「오클라호마」 「신사는 금발을 좋아해」 등의 안무를 맡았던 아그네스 데밀이며, 비탄에 잠긴 새신랑은 월터 프루드다.)

이런 모든 상황에 공통된 아이러니가 하나 있다. 문구가 사용되는 정치적 역학관계가 원래 상황과는 언제나 정반대라는 것이다. 키케로는 자신의 글이 현대의 정치 언어 속에서 끊임없이 쓰이면서 불멸의 생명을 갖게 하는 데는 성공했을지 모른다. 그러나 기존 질서의 대변자가 반체제 세력을 향해 내뱉은 꾸짖음으로 나온 말이 지금은 거의 예외 없이 반대로 사용되고 있다. 기존 질서에 대한 반체제 세력의 도전으로 말이다. 카틸리나는 분명 무덤 속에서 미소를 짓고 있으리라.

(연설문이나 철학 논고뿐만 아니라 수사학 이론, 수백 장의 개인 서신까지) 다수의 저작이 지금까지 남아 있다는 사실로 인해 키케로는 전기작가들이 선호하는 대상일 수밖에 없다. 실제로 과거 2000년 동안 키케로의 인생사를 전체적 또는 부분적으로 기록하려는 시도는 무수히 있었다. 키케로 스스로가 (실현되지는 않았지만) 자신의 집정관 생활, 망명, 당당한 복귀 이야기를 써달라고 저명한 역사가에게 의뢰하려는 생각도 했었다. 키케로가 죽은 직후 동시대 역사가이자 정치가였던 가이우스 살루스티우스가 카틸리나 음모를 주제로 한 논고를 썼는데 거기서 드러난 관점이 지금까지도 영향을 미치고 있다. 글에서 살루스티우스는 카틸리나의 음모를 공화정 말기 도덕적 타락의 전형으로 보는 시각을 견지하고 있다. 그러나 키케로의 해방노예이자 비서였던 티로가 비슷한 시기에 일종의 자매편인 키케로의 농담집과 함께 집필한 전기가 키케로의 구미에는 더 맞았으리라 생각된다. 안타깝게도 티로의 키케로 전기와 농담집은 둘 다 사라지고 없다. 그러나 이들 책에 수록된 내용은 플루타르크가 2세기에 집필한 키케로 전기의 토대가 되었을 가능성이 크다(아니나 다를까 플루타르크의 키케

로 전기에는 농담이 다수 포함되어 있다). 키케로 전기 집필이라는 도전에 나서는 전통은 현대 작가들에게도 이어지고 있다. 영어권만 보면 5년에 한 권꼴로 새로운 키케로 전기가 나오는 추세다. 새 책이 나올 때마다 저자들은 새로운 시각 운운하며 이미 포화 상태이지 싶은 키케로 전기에 굳이 한 권을 더하는 나름의 이유와 목적을 이야기한다.

앤서니 에버릿의 집필 목적은 스스로 분명하게 밝혔듯이 키케로의 '명예 회복'이다. 에버릿은 키케로의 정치적 능력이 줄곧 저평가되었다며 이를 바로잡고자 키케로 전기를 집필했다. 율리우스 카이사르만큼 똑똑하지는 않을지 몰라도 "그는 분명한 목표를 가지고 있었고 거의 완성에 다가갔다. 하지만 운이 나빠 성공하지는 못했다". 라틴어에서 일부 황당한 오역이 있긴 하지만 전체적으로 목적에 충실한 전개다(저자 자신 혹은 편집자가 라틴어를 제대로 이해하지 못하는데 굳이 라틴어 단어들을 사용한 이유가 궁금하다). 때로 대상에 대한 열정과 공화정 말기의 삶과 관련된 흥미롭고 생생한 디테일을 포착하는 남다른 안목이 돋보이기도 한다. 동시에 현대의 키케로 전기 대부분이 그렇듯 이것 역시 기대에 미치지 못하는 부분이 많다. 에버릿의 "고대 자료에 충실한" 전통적인 방식 때문이다. 이런 원칙을 고수하다보니 키케로의 일대기든 당대 문화에 관한 것이든 현존하는 고대 전기 하나에 담긴 가정에 속수무책으로 휘둘릴 수밖에 없다. 그런 이유로 에버릿은 키케로 출생 당시 그의 어머니가 "산고를 거의 겪지 않았다"는 플루타르크의 태평한 주장을 그대로 반복한다. 이는 고대에 비범한 아이의 출생을 간단히 이야기하는 일종의 약어 같은 표현이었다. 또한 이런 원칙 탓에 에버릿은 고대 자료에 남겨진 부자연스러운 공백을 메우려는 시도를 거듭해야 했고, 때로는 키케로가 남긴 글을 필사적으로 확대 해석할 수밖에 없었다. 가령 에버릿은 키케로가 망명 당시 보낸 편지들을 그가 "신경 쇠약" 상태에 있었음을 말해준다고 확대 해석한다. 또한 다수의 주택을 소유했던 사실에서 "키케로가 집 사는 일을 무척 좋아했다"는 결론으로 독자를 유도한다(요즘으로 치면 키케로를 신문의 부동산 섹션을 끊임없이 살피는 사람으로 상상하게끔 만드는 것이다). 아니나 다를까 결과는 고대 자료의 짜깁기 수준을 넘어서지 못한다. 널리 알려진 일반 상식, 추측, 순전한 상상의 실을 가지고 잇댄 조각보 같다고나 할까?

결과적으로 좋은 기회를 놓쳐버린 격이다. 우리가 기다리는 것은 또 하나의 키케로 '일대기'가 아니다. 그런 책이라면 차고 넘친다. 그보다는 지난 2000여 년 동안 키케로의 인생사가 구성·재구성되는 방식에 대한 탐구, 존슨·볼테르·입센, 이외에 여러 전기작가를 통해 우리가 배워온 키케로 이해 방식은 어떤지, 기원전 1세기의 대단했던 보수주의자와 그가 남긴 근사한 연설 문구에 우리는 지금 어떤 관심과 노력을 기울이고 있으며, 그러는 이유는 무엇인지 등이 훨씬 중요하고 의미 있었을 것이다. 요컨대 키케로가 21세기에도 우리 곁을 서성이는 이유는 무엇인가? 누구의 방식대로? 도대체 언제까지?

서평 도서

1 Anthony Everitt, 『키케로: 파란만장한 인생Cicero: A Turbulent Life』(John Murray, 2001)

2부 초기 로마의 영웅과 악당들

9. 로마의 미술품 도둑들

───── 이탈리아 시칠리아섬의 엔나라는 작은 도시 중앙에 위치한, 지금은 낡고 황폐한 주택 벽에는 눈길을 끄는 기념 명판이 하나 붙어 있다. 1960년 시의회에서 마련한 대리석 명판으로 한껏 공들여 새긴 글씨는 다음과 같은 내용이다. "바로 이곳에, 섬의 로마 총독이자 신전을 약탈한 도적 카이우스 리키니우스 베레스로부터 엔나와 시칠리아섬 전체를 지켜준 마르쿠스 툴리우스 키케로가 머물던 집이 있었다. 2000여 년이 흐른 지금도 그때의 도움을 잊지 않고 마음에 새기고 있는 엔나시에서 이 기념물을 세운다." (키케로가 엔나 방문 당시 어디에 머물렀는지에 대해서는 전혀 알려진 게 없으므로) 허구적인 요소가 없지 않지만 그런 점을 빼놓고 보면, 이것은 로마 시대 어느 법정 소송 사건이 지니는 불멸의

영향력, 그리고 불한당 같은 총독의 약탈 행위로부터 시칠리아 속주를 지켜준 은인으로서 키케로에 대한 기억을 말해주는 생생한 증거임이 분명하다.

당시 키케로는 전도유망한 젊은 정치인으로 어떻게든 이름을 알리고 싶어 안달이 나 있었다. 시칠리아 총독을 '재물 강탈' 혐의로 고발하려는 시칠리아 속주민의 의뢰를 수락한 것도 그런 이유에서였다. 하지만 이는 꽤 위험한 수였다. 자수성가형인 키케로에 비해 훨씬 탄탄한 연줄을 자랑하는 베레스를 상대로 속주에서의 재물 강탈에 대해 유죄판결을 끌어내기란 여간 힘든 일이 아니었다. 로마 총독들은 해외 파견지에서 상당한 부를 축적해 고향 로마로 돌아오는 것을 당연시했고, (기원전 70년 당시 전원이 원로원 의원으로 구성된) 로마 배심원들은 이런 사건을 거의 예외 없이 속주민이 아닌 총독의 입장에서 바라봤다. 따라서 소송에서 이기려면 정말 극악무도하다고 여겨지는 범죄의 증거 혹은 유죄판결을 끌어내는 데 무엇보다 중요한 정치적 우위가 반드시 요구됐다(둘 다 갖추면 더없이 좋은 일이고). 어쨌든 요즘으로 말하면 담당 검사와 아마추어 형사 역할을 겸한 키케로는 직접 시칠리아로 가서 베레스의 악행을 말해줄 증인을 모으고 상세한 문헌 증거를 수집했다. 키케로가 주장하는 탄핵 사유는 지금까지 남아 있는 「베레스 탄핵In Verrem」이라는 일련의 연설에 상세히 나와 있다.

6. 과거 영광의 흔적? 베레스 탄핵 사건을 조사하면서 키케로가 머물렀다는 장소(시칠리아 엔나).

이들 연설은 베레스가 평생 저지른 범죄를 입증하는 내용이다. 한 연설은 베레스의 옥수수 재고량 조작에 초점을 맞춘다. 다른 연설은 로마 중앙 광장에 있는 카스토르 신전 건축 공사를 감독하는 과정에서 취한 부당 이득을 폭로한다(베레스는 기둥들이 올곧은 수직이 아니라는 이유로 계약자에게서 엄청난 돈을 뜯어내려 했다). 그러나 고발 내용 중 가장 충격적이고 기억에 남는 부분은 시칠리아에서 자행된 베레스의 공포 정치에 관한 것이었다. 시칠리아 콘사 마을의 가비우스라는 남자가 첩자라는 이유로 겪은 불행은 강한 정치적 상징성을 띠는 사건으로 지금까지 인구에 회자되고 있다. 가비우스는 (로마 시민이므로 이런 모든 가혹한 처우에서 법적 보호를 받을 권리가 있음에도 불구하고) 채찍질과 고문을 당하고 결국 십자가에 매달려 죽었다. 가비우스는 "Civis Romanus sum", 즉 "나는 로마 시민이다"라는 말을 되뇌면서 죽었다고 한다. 이는 1850년, 당시 영국 외무장관 파머스턴 경이 영국 시민 돈 파시피코를 지원하기 위해 그리스 아테네에 포함을 파견한 이유를 설명하면서 인용한 문구이기도 하다. 영국 시민으로 아테네에 살던 돈 파시피코는 1847년 반유대주의를 외치는 군중의 공격을 받았고, 그리스 정부에 피해 보상을 요구했지만 묵살당한 상태였다(파견된 영국 해군이 아테네 항구를 봉쇄한 지 8일 만에 파시피코는 요구했던 피해 보상을 받았다. 1963년 베를린 연설에서 존 F. 케네디가 위의 문구를 활

2부 초기 로마의 영웅과 악당들

용한 것도 유명한 일화다. "2000년 전에는 가장 큰 자랑이 'civis Romanus sum'이었습니다. 지금, 자유주의 세계에서는 가장 큰 자랑이 'ich bin ein Berliner(나는 베를린 시민이다)'입니다." 짐작건대, 케네디는 가비우스가 결국 어떻게 됐는지 제대로 알지 못했던 것 같다.

키케로의 다른 연설 하나는 시칠리아 지역의 유명 예술품을 마구잡이로 몰수하는 베레스의 행태를 상세히 설명하는 내용으로 채워져 있다. 마거릿 마일스의 『약탈품인 예술작품Art as Plunder』도 마찬가지다. 엔나의 기념 명판에도 암시되어 있듯이 몰수 작품의 일부는 성스러운 신전에서 나왔다. 실제로 키케로에 따르면, 베레스가 저지른 최악의 절도 행위는 오랜 역사를 자랑하는 신상들을 마구잡이로 훔친 일이었다. 풍작의 여신 케레스의 유서 깊은 조각상도 포함되어 있었다. 키케로의 설명을 들어보자. "바로 이 케레스 여신상, 가장 오래되고 성스러운, 모든 인종과 민족의 여신상의 근원이 되는 신상을 가이우스 베레스가 케레스 신전에서, 그리고 고향에서 훔쳐갔습니다." 개인 소유물도 안전하지 못했다. 메사나현재의 메시나 사람으로 '성공한 사업가'인 가이우스 헤이우스는 (그리스의 거장 조각가 프락시텔레스, 폴리클레이토스, 미론 등의 작품을 포함해) 희귀 걸작들을 집 안 사당에 소장하고 있었다. 베레스는 이들 작품을 터무니없이 낮은 가격에 팔도록 강제했다. 당시 시칠리아에서 귀중품을 소유한 사람에게는 총독이 위험한 만찬 손님이었다. 만찬 뒤에 금붙이나 은붙이, 만찬용 식기, 희귀한 코린트제 청동 제품 등을 자기 수레에 싣고 가버릴 가능성이 높았기 때문이다.

베레스의 죄상을 들어 탄핵하는 이들 연설은 고대 로마 법정의 연설 가운데 현전하는 유일한 원고 측 고발 연설이다(보통은 피고에 대한 변론이 탄핵보다 명예로운 일로 간주되었다). 베레스 탄핵은 여섯 가지나 되는 별개의 연설로 이뤄져 있으며(여기에 예심용도 하나 추가된다), 현존하는 키케로 연설문의 거의 4분의 1을 차지한다. 이런 정황만 보면 정말 길게 끌었던 사건처럼 여겨지겠지만 그렇지 않다. 베레스는 첫 번째 탄핵 연설에서 제시된 증거를 들은 뒤 맞서 싸우기보다는 도망치기로 결심했다(도망은 보통 유죄 인정으로 간주되는 행보다). 결국 베레스는 여생을 망명지인 마르세유에서 보냈는데 약탈로 얻은 수집품들을 여전히 소유한 채였지 않을까 싶다. 거의 30년 뒤에 베레스는 자신이 아끼는 코린트 청동 제품 양도를 거부한 바람에 마르쿠스 안토니우스의 명으로 처형되었다. 어쨌든 대大플리니우스가 말하는, 신빙성은 떨어지지만 신기할 정도로 어울리는 일화에 따르면, 그렇다. 도망친 뒤에 베레스는 결석 재판에서 유죄판결을 받았고, 당연히 키케로는 꽤 많이 윤색한 실제 연설 원고 하나에 사용하지 않고 남아

2부 초기 로마의 영웅과 악당들

있던 다섯 개까지 포함시켜 유포했다. 이들 연설문은 로마 교실과 젊은 연설가 훈련 과정에서 성공작으로 널리 사용된 데다 키케로와 베레스의 대립을 정의 대 권력, 즉 정의라는 대의가 폭력과 부패와 타락을 이겨낸 모범적인 이야기로 자리매김하게 만들었다. 명판이 말해주듯 엔나에서는 지금도 이런 생각이 진실로 통한다.

물론 해당 사건을 둘러싼 사실들은 그렇게 간단하지 않다. 항상 그렇듯이 우리는 이번에도 키케로 측이 주장하는 사실밖에 가지고 있지 않다. 그렇다고 베레스가 전적으로 무고하며, 키케로와 시칠리아인들의 공연한 앙갚음의 피해자일지 모른다고 진지하게 고려하는 사람은 없으리라. 그러나 베레스가 행실 면에서 당시의 다른 로마 총독들보다 훨씬 더 심각한 악행을 저질렀는지는 파악하기 어렵다. 세상에 이름을 알리고 유명세를 얻으려는 키케로의 야망이 사건에 얼마나 영향을 미쳤는지 파악하는 것 역시 쉽지 않다. 최근 연구에 따르면 베레스의 옥수수 재고 남용에 대한 키케로의 설명에는 의도적으로 혼란을 일으키는 부분이 상당이 많았다고 한다. 게다가 법정에서 키케로의 첫 번째 연설 이후 베레스의 탈출이 유죄 표시일 수 있지만, 한편으로 결백한 (혹은 상대적으로 결백한) 사람이라도 도망가는 쪽을 택했을 수 있다. 그런 식의 법정 싸움에 진절머리가 났다든가 하는 이유로.

마거릿 마일스는 키케로의 탄핵 내용대로 베레스가 어느 정도는 유죄라는 데 큰 의문을 품지는 않는다. 그러나 베레스의 예술 작품 약탈에 관한 연구에서 마일스는 키케로의 신랄한 비판의 기저에 있는 꽤 복잡한 사회 현상과 함의들을 밝혀낸다. 넓게 보면 이를 통해 우리는 고대 세계에서 일어난 예술작품에 대한 사고의 변화를 감지할 수 있다. 예술작품이 근본적으로 공공재 또는 종교적 도구에서 개인적 수집품이자 감상 대상이라는 개념으로의 변화다. 기원전 2세기 말부터 기원전 1세기 초는 이런 변화에서 특히 의미 있는 시점이었다. 로마인이 그리스 세계의 예술 전통과 전리품으로 지중해 동부에서 로마로 흘러들어오는 예술작품과 접촉할 기회가 많아졌기 때문이다. 이런 과정에서 '고유의' 로마 문화 전통 내에서 그리스 예술의 역할은 무엇인가, 호화 예술품을 사적으로 소유하는 것은 적법한가, 로마 엘리트가 '예술 애호가'로 행세하는 것은 어디까지 타당한가 등을 놓고 치열한 토론이 벌어졌다.

이런 논쟁에서는 거의 모든 사람이 잠재적인 공격 대상이었다. 기원전 146년에 코린트를 파괴한 가이우스 뭄미우스는 예술에 무지하다는 이유로 조롱받았다. 아무래도 악의적인 듯한 일화에 따르면 코린트의 보물들을 배에 실어 로마로 이송하는 방법과 시기를 이야기하는 자리에서 뭄미우스가 선원들에게 하나라도 파손하면 다른 것으로 대체해두어야 한다며 으름장을 놓았다고 한다. 반대로 그리스 예술품에 대한 뜨거운 사랑 역시 비난의 대상이 될 수 있었다. 이런 점은 키케로의 베레스 공격에서 분명히 드러난다. 문제가 되는 조각상과 골동품을 얻는 과정에서 저지른 범죄뿐만 아니라 탐욕 자체, 예술작품에 대한 욕망 역시 베레스에게 불리하게 작용할 수 있었다. 키케로는 메사나의 헤이우스 소유의 유명 조각상들에 대해 이야기하면서 심지어 이들 유명 예술가가 정확히 누구인지 기억조차 못 하는 것처럼 행동한다("그 조각가, 누구였더라? 누구라고 했죠? 아, 맞습니다. 감사합니다, 폴리클레토스……"). 베레스의 예술 사랑과는 거리를 두기 위한 의도든, 아니면 (썩 그럴듯하진 않지만 마일스의 주장처럼) 베레스의 "안목깨나 있는 척하는 허세"를 조롱하려는 의도든, 이는 예술품 및 예술품 수집에의 관여가 (또는 관여 거부가) 때로는 로마인에게 위험했을 수 있다는 사실을 분명히 보여준다.

그러나 여기에는 마일스가 이따금 간과한 더 큰 딜레마들이 있다. 우선 교양 있는 예술 애호가와 탐욕에 눈먼 강박적인 수집가 사이의 불분명한 경계는 고대만이 아니라 인류 역사에서 거의 보편적으로 나타나는 현상이라는 점이다. 이는 18세기 로마의 보르게세 가문의 그림과 고미술품 수집 및 전시에 대한 캐럴 폴의 설명에서 훌륭하게 드러난다. 캐럴 폴은 미술품 수집 과정을 이야기하면서 17세기 시피오네 보르게세 추기경에 관해 짤막하게 설명한다. "저명한 (…) 미술품 애호가"이자 "마이케나스 같은 훌륭한 예술 후원자"라고 가이우스 클리니우스 마이케나스는 기원전 1세기의 로마 정치가이자 문화 예술 후원자로 호라티우스와 베르길리우스가 그의 후원을 받은 대표적인 인물이었다. 오늘날 '마이케나스'는 문화 예술의 후원자라는 의미로 쓰인다. 그러나 바로 다음 문단에서 우리는 "시피오네가 놀라운 (그리고 무자비한) 수집가"라는 사실을 알게 된다. "시피오네는 원하는 그림을 얻기 위해서라면 몰수와 절도 같은 비열한 짓도 서슴지 않았고, 심지어 예술가가 못마땅하면 옥에 가두기까지 했다." 사람도 같고, 행동도 같다. 다만 시피오네 후원의 어느 편에 있느냐에 따라 상황이 180도 달라졌을 뿐.

고대 로마에서도 예술 후원자와 약탈자 사이의 경계가 모호한 유사한 상황을 볼 수 있다. 서기 90년대 중반에 출간된 자신의 네 번째 시집인 『숲』에서 로마 시인 스타티우스는 노비우스 빈덱스라는 예술품 감정가의 행동을 찬양한다. 빈덱스가 최근, 한때 알렉산드로스 대왕이 가지고 있던 그리스 조각가 리시포스의 소형 헤라클레스 조각상을 손에 넣었다는 내용이었다. 마일스는 스타티우스의 어조가 베레스의 예술품 수집에 대한 키케로의 논조와 어떻게 다른가를 강조한다. "베레스와 달리 빈덱스는 예술품을 정직하게 모은다. (…) 자신의 야망이나 출세를 위해서가 아니라." 마일스가 보기에 "두 남자 사이에는 인품 면에서의 현격한 차이"뿐만 아니라 연대기적인 차이도 존재한다. 베레스 사건으로부터 170년이 흐른 뒤의 로마에는 개인 수집가의 긍정적인 역할을 인정하는 분위기가 형성되어 있었다는 것이다. 그런 면도 없지는 않았을 것이다. 그러나 그보다 중요한 것은 우리가 베레스에 대한 정보는 그의 적을 통해 얻은 반면, 빈덱스에 대해서는 그의 친구를 통해 얻었다는 점이다. 베레스에게도 따르는 시인이 한 명 있었다면 역시 베레스를 교양 있는 후원자라며 한껏 찬양했으리라.

더 중요한 것은, 예술작품의 양도, 이전, 절도 사건의 속내를 들여다보면 약탈자와 피해자라는 간단한 도식으로 설명되지 않는 복잡한 속사정이 숨어 있을 때가 많다는 점이다. 아니, 많은 정도가 아니라 대부분 그렇다고 봐야 하리라. 헤이우스라는 메사나의 성공한 사업가가 베레스에게 빼앗긴 걸작들이 대표적이다. 여기서 우리는 이런 질문을 던져야 한다. 시칠리아섬의 일개 '사업가'가 어떻게 프락시텔레스, 폴리클레이토스, 미론 같은 그리스 거장들의 작품을 손에 넣었을까? 키케로는 "헤이우스의 선조들로부터" 물려받았다는 사실을 강조한다. 그러나 이런 주장은 질문에 대한 답이라기보다는 오히려 질문을 회피하는 것이다. 우리가 확보한 헤이우스에 대한 정보는 그리스 델로스섬에서 사업을 했다는 정도다. 델로스섬은 지중해의 상업 중심지이자 고대 노예 매매의 중심지이기도 하다. 확률이 높아 보이진 않지만 헤이우스가 일종의 '미술상'이었을 가능성도 없지 않다. 아니면 인신매매 수익금으로 이 훌륭한 조각품들을 사들였을 수도 있다. 심지어 헤이우스가 걸작들을 입수한 과정이 베레스와 크게 다르지 않을 가능성도 완전히 배제할 수는 없다.

이는 또한 베레스가 이들 유명 조각품을 단순히 훔친 게 아니라 구매한 사례였다. 돈이 오갔다고 해도 가격이 터무니없이 낮은 데다 강요된 판매이므로 몰수나 다름없으며 일종의 절도라는 키케로의 주장은 옳다. 물론 당시 소유권 이전의 정확한 상황을 재구성하기란 지금으로서는 불가능하다(캐럴 폴의 설명에서 카밀로 보르게세가 수집품을 얼마나 자발적으로 나폴레옹에게 팔았는지 알 수 없는 것과 마찬가지다. 당시 나폴레옹이 구매한 작품들은 나폴레옹의 패배 이후에도 카밀로 보르게세에게 돌아가지 않았고, 몰수된 다른 이탈리아 미술품들도 마찬가지다). 그렇지만 판매자가 사후에 강요된 거래라고 불평한다는 사실 하나 때문에 판매 당시 자발적 거래가 아니었다고 무조건 단정할 수도 없는 노릇이다.

최근 분위기를 보면 로마로 들어온 '원래' 그리스 작품 대부분을 약탈과 강탈의 산물이라고 여기는 경향이 있다. 일부는 분명 그럴 것이다. 개선식이 열리면 강제로 빼앗은 걸작들이 전리품이 되어 로마 거리를 가득 메우기도 했다. 그러나 제국의 권력과 점령 지역 사이의 거래란 거래는 100퍼센트 강압적일 수밖에 없다는 극단적인 입장을 취하지 않는다면, 그리스인이 기분 좋게 작품을 판매한 경우, 심지어 거래를 주도했던 경우도 분명 있을 것이다. 로마에 있는 소시아누스 아폴로 신전은 기원전 1세기 초에 개축하면서 장식을 새로 했는데, 이때 기원전 5세기 초에 그리스 신전을 장식했던 고대 조각품이 박공벽에 설치되었다. (현재 로마의 첸트랄레 몬테마르티니 박물관에 소장된 남은 조각들을 보면 작품의 연대와 전반적인 출처에 대해서는 의문의 여지가 없다. 그리스에서도 정확히 어디 작품인가에 대한 주장은 대부분 추측에 불과하지만.) 이곳의 박공 장식은 로마의 야만적인 강탈의 결과물일 수도 있고, 서로 뜻이 맞아 이뤄진 거래의 결과물일 수도 있다. 혹은 원래 주인인 그리스인들이 어차피 교체할 생각이었던 낡은 작품으로 돈 좀 벌어보자고 계획한 거래인데 어수룩한 로마인들이 장단에 넘어가서 구매한 것인지도 모른다.

예술품 이전이 이렇게 국제적인 규모가 아니라 국내 혹은 지역 내에서 소규모로 이뤄진 사례도 있다. 가령 폼페이를 보면 원래 신전 장식이었던 테라코타 돌림띠 장식이 '금팔찌의 집'이라는 개인 저택의 정원 벽면을 장식하고 있다. 어떻게 된 일일까? 신전 조각을 가져가서 사사로이 소장하고 있다고 베레스를 맹비난했던 키케로가 신전 조각으로 개인 저택을 장식한 '금팔찌의 집' 주인을 봤다면 어떻게 나왔을지는 짐작되고도 남는다. 어쩌면 키케로의 비난이 타당할지도 모른다. 하지만 다른 가능성도 있다. 어쩌면 주인은 신전 관계자의 권유로 기부하는 셈치고 고가에 신전 조각을 샀을지도 모른다. 아니면 폐기물로 사라질 운명에 처한 조각을 가져다 재활용한 사례일 수도 있고.

문화적 약탈을 일종의 '강간'으로 보는 예전 개념이 여기서는 의외로 유용하다. 전혀 모르는 가해자가 어두운 골목에서 무력을 행사해 상대를 굴복시키는 식으로 성적 강간이 이뤄지는 경우는 아주 드물지 않은가. 문화재를 둘러싼 논쟁 역시 마찬가지다. 침략군이 총을 들이대고 귀한 예술품을 가져가는 경우는 상대적으로 많지 않다. 강간이든 문화재 이전이든 이렇게 일방적인 경우는 적어도 시비를 가리기가 한결 쉬울 것이다. 그러나 대부분의 강간은 일종의 데이트 강간이다. 따라서 원래 의도, 상대에 대한 이해(또는 오해), 상충하는 기억, 강제, 묵인, 동의 사이의 흐릿한 경계를 둘러싸고 논쟁이 벌어지게 마련이다. 이렇게 되면 유무죄 여부를 입증하기가 여간 어려운 게 아니다. 강간 사건의 유죄판결 비율이 아주 낮은 데는 이런 속성도 분명 일조하고 있다. 베레스에서 엘긴 경 토머스 브루스까지, 이외에 많은 문화적 약탈에 관한 논쟁 역시 보통은 데이트 강간 모델을 따른다. (누가 허락했는가? 주인이 정말로 동의했는가? 등등.) 그렇기 때문에 문제 해결이 그렇게 까다로운 것이다7대 엘긴 경 토머스 브루스는 영국의 외교관이자 고미술품 수집가로 터키 대사를 지내며 파르테논 신전을 비롯해 고대 그리스의 건축, 조각 등을 조사하고 측량하는 한편 다수의 조각작품을 수집해 영국으로 들여왔다.

마거릿 마일스는 키케로의 베레스 공격에 등장하는 주제들을 현대의 문화재 논쟁에까지 적용하고 싶어한다. 당시 키케로는 스키피오 아이밀리아누스가 기원전 146년 카르타고 함락 뒤에 취한 행동을 강조했는데 이것이 특히 마일스의 관심을 끌었다. 스키피오는 카르타고가 시칠리아에서 약탈해온 모든 미술품을 고향으로 돌려보냈다. 이는 역사상 유례없는 미술품의 본국 반환 조치로, 같은 해에 코린트의 걸작이란 걸작은 다 쓸어 담아 로마로 보낸 뭄미우스와는 확연히 다른 모습이다. 스키피오의 동기에 대해서는 그동안 이런저런 논쟁이 있었다. 교양인의 고결한 행동이었을까? 아니면 시칠리아의 지지를 확고히 하려는 이기적이고 타산적인 행동이었을까? 키케로가 이런 조치를 여러 번 강조한 것은 스키피오의 후손들이 배심원단에 앉아 있다는 사실과 얼마나 관련 있을까? 그러나 마일스는 유례없는 미술품 본국 반환 조치와 관련된 이런 의문들에는 크게 관심이 없다. 오히려 수백 년 뒤 나폴레옹이 약탈한 미술품의 다수를 원래 고향으로 돌려보내기로 한 결정과 연결 짓는 데만 관심을 쏟는다. (카밀로 보르게세 역시 이런 본국 반환 캠페인을 벌였지만 원칙적으로 그의 작품은 나폴레옹이 약탈한 것이 아니라 구매한 것이라는 이유로 실현되지 못했다.)

마일스 저서의 마지막 부분에 나오는 주인공은 예상외의 인물이다. 바로 웰링턴 공작인데, 그는 나폴레옹이 약탈한 미술품을 이탈리아와 그 외 지역으로 돌려보내는 데 중요한 역할을 했다(유명한 「라오콘 군상」을 비롯해 전리품들을 영국의 박물관에 놓고 감상했으면 하는 영국인이 많았음에도 불구하고). 이는 예술품이 합법적인 전리품이라는 전통적인 생각에 맞서는 중대한 도전이었고, 문화재가 "보호되어야 하는 특별한 범주"에 속한다는 사상의 도래를 예고한 사건이기도 했다.

그러나 이번에도 상황은 마일스가 생각하는 것만큼 간단하지 않다. 무엇보다 중요한 사실은 '본국 반환'이 결코 '이전 상태status quo ante'로의 복귀가 아니었다는 점이다. 예술작품 이전의 역사에는 항상 또 다른 단계가 있다. 영국과 그리스 사이에 논란이 되고 있는, 이른바 '엘긴마블Elgin Marbles'의 반환이 원래 있던 위치로의 복귀가 아니라 새로운 박물관이라는 상당히 다른 환경으로의 복귀라는 점은 널리 알려진 사실이다엘긴마블은 영국의 엘긴 경 토머스 브루스가 터키 주재 영국 공사로 있을 때 그리스에서 매입해 영국으로 반입한 조각품으로, 대부분이 파르테논 신전의 조각이기 때문에 '파르테논 대리석 조각군Parthenon Marbles'이라고도 불린다. 현재 영국박물관에 소장되어 있으며, 본국 반환 여부를 두고 그리스와 영국 사이에 분쟁이 계속되고 있다. 본국으로 반환된 나폴레옹 전리품의 최후 모습에 대해서는 그리 알려져 있지 않다. 다수의 걸작이 원래의 국가로 돌아간 것은 맞지만, 반환 작품 모두가 원위치로 돌아간 것은 아니다. 보르게세 가문뿐만 아니라 이탈리아의 작은 교회들도 문화재 약탈 과정의 피해자였지만, 대부분 본국 반환 뒤에도 제단 뒷면의 소중한 벽 장식을 되찾지 못했다. 본국으로 반환된 작품들이 점점 위상이 커지는 이탈리아 박물관 소장품으로 '돌아갔기' 때문이다. 베네치아의 아카데미아 미술관, 로마의 바티칸 박물관 등이 대표적이다. 말하자면 본국 반환 조치는 이들 미술품을 신전 장식에서 박물관 소장품으로 바꾸는 중요한 과정이었다.

문화재의 이동을 규제하려는 노력은 해야겠지만 (합법이든 불법이든) 이동 자체를 완전히 금할 수는 없다. 또한 이동 금지가 전적으로 바람직하다고 할 수도 없다. (어떤 예술작품이 무슨 일이 있어도 처음 만들어진 장소에 있어야 하는 세상을 상상해보라. 끔찍한 악몽이 아닐 수 없다.) 어쨌거나 분명한 사실이 하나 있다. 예술품 약탈과 관련된 법정 소송은 실질적인 중요성보다는 상징적인 중요성을 띠는 경향이 있다는 점이다. 고대 시칠리아인들도 결국 이 점을 깨달았으리라. 키케로는 소송에서 이겼다. 현대의 엔나 시민들이 조상을 로마 총독의 약탈에서 지켜준 용감한 남자를 잊지 않고 나름의 경의를 표하고 있는 것도 사실이다. 그러나 사실 시칠리아 사람들은 빼앗긴 조각상을 돌려받지 못했다. 죽는 날까지 이들 작품을 소장하고 감상하는 호사를 누린 사람은 소송에서 패한 베레스였다.

서평 도서

1 Margaret M. Miles, 『약탈품인 예술작품: 문화재 논쟁의 고대 기원Art as Plunder: The ancient origins of debate about cultural property』(Cambridge University Press, 2008)

2 Carole Paul, 『그랜드투어 시대의 보르게세 미술관과 미술품 전시The Borghese Gallery and the Display of Art in the Age of the Grand Tour』(Ashgate, 2008)

10. 카이사르 암살에 관한 시시콜콜한 이야기

━━━━━ 율리우스 카이사르의 암살은 일처리 자체만 놓고 보면 엉성하기 짝이 없었다. 모든 암살이 그렇듯이 공모자들에게는 선제 공격 계획을 세우는 일이 이후 상황을 예측하고 대비하는 것보다 쉬웠다. 거사가 잘못되었을 경우에 대비한 소위 '출구 전략' 따위는 아랑곳 않고. 기원전 44년 3월 15일, 원로원 회의에서 평의원 틸리우스 킴베르가 카이사르의 발 앞에 무릎 꿇고 토가를 잡아당기는 것으로 공격 신호를 보냈다. 그러자 카스카가 단검으로 공격했다. 아니, 적어도 그러려고 했다. 카스카가 어설프게 목표를 놓치는 바람에 카이사르가 일어서서 카스카의 팔에 펜을 박아넣었다(펜은 카이사르가 손에 쥐고 있던 유일한 도구였다). 그러나 이로 인해 지연된 시간은 몇 분에 불과했다. 적어도 스무 명

의 지원군이 무장 상태로 대기 중이어서 신속하게 목표를 해치우는 데는 문제없었다. 그러나 암살자들에게는 대상을 신중하게 정조준할 여유 따위는 없었고 멋대로 무기를 휘두르다보니 몇몇이 요즘으로 치면 '아군의 포격'에 부상을 입었다. 시리아 지방 출신의 역사가 니콜라우스 다마스쿠스가 기록한 현존하는 가장 이른 기록에 따르면, 카시우스가 호기롭게 카이사르를 향해 돌진했지만 결국은 브루투스의 팔에 깊은 상처를 입히고 말았다. 미누키우스도 목표를 놓치는 바람에 동지인 루브리우스의 허벅지를 찌르고 말았다. 피터 와이즈먼이 『로마의 보통 사람들을 기억하며 Remembering the Roman People』에서 지극히 딱딱한 어조로 지적한 것처럼 "분명 많은 피가 흘렀으리라".

엉성한 일처리 탓에 생긴 건 아군의 출혈만이 아니었다. 곧이어 찾아온 무질서와 혼란은 물론, 순간순간 거의 촌극과 같은 상황이 펼쳐졌다. 적어도 와이즈먼이 현존하는 고대 자료들을 꼼꼼히 비교하면서 재구성한 광경은 그렇다. 와이즈먼에 따르면, 당시 상황을 전해주는 주요 기록은 바로 옆에 있었던 어느 원로원 의원의 목격담으로 거슬러 올라간다. 그 목격담이 지금은 사라진 아시니우스 폴리오의 역사서에 실렸고, 얼마 뒤에 그보다 신빙성이 떨어지는 리비우스의 상술이 더해졌는데, 기원전 44년에 대한 리비우스의 서술 역시 지금은 사라지고 없다. 와이즈먼은 기록의 토대가 되는 최초 목격담의 정확성을 과신한 모양이다. 그렇지만 암살에 대한 역사적 접근의 길잡이로 꼭 목격담이 최선이라고 할 순 없다. 더구나 리비우스가 상상력을 발휘해 덧보탠 부분과 이전의 기본 내용을 구별하기란 와이즈먼의 생각보다 훨씬 더 어려운 일이다. 그럼에도 불구하고 당시 사건에 대한 와이즈먼의 재구성은 전체적으로 설득력이 있다.

이를 지켜보던 수백 명이나 되는 원로원 의원은 처음에는 놀라서 망연자실했다. 그러나 브루투스가 시체를 버려두고 그들을 향해 연설을 시작하려는 순간 의원들은 정신을 차리고 달아났다. 도망치려고 회의장을 나오자마자 그들은 분명 수천 명의 군중과 마주쳤을 것이다. 때마침 근처 극장에서 검투사 쇼를 보고 쏟아져 나오는 사람들이었다. 이들 군중 역시 암살 소문을 듣고는 공포에 휩싸여 냅다 집으로 달렸다. "문을 걸어 잠가라. 어서 문을 걸어 잠가"라고 소리치면서. 한편 카이사르의 대표적인 충복인 레피두스는 로마 주둔 군대를 집결시키고자 중앙 광장을 떠났다. 암살 성공 사실을 알리려고 중앙 광장에 나타났던 암살자들을 방금 놓친 참이었다. 카이사르의 시체를 들것에 실어 집으로 가져가는 충직한 노예 셋이 바로 뒤따르고 있었다. 셋으로는 아무래도 힘이 부쳤던지 여기저기 자상이 낭자한 카이사르의 양팔이 땅에 끌리고 있었다(이래서 들것을 드는 데는 꼭 네 사람이 있어야 한다). 그로부터 이틀이 지난 뒤에야 혼비백산했던 원로원 의원들은 다시 모일 용기를 냈고, 카이사르의 시신을 중앙 광장의 모닥불 위에서 화장하기까지는 다시 이틀이 더 걸렸던 모양이다.

셰익스피어의 희곡 『율리우스 카이사르』에 나오는 혼란상 역시 진실과 멀지 않다. 셰익스피어가 그리스의 전기작가 플루타르크의 기술에 근거해 구성한 시인 킨나 살해에 관한 이야기가 와이즈먼의 검열을 통과하진 못했지만. 와이즈먼은 동명이인을 오해해서 생긴 섬뜩한 사건을 리비우스가 추가한 내용이라고 봤다 ("나는 시인 킨나입니다…… 음모자 킨나가 아니라." 셰익스피어의 『율리우스 카이사르』에 나오는 대사다). 와이즈먼은 리비우스가 음모에 가담한 킨나와 암살 여파에 관한 좀더 포괄적인 내용을 다룬, 지금은 소실된 로마 연극에서 이런 내용을 가져왔으리라고 추정한다. 와이즈먼은 로마 역사 서술에서 발생한 공백을 메우고 풀리지 않는 수수께끼들을 설명하기 위해 소실된 연극들을 '복원하는' 작업으로 유명한 학자이기도 하다. 여기서도 예외 없이 기발하고 독창적인 복원 능력을 보이지만 내용이 썩 그럴듯하게 와닿지는 않는다. 고대 로마인들이 카이사르의 죽음을 다룬 비극을 관람하며 앉아 있는 모습을 묘사하고, 셰익스피어 연극의 인상적인 장면이 어디서 나왔을까를 추적해 고대 로마의 연극 장면까지 거슬러 올라가는 과정은 분명 무척 흥미롭지만 주장을 뒷받침할 증거랄 게

2부 초기 로마의 영웅과 악당들

전혀 없기 때문이다. 당시 역사 기록에 나오는 일부 사건 묘사가 워낙 생생해서 공연이나 연극 형태라고 생각하기 쉽다는 사실 외에는. 그러나 더없이 생생한 '극적인' 글쓰기가 꼭 무대 위에서만 가능한 것은 아니다. 따라서 생생한 기록이나 인상적인 장면이 꼭 과거 연극을 참조했다고 생각할 만한 확실한 근거 따위는 없다.

분명한 사실은 몇 달 내에 암살자들은 무질서한 혼란 상태를 자기네한테 유리한 방향으로 돌리고, 거의 망친 것이나 다름없는 암살을 폭군에 맞선 영웅적인 행위로 각색하는 데 성공했다는 점이다. 협상을 통해 사면받고 로마를 떠난 브루투스는 기원전 43년 혹은 기원전 42년에 로마 시대에 주조된 가장 유명한 동전이 될 것을 발행했다. 동전에는 양쪽에 두 개의 단검이 새겨져 있고, 단검과 단검 사이 중앙에는 해방된 노예들이 자유의 표시로 쓰던 라틴어로 '필레우스Pileus'라고 하는 '자유의 모자cap of liberty'가 새겨져 있었다. 이를 통해 말하려는 메시지는 뻔하다. 단검이라는 폭력을 통해 로마 민중이 자유를 되찾았다는 것이다. 그림 밑에는 'Ides of March', 즉 '3월 15일'이라는 거사 날짜가 새겨져 있었다. (카이사르의 조카인 옥타비아누스가 암살자들이 막으려 했던 것과 동일한 1인 지배 체제를 수립했다는 점에서) 중장기적으로 보면 암살은 정치적으로 실패했다고 봐야 한다. 그럼에도 불구하고 고대 로마에서 3월 15일은 현대 프랑스의 7월 14일프랑스 대혁명 발발일에 맞먹는 깊은 공감을 불러일으키는 날이 되었다. 서기 68년, 나이 많은 에스파냐 총독 갈바가 부패한 살인마에 어쩌면 미치광이일지도 모르는 네로 황제에 맞서 쿠데타를 일으켰을 때도 브루투스 동전을 모방한 동전을 발행했다. 똑같이 단검 두 개와 '자유의 모자'를 보여주고 "로마 민중의 자유가 회복되었다"는 문구를 새겨넣었다. 말하자면, 카이사르 살해가 제국의 폭정에 맞서는 일반적인 저항에 일종의 견본을 제공한 셈이다.

그렇지만 『로마의 보통 사람들을 기억하며』에서 와이즈먼은 카이사르 암살 이야기가 나중에 로마 지배층에 의해 어떻게 이용되었는가에 대해서는 관심을 두지 않는다. 와이즈먼이 기원전 44년 사건의 진실로 거슬러 올라가려는 주된 이유는 평범한 로마인들이 카이사르 암살에 어떻게 반응했는가를 밝히려는 것이다. 현대의 지배적 견해는 로마 일반 대중의 반응을 가늠할, 믿을 만한 증거는 거의 없지만 대중이 특별히 적대적인 반응을 나타냈다고 보긴 어렵다는 것이다. 실제로, 사건이 있고 1년도 안 돼 글을 쓰면서 키케로는 로마 민중이 폭군 타도를 "위대한 행위 중에서도 더없이 고귀한 행위"로 간주했다고 주장할 수 있었다.

보수주의자의 바람이 담긴 이런 주장을 곧이곧대로 믿을 수는 없으리라. 당시 카이사르 체제에 불만을 표하며 목청을 높였던 일부 정치 엘리트는 국가 조직에 대한 카이사르의 통제가 점점 커지는 데서 소외감, 나아가 모욕감까지 느꼈을지 모른다. 그러나 옥수수 배급부터 빈민층을 위한 해외 정착지 구축까지 카이사르의 개혁들은 대다수 로마 주민에게는 인기가 있었다. 로마 엘리트들이 주장하는 '자유'라는 이상을 보는 시각도 당연히 달랐다. 로마의 일반 시민들은 '자유'를 엘리트의 사리 추구 및 민중 착취를 합리화하는 편리한 알리바이 정도로 여겼다. 카이사르 암살 이후 상황에 대한 다양한 이야기를 해석하고 풀이하는 과정에서 와이즈먼은 대중이 대체로 암살자들에게 거의 공감하지 않았다는 많은 증거를 찾아냈다. 이따금 킨나를 다룬 '사라진 연극'을 자신의 논리에 걸림돌이 되는 장애물들을 처리하는 편리한 수단으로 사용하긴 했지만. 가령 와이즈먼은 '카데라' 통신에 가까운 킨나의 집 공격을 다루면서 다음과 같이 말한다. "이 에피소드는 지금 우리가 논의하는, 있었을 것으로 추정되는 연극의 2막으로 직결된다."

카이사르 살해에 대한 이런 분석은 『로마의 보통 사람들을 기억하며』를 구성하는 일련의 흥미로운 사례 연구의 마지막 주제다. 각각의 사례에서 와이즈먼은 기원전 2세기 중반부터 이어진 로마 공화정 말기의 정치 이데올로기의 대중적이고 민주적인 측면을 밝히려고 노력한다. 그것이 특정한 정치 위기에 대한 대중의 반응이든, 대중의 이익을 대변했던 잊힌 영웅이든, 아니면 한때 로마 민중의 구호였지만 오래전에 사라진 민주주의 슬로건이든 간에. 무엇보다 와이즈먼은 로마의 정치를 소규모 귀족 집단이 신념이나 원칙 없이 권력 투쟁을 벌이는 '이데올로기의 공백 상태'로 보는 전통적인 관점을 거부한다. 초기 역사에서든 카이사르 살해로 이어진 무력이 지배하는 시대에든 로마가 민주주의 이념이 작용하지 못하는 세계였다는 견해에는 더더욱 반대한다. 요컨대, 와이즈먼의 목표는 로마의 정치생활에 대한 그간의 이해에 어느 정도 이데올로기를 되돌려놓는 것이며, 로마의 중요한 민주주의 전통을 다시 한번 논의의 표면으로 끌어내는 것이다.

로마 정치에 대한 그간의 통설에 이의를 제기하며 도전장을 내미는 사람은 와이즈먼 외에 또 있다. 퍼거스 밀러는 로마 공화정의 정치제도에 훨씬 더 급진적인 민주주의 요소가 있었다는 주장을 펴왔다(가령 보통선거와 연설 등의 중요성을 강조하는 방식으로). 그러나 와이즈먼의 시도는 그보다 훨씬 더 야심차고 광범위하다. 와이즈먼은 로마 정치 문화의 민주적인 면을 대변했던 대중의 영웅, 상징, 신화를 되살리려 하고 있다. 소수의 엘리트가 아닌 로마의 일반 대중은 과연 어떤 버전의 로마사를 이야기했을까? 와이즈먼은 묻는다.

물론 답하기 여간 어려운 질문이 아니다. 어려운 이유는 간단하다. 현존하는 로마 관련 문헌이 압도적으로 보수적인 시각을 반영하고, 민주적인 견해의 영향은 대체로 외면하고 있기 때문이다. 이런 상황에서 와이즈먼의 시도는 유럽 낭만주의의 선구로 꼽히는 스탈 부인의 글에서 프랑스 혁명 당시 과격 공화파 '상퀼로트sans-culotte'의 이데올로기를 찾고, 일관되게 영국 중상류층의 삶을 다룬 제인 오스틴의 소설에서 산업혁명기 빈민층의 시각을 뒷받침할 자료를 찾겠다는 시도만큼이나 난해한 작업이다. 로마의 경우, 지금까지 남아 있는 공화정 말기의 기록 가운데 키케로의 저작이 차지하는 비율은 워낙 압도적이어서 현대 역사가가 키케로의 보수적인 시각을 통하지 않고 로마를 본다는 것은 사실상 어렵다. 그렇다보니 급진적 시각을 가진 정치가 대부분을 권력에 굶주린 미치광이 폭군 후보쯤으로 보는 키케로의 통렬한 묘사는 개인의 정치적 편견이라기보다는 사실에 대한 진술로 널리 받아들여지고 있다.

자신이 원하는 것을 찾기 위해 와이즈먼은 이런 구미에 맞지 않는 자료들을 읽어야 했다. 사건에 대한 다른 관점을 암시하는 힌트라도 있지 않을까, 보수적인 시각을 담았지만 민간전승을 조금이라도 엿볼 작은 틈새라도 있지 않을까 기대하면서. 와이즈먼은 현존하는 고대 작가들의 기록을 넘어서 사람들이 (의식적 또는 무의식적으로) 감추고 있었던 다른 버전들까지 생각해봐야 했다. 로마 문헌에 대한 남다른 조예를 자랑하는 와이즈먼은 이를 십분 활용해 주된 흐름부터 부차적인 샛길과 뒷길까지 샅샅이 살피는 것은 물론이고, 현존하는 증거를 통해 분명히 파악 가능한 내용의 아슬아슬한 경계까지, 때로는 경계 너머로 이끄는 대담한 역사적 추론 능력에도 의존해야 했다.

때로 그는 보란 듯이 성공한다. 초기 로마에서 시민에게 경작지가 균등 분배되었다는 고대 작가들의 무심한 언급으로부터 와이즈먼은 로물루스와 그 후계자들이 다스리던 평등한 신화 시대를 추억하는 공화정 말기의 급진적인 구호 중 하나를 찾아내는 기발함을 보인다. 와이즈먼은 이것이 훗날 로마 민주주의 이데올로기의 핵심이었다고 본다. 다른 부분에서 와이즈먼은 기원전 116년 집정관 가이우스 리키니우스 게타의 이력을 정성 들여 복원한다. 얼핏 보면 게타에 대해 우리가 아는 정보라고는 키케로의 어느 연설에 나오는 수수께끼 같은 여담 하나뿐이다. 키케로에 따르면 게타는 (집정관을 지낸 이듬해인) 기원전 115년 감찰관들에 의해 추방되었으나 나중에 복권되어 스스로 감찰관이 되었던 인물이다.

아무리 봐도 너무 빈약하다 싶은 뼈대뿐인 정보가 아닐 수 없다. 그렇지만 와이즈먼은 이를 토대로 상당히 급진적인 성향을 보이는 게타의 행적을 복원한다. 와이즈먼 주장의 일부는 게타 집안의 전통에 근거하고(리키니 가문의 몇몇 인물이 빈민에게 이익이 되는 법안 제정을 추진한 것으로 알려져 있다), 일부는 자신이 밝혀낸,

민중을 위한 개혁 추진으로 유명한 '호민관' 가이우스 그라쿠스와 게타의 유대관계에 근거하고 있다. 와이즈먼의 '감'에 따르면 게타 역시 집정관 시절에 민중을 대표하는 개혁 법안을 추진하는 등 로마의 상류층과 충돌했고, 이 때문에 이듬해에 강경파 감찰관들에게 일종의 앙갚음을 당해 로마에서 추방된 것이다. 그러나 게타가 정치에서 배제된 기간은 그리 길지 않았다. 기원전 110년경 몇몇 보수 귀족이 부패 혐의로 재판에 회부되어 유죄판결을 받은 것은 널리 알려진 사실이다. 아마도 이 사건이 대중의 지지를 받는 게타가 복권되고 기원전 108년에 감찰관으로 선출되는 배경이 되지 않았을까 싶다.

물론 이런 이야기의 많은 부분은 추측일 뿐 게타의 행적은 여전히 흐릿하게만 남아 있다. 그러나 형사를 방불케 하는 와이즈먼의 세심한 조사 덕분에 우리는 대중 편에 섰던 대표적인 로마 정치인에 대해 어렴풋이라도 알게 되었다. 한때 집정관을 지냈다가 보수 귀족들의 미움을 사 로마에서 추방되었고, 다시 복귀한 인물에 대해서. 당시 게타는 집정관이자 감찰관으로 활약하면서 로마 정치에서 매우 중요한 역할을 한 인물임이 분명하지만 어쩐 일인지 기록에서는 거의 완벽하게 사라졌다.

그러나 와이즈먼의 이런 복원 작업 가운데 일부는 설득력이 크게 떨어진다. 당연히 와이즈먼의 뛰어난 통찰과 상상의 비약을 구분할 선을 어디에 두어야 할지를 놓고 독자들 사이에 이견이 있을 수밖에 없다. 내가 보기에 와이즈먼은 '사라진 역사가들'의 작품에서 발견될 가능성이 있는 내용, 과거에 존재했으리라고 추정되는 '소실된 연극들'을 과신하고 있다. 이런 '소실된 연극' 중하나가 (가이우스 그라쿠스의 아내 리키니아에 관한 비극인데) 게타의 이야기에 흘러들어 게타의 원로원 축출 이유로 거론되기도 한다. 요컨대, 와이즈먼이 통찰과 상상의 경계, 즉 멈춰야 할 지점이 어디인가를 항상 현명하게 파악한 것은 아니다. 그렇지만 이런 한계에도 불구하고 와이즈먼은 우리에게 영감과 자극을 준다. 그의 작업의 중요성은 주장하는 내용뿐 아니라 방법론에도 있다. 또한 그가 열과 성을 다해 우리와 공유하려는 과거 로마의 비전 역시 중요하다.

이 책은 로마의 대중 정치 이데올로기가 완전히 사라진 것은 아니라는 어찌 보면 간단한 주장을 했다는 점에서, 그리고 단편적이고 불충분하며 엄청나게 공들여 연구해야 한다는 단점은 있지만 당시 자료들이 이와 관련하여 생각보다 많은 이야기를 들려준다는 사실을 고도의 기교를 통해 입증했다는 점에서 획기적이다. 다른 연구에서도 그랬듯이 와이즈먼은 여기서도 엘리트의 이익과 부, 명예에만 집착하지 않는 로마 공화정 말기의 모습, 평등, 부와 토지의 공유, 평범한 사람들의 권리를 외치는 목소리가 아직 남아 있는 공화정 말기의 모습을 보여준다. 이는 불만을 품은 일단의 귀족이 (그들 자신의) 자유라는 미명하에 민중의 옹호자를 죽인, 내용상으로 거의 실패한 암살이 보여주는 것과는 전혀 다른 로마의 모습이다.

서평 도서

1 T. P. Wiseman, 『로마의 보통 사람들을 기억하며: 로마 공화정 말기의 정치와 문학에 대한 고찰Remembering the Roman People: Essays on Late-Republican politics and literature』(Oxford University Press, 2009)

3부

—

로마 제국:
황제,
황후,
적들

3부는 로마 제국에서 가장 널리 알려진 유명인들 가운데 몇 명에게 스포트라이트를 비춘다. 때로는 좋고 때로는 나쁜 황제들부터(3부는 11장 아우구스투스 황제에서 시작해 18장 하드리아누스 황제로 끝난다) 매력적이기도 하고 때로는 무시무시한 로마 제국의 적들까지(클레오파트라와 부디카가 12장과 16장의 주인공이다). 이들을 생각하면 거듭 중요한 질문 하나가 떠오른다. 이런 등장인물 가운데 누군가의 인생사를 '요람에서 무덤까지'라는 현대적 의미의 '일대기'로 집필할 수 있을까? 심하게 말하면, 이들 황제, 황후, 그들의 적에 대해서 우리는 과연 무엇을 알고 있으며, 어떻게 알고 있는가? 여기에 등장하는 개인 한 명 한 명을 보면 삶에 대한 기록에 엄청난 공백이 있음을 알 수 있다. 그러므로 최고 중의 최고로 꼽히는 현대 전기작가라 해도 유아기의 클레오파트라가 이집트 왕궁의 열주들 사이를 뛰어다니는 모습, 하드리아누스 황제가 몸소 성벽 시찰을 나갔을 때 황제의 아내가 과연 브리타니아의 어디까지 동행했을지 등에 대해서는 상상 외에 다른 근거가 없다(말하자면 현대의 여러 전기에 등장하는 그와 관련된 구체적인 내용은 근거도 없이 꾸며낸 허구다).

이들 유명 인물의 매해의 (혹은 10년마다의) 분명한 행적을 포착할 수 없다는 사실에 얼핏 실망감이 들 수도 있다. 그러나 이런 실망감을 상쇄하고도 남을 다른 풍부한 이야깃거리가 있으니 걱정 안 해도 된다. 이들 생의 특정한 순간을 정말 생각지 못한 독특한 방식으로 엿보게 하는 자료들이 충분히 남아 있다(때로는 실제 목격담까지도). 현대를 사는 우리가 직접 고대 세계로 들어간 듯한 착각이 들 만큼 생생한 자료들이다. 이런 자료 가운데 특히 내가 좋아하는 것을 들자면, 서기 19년 이집트 알렉산드리아에 도착한 로마 왕자 게르마니쿠스가 환호하는 군중 앞에서 했던 연설 내용이 담긴 파피루스 문서다. (12장에서 자세히 살펴보겠지만 현재 옥스퍼드대학에 소장된 문서를 보면 게르마니쿠스는 배를 타고 장시간 이동하느라 힘들었다면서 불만을 토로하고 엄마 아빠가 보고 싶다고 말한다!) 우연찮게 클레오파트라의 주방에 있었던 정보원 덕분에 오늘날 우리에게까지 전해진 이집트 왕궁의 요리 준비 장면과 아랫

것들의 일상에 대한 이야기(역시 12장), 칼리굴라 황제가 집 단장에 특히 관심을 보였고 양고기를 유독 싫어했다는 유대인의 목격담도 역사 속 인물과 관련된 생생한 일면을 엿보게 해준다(14장).

로마 제국 황제들의 사후 평판이 형성된 과정을 진지하게 생각해보고 싶다면, 곱씹어볼 증거는 한둘이 아니다. 예를 들어 (15장에서 다루는) 네로 황제 사후 수십 년, 심지어 수백 년 뒤에 당대의 이야기를 기록한 여러 고대 역사가는 네로를 온갖 악행을 일삼는 괴물 황제로 묘사했다(특히 타키투스가 그런 입장이었는데, 17장에서 살펴보겠지만 로마 전제 정치에 대한 타키투스의 무시무시하다 싶을 정도로 통렬한 비난은 투키디데스의 그리스어에 버금갈 만큼 난해한, 따라서 그만큼 해석에 위험이 따르는 라틴어로 기술되어 있다). 현대를 사는 우리가 네로 황제에 대해 알고 있는 내용도 이들과 크게 다르지 않다. 하지만 네로 황제가 언제나 괴물 같은 황제로 생각되었던 것은 아니다. 사실 일각에서는 네로의 죽음을 반기기는커녕 몹시 안타까워했다는 증거도 적잖이 제시한다. 그의 자살 이후 제국 각지에서 (네로가 기적적으로 탈출해 살아 있다는 식으로) 네로를 자칭하는 사람들이 나타난 것이 대표적이다. 그렇게 해서 얻는 정치적 이득이 없다면 하지 않았을 행동이다. 또한 대다수 기독교도에게는 네로가 자신들의 믿음을 짓밟는 잔인한 박해자였지만 일각에는 네로가 사실 예수를 십자가에 매달아 죽이라고

명한 유대 총독 폰티우스 필라투스를 처형했다고 주장하는 다른 전승의 흔적도 남아 있다. 네로를 기독교의 적은커녕 일종의 영웅으로 만드는 이야기가 아닐 수 없다.

소설과 영화 역시 우리가 로마 제국 시대의 등장인물들을 어떻게 생각하느냐에 무시할 수 없는 영향을 미치는 게 사실이다. 영국 작가 로버트 그레이브스의 소설 『나, 클라우디우스I, Claudius』와 『클라우디우스 신이 되다Claudius the God』, 이들 작품을 각색해 제작한 1970년대의 유명한 TV 드라마가 특히 그렇다. 클라우디우스 황제 하면 어린 시절 소아마비를 앓아 다리를 저는, 왠지 정이 가는 늙은 샌님이라는 이미지를 떠올리는 사람이 많은데, 이런 고정관념에 지대한 영향을 미친 게 바로 이들 작품이다(다수의 로마인은 꼭 그렇게 생각하진 않았을 것이다). 살짝 과장된 말투며 몸짓에 교활한 독살자라고 알려진 아우구스투스 황제의 아내 리비아 황후에 대한 고정관념도 마찬가지다. 13장에서는 TV 드라마에 나오는 시안 필립스라는 여배우가 어떻게 리비아의 이미지를 '만들었는지' 살펴본다. 한편 이들 소설을 런던의 연극 무대용으로 각색했던 존 모티머의 처참한 실패로 끝난, 거의 알려지지 않은 시도에 대해서도 간략히 살펴본다(원작자 그레이브스의 개막식 참석조차 실패를 막는 데 보탬이 안 됐다).

영국인 반란자, 부디카의 이미지는 그녀의 적이었던 고대 로마인이 아니라 현대의 재창작물에 훨씬 가깝다. 부디카라는 여인의 인생, 성격, 목적 등에 대해서 믿을 만한 증거가 거의 전무하기 때문에 영국 작가와 미술가들은 수백 년간 이런 공백을 메우려고 애썼다. 16장에서는 이들이 어떻게 증거 공백을 메워왔는지 살펴본다. 템스 강변에 세워진, 토머스 소니크로프트의 위풍당당하고 매력적인 고대 '황제 같은' 조각상부터 최근 나온 시리즈 소설의 주인공인 뉴에이지 심령술사 같은 풍모까지. 솔직히 부디카의 실제 삶은 위의 두 가지가 암시하는 다소 편안한 모습 또는 독특하고 예스러운 모습보다는 훨씬 더 불안하고 불확실한 요소가 많았을 것이다.

11. 황제를 찾아서

───── 고대 로마인들은 남의 농담을 받아넘길 줄도 알고, 스스로 농담을 할 줄도 아는 황제를 좋아했다. 로마의 초대 황제 아우구스투스는 유머 감각으로 특히 유명했던 인물이다. 실제로 그가 죽고 400년이 지난 시점에도 작가이자 철학자인 마크로비우스는 자신의 백과사전식 토론집 『사투르날리아Saturnalia』의 일곱 쪽을 아우구스투스의 '명언' 모음에 할애했다. 요즘으로 치면 '옛사람에게서 배우는 지혜' 정도일 듯싶다.

여기에 나온 인용문 가운데 일부는 고대와 현대의 유머가 얼마나 다른가를 실감하게 하는 실망스러운 내용이다. 아니면 적어도 기지 넘치는 구두 농담을 글로 옮겼을 경우 제맛을 살리기 얼마나 어려운가를 실감하게 하는 예일 수도 있다. "코끼리한테 동전 주는 기분인가?" 수에토니우스에 따르면, 이것은 ("내밀었다 거 둬들였다"를 반복하면서) 소심하게 탄원서를 내미는 어떤 남자를 보고 아우구스투스가 즉석에서 한 농담이라고 한다. 지금 보면 그렇게 소중하게 기록해서 보존할 만큼 재미나진 않다. 그러나 의외로 지금도 잘 통하는 농담도 있다. 마크로비우스가 소개하는 일화 중 하나는 특히 시사하는 바가 많은 흥미로운 내용이다.

때는 기원전 31년 악티움 해전 직후로, 당시 아우구스투스(카이사르 집안의 평범한 구성원으로 옥타비아누스로 불리던 시절이다)는 안토니우스와 클레오파트라 연합군을 물리치고 실질적으로 로마 세계 전체를 장악했다. 수도 로마로 돌아오는 길에 아우구스투스는 길들인 까마귀를 데리고 있는 남자를 만났다. 남자는 까마귀에게 "승리를 거둔 우리의 지휘관, 카이사르를 환영합니다"라고 말하도록 가르쳐둔 터였다. 까마귀의 축하 인사가 인상 깊었던 아우구스투스는 남자에게 상으로 2만 세스테르티우스나 되는 현금을 하사했다. 그런데 새를 길들인 남자는 동업자가 있는데도 상으로 받은 2만 세스테르티우스를 나누지 않고 혼자만 챙겼다. 그러자 동업자가 황제를 찾아가서 상을 받은 남자에게 까마귀가 한 마리 더 있으니 그 까마귀에게도 말을 시켜보라고 했다. 짐작대로 둘은 카이사르와 안토니우스 어느 쪽이 이겨도 손해를 보지 않도록 일종의 양다리 걸치기 작전을 썼다. 때문에 이번에 데려온

새는 "승리를 거둔 우리의 지휘자, 안토니우스를 환영합니다"라고 떠들었다. 그렇지만 황제는 이런 황당한 상황을 보고도 화를 내지 않았다. 동업자와 상금을 나눠야 한다고 명했을 뿐이다.

이야기에서 말하려는 핵심은 누가 봐도 빤하다. 아우구스투스가 인간미를 지닌 통치자였으며 상대적으로 악의 없는 사기꾼에게는 화를 내지 않고 오히려 관대하게 대했다는 것이다. 그러나 여기에는 다소 불온한 메시지도 숨어 있다. 거의 같은 구호를 외우고 있던 엇비슷한 한 쌍의 까마귀는 당시 안토니우스와 옥타비아누스(아우구스투스) 사이에 사실상 거의 차이가 없었음을 암시했다고 봐야 한다. 안토니우스는 만약 그가 승리했다면 로마가 동방의 군주제로 바뀌고 말았을 무절제한 탕아로 역사에 기록되어 있고, 아우구스투스는 약간의 변화를 거치면서 중세까지 이어지는 대제국의 기틀을 마련한 냉철한 건국의 아버지로 기록되어 있다. 그리고 기본적으로 그런 생각이 지금까지 이어지고 있다. 그러나 우리가 시계를 기원전 31년, 율리우스 카이사르 암살 이후 10여 년간 지속된 내전이 끝난 시점으로 돌려보면, 둘은 누가 이겨도 상관없는 비슷한 존재였던 듯하다. 당시 로마 세계의 대다수 주민에게 둘 중 누가 이기느냐 하는 것은 말하는 까마귀를 이놈에서 저놈으로 바꾸기만 하면 되는, 즉 크게 차이가 없는 일이었다.

3부 로마 제국: 황제, 황후, 적들

사실 이것은 아우구스투스의 생애와 관련하여 역사학적인 관점에서도 중요한 의문이 드는 바로 그 지점이기도 하다. 기원전 44년에서 기원전 31년, 내전이 한창일 때 무시무시한 폭력도 서슴지 않았던 거친 군사 지도자로부터 서기 14년 침상에서 편안한 죽음을 맞았던 노년의 덕망 있는 정치가로의 변신을 어떻게 이해할 것인가? (그의 죽음에 관해 아내 리비아에 의한 독살이라는 음모설도 있긴 하다.) 소문에 따르면 맨손으로 사람의 눈을 잡아 뜯었다는 혈기왕성한 폭력배에서 로마인의 도덕심을 진작시키고, 출산율을 높이고, 종교 전통을 되살리고, (스스로의 말마따나) 수도 로마를 "벽돌 도시에서 대리석 도시"로 바꾸는 데 정성을 쏟는 한편, 과거의 정치체제를 성공적으로 재포장해 자신이 칭호만 아닐 뿐 사실상 모든 면에서 왕의 자리에 앉게 만드는 빈틈없는 입법자로의 환골탈태를 과연 어떻게 이해하고 설명해야 할까?

지금 우리 시대는 물론이고 역사 시대를 통틀어 자유의 투사와 테러리스트가 제도권의 존경받는 정치 지도자로 변화한 사례는 많다. 그러나 아우구스투스의 변화는 유달리 극적이다. 옥타비아누스로서 그는 10여 년의 혹독한 내전 동안 어떻게든 싸워서 승리할 책략을 짜는 데만 골몰했다. 내전에서 율리우스 카이사르 지지자들은 처음에는 '자유'라는 미명하에 카이사르를 암살했던 이들을 공격했고, 이어서 서로를 공격함으로써 일을 마무리 지었다. 이후 옥타비아누스는 스스로를 극적일 만큼 다른 모습으로 재창조한다. 이는 개명으로 상징되는 모습과 실체의 변화였다. 기원전 27년 그는 '옥타비아누스'라는 이름과 거기서 연상되는 살인의 이미지를 없애버렸다. 로마 건국자의 이름을 따라 '로물루스'라고 할까도 고려했지만 이 역시 바람직하지 않은 것을 연상시켰다. 로물루스가 동생 레무스를 죽이고 왕이 되었다는 사실 때문만은 아니었다(6장 참조). 물론 형제간의 싸움은 거북하게도 옥타비아누스와 안토니우스의 싸움을 상기시키는 할 터였다. 그러나 전승에 따르면 로물루스 자신이 카이사르처럼 원로원 패거리에게 살해당했다는 이야기가 있었다. 결국 그는 '아우구스투스'라는 이름을 택했는데 풀이하자면 '존엄한 자' 정도의 의미를 지니는 신조어였다.

아우구스투스 전기에서 앤서니 에버릿이 내세우는 목표는 (현존 증거를 감안하면) 지나치게 낙관적이지 않나 싶으며 그리 새로울 것도 없다. 에버릿의 목표는 아우구스투스 시대를 특징 짓는 "난파, 인신공희, 구사일생의 탈출, 무절제한 섹스, 수륙을 넘나드는 전투, 매복, 가문의 추문" 속에서 "생생한 아우구스투스의 모습을 그려내는 것"이었다. '무절제한 섹스' 이야기를 기대한 독자라면 실망할 수도 있겠지만 에버릿은 분명 아우구스투스 황제의 생애와 관련된 생생하고 다채로운 이야기를 들려준다. 사실 가끔은 증거가 허락하는 한도를 살짝 넘어간다 싶기도 하다. 증거 대비 상상이 과하지 않나 싶은 대표적인 부분은 바로 도입부인데, 에버릿은 길었던 아우구스투스 생애의 마지막 순간, 그의 죽음을 둘러싼 사건들을 미리 살펴보는 것으로 책을 시작한다.

에버릿은 자신의 재구성이 부분적으로 "상상에 의한" 것임을 인정하면서 서기 3세기의 역사가 카시우스 디오가 기록한 독살 루머를 받아들인다. 그리고 아내 리비아가 아우구스투스를 살해했다는 충격적이고 심히 의심스러운 이야기로 도입부를 시작한다. 황제 독살은 늙고 병든 지배자의 예상치 못한 회복 또는 과도한 시간 끌기 때문에 훌륭하게 짜인, 후계자 티베리우스의 왕위 계승 계획이 지장을 받지 않아야 한다는 생각에서 나온 방안이었고, 피해자 자신의 암묵적인 동의하에 수행되었다("짐작으로 상황을 파악한 그는 아내에게 말없는 감사의 표시를 보냈다").

이것이 서기 14년 8월 19일의 상황과 조금이라도 비슷한 구석이 있는지 없는지 지금으로서는 확인할 길이 없다(그는 자기 이름을 따서 명명한 8월, 즉 '아우구스투스'에 죽었다. 원래 8월은 고대 로마에서 새해가 시작되는 마르티우스[3월]부터 계산해 여섯 번째 달이므로, 여섯 번째 달이라는 의미의 섹스틸리스라 불렸으나 20여 년 전 아우구스투스에게 경의를 표하는 의미에서 명칭이 바뀌었다). 그러나 이런 이야기는 BBC에서 방영된 드라마 「나, 클라우디우스」와 20세기 영국 왕실에서 사용한 어설픈 언론 대응책이 뒤섞인 잡탕이 아닌가 싶다(다음 장에서 살펴보겠지만 「나, 클라우디우스」는 늙은 황제 아우구스투스의 생애 마지막 순간을 인상적으로 극화했다). 주치의가 결국 인정한 것처럼 1936년 조지 5세의 죽음은 모르핀과 코카인을 치사량으로 주사해 인위적으로 임종 시간을 앞당긴 일종의 '안락사'였다. 격이 떨어지는 석간신문이 아니라 전통과 권위를 자랑하는 조간신문 『타임스』 다음 날짜 초판에 왕의 죽음을 공표하려는 것도 굳이 이런 조치를 취한 이유 중 하나였다. (말하자면 조간신문 마감 시간에 맞추기 위해 왕의 죽음을 앞당겼다는 의미가 된다.)

미심쩍은 고대 자료에 기대어 이야기를 전개하고, 아우구스투스의 죽음처럼 중요한 역사적 순간을 지나친 상상력을 가미해 창의적으로 재구성했다는 점도 분명 무시 못 할 결점이지만, 에버릿이 집필한 『아우구스투스』의 진짜 결점은 따로 있다. 에버릿은 전장의 폭력배에서 세련된 정치가로의 변모라는 핵심 이슈를 전혀 파악하지 못했고, 그렇게 변한 아우구스투스가 과연 어떤 방법으로 빈사 직전의 엉터리 민주주의를 1인 지배로 대체하면서 근본적으로 새로운 로마 정치체제를 확립했는가는 더더욱 설명하지 못했다. 이들 이슈는 살인, 망명, 불륜, 가정의 위기 등과 마찬가지로 "생생한 아우구스투스의 모습을 그려내는" 작업에서 중요한데도 에버릿은 제대로 짚어내지 못하고 있다.

책의 무게중심을 보면 저자가 이런 핵심 문제들을 회피하고 있다는 점이 분명해진다. 책의 절반 이상이 기원전 63년 황제의 탄생부터 기원전 31년 악티움 해전에서 안토니우스를 물리치고 로마 전역을 장악하기까지의 기간을 다루고 있다(아우구스투스 황제는 율리우스 카이사르의 조카 아티아와 비교적 평범했던 그녀의 남편 사이에서 태어났다). 미래에 큰 그릇이 될 신호인 조숙한 모습을 보였다는 (훗날 창작된 게 분명해 보이는) 몇몇 일화를 빼고는 아우구스투스의 초기 시절에 대해 알려진 바가 거의 없기 때문에 전기의 많은 부분이 기원전 44년부터 기원전 31년 사이, 내전 기간을 다룬다는 의미가 된다.

무려 45년이나 유일한 지배자로서 로마 세계를 다스린 아우구스투스의 통치 기간은 상대적으로 빈약하게 다뤄졌다. 이유는 뻔하다. 내전 기간에 전기의 페이지들을 채울, 즉 에버릿이 의존한 고대 자료에 기록된 훨씬 많은 "사건들이 일어났기" 때문이다. 그렇다보니 에버릿은 카이사르 암살과 그 여파에 관한 이야기들을 세세한 부분까지 구구절절 늘어놓는다. 어린 옥타비아누스가 열여덟의 나이에 자신이 카이사르의 유언장에 나온 제1상속인이면서 동시에 카이사르의 양자가 된다는 사실을 알게 되었던 시기다(카이사르 신격화 이후 아우구스투스가 자신을 '신의 아들'로 명명할 수 있었던 것은 유언장에 명시된 이 '양자 조항' 덕분이었다). 카이사르의 대의를 내세우는 또 다른 후계자이자 스무 살이나 연장자였던 마르쿠스 안토니우스를 몰아낼 힘이 없었던 옥타비아누스는 안토니우스와 손을 잡았다. 힘을 합친 둘은 암살자들과 아주 짧은 휴전 기간을 거친 후 기원전 42년 그리스에서 브루투스와 카시우스가 이끄는 군대를 격파했다.

이후에도 내전은 9년이나 더 지속되었는데, 완전히는 아니더라도 주로 옥타비아누스를 지지하는 세력과 안토니우스를 지지하는 세력 사이의 싸움이었으며, 에버릿의 전기에서는 당시 상황 역시 상세히 다루고 있다. 이는 여러 세력 사이의 대립, 얽히고설킨 결혼 동맹, 잔인한 싸움 사이사이에 끼어 있는 짧은 화해 기간(고대 작가들은 이를 엄청나게 과장하곤 한다) 등이 뒤섞인, 생각보다 훨씬 더 복잡하고 난해한 이야기일 수밖에 없다. 알다시피 내전은 (한때 율리우스 카이사르의 정부이기도 했던) 이집트의 클레오파트라와 손잡은 안토니우스가 그리스 북부 연안의 악티움에서 패한 뒤 이집트로 도망쳐 자살할 때까지 계속된다(12장 참조).

당연히 에버릿이 말한 "생생한 묘사"를 볼 수 있다. 에버릿은 좋은 스토리를 찾아내는 날카로운 안목으로 그 시기와 관련된 놀라울 정도로 다채롭고 흥미진진한 증거를 찾아내 적절히 활용하는 남다른 능력을 유감없이 보여준다. 예를 들어 에버릿은 페루시아(현재의 이탈리아 중부 페루자)에서 기원전 41년 옥타비아누스와 안토니우스의 동생 루키우스 사이에 벌어진 전쟁과 관련된 흥미 진진한 이야기를 들려준다. 루키우스는 당시 안토니우스의 아내 풀비아의 지원을 받고 있었는데, 풀비아는 이때뿐만 아니라 내전 을 통틀어 가장 기억에 남는 등장인물 중 한 명이다(풀비아는 남 편의 중요한 적이었던 키케로가 남편이 보낸 부하에게 살해된 뒤 증거물 로 잘린 머리가 도착하자 머리핀으로 죽은 키케로의 혀를 찌르며 분풀 이를 했던 인물이다. 풀비아의 이런 행동은 내전 시기의 전반적인 도덕 수준을 알려주는 좋은 지표이기도 하다). 당시 옥타비아누스는 도시 를 포위하고 안에 갇힌 안토니우스 가문 사람들의 항복을 받아 냈다. 이후 옥타비아누스는 항복한 주모자들을 용서하고 루키우 스는 에스파냐 총독으로 내보냈다. 이와 관련해서는 고고학 발굴 덕분에 당시 현장의 포위 작전이 어떻게 이뤄졌는지를 개략적으 로나마 살펴볼 수 있다. 발굴 결과 페루자에서 80개가 넘는 납으 로 만든 투석이 나왔는데 당시 전투에서 양쪽의 포병대가 사용 했던 것이다. 투석에는 이런저런 문구가 조잡하게 새겨져 있는데, (내가 보기에는) 적에게 읽으라는 의도보다는 투석을 발사한 쪽에 서 일종의 투지를 다지려는 의도가 아닌가 싶다. 어쨌든 주로 외 설적인 내용이다. "풀비아의 거기다 하고 싶다" "옥타비아누스의 똥꼬에 하고 싶다"가 전형적인 예다. "루키우스는 대머리다"라고 새겨진 투석도 있는데 에버릿은 어조가 "살짝 유한 편"이라고 말하지만 내 생각은 다르다. 다른 문구가 워낙 노골적인 점을 감안하면 이는 오히려 대머리가 로마 세계에서는 지금보다 훨씬 더 심각한 신체적 결함으로 여겨졌다는 의미가 아닐까 싶다.

이들 투석은 역사의 소소한 단면을 생생히 보여주는 짤막하지만 흥미로운 소품으로, 성적 편견, 블랙 유머, 고대 최전방 전투원들을 움직였던 기본 정서가 현대 전투원들의 그것과 다름없음을 일별하게 해주는 보기 드문 자료다. 그러나 페루자에서 발굴된 투석과 전쟁에 대한 여타 상세한 설명에서 우리가 끌어낼 수 있는 전체적인 결론은 빤하다. 군사 지도자에서 정치가로 변신하는 데 성공한 많은 이가 그렇듯이 옥타비아누스가 무력, 운, 배반, 기민한 판단력의 절묘한 혼합을 통해 승리를 얻었다는 지극히 상식적인 사실이다. 당시 내전과 관련해 우리가 확보하고 있는 풍부한 정보, 이를 활용한 에버릿의 상세한 설명으로 크게 달라지는 것은 없다.

악티움 해전 이후에는 상황이 극적으로 달라진다. 역사적으로는 훨씬 중요하지만 상대적으로 알려진 '사건'이 많지 않은 시기이기도 하다. 아우구스투스가 로마의 정치체제를 바꾸느라, 다시 말해 원로원과 시민이 주도하던 공화정의 자리에 황제 1인 지배체제를 교묘히 끼워넣느라 한창 바빴을 시기인데도 말이다. 에버릿은 주제 중심으로 접근하기 위해 사건을 일직선으로 나열하는

3부 로마 제국: 황제, 황후, 적들

연대기적 서술을 포기할 수밖에 없었다고 말한다. 물론 이는 현존하는 고대 증거의 성격 때문이기도 하다. 그 시기와 관련된 현존하는 고대 자료가 좁은 의미의 역사학적 관점에서 내전기에 비해 훨씬 더 빈약한 것은 사실이다. 에버릿이 안타까워하는 것처럼 "기원전 16년부터 기원전 13년 사이에 (…) 아우구스투스는 갈리아와 게르마니아에 있었지만 구체적으로 어디를 가고 특정 시기를 어디서 보냈는지에 대해서는 밝혀진 바가 없다". 이따금 거의 하루하루의 행보에 대한 정보가 남겨진 20년 전과는 정말 비교가 되지 않는 게 사실이다.

이런 문제가 발생한 부분적인 이유는 불운과 사고에 의한 자료 소실에 있다. 예를 들어 베르길리우스의 후원자이자 한때 안토니우스의 지지자였던 아시니우스 폴리오가 남긴 당대 기록이나 리비우스의 『로마사』 뒷부분이 중세 암흑기에 소실되지 않고 남아 있었다면 당시에 대해서 현존 정보와는 꽤 다르면서 훨씬 더 상세한 이야기를 들려주었을 것이다(리비우스의 『로마사』는 원래 로마 건국부터 아우구스투스 통치 기간인 기원전 9년까지 다루었지만 현재는 기원전 167년까지 다룬 앞부분만 남아 있다). 하지만 그것 때문만은 아니다. 아우구스투스 치하에서 아우구스투스에 의해 일어난 장기간의 정치 및 사회 구조 변화가 그 기간에 발생한 중요한 사건들을 나열하는 직선적인 서술로는 쉽게, 나아가 유효하게 설명되지 않기 때문이다.

1인 지배라는 아우구스투스의 체제 확립은 순간적인 결정이나 조치의 사안이 아니었다. 그러나 (아우구스투스 통치기를 다룬 현존 유일의 포괄적인 연대기를 남긴) 카시우스 디오는 물론이고 너무나 많은 현대 작가가 중요한 전환점으로 정확히 기원전 27년을 집어내기를 좋아한다(기원전 27년은 옥타비아누스가 이름을 아우구스투스로 바꾸고, 로마 속주 행정과 관련된 몇몇 중요한 조치를 단행한 해다). 아우구스투스 체제는 특정 시점에 이뤄진 획기적인 전환이라기보다 로마의 상류층과 평민의 정치에 대한 기대를 점진적으로 재조정하고, 정부와 정치활동에 대한 개념 자체를 재정의하면서 서서히 확립된 면이 훨씬 크다. 따라서 당대를 처음부터 끝까지 빈틈없이 다룬 역사가의 기록이 남아 있다 해도 우리가 품고 있는 가장 중요하고 간절한 질문에는 답해주지 못했을 가능성이 높다는 게 내 생각이다. 그런 자료가 남아 있다면 아우구스투스가 기원전 16년부터 기원전 13년까지 갈리아와 게르마니아에서 무엇을 하고 어떻게 움직였는지 지금보다 상세히 파악할 수 있을지 모른다. 그러나 로마의 정치체제를 근본적으로 바꾸는 거대한 변화를 가능케 한 제반 상황과 조건을 직접적으로 설명해줄 가능성은 극히 희박할 것이다.

역사 기록은 아우구스투스 통치 기간에 진행된 정치활동의 달라진 성격과 그것이 이뤄지는 장소 변화에도 영향을 받았다. 로마 공화정 체제하에서 어떤 결정을 내릴 때는 토론을 거치고 결과가 공개되었다. 물론 겉으로 드러나지 않는 온갖 은밀한 거래와 막후 흥정 역시 이뤄졌을 것이다. 그러나 역사가들은 나라의 관리를 선출하는 선거든, 전쟁 결의든, 빈민에게 토지를 분배하자는 결정이든, 로마 역사의 진행에 영향을 미친 중요한 토론과 결정을 기록할 수 있었고 때로는 직접 목격할 수도 있었다. 말하자면 이때까지만 해도 정치적 결정이 얼마든지 관찰 가능한 사건이었다.

그러나 아우구스투스의 지배와 함께 권력의 중심지는 결정적으로 공적 공간에서 사적 공간으로 바뀌었다. 물론 원로원을 포함한 과거의 많은 제도와 기구는 여전히 기능했다. 그러나 아우구스투스가 착수한 정치체제 변화에서 구체적이고 개별적인 결정은 원로원 회의장이나 중앙 광장이 아니라 아우구스투스 개인 저택에서 이뤄졌을 가능성이 높다(이때의 저택은 훗날 지어지는 거대한 궁전과는 거리가 먼, 비교적 수수한 주거였다. 그럼에도 불구하고 저택이 아폴로 신전과 같은 구역에 있다는 사실은 중요했다. 신전과의 지리적 근접성 덕분에 신의 권능이라는 후광까지 갖출 수 있었다). 결과적으로 중요한 정치활동이 이제는 역사에 보이지 않게 되었다.

이런 변화는 고대 작가들도 분명히 인지하고 있었다. 에버릿은 아우구스투스 치하의 로마에서는 "정보의 자유"가 없었다는 카시우스 디오의 말을 인용한다. "대부분의 사건이 비밀에 부쳐지기 시작했고 일반에게 알려지지 않았다. (…) 실현 가능성 없는 많은 일이 사람들 입에 오르내리는 반면, 확실하게 일어난 많은 일은 비밀로 남아 있었다." 아우구스투스가 죽고 약 1세기 뒤에 집필한 단연코 로마 전제 군주제의 가장 신랄하고 냉소적인 비판자였던 타키투스는 ("엄청난 전쟁, 공격당한 도시 […] 집정관과 호민관 사이의 논쟁, 토지법, 곡물법" 같은) 중요한 주제들을 마음껏 다룰 수 있었던 로마 공화정 시대의 저작 환경과 사실상 군주제하에서 글 쓰는 역사가가 확보할 수 있었던 하찮고 천편일률적이며 겨 떨어지는 자료를 날카롭게 비교한다. 타키투스는 역사가가 이런 중대 사건을 조사 분석하는 것을 전제 군주제가 불가능까지는 아니라도 매우 힘들어지도록 만들었기 때문에 이런 현상이 일어났다고 보았다.

그러므로 악티움 해전 이후를 연대기적 사건 중심이 아닌 주제 중심으로 다루겠다고 했던 에버릿의 결정은 분명 옳은 판단이었고, 자료 측면에서 볼 때 불가피한 선택이기도 했다. 그렇지만 에버릿은 아우구스투스의 성공과 관련된 핵심 질문에 정면으로 맞닥뜨리는 것을 회피하는 경향이 있다. 아우구스투스 권력의 기반이 무엇이었나? 율리우스 카이사르는 실패했던 공화정 전통을 사실상의 군주제로 바꾸는 데 아우구스투스는 어떻게 성공할 수 있었나? 아우구스투스는 과연 어떤 방법으로 자기 자신, 그리고 자신의 이미지를 군사 지도자에서 정치가로 바꾸는 데 성공했나? 에버릿의 전기 후반부에 등장하는 아우구스투스는 분별력 있고 유능하며, 살짝 '블레어주의 신봉자' 같은 영국 관리의 모습을 보여주곤 한다. 아우구스투스는 신중하게 연설 원고를 작성하는 사람이었다(실제로 그는 먼저 메모를 하지 않고는 아내에게조차 중요한 사안에 대해 이야기하지 않았다). 그는 "깨끗한 정부" 만드는 데 헌신했다. "공화제하의 부패한 기구들을 (…) 정직한 국가 관료제 비슷한 것으로" 대체했다. "제국 전역에 걸쳐서 질서 정연한 통치 구조를" 도입했다. "공익에 진심으로 헌신했다." 그는 언론의 자유를 제한하는 어떤 조치도 취하지 않았다. "다른 의견을 피력하는 작가의 집을 찾아가는 비밀경찰 따위는 없었다." 아우구스투스는 "로마인이 생각하는 자신의 이미지에서 핵심은 독립된 정신이라는 사실을 이해하고" 있었기 때문이다. 그는 시민들이 "피해자"라기보다는 "주주"처럼 느끼게 했다.

아우구스투스를 요즘으로 치면 "대규모 조직의 최고 경영자"로 볼 수 있다는 의미다. 그리고 그 옆에는 남편을 변함없이 지지한다는 사실을 분명히 하면서 그에 걸맞은 모습을 보여주었던 젊고 매력적인 아내 리비아가 있었다. 어느 대목에선가 에버릿은 이런 결론을 내린다. "손님들이 참석하는 만찬 자리에서 그녀는 최고로 멋진 모습을 보여주어야 했다." 로마 중앙 광장에 늘어선 거대한 바실리카 건물을 "쇼핑 및 회의 센터"라고 했던 것보다는 덜할지 몰라도 꽤나 귀에 거슬리는 진부한 현대식 이해가 아닐 수 없다.

사실 여기서 이야기하는 것을 봐도 알 수 있듯이 아우구스투스의 목표 대부분은 전혀 반대할 거리가 없어 보여서, 전반적으로 아우구스투스를 지지하는 고대 자료에서까지도 폭력 사태로 번질 뻔했던 반대가 있었다는 명백한 암시들이 남아 있는 이유를 이해하기 힘들다. 하지만 에버릿은 심각한 음모였던 것으로 보이는 기원전 24~기원전 23년의 사건을 별일 아닌 듯 가볍게 다룬다. 기원전 28년 원로원 구성을 재검토할 당시 아우구스투스가 튜닉 속에 갑옷을 입고 나타나 회의장으로 들어가는 원로원 의원들의 몸을 수색하게 했다는 수에토니우스의 설명도 짧게 언급하고 넘어간다. 언론의 자유에 헌신적이었다는 주장에 대해서 말하자면, 시인 오비디우스는 아마 유사한 어떤 주장에 대해서도 허탈한 웃음으로 답했을 것이다. 서기 8년에 흑해 연안으로 추방되는 경험을 했기 때문이다. 오비디우스의 정확한 죄명은 알려지지 않았다. 그러나 오비디우스가 자신의 "carmen et error"(글자 그대로 해석하면 "시와 실수")라고 언급한 사실은 이런 처벌이 교훈시를 흉내 낸 연애시 『사랑의 기교Ars Amatoria』 출간과 어떤 식으로든 관련 있다는 강력한 암시라고 생각된다. 『사랑의 기교』는 젊은 남녀에게 언제, 어디서, 어떻게 연애 상대를 찾을지 말해주는 다소 음란한 가르침을 담은 세 권짜리 시집이다. 미풍양속을 강조하던 황제의 도덕개혁 프로그램에 '충실한' 작품이라고 보긴 어렵다.

각각의 뒤에 놓인 정확한 배경이 무엇이든 간에 종합해보면 이들 사건은 아우구스투스의 권력 독점이 에버릿이 (혹은 공평하게 말해서 최근 역사가 대부분이) 인정하는 것보다 훨씬 더 많은, 심각한 반대를 야기했음을 시사한다. 폭력, 혹은 은밀한 폭력의 위협은 아우구스투스의 체제 내내 기저에 흐르는 암류暗流 같은 것이었으리라. 내전 기간에 보여준 잔인한 가학 성향까지는 아니더라도, 황제의 냉혹한 면모에 대한 이야기가 계속 퍼진 이유 역시 어쩌면 이런 맥락에서 봐야 하지 않을까 싶다. 아무튼 아우구스투스가 중년에 아무리 온화하고 자비로운 이미지를 보여주기로 마음먹었다 해도 한때 그가 맨손으로 사람의 눈을 잡아 뜯는 잔인함의 소유자였다는 사실을 모두가 아는 게 권력 유지에는 전혀 해가 되지 않았다. 속내를 들여다보면 어쩌면 그는 여전히 그런 모습이었다. 여러 정치체제에서 그렇듯이 유혈뿐 아니라 과거의 일화 및 이런저런 소문을 통해서도 효율적인 힘의 과시는 가능한 법이다.

그러나 에버릿의 책에서 가장 실망스러운 부분은 따로 있다. 에버릇이 아우구스투스 체제가 어떻게 효과를 발휘했는지, 무엇이 아우구스투스 체제의 궁극적인 성공을 보장했는지 밝힐 실마리가 될 만한 여러 중요한 사안을 수박 겉핥기식으로 훑고 만다는 점이다. 어쨌든 에버릿은 그런 사안의 중요성이나 그것이 지니는 함의를 끌어낼 만큼 길게 논의하지 않는다. 예를 들어 에버릿은 아우구스투스와 그 측근들이 돈을 대서 건설한 로마의 시각적 이미지들을 몇 쪽에 걸쳐 다룬다. 유명한 평화의 제단, 시침 역할을 하는 그림자를 제공하는 이집트의 오벨리스크와 함께 세워진 거대한 해시계 등과 더불어 "내가 발견한 로마는 벽돌로 되어 있었지만, 내가 남기는 로마는 대리석으로 되어 있을 것이오" 같은 명언도 간단히 언급한다. 그러나 에버릿의 설명을 보고 이런 이미지가 로마 전역에 아우구스투스 체제를 확립하는 데 얼마나 중요한 역할을 했는지 짐작하기는 쉽지 않다.

아우구스투스는 권력이 부분적으로는 시각적 이미지에서 나온다는 사실을 깨달은 최초의 로마 정치인이었다. 아니면 적어도 그런 깨달음을 최초로 실행에 옮긴 로마 정치인이었다. 아우구스투스의 조각상은 로마 시대를 통틀어 다른 누구의 조각상보다 많이 남아 있고 제국 전역에 걸쳐서 발견된다. 때로는 로마에서 견본을 만들어 전역에 배포하지 않았나 싶다. 수도 로마만 놓고 보면 아우구스투스는 다양한 형태의 자기 이미지를 반복해서

도시 경관에 아로새겼다. 아우구스투스가 세운 가장 중요한 기념물이지 싶은 소위 아우구스투스 포럼에 대해서도 에버릿은 간단히 몇 마디만 할 뿐이다. 아우구스투스 포럼은 공화정 시대에 정치 중심지였던 중앙 광장 바로 옆에 그보다 높게 세워진 번쩍이는 대리석 건축물로 규모가 실로 엄청나다. 아우구스투스 포럼의 구조와 장식은 황제의 권력을 강조하여 보여주는 데 그치지 않는다(당연히 아우구스투스 황제의 조각상이 개선식 마차를 탄 모습으로 광장 한가운데 자리하고 있었을 것이다). 이는 또한 아우구스투스가 신화 속의 로마 건국자인 로물루스와 아이네이아스의 직계 후손임을 시각적으로 보여준다. 말하자면 아우구스투스는 로물루스라는 이름을 취하진 않았지만, 자신이 로마를 '재건국'했다는 아이디어를 전달하고 자기 운명을 도시의 운명과 동일시할 다른 방법들을 찾아냈던 것이다.

그렇다고 아우구스투스 체제가 신화와 '이미지 메이킹'에만 의존했던 것은 아니다. 이미 암시했듯이 상대적으로 온건한 정치적 지배에 군대의 적절한 배치와 통제가 병행되었다. 에버릿은 로마 군대의 장악이 아우구스투스의 권력 기반에 절대적으로 중요했음을 분명히 인식하고 있었다. 그러나 이번에도 에버릿은 핵심을 충분히 길게 혹은 깊게 다루지 않았다. 아우구스투스가 권력을 잡게 해주었던 내전 자체가 잘 보여주듯이 로마 공화정이 무너진

부분적인 이유는 로마 군대가 (국가보다는 지휘관 개인에 충성을 바치는) 반쯤은 사유화된 조직이었기 때문이다. 아우구스투스는 군대를 국유화하고 그들의 충성심이 자신을 향하도록 했다. 아우구스투스는 방대한 구조 개혁 프로그램을 통해 이를 해냈다. 정기적인 신병 모집, 복무 여건 개선, (국고에서 지급되는) 급여, 일정 기간(아우구스투스 치세 말년에는 16년) 복무가 끝나면 후하게 지급되는 퇴직금 등을 통해서였다. 아우구스투스가 이를 얼마나 중요시했는가는 그에 뒤따르는 방대한 양의 금전적 지출을 통해 알 수 있다. 어느 추정치에 따르면 로마 제국 세수의 절반 이상이 군대 관련 비용으로 들어갔다고 한다.

이런 금전적인 부담은 분명 후임자들에게 여러 문제를 남겼을 것이다. 타키투스가 (아우구스투스의 후계자인 티베리우스부터 네로의 죽음까지 로마 역사를 다룬)『연대기Annales』서두에서 이야기하는 첫 번째 중요한 사건은 유럽 중부에 위치한 판노니아 속주에서 일어난 병사들의 반란이다. 당시 병사들은 정해진 기간보다 오래 복무해야 한다는 사실과 퇴직금이 마련되어 있지 않다는 데 대해 가장 불만을 품었다. 이런 상황이 빚어진 이유는 뻔하다. 아우구스투스가 지급 능력을 초과하는 채무를 진 것이다. 국고에 비용을 충당할 충분한 돈이 없었다. 이런 상황에서 비용을 줄일 가장 손쉬운 방법은 병사들을 제대시키는 않는 것이었다(어쨌든 복무 기간이 길어질수록 끝에 남겨둬야 하는 지불금은 줄어든다).

그러나 타키투스의 출발점은 다른 면에서도 중요하다. 일부 평자는 타키투스의 『연대기』가 왜 (회고조로 살펴보는 몇몇 단락을 제외하고는) 초대 황제의 통치를 다루지 않고, 이어지는 후계자들의 역사를 분석하는지 종종 의문을 제기한다. 나중에 앞으로 돌아가서 살펴보려 했던 것일까?(한 곳에서 타키투스가 직접 암시한 것처럼?) 너무 방대한 주제여서 후계자들과 한데 묶어 살피기는 힘들다고 본 것일까? 아니면 다루기에 너무 위험한 주제라고 생각했을까? 내 직감으로는 이들 중 어느 것도 아니다. 또한 우리가 만약 타키투스의 『연대기』가 아우구스투스에 관한 글이 아니라고 본다면, 타키투스의 의도를 심히 오해한 것이다.

책을 시작하는, 암울한 어조의 첫 문장이 정확히 이를 암시하기 때문이다("도시 로마는 처음부터 왕들의 소유였다"). 17장에서 다시 살펴보겠지만 이는 생각보다 훨씬 더 복잡한 의미와 주장을 담고 있는 문장이다. 일단 이는 민주공화정이라는 막간이 있었음에도 불구하고 로물루스 때부터 군주제가 로마 역사에 계속 깊이 각인되어 있었다는 의미다. 그러나 아우구스투스에만 한정해서 말하자면, 타키투스는 아우구스투스의 생애에 대한 서술을 생략함으로써 그의 통치 기간을 이해하려면 왕조의 후계자들을 통해야만 한다고 말하는 것이 아닌가 싶다. 그렇지 않고는 아우구스투스의 통치를 이해할 수 없다고 말이다. 심지어 100년 후라는 타키투스의 위치에서 보면, 아우구스투스의 통치는 1인 지배라는 새로운 전통의 신화적인 기원이자 뒤이은 후계자에 의해 재창조되고 다시 채워져야 하는 공간으로서 더욱 의미 있었다는 뜻일 수도 있다. 뒤이은 후계자들이 하나같이 '아우구스투스'라는 칭호를 쓴 사실 역시 의미심장하다. 어떤 의미에서 수백 년에 걸쳐 등장한 황제들이 저마다 새롭게 아우구스투스가 되는 과정을 반복했다고 말할 수도 있으리라.

에버릿도 이런 복잡한 관계와 함의를 어느 정도는 이해하고 있었다. 사실 에버릿은 아우구스투스를 '황제'라고 기술하길 거부하는데, 그 근거는 왕조에 대한 야망이 티베리우스 치하에서 실행된 시점에 가서야 군주제라는 정체政體의 속성이 확립되었다고 보기 때문이다. 그러나 에버릿도, 그 밖의 현대의 아우구스투스 전기작가들도 타키투스가 남긴 이런 교훈을 진지하게 받아들이고 마음 깊이 새기지는 않았다.

서평 도서
1 Anthony Everitt, 『아우구스투스: 로마 초대 황제의 생애Augustus: The Life of Rome's First Emperor』(Random House, 2006)

3부 로마 제국: 황제, 황후, 적들

12. 클레오파트라: 신화

────── 클레오파트라 사후 거의 50년 뒤인 서기 19년에 로마의 왕자 게르마니쿠스가 알렉산드리아를 방문했다. 한때 클레오파트라가 다스리던 왕국의 수도였고, 당시는 로마의 지배를 받는 이집트 속주의 행정수도 역할을 하는 도시였다. 역사가 타키투스에 따르면, 황족 게르마니쿠스 방문의 표면적인 목적은 당시 이집트를 괴롭히던 기근을 해결하기 위함이었다고 한다. (게르마니쿠스는 로마로 보낼 곡식을 저장해둔 창고 몇 개를 개방하는 간단한 조치로 방문 목적을 이뤘다.) 그러나 타키투스는 진짜 목적이란 관광이었다고 주장한다. 이집트의 파라오가 남긴 기념물은 서기 19년에도 이미 수천 년의 역사를 자랑했고, 현대의 관광객들에게 그렇듯이 고대 로마인 방문자에게도 매력적인 볼거리였다.

실제로 게르마니쿠스는 유람선을 타고 나일강 상류로 거슬러 올라가면서 '테베의 광대한 유적' '왕들의 골짜기' 등을 둘러본다. 증조부인 율리우스 카이사르 역시 기원전 47년 클레오파트라를 대동하고 같은 경로를 따라 이집트 관광을 즐겼다. 그러나 게르마니쿠스의 이집트 여행은 양아버지이자 당시의 통치자인 티베리우스에게 마뜩잖은 일이었다. 젊은이가 황제의 명시적인 허락 없이 이집트에 들어감으로써 법을 어겼기 때문이다. 이곳은 로마 제국의 속주 가운데 유일하게 황제의 허락하에 들어가는, 일종의 여행 제한 지역이었다. 광대하고 부유하며 비옥하지만 한편 불온하고 불안정한 땅이었던 이집트는 언제든 왕위 계승권을 주장하는 경쟁자에게 잠재적인 세력 기반을 제공할 수 있었다. 그런 탓에 반기를 들고 사납게 날뛰는 여왕이 없어도 이집트는 언제든 골칫거리가 될 소지가 다분한 땅이었다.

어쨌든 이집트의 고대 도시 옥시링쿠스의 쓰레기더미에서 나온 파피루스 조각 하나가 이때 게르마니쿠스의 이집트 방문과 관련해 사소하지만 귀중한 정보를 제공한다. 파피루스에는 알렉산드리아에 도착한 게르마니쿠스가 환영 인파를 향해 그리스어로 했던 연설 내용이 그대로 기록되어 있다. 연설에서 게르마니쿠스는 장시간 배를 타고 이동하는 고된 여정으로 "아버지, 할머니, 어머니, 형제자매, 아이들, 친한 친구들과 떨어져 있다보니" 이래저래 힘들다고 불만을 토로한다. 타키투스가 말하는 살벌한 황실생활과는 사뭇 다른, 화기애애한 가족의 모습이 떠오르는 말이다. 게르마니쿠스가 말하는 '할머니'가 교활하기로 악명 높은 황후 리비아라는 사실을 떠올리면 특히나 인상적인 대목이다(리비아가 저질렀다는 악독한 범죄는 다음 장에서 살펴볼 것이다).

이어서 게르마니쿠스는 알렉산드리아인들이 좋아할 만한 인사말로 넘어간다. 도시 풍경이 정말 멋지다고 감탄하고, 지나가듯 알렉산드로스 대왕에 대한 찬사를 하는 재치도 보인다(게르마니쿠스는 연설에서 알렉산드로스를 "이곳의 건설자인 영웅"으로 일컫는다). 클레오파트라가 속한 프톨레마이오스 왕조는 기원전 323년 알렉산드로스 대왕의 죽음과 함께 도시를 맡아 통치했다. 마케도니아계 그리스인인 프톨레마이오스 1세는 게르마니쿠스가 말하는 '영웅'을 최측근에서 보필했던 장군들 중 한 명이었고, 고국 마케도니아로 돌아가는 '영웅'의 시신을 영구차째 납치해 알렉산드리아에 매장하는 쾌거를 이룬 인물이기도 하다(4장 참조). 시신 납치가 무슨 쾌거냐고 할지 모르지만 이는 고대 세계 최고의 정복자와 이집트 신생 도시의 인연을 만방에 알리려는 의도에서 세심히 계획된 것으로 도시 '홍보' 측면에서 엄청난 성공을 거둔 사건이었다. 그런 사건이 없었다면 당시 알렉산드리아는 누구도 주목하지 않았을 변방의 도시였다.

쓰레기더미에서 나온 파피루스 내용으로 보건대, 게르마니쿠스는 알렉산드리아인들에게 그야말로 '요란하고 떠들썩한' 환영을 받았다. 군중은 중간중간 "만세!" "행운을 빕니다!" "브라보!"라고 소리를 질러 자꾸 연설을 중단시켰고, 결국 (참을성 없는) 게르마니쿠스가 제발 조용히 하고 자기가 이야기를 마칠 때까지 기다려달라고 말할 수밖에 없었다. "알렉산드리아 시민 여러분……내가 여러분의 질문 하나하나에 대답을 마칠 때까지 기다렸다가 박수를 쳐주십시오." 시끄러운 군중을 진정시켜야 하는 이런 상황은 게르마니쿠스만이 아니라 대중 앞에서 연설하는 고대 연사라면 누구나 겪는 일반적인 문제였을 것이다. 요즘은 연사가 차분한 분위기에서 종이에 인쇄된 연설문을 읽는 광경이 익숙하지만 그리스 로마 시대의 연설은 그런 분위기와는 거리가 멀었다. 하지만 그런 상황을 감안하더라도 알렉산드리아인들은 유독 시끄러운 청중으로 악명 높았다. 이보다 조금 늦은 서기 1세기 말에 그리스의 철학자이자 연설가인 디오 크리소스톰Dio 'Chrysostom(황금의 입)'은 연설 도중 요란한 웃음과 조롱, 경망한 언동은 물론 난투극까지 서슴지 않는 알렉산드리아인들의 행태를 대놓고 비난하며 꾸짖었다. "여러분이 침묵할 줄 아는 자제력 있는 사람들이라고 칭찬할 수 있다면 얼마나 좋을까요? (…) 대중 집회 참석자를 향한 최대의 찬사는 '경청할 줄 안다'는 말이 아닐까요?" 이런저런 상

3부 로마 제국: 황제, 황후, 적들

황을 종합해보면 디오 크리소스톰의 이런 꾸짖음이 알렉산드리아인들에게 그리 영향을 미치지는 못했던 것 같다. 기독교 시대에 접어들어서도 이집트인들은 유독 소란하고 무질서하다는 평판이 끊이지 않았다(이집트 군중의 이런 특성이 4세기 로마 지배하의 이집트가 무대인 영화 「아고라」의 배경에 깔려 있다. 「아고라」는 에스파냐의 영화감독 알레한드로 아메나바르의 2009년 작품이다).

『클레오파트라: 생애Cleopatra: A Life』에서 스테이시 시프는 고대 알렉산드리아의 화려한 매력과 전설적인 명성을 생생하게 담아낸다. 아직 로마 자체적으로는 건축, 예술, 문화에 대한 대규모 투자가 이뤄지기 전인 기원전 1세기 말엽, 클레오파트라 치세에(기원전 51~기원전 30) 알렉산드리아는 지중해의 보석이었다. 기원전 46년 알렉산드리아에서 배를 타고 로마로 가는 사람이라면 누구나 18세기에 프랑스 베르사유에서 신대륙의 필라델피아로 가는 느낌을 받았을 것이다(기원전 46년 클레오파트라 자신이 율리우스 카이사르를 만나기 위해 그런 여행을 했다). 18세기 베르사유에서 필라델피아로 가는 느낌이라니, 참으로 적절한 비유 같다. 당시 알렉산드리아는 거대한 정원, 열주랑, 대로 등을 갖춘 더없이 화려한 도시였다(시프에 따르면 알렉산드리아의 중심 도로는 "무려 여덟 대의 마차가 나란히 달릴 수 있는 넓이였다"). 반면에 로마는 지중해 대부분 지역을 지배하는 강대국으로 정치와 군사 면에서 독보적 위치를 점하고 엄청난 인구를 자랑했지만 외관은 대체로 후미진 벽지에 위치한 지방 도시에 가까웠다. 도시 대부분의 지역이 "복잡하게 얽히고 비틀린 골목길과 빽빽하게 들어선 비좁은 공동주택"으로 이뤄져 있었다. 로마의 공공건물 역시 알렉산드리아 기준에서는 결코 인상적이지 못했다.

이집트 수도의 명성은 그곳의 유명 건축물 및 관광지와도 관련 깊었다. 로마 장군들이 특히 즐겨 찾았던 알렉산드로스 대왕의 무덤 외에도 흥미로운 장소는 많았다(4부 참조). 아우구스투스가 (아직 옥타비아누스라는 이름을 쓰던) 기원전 30년, 마침내 클레오파트라와 마르쿠스 안토니우스 연합군을 물리치고 알렉산드로스 대왕의 무덤을 방문했을 때의 일화도 인상적이다. 당시 아우구스투스는 몹시 흥분한 나머지 미라 시신을 잘못 건드려 알렉산드로스의 코를 부러뜨렸다고 한다. 진위 여부야 확인할 길이 없지만 어쨌든 어느 로마 역사가에 따르면 그렇다. 기원전 3세기 초에 프톨레마이오스 1세가 알렉산드리아 항구 입구에 세운 높이 90미터가 넘는 거대한 등대는 고대 세계의 불가사의 중 하나였다. 당대 최대의 고대 문헌 보유량을 자랑하던, 왕궁 근처의 알렉산드리아 도서관도 빼놓을 수 없는 명물이었다. 도서관 바로 옆에는 마찬가지로 유명한 무세이온이 자리 잡고 있었다. ('뮤즈의 거처'라는 의미의) 무세이온은 휴게용 정원, 연구소, 학문적 토론의 장인

3부 로마 제국: 황제, 황후, 적들

만찬 클럽 등이 하나로 합쳐진 형태였다.

알렉산드리아에 사는 사람들의 모습도 도시에 어울렸다. 그들은 시끄럽고 때로 폭력적인 모습으로만 유명한 게 아니었다. 부유하고, 교양 있고, 놀기 좋아하고, 화려한 볼거리를 제공하는 흥행사가 많고, 지적이고, 국제적이고, 전위적이라는 평판이 자자했다(이런 이미지와는 대조적으로 알렉산드리아 지방 정부는 불합리한 관료주의의 대명사였다. 불필요한 절차와 요식으로 가득한 프톨레마이오스 왕조 특유의 행정 관행 때문이었다). 어쨌든 이 모든 것을 종합해보면 알렉산드리아는 현란하면서도 퇴폐적인 베르사유보다는 타오르는 용광로 같은 뉴욕에 가깝지 않았나 싶다.

알렉산드리아의 문화적 광휘가 클레오파트라 치세 즈음에는 기울어가고 있었다는 말은 사실이다. 클레오파트라 시절 알렉산드리아 왕궁의 핵심 지성이라고 하면 디디무스라는 고대 문헌 편찬가 정도를 들 수 있다. 그는 3500편이 넘는 논고를 집필한 것으로도 유명했다(디디무스의 별명은 '저서 망각자'였는데 종종 이전 저서에서 했던 말을 기억하지 못했기 때문이다. 그렇다보니 논리가 자가당착에 빠지곤 했다). 그렇지만 클레오파트라와 동시대인들은 과거 2세기 동안 알렉산드리아에서 이룬 온갖 놀라운 업적들을 돌아보며 충분히 자부심을 가질 수 있었다. 물론 이런 업적들 중에는 지중해의 다른 지역에서 들어온 이민자들이 이룬 것도 많았다. 요즘

말로 하면, 프톨레마이오스 왕조가 지배하는 알렉산드리아로의 '두뇌 유출'이 끊이지 않았기 때문이다. 유명한 알렉산드리아 도서관은 아리스토텔레스의 제자인 그리스 팔레론 출신의 데메트리오스가 기틀을 잡았다고 알려져 있다. 이곳 도서관에서 작업한 유명 인물 가운데는 기원전 3세기 초반의 시인 칼리마코스가 있는데 그도 원래는 (현재 리비아에 속하는 고대 도시) 키레네 출신이다. 이외에 유명한 수학자 유클리드, 처음으로 동맥과 정맥의 차이를 확인한 칼케돈(현재 터키에 위치) 출신의 과학자 헤로필로스 등도 도서관과 무세이온, 연구소 등의 매력에 이끌려 알렉산드리아를 찾은 이방의 학자들이다.

프톨레마이오스 왕조 시대에 알렉산드리아가 남긴 지적 업적은 오늘날의 우리에게도 잘 알려져 있으며, 수많은 문학 및 과학 저작이 전해지고 있다. 기원전 5세기 아테네 전성기의 저작보다 더 많이 남아 있으며 성격 면에서도 훨씬 다양하다. 디디무스가 집필했다는 3500편이 넘는 논고 가운데 현존하는 것은 몇몇 단편뿐임을 인정해야겠다(어쩌면 그것은 큰 손실이 아닐지도 모른다). 특히 현존하는 문학 분야 수작秀作이 적지 않은데 칼리마코스의 「찬가」들이 대표적이다(신들에 대해 노래한 단순한 예배용 텍스트가 아니라 환상적일 정도로 박학다식한 내용이며 시적 기교 또한 돋보인다. 더불어 고대의 '난해한' 저작을 판단하는 시금석이 되는 작품 가운데 하나이기도 하다). 칼리마코스의 제자이자 경쟁자였던 아폴로니오스 로디오스의 『아르고나우티카Argonautika』도 이 시대에 집필된 더없이 훌륭한 서사시로 꼽힌다. 황금 양털을 구해 돌아오는 이아손과 아르고호 선원들의 여정을 다루며 여러 권으로 이뤄졌다. 기원전 3세기 전반에 활동한 대표적인 목가 시인 테오크리토스의 전원시는 베르길리우스의 『전원시Eclogae』에 영감을 주었을 뿐 아니라 후대의 전원시 전통의 기원이 되는 작품이다. 에드먼드 스펜서, 존 밀턴부터 매슈 아널드, 이후의 전원시 작가 모두가 여기에 빚을 졌다. 말할 것도 없이 문학 외에 기술, 지리, 수학, 의학 등에 관한 저작이 많이 남아 있으며, 지금은 아랍어 번역본으로만 남아 있는 작품도 일부 있다.

그러나 이런 학문적, 문학적 업적 말고 알렉산드리아라는 도시와 사회 전체가 어떤 모습이었는가에 대한 명확한 이미지는 잘 그려지지 않는다. 이런 작업이 어려운 이유는 부분적으로 프톨레마이오스 왕조의 사치와 낭비, 화려한 볼거리 등에 대한 고대 이야기들 가운데 어떤 것이 전반적으로 진실인지, 어떤 것이 고대 '알렉산드리아에 대한 신화'의 산물인지 지금으로서는 판단하기가 거의 불가능하기 때문이다. 실제로 (알렉산드리아 출신이냐, 아니냐를 막론하고) 많은 고대 작가가 품고 있는 알렉산드리아라는 도시에 대한 환상 혹은 신화가 있었다. 많은 이가 알렉산드리아를 모든 것이 눈부시게 휘황찬란하고 사치스러우며, 균형이 맞지 않을 만큼 과장되어 있지만 그 자체로 멋진 도시로 상상하고 싶어 했다. 상상인지 사실인지 도무지 판단이 안 되는 특히나 당혹스러운 사례는 디오니소스 신에게 경의를 표하는 유명한 행진에 대한 서술이다. 클레오파트라의 선대왕 가운데 한 명으로 이집트 파라오의 관습을 따라 누이와 결혼해 'Philadelphos', 즉 '애자왕愛姊王'이라 불렸던 프톨레마이오스 2세가 기원전 3세기 초에 후원했던 행진이다. 이에 대한 상세한 기록이 지금까지 남아 있는데 원래는 어느 역사가가 100년쯤 뒤에 작성한 것이지만 현재는 『식탁의 현인들Deipnosophistae』이라는 고대 문서에 실린 인용문 형태로만 남아 있다. 『식탁의 현인들』은 알렉산드리아 인근 도시 출신으로 수사학자이자 문법학자였던 아테나이오스가 2세기 말에 편찬한 일종의 문학 백과사전이다.

문제의 행진에 대한 서술은 전체적으로 보기 드문 진귀한 광경에 대한 놀라움으로 가득하다. 장식 수레 하나에 끄는 사람만 수백 명이 필요한데, 거기 실린 기계적으로 작동된다는 아주 기발한 전시물 때문이었다(수백 명이 동원되었다는 대목에서 아주 무거웠으리라는 추측 역시 가능하다). 주인공은 행진의 하이라이트 중 하나이자 알렉산드리아 공학 기술의 쾌거라고 할 수 있는 8큐빗(약 3.6미터) 높이의 조각상으로 "잡고 있는 사람이 한 명도 없는데도 기계적 원리에 의해 서 있었고, 우유를 넣은 헌주를 부어주자 저절로 자리에 앉았다". 사람이나 말이 아닌 타조가 끄는 수레 역시 흥미진진한 구경거리였다. "포도주가 3000말이나 들어가는 표범 가죽으로 만든 부대"도 진기한 볼거리였는데, 행진로 위에 조금씩 포도주를 흘리면서 지나갔다.

대개의 현대 작가가 그렇듯이 시프도 이런 설명을 프톨레마이오스 왕실에서 '거하게 쏘는' 터무니없을 만큼 호화로운 행사에 대한 생생한 증언으로 받아들인다. 그러나 좀더 회의적인 시각이 필요할지 모른다. 어떤 쇼의 장관이 거의 믿기지 않는 정도라면, 실제로 믿을 수 없는 내용일 가능성이 크다. 예를 들어 행진하는 내내 내용물이 거리에 뚝뚝 떨어졌다는 표범 가죽으로 만든 포도주 부대를 생각해보자(거리에 뚝뚝 떨어졌다는 표현은 결국 구경꾼의 컵과 병 안으로 들어갔다고 해석해야 하리라). '3000말'에 대한 가장 신빙성 있는 계산에 따르면 표범 가죽 부대의 부피는 현대의 유조차 세 대를 합친 크기다. 아무리 돈이 많은 프톨레마이오스 왕조라 해도 그런 부대를 만들어낸다는 것은 사실상 불가능하다. 그렇다면 기술을 과장한 것일까? 단순한 추측일까? 혹은 순전한 상상? 지금으로서는 어느 쪽인지 확인할 길이 없다.

전설처럼 내려오는 알렉산드리아에 관한 신화를 되도록 역사학적 진실에 비춰 평가하려는 작업이 어려운 이유야 여러 가지겠지만 프톨레마이오스 왕조 시대에 알렉산드리아 지역 대부분이 수차례의 지진과 해일을 겪은 후 4세기경 해수면 아래로 가라앉았다는 점도 중요한 이유다. 로마의 경우 결연한 의지로 계속된 지하 발굴을 통해 고대 도시의 특징을 말해주는 단서를 찾았고, 기원전 1세기 미로처럼 얽힌 좁은 골목길에 닭장 같은 집들이 다닥다닥 붙어 있던 도시에서 서기 1세기에 훨씬 인상적인 (혹은 공격적인) 제국의 수도로 어떻게 변모했는가에 대한 정보를 얻을 수 있었다. 그러나 알렉산드리아에서는 결연한 의지 정도가 아니라 영웅적인 투지가 요구되는 수중 발굴에 의존해야 했다. 덕분에 바다 속에서 나온, 따개비로 뒤덮인 인상적인 조각상 사진들을 얻긴 했지만, 이것만으로 고대 도시의 명확한 연대기를 파악하기는 쉽지 않으며, 과거 도시가 구체적으로 어떤 모습이었는지, 실제로 얼마나 호화판이었는지 확인하기는 더더욱 힘들다.

그렇다보니 클레오파트라의 알렉산드리아와 직접적으로는 아니라도 가장 관련 깊은 현존 기념물이라고 하면 '클레오파트라의 바늘'이라 불리는 두 개의 오벨리스크를 꼽아야 하니 참 얄궂은 일이 아닐 수 없다. 이들 오벨리스크는 현재 하나는 뉴욕 센트럴파크에, 다른 하나는 런던 템스 강변에 세워져 있다. 원래는 기원전 1450년경 어느 파라오가 세운 것이지만 아우구스투스 시절 알렉산드리아에 있는 율리우스 카이사르 신전으로 옮겨져 신전의 정문 역할을 했던 것으로 추정된다. 이곳 신전은 클레오파트라가 죽기 전에 계획해서 마무리한 것이 거의 확실하다. 두 오벨리스크는 19세기 말 각각 뉴욕과 런던에 놓이는데, 흔히 그렇듯이 후한 인심, 골동품 수집 취미, 제국주의적 착취 등이 결합된 결과였다.

도시 알렉산드리아의 과거 모습이 사실보다는 상상과 신화로 점철된 데다 실체에 접근하기가 이렇게 힘들다면, 그곳을 다스린 프톨레마이오스 왕조의 마지막 왕인 클레오파트라 7세의 생애는 어떨까? 안타깝게도 그녀를 둘러싼 이야기들은 도시 알렉산드리아 이야기보다 훨씬 더 '신화적'이고, 실제 여왕의 모습을 파악하기는 수중의 도시 유적 발굴보다 훨씬 더 난해하다. 클레오파트라의 실체 밝히기가 이처럼 어려운 이유는 윌리엄 셰익스피어에서 엘리자베스 테일러까지 이어지는 현대 드라마의 지나치게 창의적인 전통 때문이기도 하다. 이들 드라마 덕분에 대중의 머릿속에는 당나귀 젖으로 목욕하는 나른하고 퇴폐적인 여왕의 이미지가 지우려 해도 지워지지 않을 만큼 강하게 박혀 있다. 그러나 이들 현대 버전의 이야기는 궁극적으로 아우구스투스 황제의 '선전 공작'까지 거슬러 올라가는 고대의 근거 없는 신화에 의존하고 있다.

아우구스투스는 (알고 보면 민족적으로는 그리스인임이 확실하지만) '이집트인' 클레오파트라와 마르쿠스 안토니우스를 물리치고 로마의 지배자가 된 인물이다. 아우구스투스로서는 자신의 적이었던 클레오파트라를 나쁜 모습, 옳지 않은 악마 같은 모습으로 묘사하지 않을 수 없었다. 그렇게 해서 탄생한 것이 황제 스스로가 대변한다고 주장하는 로마와 이탈리아의 현실적인 전통과는 전적으로 배치되는 무절제한 생활과 사치에 탐닉하는 여왕, 위험한 매력을 풍기는 동방의 전제 군주라는 클레오파트라의 이미지였다. 아우구스투스 치세에 명성을 떨쳤던 일부 시인이 이런 황제의 노선에 합류해 열광적인 나팔수 역할을 자임하고 나섰다. 시인 호라티우스는 (클레오파트라의 패배를 노래한 유명한 시에서) "미친 여왕이 (…) 타락한 신하 무리와 함께"라는 표현을 스스럼없이 썼다.

사실 현대인들은 클레오파트라의 이런 이미지를 아주 당연하게 여기다보니 다른 관점을 보이는 '클레오파트라 신화' 버전과 마주치기라도 하면 오히려 충격으로 받아들일 정도다. 가령 이집트 역사가들은 오랫동안 클레오파트라를 여성 영웅이자 대중의 후원자로 이집트 역사에 포함시켜 서술해왔다. 지리학자이자 역사학자였던 마수디는 10세기에 집필한 역사서 『황금 초원과 보석 광산Muruju'd dhahab wa ma'adinu'l jawhar』에서 로마의 정본을 보란 듯이 뒤집는 다른 이야기를 들려준다. 마수디의 책에 등장하

3부 로마 제국: 황제, 황후, 적들

는 클레오파트라는 엄청난 공을 들여 자살용 뱀을 손에 넣었을 뿐만 아니라 영리하게도 녀석을 향기 나는 식물 속에 숨겨놓아 옥타비아누스가 그녀의 시체를 발견한 순간 뱀이 옥타비아누스도 물게 만든다. 마수디가 말하는 역사에서는 옥타비아누스가 로마를 40년 넘게 통치하지 않고 알렉산드리아에서 뱀독으로 죽는다. 뱀독이 퍼져 죽기까지 꼬박 하루가 걸렸는데, 그동안 옥타비아누스는 자신과 클레오파트라에게 일어난 일을 주제로 시를 한 편 썼다고 한다.

이런 근거가 희박한 이야기들 속에 묻혀버린, 어느 정도는 직접적이라고 할 수 있을 생생한 역사적 증언이 한두 가지 있긴 하다. 특히 내가 좋아하는 이야기는 플루타르크가 서기 1세기 말에서 2세기 초 전환기에 기록한 내용이다. 클레오파트라가 기원전 30년대 어느 시점에 안토니우스를 접대할 때, 이집트 궁궐 주방에서 음식을 준비하는 모습이 단편적으로 기록되어 있다. 플루타르크는 젊은 의학도인 필로타스가 우연찮게 거기 있다가 주방 하인들이 일하는 모습을 목격했다고 설명한다. 처음에 필로타스는 수퇘지를 여덟 마리나 조리하는 모습을 보고 엄청 큰 파티가 열리는 것으로 생각했다. 하지만 그렇지 않았다. 손님은 열두 명 정도에 불과했다. 주방에서는 정확히 언제 손님들이 먹고 싶어할지 모르기에 여러 마리의 돼지를 꼬치에 꿰어 각기 다른 시간대에 조리할 수 있도록 준비해둔 것이었다. 그렇다면 플루타르크는 이런 내용을 어떻게 알았을까? 사치스러운 왕궁에서는 항상 있는 빤한 일이었을까? 어느 정도는 그럴지 모르지만 그게 전부는 아니다. 플루타르크는 그것이 윤색된 것이든 아니든, 그 이야기를 필로타스의 친구였던 자기 할아버지 람프리아스에게서 들었다고 주장한다. 그게 사실이라면 이를 통해 우리는 2000년도 더 전에 클레오파트라 왕궁의 주방에 있었던 목격자와 직접적으로 연결되는 셈이다.

하지만 전반적으로 보면, 클레오파트라의 생애와 관련된 가장 기본적인 사실의 많은 부분이 전혀 알려져 있지 않다. 그녀 생애의 워낙 유명한 마지막 부분에 대해서는 이런저런 목격담과 더불어 충분한 정보가 제공되었다고 볼 수도 있으리라(그것이 아무리 편향되거나 믿기 어렵다 해도, 그리고 모두가 그녀의 적들에게서 나온 정보라 해도 말이다). 하지만 유년 시절을 포함한 클레오파트라 생애의 초기 부분에 대해서는 사실상 알려진 내용이 거의 없다. 그녀는 프톨레마이오스 12세 '아울레테스Auletes'('피리 부는 사람'이라는 의미로 통통한 볼 때문에 이런 별명이 붙여졌다)의 딸이지만 어머니가 누구인지는 수수께끼로 남아 있으며, 정확한 출생일도 마찬가지다. 시프는 다른 많은 현대 작가를 따라 클레오파트라의 출생 연도를 기원전 69년으로 보는데 이는 전적으로 플루타르크

3부 로마 제국: 황제, 황후, 적들

의 기록에 기댄 것이다. 플루타르크는 마르쿠스 안토니우스 전기에서 기원전 30년 사망 당시 클레오파트라의 나이가 서른아홉이었다고 썼다. 그러나 플루타르크의 설명을 따른다는 것은 이어지는 다음 내용이 분명하게 틀렸다는 사실을 보고도 못 본 체하는 이중성을 드러내는 태도다(클레오파트라가 "안토니우스와 함께 14년 넘게 공동 통치를 했다"는 내용이다). 기원전 41년까지는 클레오파트라가 안토니우스를 만난 적조차 없다는 것이 거의 확실하다. 그렇다면 두 사람이 기원전 30년에 죽었으므로 '공동 통치'의 의미를 가장 넓은 의미로 해석한다 해도 기껏해야 9년이 된다. 플루타르크의 글에 나타나는 이런 오류를 어떻게 설명하든(중세 필경사가 숫자를 잘못 베껴 쓴 것일 수도 있고, 애초에 플루타르크가 틀린 것일 수도 있다), 클레오파트라가 기원전 69년에 태어났다는 학계의 일반적인 믿음은 현대 전기작가들이 고대 문헌에서 자기 구미에 맞는 부분은 취하고 맞지 않는 부분은 못 본 척 넘어가는 이중성을 드러내는 사례 가운데 하나일 뿐이다.

클레오파트라 이야기에 대한 시프의 접근은 회의적이면서 사무적이고 딱딱한 어조를 띤다. 반면 해당 시기의 지중해 역사에 대해서는 참신한 국외자의 시각으로 포착한 내용을 그에 걸맞은 간결하지만 함축적인 문구들로 표현하는 재치와 기지를 보여준다. 가끔은 이런 재치 넘치는 발언이 쉴 새 없이 쏟아져 나로서는 부담스러울 정도다. 율리우스 카이사르 암살 이후 로마의 분위기를 요약한 짧은 문장은 특히 인상적이다("비방과 자기합리화가 허용되는 활기찬 시장. 거기에 넘치는 자축"). 전공자인 역사가들이 쓴 여러 쪽에 걸친 설명보다 당시 정세를 적절히 담아낸 한마디다. 또한 시프는 "사치를 억제하기는 어렵지만 비난하기는 쉽다"고 말하는데, 사치에 대한 로마인의 애증이 교차하는 감정을 정확히 포착했다고 생각된다.

시프가 그리는 꽤 전통적인 클레오파트라의 모습이 반드시 틀린 것만은 아니다. 자신에게 이익이 되는 방향으로 빈틈없는 전략을 짜고, 로마 고위층을 연이어 자신의 성적·지적 술수와 책략으로 조종하는, 활력 넘치고 독립적인 여왕의 모습이 꼭 틀린 것만은 아니다. 그러나 『안토니우스와 클레오파트라Anthony and Cleopatra』라는 제목으로 둘의 공동 전기를 집필한 영국 역사학자 에이드리언 골즈워디가 정확히 같은 자료에 근거해 정반대 결론에 이르렀다는 사실을 언급하고 넘어가야 할 것 같다. 클레오파트라는 로마의 권력 투쟁에서 중요하지 않은 부차적인 존재였고, 한때 눈부시게 화려했으나 이제는 시들어가는 왕조의 최후에도 거의 영향을 미치지 못했다는 결론이다. 솔직히 말하면 어느 쪽인지 우리는 결코 알 수 없을 것이다.

그렇다면 신화는? 시프는 그동안 클레오파트라를 둘러싸고 발

전해온 '픽션'들을 어떻게 처리하는 가운데 역사적 사실에 입각한 전기를 집필할 것인가를 심사숙고하면서 "신화를 둘러싼 외피를 제거하고" "역사적 맥락을 복원"하겠다고 말한다. 그런데 시프가 가장 취약했던 부분이 바로 이 지점이다. 순간순간 번득이는 날카로운 통찰에도 불구하고, 그리스 로마 세계의 역사, 문화, 법에 대한 이해가 항상 생각만큼 확실하거나 견고하지 못했던 탓도 있다. 가령 기원전 1세기의 로마 여성들이 "닭(…)이나 다름없는 빈약한 법적 권리"를 지녔다는 시프의 주장은 대체 어디서 나온 것인가?

하지만 더 큰 문제는 시프가 착수한 작업 자체의 속성에 있다. 고대 인물의 생애를 상당히 신빙성 있는 내용을 바탕으로 요람에서 무덤까지 상세히 이야기하는 게 가능하다는 전제하에 전기를 집필하는 자체에 문제가 많다는 말이다(사실 이는 생텍쥐페리와 베라[블라디미르 나보코프 부인]의 전기를 쓰면서 시프가 더없이 훌륭하게 해낸 작업이기도 하다). 시프가 억울하지 않도록 공정을 기하자면 이런 우를 범한 사람이 시프만은 아니다. 2011년을 기점으로 앞선 5년 동안 영어로 쓴 클레오파트라 전기는 적어도 다섯 권이 나왔다(전기 출판 분야에서 클레오파트라는 키케로도 저리 가랄 정도로 인기가 좋은 귀한 몸이다. 8장 참조). 독자와 출판인 입장에서 보면, 고대 인물들의 생애를 다룬 이야기에 대한 욕구는 도무지 만족을 모르는 것 같다. 어쨌든 고대 기준으로는 꽤 기록이 잘돼 있는 경우라도 증거에는 항상 엄청난 공백들이 있게 마련이다. 시프 스스로가 인정하듯이 "개인의 유년기는 고대 세계에서 잘 팔리는 이야깃거리가 아니었다". 즉 전기 집필 대상이 되는 고대 인물들의 스물 혹은 서른 살 이전 시기를 보면 자료가 전무하다시피 한 공백기가 있다는 말이다. 클레오파트라도 예외가 아니다. 생애 몇 년간은 그녀의 행적이나 소재지에 대해 밝혀진 내용이 거의 없다. 바로 이 지점에서 오해의 소지가 다분한데도 소위 '맥락'이 진정한 전기를 대신하는 경향을 띤다.

그리하여 시프는 어린 공주의 모습을 만들어낸다. "열주가 늘어선 왕궁의 복도를 뛰어다니고" "테라코타 인형과 인형집을 가지고 놀고" "나일강 상류로 정기적인 여행을 하고" "어린 나이에도 (…) 정치인, 대사, 대학자들 속에서 주눅 들거나 위축되는 법 없이 편안하게 행동하는" 어린 공주의 모습을. 해될 것 없는 내용일지 모르나 일반적인 의미의 '전기'라는 관점에서 보면 이는 진짜 전기가 아니라 전기인 척하고 있을 뿐이다. 시프가 클레오파트라와 율리우스 카이사르 사이에서 태어난 아들 카이사리온의 출생을 이야기하는 대목에서 보여주는 '맥락' 접근법이 대표적이다. "아이가 태어나기 전 둘의 관계에 대해서 모르는 것처럼 카이사리온의 실제 탄생에 대해서도 알려진 바는 거의 없다." 시프는 먼저 이렇게 말한다. 분명 맞는 말이다. 실제로 우리는 아이가 태어난 연도조차 모른다(혹은 태어난 아이가 정말로 카이사르의 아들인가에 대해서도). 하지만 이처럼 정직하게 무지를 밝힌 뒤 당시의 분만 절차와 육아가 어떤 모습이었을까를 이야기하는 대여섯 문단이 이어진다(흑요석 칼로 탯줄을 잘랐다는 내용과 산파의 자질 등등). 그리고 클레오파트라가 본인이 희망했다면 믿을 만한 피임법을 사용할 수 있었을지에 대한 내용이 이어진다.

이런 정보는 편리하게 끌어와서 필요에 따라 얼마든 뒤섞어놓을 수 있는 고대 자료의 '잡탕' 같은 것이다. 서기 2세기에 의사였던 소라누스는 (시프가 말한 흑요석 칼에 대한 상세한 내용을 포함해) 오늘날 우리가 고대 산부인과에 대해 알고 있는 정보 대부분을 제공해준 인물이다. 그보다 5세기 이전 자료로는 (산파를 고르는 방법에 관한) 파피루스 편지가 있다. 또한 『히포크라테스 전집 Hippocratic corpus』의 작가들부터 로마 시대의 풍자 시인 유베날리스까지 적잖은 고대 작가가 글을 통해 피임의 원리와 관행에 대해 이야기했다. 말하자면 '무지 선언' 이후에 이어지는 시프의 설명은 고대 자료 여기저기서 언급된 여성 의학에 관한 내용을 효과적으로 조합한 것이긴 하나 클레오파트라와는 상관없다.

클레오파트라 "신화를 둘러싼 외피를 제거하면" 허구의 표면 아래 거의 아무것도 없다는 사실, 그럴듯한 인생 이야기의 소재가 될 만한 것은 전무하다는 사실이 드러난다. 그것이 진실이다. 어떤 의미에서 또 다른 종류의 허구인, 어정쩡하게 관련된 주변 이야기로 내용을 부풀리지 않는다면 말이다. 이와 관련해서는 그리스 로마 시대에 작성된 이집트의 파피루스에 나온 풍부한 자료도 거의 도움이 되지 않는다. 앞서 우리는 이런 파피루스 기록을 통해서 알렉산드리아에 도착한 게르마니쿠스가 배에서 내리자마자 했다는 연설문을 살펴봤다. 게르마니쿠스 생애의 단면을 보여주는 짧지만 더없이 생생한 기록이다. 하지만 클레오파트라와 관련해서는 이런 기록조차 없다. 현존하는 최선의 자료라고는 세금 감면 허가 문서에 나오는 그녀의 것으로 짐작되는 '서명', 클레오파트라가 마지막 순간에 "나는 전리품으로 끌려가지는 않을 거야"라고 반복해서 말했다는 기록 정도가 전부다(클레오파트라의 것이라고 하는 화장, 비듬, 몸무게, 신체 치수 등에 관한 단편적인 기록이 사실인지 여부는 모두 추측일 뿐 아무도 모른다). 단편적으로 진행되는 어려운 작업인 데다 논쟁의 여지도 적지 않은 알렉산드리아 고고학에 대해서 말하자면, 지금도 클레오파트라의 궁전이나 무덤일 가능성이 있는 이런저런 장소에 대해 새로운 이론들을 내놓고 있다. 하지만 아무리 봐도 (뉴스거리는 될지 몰라도) 썩 신빙성 있어 보이지 않는 이론들이다. 결국 우리는 여러 전기에서 말하는 매력적인 모습을 거부하고, 아우구스투스가 만든 신화와 호라티우스가 말하는 "미친 여왕" 이미지를 계속 지지해야 할지도 모른다.

서평 도서

1 Stacy Schiff, 『클레오파트라: 생애Cleopatra: A Life』(Little, Brown, 2010)

13. 황제에게 시집가다

━━━━ 아우구스투스 황제는 헌신적인 아내 리비아가 집에서 자기 옷을 손수 만들어준다는 사실을 자랑하고 다녔다고 한다. 상류층 귀족의 의복에 비단과 고운 리넨이 더욱 많이 사용되던 1세기의 세계화된 로마 사회에서 황제 자신은 정작 집에서 손수 짠 모직 옷에 대한 애착을 과시했던 셈이다. 황제의 거처에서 높으신 황후가 글자 그대로 베틀이나 반짇고리 앞에 앉는 가식적인 행동을 얼마나 자주 연기했을지는 알 수 없다. 그러나 이런 자랑의 의도가 (아우구스투스 자신의 수수한 생활 습관은 물론) 리비아의 소박한 겸양의 미덕을 동시대인과 후대에 믿게 하려는 것이었다면 결과적으로 실패했다고 볼 수밖에 없다. 서기 1세기부터 20세기의 로버트 그레이브스, 그리고 이후까지 리비아는 로마 제국의

권력 구도와 정치에서 집에서 천을 짜고 재봉하는 부녀자의 이미지가 시사하는 것보다 훨씬 더 중요하고 결정적인 역할을 했던 인물로 그려진다. 좋게 보는 경우, 리비아는 황제와 제국의 여러 이익집단 사이를 중재하는 핵심 인물로 나온다. (가령 역사가 카시우스 디오는 황후와 남편 사이에 길게 이어지는, 아무래도 진짜라고는 믿기 어려운, 토론을 대화식으로 기록하는데, 대화에서 황후는 반역 혐의를 받는 남자에게 자비를 베풀도록 남편을 설득하는 데 성공한다.) 나쁘게 보는 경우, 그녀는 연쇄독살범이자 아우구스투스 궁정의 막후 실력자로 자신의 야망에 장애가 되는 거라면 뭐든 파괴하겠다는 결연한 의지를 가진 인물로 그려진다. 파괴의 대상엔 마침내 남편까지 포함된다는 설정이다. 『나, 클라우디우스』에서 그레이브스가 직접 말하듯이 "아우구스투스는 세계를 지배했지만 리비아는 아우구스투스를 지배했다"는 식이다. 남편마저 독살하는 악독한 이미지의 근원은 역사가 타키투스까지 거슬러 올라간다. 타키투스는 서기 29년 리비아가 죽고 거의 100년 뒤인 서기 2세기 초반에 집필활동을 했던 인물이다. 아무튼 타키투스는 연로한 황제가 후계자로, 리비아가 이전의 결혼에서 낳은 아들 티베리우스를 제치고 다른 경쟁자를 택하지 않을까 하는 두려움 때문에 그녀가 아우구스투스의 죽음에 관여했을지 모른다고 넌지시 암시한, 현존하는 가장 초기의 자료를 집필한 사람이다. "어떤 이들은 아내의 살인을 의심했다." 돌을 던져 파문을 일으키면서도 명시적으로 밝히지는 않는 타키투스 특유의 풍자가 돋보이는 문장이다. 몇 년 뒤 젊은 왕자 게르마니쿠스의 뜻밖의 죽음에서도 리비아가 일정한 역할을 했다는 비슷한 암시들이 있다. 로마 황실의 총아였던 게르마니쿠스가 리비아의 직접적인 교사는 아니더라도 그녀의 동의하에 독살되었다는 것이다.

이런 부정적인 이미지는 리비아 사후에 왕성한 생명력을 자랑하며 뻗어나갔다. 프랑스 화가 앵그르가 그린 「아우구스투스, 옥타비아, 리비아에게 '아이네이스'를 읽어주는 베르길리우스Vigil reading the Aeneid to Augustus, Octavia and Livia」라는 으스스한 그림도 이런 이미지를 반영하고 있다. 베르길리우스가 자신의 신작 서사시를 낭독하는 소리를 듣다가 아우구스투스의 누이 옥타비아가 기절하는 장면이다. 어디까지나 우리의 상상일 뿐이지만 옥타비아의 죽은 아들 마르켈루스를 언급한 대목이 아니었을까 싶다. 고대의 몇몇 이야기에 따르면 마르켈루스는 리비아의 또 다른 희생자였다고 한다. 얼음처럼 차갑고 무심한 표정으로 옥타비아의 어깨를 어루만지는 황후의 모습은 감쪽같은 살인자를 연상시킨다. 네로 황제의 유년 시절 로마 궁정에서 철학자이자 개인 교사로 활동한 세네카가 지나치게 감정적인 옥타비아와 비교하며 리비아의 자제력을 칭찬한 일은 유명한 일화다. 앵그르는 그림에서

7. 프랑스 화가 앵그르가 19세기에 그린 로마 황실 가족의 일상. 시인 베르길리우스가 아우구스투스, 옥타비아, 리비아에게 자신의 서사시를 읽어주는 장면이다.

그런 '자제력'이 얼마나 사람을 불안하게 하는가를 생생하게 보여준다.

현대에 들어와 극악무도한 리비아라는 이미지가 대중의 머릿속에 강력하게 각인된 계기는 무엇보다 1976년 BBC의 텔레비전 드라마 「나, 클라우디우스」에 있다. 시안 필립스가 권모술수에 능한 20세기 버전의 황후를 연기했다. 각색자인 잭 펄먼은 그레이브스의 소설 『나, 클라우디우스』『클라우디우스 신이 되다』의 원작에 대해 흔히 하는 것보다 훨씬 더 근본적인 수준에서 변화를 주었는데, 특히 시리즈 전반부에서 리비아를 원작보다 지배욕이 강하고 사악한 존재로 부각시킨다. 사실 원작자인 그레이브스의 논조는 타키투스풍에 훨씬 가까웠다. 소설에서는 리비아가 전면에 나오는 중요한 위치에 있지 않다. 아우구스투스에 대한 그녀의 불길한 영향력은 소설 초반에 화자인 클라우디우스가 설명하는 식으로 나온다("사실 그들의 결혼생활에는 성관계가 한 번도 없었다. […] 아우구스투스는 다른 여자들과는 아무 문제가 없었지만 나의 할머니와 성관계를 하려고만 하면 어린아이처럼 무력해졌다"). 그러나 이후 전개되는 이야기에서는 리비아의 사악함이 거의 부각되지 않는다. 짧막한 한 줄의 힌트나 방백을 통해 별일 아니라는 듯 넌지시 암시만 할 뿐이다. 할머니와 마지막으로 저녁 식사를 하는 자리에서 클라우디우스는 과거를 회상하는 형식으로 할머니에게서

3부 로마 제국: 황제, 황후, 적들

진실을 듣게 된다. 희생자 목록은 그레이브스가 그동안 암시했던 것과 크게 다르지 않으며 남편 아우구스투스도 분명 포함되어 있었다("그랬다. 할머니는 나무에 매달려 있는 무화과에 독을 발라놓는 방법으로 아우구스투스를 독살했다").

소설과 대조적으로 펄먼의 TV 드라마 버전은 리비아의 살인을 초기 에피소드의 분명한 줄거리로 다루며, 끔찍하고 자극적인 독살 장면들을 연달아 보여준다. 리비아 자신도 눈에 띄지 않는 뒷자리가 아니라 전면에서 허세와 과장이 다분히 있는, 여주인공답지 않은 여주인공 역할을 톡톡히 해낸다. 이미 상황을 알고 있는 관객이 음미하게끔 반어적이면서도 섬뜩한 한마디를 던지는 모습은 무척 인상적이다. (가령 '식중독' 같은 단어의 모호한 의미가 십분 활용된다.) 심지어 펄먼은 리비아가 다른 영화나 소설에 나오는 '나쁜 여자들'의 대사를 상기시키는 그런 대사를 하게 한다. 리비아가 마르켈루스를 돌보는 척하면서 죽음으로 몰고 가는 와중에 마르켈루스가 "정말 착하시네요"라고 하자 그녀는 이렇게 대답한다. "그렇지 않단다. 그렇지 않아. 얘야. 이건 착한 것이랑은 전혀 관계가 없단다." 이는 1932년 영화 「밤마다Night after Night」에서 메이 웨스트가 했던 유명한 대사를 살짝 바꾼 것이다. 영화에서 메이 웨스트는 자신의 다이아몬드를 보고 감탄하는 여점원에게 "착한 것은 이거랑은 전혀 관계없어, 친구"라고 말한다. 더구나 드라마에서 가장 인상적인 장면 가운데 하나가 원본 소설과는 직접적인 관련이 없다. 무기력하게 죽어가는 아우구스투스의 얼굴을 근접 촬영한 영상이 몇 분 동안 화면을 가득 채우고, 모습을 드러내지 않은 채 아우구스투스를 조롱하고 나무라는 리비아의 목소리가 들리는 장면이다(아우구스투스 역은 배우 브라이언 블레시드가 맡았다). "당신은 내 말을 좀더 잘 들었어야 해…… 대개는 내가 옳았어. 그런데도 당신은 내가 여자라는 이유로 뒷방으로 밀어내기만 했지. 그래. 당신은 그랬어." 이어서 리비아는 제위 계승과 관련된 외부 상황을 감독하기 위해 아우구스투스 곁을 떠나는데, 이때 그녀는 왕좌를 물려받으려고 마침맞게 도착한 티베리우스에게 머뭇거리며 중요한 사실을 상기시킨다. "아! 그런데 말이다. 무화과는 만지지 마라." 현대 역사가들은 실제 리비아의 역할과 그녀가 행사한 정치권력이 어느 정도인가를 평가하기는 매우 어렵다고 생각해왔다. 이번에는 그저 남아 있는 자료 부족이 문제가 아니다. 리비아 인생의 일부 측면에 대해서는 로마 세계의 다른 어떤 여인보다 훨씬 더 완전하고 풍부한 자료가 남아 있다. 예를 들면 그녀의 솔거노예들이 쓰던 대형 묘실이 발굴되어 집안 수행원의 구성을 엿볼 수 있는 보기 드문 기회까지 제공한다. 묘비명을 보면 리비아는 식품 조달 담당자, 요리사, 비서, 경리, 의상담당자, 미용사, 마사지사, 수리공, 가구 광택사, 금세공인, 미장공,

그 외 여러 하인은 물론이고 항상 곁을 지키는 소규모 주치의 집단까지 별도로 두고 있었다(소설을 비롯한 허구 세계에서는 이들 주치의가 사악한 의도를 품고 리비아의 친인척 침대맡을 지키고 있으면 죽음이 임박했다는 확실한 신호였다).

또한 리비아라는 이름과 관련된 흥미로운 사실을 보여주는 다양한 일화가 있다. 4세기의 어느 의학서 저자는 리비아가 사용했다는 인후염 약과 신경쇠약 약에 대해 기록하고 있다(어느 것도 해로운 부작용이 있어 보이지는 않는다). 방대한 양의 유용한 지식을 집대성한 대大플리니우스의 『박물지』에도 리비아가 등장한다. 『박물지』에 따르면 리비아는 자신의 장수 비결이 이탈리아 동북부 지방의 프리울리 포도주 덕분이라고 말했다(지금도 이곳에서 생산되는 최고급 포도주 광고에는 이런 내용이 들어간다). 누가 가장 작은 난쟁이를 차지하느냐를 놓고 리비아와 아우구스투스의 손녀인 율리아가 벌인 의외의 경쟁에 대한 암시도 여기저기서 보인다(율리아가 남자 난쟁이 경쟁에서 이겨 키가 72.5센티미터인 남자를 차지했고, 여자 난쟁이에서는 리비아가 이겼다. 리비아가 차지했다는 여자 난쟁이의 키는 구체적으로 나와 있지 않다).

그러나 이런 자료는 로마 제국 초기 궁정의 사교생활과 문화생활에 관한 보기 드문 정보를 제공하긴 해도 많은 역사가가 품고 있는 핵심 질문을 해결하는 데는 거의 도움이 되지 않는다. 리비아가 로마의 권력 구도와 정치에 과연 어떤 유의 영향력을 행사했고, 어떻게 행사했는가 하는 것이다. 이와 관련된 증거들은 좀처럼 파악하기 어렵고 모호하며, 찾아낸다 해도 해석이 거의 불가능하다. 타키투스를 비롯한 고대 작가들이 이미 인식했듯이 폐쇄적인 전제 군주제에서 내려지는 의사 결정으로부터 역사가는 배제될 수밖에 없다. 한편 권력을 쥐고 있는 남자 가까이에 있는 여성들은 당연히 그런 위치를 자기 이익을 도모하는 방향으로 이용했을 것이다. 동시에 분석가들 입장에서 이들 여인은 권력자인 남자가 특정한 방식으로 행동하는 데 대한 참으로 편리하면서도 (검증되지 않은) 이유를 제공한다. 고대 역사가들은 아우구스투스 황제의 행동에 예측 불허의 변화나 변덕이 보이면 어김없이 리비아를 비롯한 황실 여인이 원인이라고 지목했는데, 현대 언론이 대통령이나 총리의 정책 결정을 논하면서 여타 방법으로 설명되지 않을 경우 낸시 레이건이나 셰리 블레어를 갖다 붙여 해결하는 것과 다르지 않다. 물론 이런 설명이 옳은지 여부를 오늘날의 우리가 확인할 방법은 없다. 권력자 옆의 여성에게 씌워지는 독살 혐의는 이런 문제의 전형을 보여준다. (리비아부터 루크레치아 보르자를 거쳐 해리엇 베인까지) 여자들은 항상 이런 유의 혐의를 뒤집어쓰기 쉬운 희생자였다(독살은 요리사이자 주부로서 여성의 역할을 완전히 악용한 교활한 여성 범죄의 전형으로 꼽힌다). 루크레치아 보르자

3부 로마 제국: 황제, 황후, 적들

(1480~1519)는 보르자 가문 출신 교황 알렉산데르 6세의 딸이자 유명한 체사레 보르자의 동생으로, 가문의 이익을 위해 여러 차례 정략결혼을 하면서 남편들을 독살했다는 루머가 있다. 해리엇 베인은 도로시 세이어스의 추리소설에 등장하는 여주인공으로 소설 초반에서 남편 독살의 혐의로 재판을 받는다. 그러나 루크레치아 보르자가 남편들 독살에 사용했다는 독버섯이 정말 의도한 것이었는지 아니면 무지해서 독버섯을 알아보지 못한 것인지 누가 알겠는가? 게다가 누군가의 갑작스러운 죽음을 항상 거기서 궁극적으로 이익을 얻는 이의 소행이라고 가정해야 할까? 덕분에 역사 서술은 깔끔하게 정리될지 모르지만 옳지 않은 가정일 수도 있지 않은가?

어쨌든 여기서 핵심은 완전히 동일한 증거가 아우구스투스 치하의 로마 정치에서 리비아의 역할에 대한 적잖은 차이를 보이는 다양한 견해를 정당화하는 데 이용되고 있다는 것이다. 리비아가 로마 제국의 정치 서열에서 결국 적어도 반쯤은 공적公的인 지위를 얻었다는, 테오도어 몸젠을 비롯한 일부 논자의 견해가 한쪽 극단에 있다. 반대쪽 끝에는 모지스 핀리의 헛소리하지 말라는 간단명료한 입장이 있다. 핀리는 1970년대에 「나, 클라우디우스」가 TV 드라마로 방영된 직후 라디오 채널3을 통해 방송된 토론회에서 이런 의견을 펼쳤다. 핀리는 청취자들이 그레이브스의 드라마를 보고 어떤 인상을 받았든 간에 소설에 등장하는 황실 여인들 중 누구도 "로마 역사에 하등의 영향력도 행사하지 못했다"고 분명하게 말한다. 그와 다른 내용을 암시하는 어떤 이야기든 그저 "가십일 뿐"이었다고.

앤서니 배럿은 『리비아: 로마 제국의 영부인Livia: First Lady of Imperial Rome』이라는 전기에서 더없이 성실하고 세심한 자세로 논란의 대상이 되는 증거들을 붙잡고 씨름한다. 그런 의미에서 배럿의 리비아 전기는 최고의 자료 모음집이다. 그러나 역사적 사실에 입각한 리비아의 모습을 궁금해하는 독자라면 실망하지 않을까 싶다. 리비아의 권력과 영향력에 대한 어떤 단서도 해석의 무게를 견디지 못하는 것으로 드러나기 때문이다. 말하자면 어떤 해석에 의존하느냐에 따라 결론이 달라진다. 예를 들어 기원전 9년 아들 드루수스의 죽음으로 슬퍼하는 리비아를 '위로하려는' 뜻에서 지었다는 어느 시에서는 그녀를 "로마나 프린켑스Romana princeps"라고 부른다(아우구스투스가 받은 프린켑스, 즉 제1시민이라는 칭호의 여성형으로, 요즘으로 치면 '영부인'쯤 된다). 이런 칭호가 엄밀한 의미의 '공식' 지위까지는 아니더라도 널리 인정되는 공적 지위를 얻었다는 신호일까? 아니면 로마 궁정시 특유의 시적 과장으로 봐야 할까? 리비아의 이름으로 세워진 공공건물들은 리비아가 재정 지원을 포함해 도시 계획에 적극 관여했음을 입증하는 것일까? 아니면 부유한 남성들이 (실제 건립 계획에서 여성이 적극적인 역할을 거의 하지 않았어도) 여성 친인척의 이름으로 공공건물 건립에 재산을 기부하도록 권장하는 로마 전통의 특히 호화로운 사례에 불과하다고 봐야 할까? 등등. 전반적으로 배럿은 이처럼 불명확하고 모호한 갖가지 상황에서 어느 한쪽에 치우치지 않고 냉정을 유지한다. 그 결과 그려지는 리비아의 모습은 피상적이고 불분명해서 일부 독자의 기대에 못 미친다는 대가를 치르긴 하지만 말이다. 하지만 배럿조차 때로는 방심해서 실수를 한다. 예를 들어 배럿은 리비아의 원예에 대한 관심, 특히 "그녀의 이름이 포함된 특정 무화과 종류, 즉 리비아나에 대한 관심이 (…) 그녀가 무화과에 손을 대서 아우구스투스를 죽였다는 전승을 만들어냈을지도 모른다"고 주장한다. 그러나 정반대되는 설명 역시 꽤 그럴듯하다. '리비아나'라는 무화과 이름이 독살 도구로 무화과를 유독 즐겨 사용했던 리비아 때문에 생긴 것일 수도 있다.

아무래도 질문의 성격 자체를 바꾸지 않고는 리비아에 대한 더 발전된 이해에 이르긴 어렵다는 결론을 거부하기란 힘들다(배럿 자신은 이런 결론을 거부하고 있지만). 최근, 일부 진짜배기 고전학자가 연극 무대나 영화, 특히 「나, 클라우디우스」를 통해 제시되는 황후의 현대 모습을 좀더 면밀하게 살펴보는 쪽으로 돌아선 것도 어쩌면 이런 이유에서이리라. 사실 동명의 BBC TV 드라마가 그레이브스의 소설을 각색한 최초의 작품은 아니었다. 결국은 무산되었지만 1937년 그레이브스의 소설을 영화화하려는 유명한 시도가 있었다. 배우 찰스 로턴이 클라우디우스 역을, 플로라 롭슨이 리비아 역을 맡았었다. (1965년 BBC에서 「결코 완성되지 못한 서사시The Epic That Never Was」라는 제목으로, 당시 찍은 편집 전의 필름을 곁들여 영화 제작 시도 전반을 소개하는 다큐멘터리를 방영하기도 했다.) 그에 비해 훨씬 알려지지 않은 사례도 있다. 1972년 런던 웨스트엔드에서 두어 달 공연되고 사라진 존 모티머의 애석한 무대 버전이다.

해당 연극에 대해서는 (모티머 자신이 고정 연극비평가로 활동하고 있던) 『옵서버』지에 실린 온건한 찬사를 제외하고는 대부분의 리뷰가 "빈약하고 설득력이 없다"부터 "참혹하다"까지 수위만 다를 뿐인 혹평들을 내놓았다. 예를 들어 아일랜드 작가 에이든 히긴스는 『리스너』지에서 끔찍한 대사("당신은 매음굴이 그립지 않지, 안 그래, 칼푸르니아?"), 무대장치("쿠마이 시빌은 (…) 무대를 가득 메운 커다랗고 보기 흉한 비계 아래서 반라 상태로 어색한 회전 연기를 하고 있었다"), 리비아 배역 자체("가엾은 프리다 잭슨은 (…) 디즈니 영화 「백설공주」에 나오는 마녀 같은 분장을 하고")에 대해 조롱에 가까운 혹평을 쏟아냈다. 사실 모티머 자신도 연극이 얼마나 형편없는가를 잘 알고 있었다. 자서전 『살인자와 다른 친구들Murderers and Other Friends』에서 직접 설명한 것처럼 처참했던 개막 전 파티

3부 로마 제국: 황제, 황후, 적들

가 처참한 평판의 전조였다. 원작자 그레이브스가 몸소 참석해 예수 그리스도가 여든 살까지 살면서 스파게티를 발명했다는 우습지도 않은 이야기로 귀빈들을 따분하게 만들더니, 호평을 얻게 해줄 거라면서 자칭 '마법의 돌'을 모티머에게 주었다. 하지만 결과는 그렇지 못했다.

『제국의 투사: 현대 대중문화 속의 고대 로마Imperial Projections: Ancient Rome in modern popular culture』라는 훌륭한 논문 모음집에서 다루는 주제 역시 위에 나온 작품들을 포함한 최근의 로마 관련 볼거리다. 특히 여기에는 1964년에 개봉된 영국의 코미디 영화로 '캐리온Carry on' 시리즈의 열 번째 작품인 「캐리온 클레오Carry on Cleo」와 거기 담긴, 엘리자베스 테일러 주연의 1963년 영화 「클레오파트라」에 대한 재치 있는 풍자를 고찰한 훌륭한 논문이 포함되어 있다(캐리온 작업팀이 리처드 버턴과 테일러 주연의 호화 오락물이었던 「클레오파트라」에서 사용한 실제 의상과 무대장치의 많은 부분을 활용했다는 점 자체가 관객들의 웃음을 자아내는 하나의 요소였다). 『포럼 가는 길에 생긴 괴상한 일A Funny Thing Happened on the Way to the Forum』(1966)의 브로드웨이 연극 버전과 영화 버전 모두에 대한 날카로운 해부도 있다. 영화 버전의 성공은 로마 희극작가 플라우투스의 희곡, 뉴욕 유대인 특유의 유머 감각, 1941년에 영어로 초판이 나온 프랑스 역사가이자 작가인 제롬 카르코피노의 유명한 책 『고대 로마의 일상생활La vie Quotidienne à Rome à l'Apogée de l'Empire』이 효과적으로 혼합된 결과다. 제롬 카르코피노의 책은 지금까지 계속 팔리고 있다. 어쨌든 『포럼 가는 길에 생긴 괴상한 일』은 전반적으로 유대인적인 색채가 짙은데 여기엔 나름의 반전이 있다. 카르코피노가 제2차 세계대전 당시 프랑스의 친독일 정권인 비시 정부의 교육부 장관이었고, 무엇보다 프랑스의 해외 고고학 연구소에 유대인 입회를 금지시키는 행정 명령에 서명한 장본인이라는 사실이다. 『고대 로마의 일상생활』이 지금은 고전의 반열에 올라 있지만 꼼꼼히 읽어보면 이런 사상적 뿌리가 훤히 보인다.

그러나 『제국의 투사』에서 무엇보다 돋보이는 원고는 샌드라 조셸의 「나, 클라우디우스」에 관한 글이다. 조셸은 1930년대에 출간된 그레이브스의 원작과 영향에 관한 이야기로 시작해, 흥행에 참패한 모티머 버전을 간략히 살펴보고 BBC에서 방영한 드라마까지 전반적인 역사를 더듬는다. 그러나 조셸은 1976년 영국인들의 반응을 이야기하는 데서 멈추지 않고, 이듬해 미국 관객용으로 재포장해서 내놓은 시리즈까지 논의를 진전시킨다. PSB에서 제작 지원한 미국 시리즈는 상류층을 타깃 삼아 공격적으로 기획한 주간 명작극장의 일부로 전파를 탔는데, 다소 선정적인 듯한 장면을 삭제하고 점잖고 세련된 앨리스테어 쿡 기자의 해설이

3부 로마 제국: 황제, 황후, 적들

더해졌다. 앨리스테어 쿡은 영국판 로마 드라마를 미국 관객들에게 소개하는 일종의 중개자 역할을 했다. 조셀의 성공 비결은 시기적으로나 지역적으로 많이 다른 상황을 요령 있게 종합해 어떻게 전혀 다른 버전의 「나, 클라우디우스」가 만들어졌는가를 설득력 있게 보여준 데 있었다. 조셀의 설명을 통해서 한 해 차이로 방영된 같은 시리즈라도 대서양 이편과 저편에서 전혀 다른 의미를 띠게 된다는 사실이 분명히 드러난다.

그레이브스가 쓴 클라우디우스의 소설 두 권은 내용과 지리면에서 모두 넓은 범위에 걸쳐 있다. 독자를 왕궁의 후미진 구석부터 (브리타니아라고 하는) 로마 제국의 변방까지 데리고 간다. 그레이브스는 남학생들이 로마 제국 하면 떠올리는 충직하고 용감한 영웅의 이미지를 재고하는 작업도 어느 정도 해냈다. 사실 충직하고 용감한 전사라는 전형적인 고대 로마 영웅의 미덕이 발견되는 곳은 '야만인인' 브리타니아인들 사이에서였다고 암시함으로써. 영화 「아라비아의 로런스」로 유명한 토머스 에드워드 로런스가 『나, 클라우디우스』의 어조가 "역겹다"고 생각했던 것은 어쩌면 이런 이유에서였으리라. 그러나 TV에서는 모든 게 바뀌었다. 빠듯한 예산 때문에 스튜디오 내에서만 촬영을 하다보니 꽉 채운 30시간짜리 시리즈에서 왕궁과 저택 외에 야외 촬영지는 거의 나오지 않는다(『리스너』에 실린 냉담한 비평에서 이를 그냥 넘길리 없었다. "외설적이라는 의미에서뿐만 아니라 금전적인 의미에서도 싸구려일 수밖에 없는 짜릿함"이라는 말로 이런 실태를 꼬집었다). 심지어 검투사 경기 등을 관람하는 장면에서도 황족의 특별석만 보여줄 뿐 열광적으로 환호하는 군중은 모습 없이 소리로만 등장한다.

이는 원작 소설이나 (완성되었다면) 대형 화면으로 화려한 볼거리를 제공했을 1937년에 무산된 영화와는 상당히 다른 로마의 이미지를 만들어낸다. TV 시리즈 「나, 클라우디우스」는 여러모로 '가정적'이었다. 우선 로마 황실의 가정생활을 일반인이 자기 집 거실에서 볼 수 있게 해주었다. 또한 주연 배우들 사이의 대화, 몇 분씩 이어지는 인물 근접 촬영, 섹스를 부각시켰다는 점에서 화려한 서사극 전통이 아니라 가정용 멜로드라마 공식을 적극 활용했다고 볼 수 있다. 미국판 시리즈 홍보 문구에서 분명하게 밝히듯이 「나, 클라우디우스」는 "가업이 세계 지배인 집안"에 관한 드라마였다.

그런데 이런 가정적인 장면의 정치적 영향이 미국에서는 한층 더 부각되고 증폭되었다. 물론 영국 시청자들도 「나, 클라우디우스」의 내용과 권력 및 권력의 부패를 둘러싼 현대 논쟁 사이의 관련성을 충분히 인식하고 있었다. 모티머가 각색한 연극 버전을 마뜩잖아했던 이들마저 "해당 연극의 현시대와의 관련성은 놀라울 정도"라고 했다. 그러나 1970년대 미국 시청자들이 시리즈를 보며 느낀 공감은 훨씬 더 강력했고 상황에도 딱 맞아떨어졌다. 비평가들은 해당 시리즈와 "워터게이트 정국 이후 미국의 수상쩍은 분위기"와의 연관성을 거듭 지적했다. 광고 자체도 이런 분위기를 고조시키는 역할을 했다. 방송사는 광고를 통해 "요즘 신문 헤드라인에 폭로되고 있는 미국 정부의 부정부패는 고대 로마의 부패 관행과 거의 차이가 없다"는 사실을 강조했다. 우익 진영도 마찬가지였다. 점점 커지는 여성의 권력이 미국 사회가 쇠퇴하는 핵심 원인이라고 여겼던 모럴 머조러티Moral Majority라는 보수 단체 사람들에게 「나, 클라우디우스」에 나오는 황실 여성들의 행태는 이런 주장을 정당화할 역사적인 근거를 제공했다. 이 모든 것에서 리비아라는 인물이 지배적인 역할을 했음은 물론이다. 미국의 비평가들은 마키아벨리를 떠올리게 하는 리비아의 모습을 계속해서 지적했다. 그들이 보기에 리비아는 "보통 여자들이 시장 다녀오듯 아무렇지 않게 살인을" 계획하는 "권력에 굶주린" 여자였다. 또한 해당 시리즈에 관한 거의 모든 신문 기사에 시안 필립스의 얼굴 사진이 실렸다. 매주 방영되는 에피소드를 소개하는 일종의 진행자였던 앨리스터 쿡의 역할도 중요했다. 쿡이 곁들이는 해설 때문에 그러잖아도 악의 화신 같은 리비아의 역할이 완전 새로운 차원으로까지 비화되었다. 리비아가 아우구스투스를 살해하는 시점이 다가오자 쿡이 끼어들어 미국 시청자들에게 로마 초대 황제의 정치적 중요성을 설명한다. "그는 로마법이라는 일종의 헌법 체계를 만들었고, 이것이 먼저 영국에, 이어서 미국에까지 전해졌다. 이는 우리 나라 헌법의 본보기이자 개요가 되었으며 (…) 무엇보다 그는 근본적으로 공화제였던 정부 체제를 통해 과거의 귀족, 신흥 공화주의자, 상인, 중산층의 갈등을 조정하고 화해시켰다." 역사학 관점에서 보면 말도 안 되는 소리다. 하지만 이런 설명 때문에 미국판 「나, 클라우디우스」에서 리비아는 타키투스나 그레이브스가 암시했던 것보다 훨씬 더 치명적이고 사악한 배역을 맡을 수밖에 없었다. 미국 버전에서 아우구스투스를 살해하는 리비아는 독살을 즐기며 어떻게든 원하는 것을 얻어내는 권모술수에 능한 위협적인 인물 정도가 아니다. 쿡의 해설을 통해 그녀는 미국이라는 국가의 정치적 토대를 파괴한 최악의 범죄를 저지른 죄인이 되었다.

서평 도서

1 Anthony A. Barrett, 『리비아: 로마 제국의 영부인Livia: First Lady of Imperial Rome』(Yale University Press, 2002)
2 Sandra R. Joshel, Margaret Malamud and Donald T. McGguire Jr, 『제국의 투사: 현대 대중문화 속의 고대 로마Imperial Projections: Ancient Rome in Modern Popular Culture』(Johns Hopkins University Press, 2001)

14. 칼리굴라의 풍자?

━━━ 덴마크 출신으로 11세기에 잉글랜드 왕, 덴마크 왕, 노르웨이 왕을 겸하며 대제국을 건설했던 크누트 대왕은 역사에서 적잖이 부당한 대우를 받아왔다. 전하는 일화에 따르면, 크누트는 왕이라 해도 온갖 아첨을 일삼는 신하들로부터 밀려오는 물살을 통제할 수는 없으며 (그것은 오로지 신의 능력임을) 보여주고자 바닷가에 옥좌를 가져다놓았다. 그러나 얄궂게도 오늘날 크누트는 자신이 물살을 통제할 수 있다고 생각했다가 결국에는 바닷가에서 홀딱 젖어버리고 만 어리석고도 무능한 사람으로 기억되곤 한다. 영국의 유명 축구 선수 라이언 긱스가 '사생활 보도 금지 명령super-injunction'을 활용하여 넘쳐나는 자신의 사생활 관련 기사를 통제하려 했을 때, 사람들이 긱스를 '축구계의 크누트 대왕'이

라 부른 것이 대표적인 예다.

독일의 고전학자 알로이스 빈털링에게는 칼리굴라 황제가 또 하나의 크누트 대왕 사례를 제공한다. 칼리굴라는 역사에서 일반적으로 미친 과대망상증 환자로 기록되어왔다. 아끼는 말에게 궁전과 자주색의 화려한 의상, 수행하는 하인들을 하사하고, 심지어 말을 황제 아래 최고위 관직인 집정관으로 임명할 계획까지 세울 만큼 광기가 심각했다. 사실 말에 대한 칼리굴라의 터무니없는 대우는 신랄한 조롱이었다(적어도 빈털링은 그렇게 주장한다). 칼리굴라는 이를 통해 로마 귀족사회의 목표와 야망을 풍자하고 있었다. 화려하지만 공허한 명예를 좇는 모습이 말만큼이나 어리석어 보였기 때문이다.

칼리굴라는 서기 37년부터 41년까지 불과 4년 동안 로마 황제 자리에 있었다. 로마 시민들이 사랑했던 매력적인 황자 게르마니쿠스의 아들이었던 칼리굴라는 유년 시절 많은 시간을 아버지와 함께 전장에서 보냈다(게르마니쿠스는 서기 19년 시리아에서 석연찮은 죽음을 맞이했다). 지금 우리에게 익숙한 그의 이름도 이런 유년 시절 때문에 생긴 것이다. 칼리굴라의 본명은 가이우스 카이사르 게르마니쿠스였지만 병사들이 '작은 군화'라는 의미의 '칼리굴라'라는 별명을 붙여주었고 그게 굳어진 것이다(어린 그가 착용하던 군화를 포함한 앙증맞은 군대 복장 때문에 붙여진 별명이다. 칼리굴

3부 로마 제국: 황제, 황후, 적들

라의 공식 황호 역시 가이우스 황제다). 연로한 황제 티베리우스가 죽자 칼리굴라는 스물넷의 나이로 티베리우스의 친생 손자를 밀어내고 수월하게 왕좌에 올랐다. 티베리우스의 친손자는 얼마 지나지 않아 살해되었다. 지저분한 권력 투쟁, 즉 쿠데타에 의한 즉위가 분명했지만 아버지 게르마니쿠스의 인기와 어머니 아그리피나(대大아그리피나)의 혈통이 편리한 보호막이 되어주었다(어머니 아그리피나는 아우구스투스 황제의 손녀였으므로 칼리굴라는 초대 황제 아우구스투스의 직계 후손이라는 명분을 챙길 수 있었다). 그러나 머잖아 또 한 번의 쿠데타가 일어난다. 4년 뒤의 이 쿠데타로 칼리굴라가 암살되고 왕좌는 숙부인 클라우디우스에게 넘어간다. 전하는 이야기에 따르면, 클라우디우스는 칼리굴라 암살 뒤에 일어난 혼란에 겁먹은 나머지 황궁 커튼 뒤에 숨어 있다가 사람들에게 발견되었다고 한다.

칼리굴라 치세의 시작은 그렇게 나쁘지 않았던 것 같다. 고대 로마에서 보통 지배자가 바뀐 뒤에 이어지는 짧은 밀월 기간도 있었으리라. 『칼리굴라 전기Caligula: A Biography』에서 빈털링은 초기 몇 달 동안 취해진 다양한 화해와 융화 조치들을 지적한다. 티베리우스 치하에서 이뤄지던 반역죄 재판과 관련된 유죄 입증 문서들을 중앙 광장에서 소각했다(칼리굴라가 남몰래 복사본을 보관하고 있었다는 사실이 나중에 밝혀지지만). 민회에서 집정관을 선출하는 보통선거 제도가 (적어도 일시적으로는) 재도입되었고 로마 시민과 병사들에게 티베리우스가 남긴 유증금도 후하게 지급되었다. 즉위 후에 행한 최초의 원로원 연설에서 칼리굴라는 전임 황제의 평판이 좋지 못한 조치들을 비난하고 자신은 더 잘하겠노라고 약속했다. 혹여 황제가 약속을 망각하면 어쩌나 우려한 약삭빠른 원로원 의원들이 그 연설을 해마다 낭독하기로 법으로 정했다(새로운 황제의 연설에 대한 찬사처럼 보였지만 실은 황제를 그 자신의 맹세에 묶어두려는 시도였다).

이처럼 나쁘지 않은 시작에도 불구하고 칼리굴라 치세에 대한 고대 기록 대부분은 황제의 잔인하고 과장된 성품과 행동, (그리고 사후 거의 100년 뒤 칼리굴라 황제에 대한 대표적인 전기를 기록한 수에토니우스 이후에는) 병적인 정신이상 증세를 강조한다(예측할 수 없는 발작, 불안, 불면증, 환각 등등). 칼리굴라는 자신이 신이라고 주장하면서 유피테르 신과 대화를 나눴다, 달의 여신과 잤다 같은 터무니없는 말을 늘어놓았다는 이야기가 다양한 버전으로 전해지고 있다. 칼리굴라는 (마치 세속의 권력과 종교적 권력을 통합하려는 양) 팔라티누스 언덕에 위치한 왕궁과 카피톨리누스 언덕에 위치한 주요 신전을 연결하는 다리를 건설했다고 한다. 또한 (음식을 금박으로 싸서 내놓는 것부터 아내에게 평범한 원로원 의원의 전 재산보다 더 비싼 보석을 걸치게 하는 것까지) 터무니없이 사치스러운 생활 방식은 물론이고 예측 불허의 가학증에 대한 이야기 역시 차고 넘친다. 가령 앞서 소개한 수에토니우스의 기록에 따르면(5장 참조), 칼리굴라는 어느 아버지에게 아들의 사형 집행 과정을 억지로 보게 하고, 그날 저녁 황궁으로 불러 자신과 만찬을 같이 하며 웃고 농담을 하라고 강요했다. 또한 소고기가 지나치게 비쌀 때는 죄수들을 자기가 기르는 맹수의 먹잇감으로 삼았다고 한다. 병에 걸렸다가 회복된 다음에는 황제가 살아나면 자기 목숨을 바치겠다고 충성을 맹세한 시민이 맹세대로 죽어야 한다고 억지를 부리기도 했다.

영화와 소설에 나오는 현대판 칼리굴라는 고대 버전은 저리 가랄 정도로 무시무시하고 지독한 모습이다. 가장 유명한 것은 1979년에 개봉된 「칼리굴라」로, 밥 구초네와 그가 설립한 펜트하우스 출판사가 제작비를 대고, 미국의 소설가이자 극작가인 고어 비달이 각본을 썼다. 맬컴 맥다월이 확실하게 미친 젊은 황제 역할을 맡았고, 존 길구드, 헬렌 미렌을 포함한 A급 배우 여럿이 뒤를 받쳤다. 길구드와 미렌은 자신들이 택한 영화가 온건한 포르노물에 가까운 작품이라는 사실을 처음에는 몰랐다고 한다(정말로 그들은 구초네가 진지한 역사 드라마에 돈을 대리라고 생각했을까). 하지만 BBC 드라마 「나, 클라우디우스」에서 그리는 칼리굴라는 그보다 훨씬 더 충격적이었다(13장 참조). BBC 드라마의 원작이

된 소설에서 작가 로버트 그레이브스는 칼리굴라가 누이동생 드루실라와 미심쩍을 정도로 가까운 관계였다는 고대의 주장들을 활용해 이야기를 전개한다. 상상력이 풍부한 BBC 드라마 작가 잭 펄먼은 거기서 한발 더 나아간다. 드라마에는 존 허트가 분한 칼리굴라가 유피테르 신의 모습을 하고 임신한 드루실라의 배를 갈라 태아를 꺼내 먹는 무시무시한 장면이 나온다(칼리굴라가 자식을 잡아먹는 아버지라는, 그리스 로마 신화 속 이야기를 흉내 낸다는 설정인데 고대 이야기와 그레이브스의 서술 둘 다에 근거를 두지 않은 내용이다). '제왕절개' 장면 자체는 화면에 나오지 않았지만 피로 얼룩진 칼리굴라의 입은 선명하게 나온다. 미국 관객들이 보기에는 너무 잔인하게 여겨져 PBS 버전의 시리즈에서는 문제의 장면이 삭제되었다.

흔히 말하는 칼리굴라의 도를 넘은 무절제한 행위와 관련된 몇몇 사건은 적어도 부분적으로는 고고학 증거와 목격담으로 확인된 것들이다. 팔라티누스 언덕과 카피톨리누스 언덕 사이에 설치했다는 다리의 흔적은 아직까지 발견되지 않았다. 그러나 무솔리니의 후원으로 진행된 발굴을 통해 칼리굴라가 호수 위에 띄웠다는 호화판 유람선은 발견되었다. 로마에서 남쪽으로 30킬로미터 지점에 위치한 네미호에서 나온 두 척의 대형 유람선 복원 결과를 보면, 칼리굴라의 궁정생활이 얼마나 화려했는가를 엿볼 수 있다(내부 배관용 납 파이프에 찍힌 인장을 통해서 칼리굴라의 소유임이 분명히 확인되었다). 온수와 냉수 시설이 갖춰져 있었고, 각종 조각상과 모자이크로 화려하게 장식되어 있었으며, 지붕은 금박 입힌 타일로 덮여 있었다. 그러나 안타깝게도 제2차 세계대전 때 연합군의 폭격으로 대부분 파괴되었다. 어쨌든 빈털링은 이에 대해서는 논하지 않았다(일부 파편이 국립 로마 마시모 궁전 박물관에 전시되어 있다).

칼리굴라가 수준 높은 주거 환경에 집착했다는 사실은 철학자 필론의 더없이 생생한 목격담에서도 드러난다. 필론은 서기 40년에 알렉산드리아 유대인을 대표하는 사절단 단장으로 칼리굴라 황제를 방문한 적이 있다. 당시 칼리굴라는 로마 외곽의 정원이 딸린 황제 사저에 있었다. 필론에 따르면, 사절단은 저택을 점검하면서 이런저런 지시 사항을 내리는 칼리굴라의 뒤를 따라 돌아다닐 수밖에 없었다("남성용 공간과 여성용 공간을 꼼꼼히 살펴보고 […] 지금보다 더 호화롭게 꾸미라고 지시를 내렸다"). 또한 칼리굴라는 요즘으로 치면 창유리에 해당되는 것을 주문하기도 했다. "그는 흰색 수정 비슷한 투명한 광석으로 창문을 채우라고 지시했다. 그렇게 하면 햇빛은 들어오지만 바람과 태양의 열기는 막아주기 때문이다."

인테리어 잡지에 나올 법한 그런 상황에 놓인 필론은 칼리굴라와 대화하기가 쉽지 않았으며 칼리굴라가 뭐든 마음대로 하는 독재자 스타일이라고 넌지시 암시한다. 사절단은 왕을 보고 머리가 땅에 닿도록 정중하게 인사를 했지만 칼리굴라의 반응은 신성모독적인 언사로 그들을 조롱하는 것뿐이었다. ("너희는 신을 미워하는 족속이다. 다른 모든 민족이 이미 나를 신으로 인정하고 있는데 너희는 내가 신이라고 생각하지 않으니 말이다.") 계속해서 칼리굴라는 유대인이 돼지고기를 먹지 않는 이유를 물었다. 역시 황제에게 자기네 입장을 호소하러 왔던 상대 사절단 가운데 한 사람이 이 질문을 듣고 폭소를 터뜨렸다(함께 있던 사절단은 그리스 사절단이었다. 알렉산드리아에서 유대인과 그리스인 사이에 충돌이 발생해 로마 황제에게 중재를 요청하러 온 것이었다. 유대인은 민족마다 관습이 다르다는 취지의 말을 하려고 했다. "어떤 민족은 양고기를 먹지 않습니다." 한 유대인 사절이 말했다. "그거야 잘 하는 일이지. 양고기는 맛이 별로니까." 칼리굴라가 대답했다. 이때쯤 칼리굴라의 태도는 살짝 누그러져 있었다. 사절단은 만족스러운 결과를 얻지 못한 채 떠나야 했지만 황제의 마지막 인사말은 분노보다는 연민의 어조를 띠고 있었다. 사절단이 떠날 때 칼리굴라는 이렇게 말했다. "이들은 그렇게 사악해 보이지는 않는군. 하지만 내가 신성을 타고났다는 사실을 믿지 않는 걸 보면 불행하고 어리석은 민족임이 분명해." 결과적으로 필론은 자신들을 대하는 황제의 태도와 접견 결과에 분개할 수밖에 없었다. 어쨌든 필론이 남긴 기록에서 조롱, 모욕, 과장, 변덕 같은, 칼리굴라 하면 떠오르는 트레이드마크들을 찾아내는 것은 어렵지 않다. 그러나 필론의 기록은 고대와 현대를 막론하고 칼리굴라 황제에 대한 대부분의 글에서 압도적 분량을 차지하는 기괴한 괴물 같은 모습과는 다소 거리가 있다.

현대에 어느 로마 황제의 전기를 설득력 있게 쓰기란 여간 어려운 일이 아니다. 칼리굴라(혹은 네로나 콤모두스)처럼 근거가 빈약한 허구가 사실로 굳어져버린 그런 황제가 아니라 해도 마찬가지다. 그러나 빈털링은 지금까지 이런 작업을 시도한 다른 작가들에 비해 훨씬 더 성공적인 결과물을 내놓았다. 주된 이유는 빈털링이 전기작가라면 흔히 겪는 소위 '공백 공포horror vacui'(여백이나 공백을 내버려두지 못하는 두려움)를 느끼지 않기 때문이다. 말하자면 현존하는 고대 자료가 전혀 없는데도 어떻게든 인생 전체를 이야기해야 한다는 압박감을 느끼지 않는 것이다. 빈털링은 모르는 부분을 굳이 지어내려 하지 않고, 오직 존재하는 증거에만 집중한다. 결과적으로 근거가 충분한 내용으로 채워진 얇은 책이 탄생했다.

『칼리굴라 전기』에서 빈털링이 던지는 핵심 질문은 이렇다. 무엇이 잘못되었는가? 제위 승계 과정에서 아무래도 떳떳치 못한 구석이 있었다고 해도, 치세의 시작은 꽤 괜찮았던 듯한데, 갑자

기 황제와 원로원 사이가 틀어져 교착상태에 빠지는가 싶더니 머
잖아 상황이 급속히 악화되어 결국 황제 시해로 끝을 맺는다. 이
유가 뭘까? 빈털링은 칼리굴라의 애마愛馬 이야기, 거기서 그리고
다른 유사한 이야기에서 칼리굴라 황제가 주장하려 했다고 생각
되는 진지한 요점에서 부분적인 답을 찾는다.

빈털링 책의 주안점은 로마 황실 정치의 중심에 놓여 있으며,
이는 어떤 의미에서 아우구스투스가 확립한 정치체제의 토대였
던 가장과 위선이다. (정도의 차이야 있겠지만) 거의 500년 동안 지
속된 민주공화정 이후에 1인 지배가 로마에서 성공적으로 작동
하게 만들고, 과거 귀족 정치와 새로운 전제 군주제 사이에 '현실
적인 협약'을 끌어내는 과정에서 아우구스투스는 모든 사람이 연
기를 하고 있지 않나 싶은 일종의 교묘한 사기극에 의존했다.
빈털링의 설명을 들어보자. "원로원 의원들은 이제는 없는 어느
정도의 권력을 여전히 갖고 있는 것처럼 행동해야 했던 반면, 황
제는 권력을 가지고 있다는 사실을 숨기면서 자신의 권력을 행사
해야 했다." 최근 다른 연구자들도 강조하듯이 로마 제국의 정치
는 군사력뿐만 아니라 (고의로 말의 의미를 흐리고, 감추고, 왜곡하고,
뒤집는 소위) 이중 화법double speak에 토대를 두고 있었다. 누구도
자신이 말하려는 바를 그대로 말하지 않았다. 즉, 누구의 말도 그
가 말한 내용 자체를 의미하지 않았다. 아우구스투스가 임종 직

전 자신의 역할을 배우에 비유하면서 그리스 희극에 나오는 대사를 인용했다는데 이는 전혀 놀라운 일이 아니다. "내가 맡은 배역을 훌륭하게 해냈다면 박수를 쳐주세요. 그리고 박수갈채로 나를 보내주세요."

빈털링의 설명 모델에 따르면, 아우구스투스 이후에 성공한 황제들은 이런 이중 화법을 잘 구사하고 자기한테 유리하게 활용한 이들이었다. 반면 이중 화법에 맞서 싸운 이들은 성공하지 못했다. 칼리굴라의 전임 황제인 티베리우스는 그런 역할을 "결코 잘해내지 못했다". 티베리우스는 "이중 화법을 액면 그대로 받아들였고" "모호하게 말하는 의사소통" 게임을 완벽하게 익히기를 거부했다. 그리고 그런 과정에서, 신중하게 구축된 민주주의라는 허울 아래서 황제가 지배하는 전제주의라는 아우구스투스 체제의 실상을 반복적으로 노출시켰다. 예를 들어 아우구스투스의 원칙에 따르면 원로원과 황제의 안정적인 관계는 원로원이 겉보기에는 자유롭게, 하지만 황제가 바라는 결과를 분명하게 알고 현안에 대한 토론을 벌이는 것이다. 그러나 티베리우스는 자기 생각을 분명하게 밝히지 않고 원로원이 알아서 중요한 정책을 결정해야 한다고 주장했다. 그러고는 "원로원이 자기 바람과 반대되는 결론에 이르렀을 때는" 화를 냈다. 결국 황제와 전통 지배 계급과의 관계가 심하게 틀어지는 바람에 티베리우스는 치세 말년 10년을 카프리섬에 은거하면서 (정도의 차이는 있겠으나 대체로) 잔인하고 포악한 심복 몇 명을 통해서 로마를 '원격' 통치했다.

칼리굴라 역시 로마 제정의 이런 이중 화법에 저항했지만 (빈텔링에 따르면) 방식은 미묘하게 달랐다. 칼리굴라는 제정 치하에서 이미 기준이 되어버린 정치적인 의사소통의 모호성과 싸우려 했고, 진실하지 않은 아첨과 공허한 말은 물론 의미의 체계적인 변질에도 맞섰다. 그것이 황제가 병에서 회복되면 자기 목숨을 바치겠다고 맹세했던 남자에게 칼리굴라가 맹세를 지키라고 했다는 이야기의 기저에 있는 메시지다. 누가 봐도 알 수 있듯이 이런 공개적인 맹세의 의도는 자신의 깊은 충성심을 보이며 사람들의 관심을 끌어모으고, 이로써 헌신에 대한 후한 보상을 받으려는 심리다. 당연히 남자가 진심으로 죽을 각오가 되어 있다는 표시는 전혀 아니다. "(황제의 회복이라는) 명시적인 바람은 (아첨에 대한 보상을 받고 싶다는) 암묵적인 바람과는 일치하지 않았다." 하지만 칼리굴라는 그것을 액면 그대로 받아들임으로써 남자의 언행이 표리부동함을 "폭로하고" "이런 형태의 의사소통을 거부하겠다"는 의지를 보여준다.

로마 제정의 이중 화법에 대항한 칼리굴라의 싸움은 결국 파멸을 초래하는 처참한 결과를 가져온다. 애마에게 바친 경의에 관한 이야기를 보면 이를 알 수 있다. 교훈적인 이야기가 아니라 그것을 통해 비판하려는 대상이었을지 모르는 광기의 사례로 간주되었다는 점에서 그렇다. 고대 로마에서는 의사소통에서 언어의 '표면상의 가치'를 주장하는 데는 심각한 위험이 뒤따랐다(아니 그 때만이 아니라 항상 그렇다고 봐야 하리라). 얼핏 보기에 그것이 아무리 정직할지라도. 그런 주장은 정반대되는 두 가지 방식으로 작용할 수 있다. 이를 통해 공허한 아첨의 불합리함을 드러낼 수 있지만, 동시에 아첨꾼의 불합리한 주장이 글자 그대로 사실처럼 보이게 만드는 데 일조할 수도 있다. 빈틸링의 주장을 조금 더 진전시켜보자. 칼리굴라의 세계에서는 코드화된 언어와 이중 화법의 거부가 황제 권력에 대한 칼리굴라의 불합리하고 과장되며 심지어 신성한 주장들의 진실성을 유효하게 만드는 효과가 있었다. 이런 거부는 황제가 신이라는 주장을 공허한 수사나 교묘한 은유라고 폭로하는 효과를 내지도 않았고, 따라서 어떤 의미에서 신격화를 진정시키는 효과를 내지도 않았다. 오히려 정반대다. 만약 언어가 항상 그것이 말하는 내용을 의미한다면 칼리굴라는 정말로 신성한 존재인 것이었다.

더구나 귀족사회는 이런 과정에서 모욕감을 느꼈다. 아우구스투스 체제에서는 '공허한 아첨'에 중요한 목적이 있었다. 칼리굴라의 연설을 매년 낭독하자고 요구하는 원로원 의원들의 이야기가 말해주듯이 아첨꾼들 스스로가 가끔은 '공허한 아첨'을 아첨의 대상에 대한 통제 기제로 활용했다. 대개는 그것이 공허하다는 사실 자체가 원로원 의원들이 자기가 하는 말을 모두 믿을 필요 없이 황제를 칭송하는 역할을 할 수 있게 해주었다. 그런데 아첨에서 공허함을 빼면 원로원 의원들은 결국 우스꽝스럽게 보이게 된다. 자기네가 하는 말을 곧이곧대로 믿는 사람처럼 되어버리기 때문이다. 빈털링의 관점에서는 처음에 무난했던 칼리굴라와 귀족계급 사이에 급격한 균열을 야기한 것은 바로 이런 모욕감이었다. 이런 균열은 결국 칼리굴라의 암살로 이어진다.

『칼리굴라 전기』는 제정기 로마의 정치적 의사소통에 대한 날카로운 분석을 제공하고 많은 고대 작가가 제기했던 핵심 질문을 직시한다. 바로 전제 정치하에서 언어가 어떻게 기능하는가 하는 것이다.『칼리굴라 전기』는 로마 제정 역사에 대한, 특히 제국의 황제와 전통 귀족 사이의 결코 쉽지 않은 관계에 대한 아주 생생하고 설득력 있는 연구다. 그러나 빈털링이 칼리굴라 치세의 구체적인 문제들에 대한 답을 가지고 있는지, 칼리굴라의 치세가 급격히 쇠락하여 폭정으로 기운 이유를 설명할 수 있는지는 또 다른 문제다.

무엇보다 빈털링은 애초에 칼리굴라가 제정의 언어적 관행을 공격할 필요성을 느낀 이유를 설명하지 않는다(아니 했다고 해도 그리 설득력 있게 하지 못했다). 또한 그리 믿음직하지 않은, 심지어

3부 로마 제국: 황제, 황후, 적들

상충되는 다량의 증거를 자기주장에 맞게 억지로 꿰어 맞추는 일이 반복된다. 칼리굴라의 광기를 보여주는 사례인 듯한 특이한 일화를 독창적으로 재해석하여 결국에는 제정의 이중 화법과 위선에 대한 칼리굴라의 저항(혹은 폭로) 사례로 만드는 예가 너무 자주 나온다.

칼리굴라 황제가 팔라티누스 언덕에 세웠다는 상업적인 매춘 공간을 예로 들어보자. (수에토니우스에 따르면) 제국의 국고를 늘리기 위해서였다고 한다. 로마의 기혼 여성과 좋은 가문의 자제들에게 사치스러운 옷을 입혀 궁에 두고, 심부름꾼을 보내 누구든 이들과 즐기기를 원하는 사람을 불러와서 고객에게 (상당한 이율로) 화대를 빌려주었다. 빈털링은 이를 카시우스 디오의 『로마사』에 나오는 한 단락과 결합시킨다(결합 과정에서 선별적으로 요약했다는 말도 꼭 해야겠다). 디오의 『로마사』에 나오는 대목은 로마의 유력 가문 사람들을 거의 인질이나 다름없이 강제로 궁에 머물게 했다는 내용이다. 3~4쪽에 걸친 일방적인 주장 뒤에 빈털링 버전에서 매춘굴은 완전히 사라지고, 매춘굴 이야기는 칼리굴라가 귀족의 위선을 폭로한 또 다른 사례로 둔갑한다. 이 경우 칼리굴라는 '우정' 운운하는 귀족의 주장을 진지하게 받아들이는 척하면서 그들의 부인과 아이들을 궁전에 머물게 하고 자기 가까이에 두었다는 것이다. 알고 보면 빈털링이 말하는 '사실'은 수에토니우스의 기록은 물론이고 (발췌하기 전의) 디오의 원문 기록과도 전혀 다르다. 내가 보기에는 영 거북하고 어색한 설명이다.

그러나 고대 작가들이 남긴, 칼리굴라의 죄악을 고발하는 엄청나게 과장된 이야기들을 어떻게 이해해야 하는가라는 의문은 여전히 남는다. 그런 이야기가 글자 그대로 진실이라고 믿지 않는다면, 그리고 황제와 원로원 사이의 갈등이라는 단선적인 논리로 전체를 합리화하여 설명할 수 없다면, 대체 어떤 의미로 이해해야 할까? 빈털링의 무기고에는 이를 설명할 또 다른 무기가 마련되어 있다. 빈털링은 제위 계승 문제가 제국의 역사뿐만 아니라 역사 기술까지도 규정한다는 주장을 펼치는데 올바른 주장이라 생각된다.

아우구스투스는 로마 제국 통치와 관련된 많은 문제에 대해 답을 가지고 있었다. (위선적이라 해도) 세심하고 미묘한 군주와 귀족의 권력 균형부터 병사들이 비양심적인 정치 지도자가 아니라 국가에 충성하도록 만들었던 군대 국유화까지. 그러나 믿을 만한 제위 계승 체제를 수립하는 데 있어 아우구스투스는 분명 실패했다. 실패의 부분적인 이유는 (가령 장자 상속 같은) 누구나 인정하는 로마의 상속 원칙이 없었기 때문이다. 개인적인 불운도 얼마쯤 영향을 미쳤다. 오랫동안 부부의 연을 맺었던 아우구스투스와 리비아는 이전 배우자들과의 사이에서 자녀를 두었지만 둘 사이에는 자식이 없었다. 결과적으로 로마 제국은 누가 계승할까에 대한 물음표를 안고 탄생했고, 수백 년간 제위 계승이 살인에 의해서, 혹은 살인이 의심되는 정황에 의해 판가름 나는 상황이 반복되었다(칼리굴라의 아버지 게르마니쿠스의 미심쩍은 죽음을 생각해보라). 발터 샤이델이 최근 발표한 것처럼 로마 제국은 권력 이동 과정에서 역사상 어떤 군주제 국가보다 더 많은 유혈극이 벌어진 기록을 보유하고 있다. 진위야 어떻든 간에 로마 제국 제1왕조인 율리우스-클라우디우스 왕조의 황제는 한 명도 빠짐없이 살해되었다는 주장도 제기되고 있다. 독을 바른 무화과에 의한 아우구스투스 독살에서 시작해 군사 쿠데타로 물러난 뒤에 네로의 강요된 자살로 끝났다는 것이다.

이처럼 피로 얼룩진 정권 교체가 제국의 역사 기록에 미친 영향을 빈털링은 정확하게 짚어낸다. 거의 모든 황제의 치세에 원로원 의원들은 대체로 충실한 협력자였다(아무리 악랄하고 잔인해도 대부분의 권력 체제에 서민들이 복종하는 것과 마찬가지다). 그리고 정권이 바뀔 때면 자신의 위치를 새롭게 정립하고자 갖은 노력을 다했는데, 한때 친구였던 죽은 황제를 연설과 글에서 온갖 잔인한 장면과 상세 정황 묘사로써 맹비난하는 방법이 주로 동원되었다. 이런 기록이 바로 오늘날 우리에게 전해진 로마 제국의 역사다. 그리고 이런 기록이 칼리굴라의 짧은 치세는 물론이고 거의 모든 로마 지배자에 대한 우리 견해를 좌우한다. 누구보다 냉정하고 비판적이라고 알려진 고대 로마의 역사가들조차 이로부터 자유롭지 못하다. 도미티아누스 황제(재위 81~96) 치세의 타락상을 폭로하며 통렬하게 비난했던 타키투스가 대표적이다. 알고 보면 타키투스 스스로가 한때는 도미티아누스 황제의 후원을 받았던 수혜자로, 자신이 맹비난했던 '괴물' 덕분에 제국의 관직 경쟁에서도 막힘없는 출세 가도를 달렸다.

이따금 로마 작가들 스스로가 로마 제정에서의 생존이 정권 교체에 맞춰 스스로 환골탈태에 가깝게 재정립하는 능력에 달려 있다는 사실을 인정한 적도 있다. 서기 90년대 네르바 황제를 포함해 엄선된 인원만 참가하는 상류층 만찬회에서 오갔다는 대화가 더없이 좋은 예가 아닌가 싶다(소小플리니우스의 기록에 나와 있다). 어쩌다보니 도중에 대화가 카툴루스 메살리누스라는 사람의 이야기로 넘어갔다. 그는 이전 황제인 도미티아누스의 악명 높은 심복이었다(도미티아누스 황제는 소위 '공포 정치' 이후 얼마 전에 살해된 참이었다). "만약 그 사람이 지금 살아 있다면 무엇을 하고 있을지 궁금하군." 네르바가 무심한 어조로 중얼거리듯 말했다. "여기서 저희와 함께 식사를 하고 있을 겁니다." 어느 용감하고 정직한 사람이 한 말이었다.

이중 화법을 둘러싼 우여곡절이야 어떻든 간에 칼리굴라 치세에 권력을 쥐고 있었던 원로원 의원 대부분이 칼리굴라 사후에도 살아남아 그를 맹렬히 비난했다는 것만은 부인할 수 없는 사실이다. 칼리굴라 생전 황제의 친구였든, 적이었든 상관없이. 그리고 그들이 남긴 독설이 우리가 물려받은 로마의 유산이다.

서평 도서

1 Aloys Winterling, 『칼리굴라 전기|Caligula: A Biography』, trans. Deborah Lucas Schneider, Glenn Most and Paul Psoinos(University of California Press, 2011)

15. 네로의 콜로세움?

────── 네로 황제 하면 떠오르는 가장 확실한 기념물은 콜로세움이다. 원래 의도가 그것이 아니었다 해도 실제로는 그렇다. 사실 서기 69년에 로마를 장악한 신흥 플라비우스 왕조가 대중 오락시설인 이 거대한 건물을 지은 것은 정확히 말해 네로에 대한 기억을 완전히 지워버리기 위해서였다플라비우스 왕조는 율리우스-클라우디우스 왕조에 이어 69년부터 96년까지 로마 제국을 통치한 두 번째 왕조로 베스파시아누스, 티투스, 도미티아누스 세 황제가 있었다. 인공호수는 네로가 지은 도무스 아우레아, 즉 황금궁전에서도 특히 악명 높았던 건축물이었다. 따라서 인공호수가 있던 자리에 공공건물인 원형경기장을 건설한 것은 황제 개인의 소유지를 로마 시민에게 돌려주는 상징적인 제스처로 철저하게 계산된 결정이었다. 그러나 로마라는 도

시에서, 각종 '추억의 장소들'에서 네로를 몰아내는 데는 그것만으로 충분하지 않았다. 중세에 와서 원형경기장은 콜로세움이라 불리고 있었다. 물론 이런 별칭이 굳어진 데는 건물의 크기도 일조했지만 단순히 규모 때문만은 아니었다. 콜로세움이라는 명칭은 높이가 36미터에 이르는 거대한 청동상, 즉 콜로수스Colossus에서 유래했다. 네로가 의뢰하여 제작된 것으로 (원래는 네로를 표현했을) 거상巨像은 도무스 아우레아의 전시물 중 하나였고, 적어도 4세기까지는 원형경기장 근처에 있었다. 현대에는 네로 하면 콜로세움을 떠올리며 둘의 관계를 긴밀하게 인식하다보니 대부분의 영화도 네로가 원형경기장에서 기독교도를 학살했다는 식으로 내용 전개를 하고 관람객들도 이를 자연스럽게 받아들인다. 네로 생전에는 원형경기장이 지어지지 않았는데도 말이다. 게다가 종교 관련 순교자가 원형경기장에서 죽음을 맞았으리라 짐작은 되지만 기독교도가 죽었다는 신빙성 있는 자료는 하나도 뒷받침되지 않고 있다.

콜로세움과 콜로수스는 둘 다 고대 로마가 과거 황제들을 어떻게 기억했는지, 왕조의 변화 그리고 기억할 가치가 있는 것은 무엇인가에 대한 관점의 변화에 따라서 도시의 물리적 구조와 배치가 어떻게 달라졌는지에 대한 중요한 교훈을 준다. 단순한 제거는 보통 양날의 칼이었다. 풍경의 전면에서 어떤 황제의 기념물을 지

우려고 애쓸수록, 역사의 관심은 지우려 하는 대상에 쏠릴 위험도 커진다. 중세에 들어서 굳어진 명칭이 아니라도 플라비우스 왕조의 원형경기장은 항상 네로의 연못이 있던 자리에 세워진 건축물로 기억될 가능성이 컸다. 트라야누스 황제는 황금궁전의 다른 부분에 대형 대중목욕탕을 지었다. 현재는 이 역시 트라야누스가 세운 건물이 아니라 기단 아래 네로의 궁전을 보존해왔던 건물로 기억되고 있다.

거대한 조각상 콜로수스에 얽힌 사연은 수백 년간 이어진, 훨씬 더 복잡한 위상 재정립의 노력을 보여준다. 그보다 먼저, 조각상의 유래에 대해서는 상당한 논란이 있다. 네로가 죽기 전에 완료되었는가? 네로의 전기를 쓴 수에토니우스의 견해를 받아들여 (전부는 아니라도) 많은 이가 생각하는 것처럼 황금궁전의 현관에 세우려 했던 것이 맞는가? 조각상은 태양신을 상징하는가, 네로를 상징하는가? 아니면 태양신으로서의 네로를 상징하는가? (이런 차이를 어떻게 알 수 있는가?) 시작이야 어떻든 간에 로마 작가들은 문제의 조각상을 새로운 환경에 맞추려는 반복되는 시도에 대해 이야기한다. 몇몇 작가는 플라비우스 왕조가 조각상을 그 자리에 두긴 했지만 네로와의 관련성을 없애려고 노력했음을 암시한다(아마도 네로의 얼굴 특징을 없애고 태양신의 특징을 더 부각시키는 쪽으로 바꿨으리라. 플라비우스 왕조의 황제 티투스와 닮았다는 기록들도 있긴 하다).

나중에 하드리아누스 황제는 자신이 새로 짓는 '베누스와 로마 신전'에 필요한 공간을 확보하느라 콜로수스를 원형경기장에 더 가까운 쪽으로 옮겼다(조각상과 원형경기장이 세트처럼 보이게 하려는 의도도 있었을 것이다). 한편 네로 시대를 상대적으로 따뜻한 시선으로 추억했던 콤모두스 황제는 콜로수스를 새롭게 단장해 선전용으로 활용할 가치가 있다고 생각했다. 구체적으로 그는 조각상의 얼굴에 자기 얼굴의 특징들을 삽입하고, 자신이 특히 좋아하는 신 헤라클레스의 복장을 입혔다. 그러나 콤모두스가 죽자마자 조각상은 즉시 태양신으로 돌아왔다. 신학자이자 역사가였던 8세기의 수도사 비드가 인용했던, "콜리사이우스가 건재하는 한 로마도 건재하고, 콜리사이우스가 쓰러지는 때 로마 역시 쓰러지리라"는 유명한 문장에서 콜리사이우스는 흔히 생각하는 것처럼 원형경기장이 아니라 이 조각상을 가리킬 가능성이 높다(흔히 원형경기장으로 해석하는 이유는 그렇게 하면 더 그럴듯한 예언이 되기 때문이다).

고전학자 에드워드 챔플린의 『네로』는 전기 이상이거나 이하다. 챔플린의 주된 관심은 로마인들의 네로에 대한 사후 평판이다. 지금 널리 알려진 네로의 이미지가 어떻게 만들어졌고, 이런 이미지가 고대의 문헌, 건축, 시각 이미지에 어떻게 반영되고 논의

되었는가를 중점적으로 살피는 것이다(콜로수스에 대한 내용도 몇 쪽에 걸쳐 소개되는데 정곡을 찌르는 날카로운 통찰이 돋보인다). 챔플린은 비교적 간단하고 우리에게도 익숙한 문제의식에서 출발한다. 네로의 치세를 다룬 현존하는 핵심적인 고대 기록 세 가지에서 제시하는 네로의 이미지가 약간 차이는 있지만 하나같이 적대적이라는 점이다(타키투스, 수에토니우스, 3세기의 역사가 카시우스 디오가 남긴 기록이다). 네로가 어머니와 자고 어머니를 살해했다. 네로가 이복형제와 아내 둘을 살해했다(두 번째 아내 포파이아는 임신 중일 때 배를 걷어차서 죽였다고 한다). 상당수의 로마 상류층을 죽인 것은 말할 것도 없다. 네로가 서기 64년 로마 대화재의 방화범이었을 것이다. 새로 짓는 궁전에 필요한 공간을 확보하려고 그런 짓을 저질렀으리라. 네로는 과대망상증으로 스스로를 대회에서 우승하는 뛰어난 운동선수이자 재능 많은 배우 및 가수, 심지어 '새로운 아폴로 신'으로 생각하는 지경에까지 이르렀다. 대충 이런 식이다. 확인이라도 해주듯 유대인과 기독교도 사이에 전해 내려오는 이야기 역시 이와 일치하는데, 네로를 악마 혹은 적敵그리스도로 그리고 있다. 이런 관점에서 보면, 지금까지 많은 이가 계산해온 것처럼 '네로 카이사르'를 히브리어로 표시해 [유대 랍비들이 사용하는 일정한 규칙에 따라] 숫자로 환산하면 합계가 666이 되는 것도 우연의 일치가 아니다.

3부 로마 제국: 황제, 황후, 적들

그러나 이런 전승의 내면을 들여다보거나 핵심 역사학 기록 바깥으로 눈을 돌리면 훨씬 더 호의적인 네로의 이미지를 엿볼 수 있다(그리고 거기서 문제의식이 생긴다). 가장 눈길을 끄는 예는 네로 사후에 자신이 살아 있는 네로 황제라고 주장함으로써 네로의 인기와 유산을 활용하려 했던 사람이 적지 않았다는 것이다. 이들이 하나같이 황당한 정치적 판단을 한 게 아니라면 이는 네로가 적어도 일부 진영에서는 상당한 지지를 받았음을 의미한다. 네로 사후에 이런 일이 있었다는 것은 어느 정도 알려진 사실이다. 그러나 챔플린은 여기서 멈추지 않고 네로 황제의 사후 인기를 말해주는 좀 생경한 다른 사례들을 찾아내 종합하는 더없이 훌륭한 작업을 해낸다. 챔플린은 소아시아의 핵심 도시 트랄레스(현재 터키 서부 아이든)에 네로 사후 1세기 뒤에 세워진 실물보다 큰 대형 조각상, 네로의 얼굴이 들어간 동전으로 장식된 서기 2세기의 거울 등을 예로 든다. 이는 상식적으로 봐도 '괴물'을 대하는 태도가 아니다. 더 놀라운 것은 바빌로니아 탈무드에 나오는 이야기인데 네로가 유대교로 개종해 2세기의 위대한 랍비 메이어의 조상과 결혼했고 그 결과 메이어가 네로의 후손이라는 것이다. 기독교도들 역시 때로는 네로를 적그리스도와는 상당히 다른 방식으로 묘사한다. 6세기의 역사가 겸 작가였던 존 말랄라스는 예수 처형을 명한 유대 총독 폰티우스 필라투스를 처형한 공을 네로에게 돌린다. 말랄라스의 글에 등장하는 네로는 이렇게 말한다. "대체 그는 왜 주 그리스도를 유대인의 손에 넘겨주었단 말인가? 그리스도가 결백한 사람이고 기적을 행했기 때문인가?"

이처럼 서로 일치하지 않는 전승들을 어떻게 설명한 것인가? 챔플린은 묻는다. 일부 고대인이 "주류 문헌에서 말하는 것과는 상당히 다른 네로 황제의 이미지, 사실상 네로에게 호의적인 이미지에 충성을 바치는" 이유는 대체 뭘까? 챔플린이 이런 질문을 최초로 던진 것은 아니다. 정치 분야의 핵심 인물에 대한 모순된 평가 때문에 어려움을 겪는 것은 고전학자들에게 그리 드문 일이 아니다. 반면 현대를 연구하는 역사학자나 정치 분석가들은 흔히 경험하지 못하는 일이다. (마거릿 대처 총리나 버락 오바마 대통령에 대해서 현저히 다른 평가가 존재한다면 얼마나 황당할지 상상해보라.) 고전학자들은 또한 대다수 역사가에 비해서 괴기함과 정치적 미덕 사이에 일종의 정확한 눈금 매기기가 가능하다고 확신하곤 했다. 그런 이유로 네로가 어쩌면 주류 역사 기록에서 그리는 것만큼 나쁜 황제는 아니었으리라는 놀랍지 않은 결론에 이른 훌륭한 연구가 오래전부터 많이 있었다.

아우구스투스 황제의 아내 리비아를 다루면서 이미 이야기한 것처럼(13장) 독살로 죽었다는 많은 사람이 실은 독살된 것이 아닐 수도 있다. 네로의 로마 시내 방화 혐의 역시 고대 사람들이 정부를 탓하는 하나의 방식에 불과할지 모른다. 상식적으로 차분히 생각해보면 네로의 잘못은 엉뚱한 사람들을 자극하려는 것이었다는 역시 놀랍지 않은 의견에 이르게 된다. 10대 시절 그가 보여준 기행, 거리생활, 각종 쇼, 볼거리, 경마 등에 대한 열정은 대다수 로마인에게는 꽤 매력적으로 보였을 가능성이 크다(적어도 이런 입장에 있는 고고학자들의 주장은 그렇다). 네로를 싫어했던 이들은 전통적인 엘리트였고, 그들은 궁에서 일어난 악명 높은 범죄를 가장 가까이서 보고 들은 사람들이었다. 그리고 현재 우리가 보는 주류 역사를 기술했거나 거기에 영향을 미친 사람들 역시 주로 이런 전통적인 엘리트였다.

챔플린의 논리는 이보다 더 정교하고 수준이 높다. 챔플린은 자신이 네로의 평판을 회복시키거나 행동을 정당화하는 데는 관심이 없다는 사실을 여러 차례 강조한다. 자신의 관심은 이미지 구축 과정이라면서 "네로가 좋은 사람 혹은 좋은 황제였는지가 아니라 네로가 어떻게 해서 그렇게 보이게 되었는가?"가 관심사라고 말한다. 즉 챔플린의 연구는 좁은 의미에서 '역사학'보다는 '역사기록학'에 가깝다. 이런 연구는 고대까지 거슬러 올라가는 긴 학문적 전통을 보유하고 있다. 타키투스 역시 이런 문제를 숙고하면서 같은 치세에 대한 다른 기술이 저작물 정책의 결과라고 설명했다. "티베리우스와 칼리굴라, 클라우디우스, 네로 시대 역사는 생전에는 겁쟁이들을 통해 조작되었다. 그리고 사후에는 여전히 가슴에 증오를 담고 있는 사람들에 의해 역사 기록이 이뤄졌다." 즉 동시대의 역사 서술도, 후대의 역사 서술도 믿을 수 없다는 말이다.

이런 간단한 분석에는 중요한 진리가 담겨 있다. 적어도 후대의 기록에 대해서는 그렇다. (동시대의 찬사를 '아첨'으로 묵살하는 자체가 '여전히 가슴에 맺힌 증오'의 산물이라는 점에서 그렇다.) 새 정권이나 왕조가 들어설 때면, 엘리트 역사가들이 잽싸게 입장을 바꿔 과거 지배자와 거리를 두는 모습을 흔히 보게 된다. 고집스러운 타키투스조차 예외는 아니며(17장 참조) 굳이 비교하자면 일반적인 정권 교체보다는 왕조 교체 때 이런 현상이 더 두드러진다. 방법은 빤하다. 과거 지배자의 악행을 비난하거나 악행을 만들어내는 것이다. 네로의 치세가 끝난 뒤에도 이런 식의 재구성이 분명히 있었다. 네로의 기괴함을 근거로 괴물의 몰락을 정당화하고 새로 들어선 플라비우스 왕조의 정통성을 확보하고자 했기 때문이다.

그러나 이것으로 네로의 여러 이미지 사이에 있는 불일치가 완전히 설명되지는 않으며 이런 불일치는 연대순으로 깔끔하게 구분되지도 않는다. 챔플린은 주류 전승에서 네로가 하는 행동의 목적과 논리를 잘못 이해하고, 따라서 잘못 전달하는 우를 계속 범해왔다고 주장한다. 앞서 살펴본 칼리굴라 황제의 경우 기묘한 행동 이면에 진지한 정치적 의도가 숨어 있다고 봤으나(14장 참조) 네로 황제에 관한 한 그런 문제가 아니다. 챔플린의 주장에 따르면 네로의 경우 도를 넘은 악명 높은 기행의 저변에 깔린 재치와 교묘한 유머를 고대와 현대 역사들이 모두 보지 못하는 게 문제다. 그러므로 가령 네로가 야생동물처럼 변장하고 (수에토니우스의 기록에 따르면) 말뚝에 묶여 있는 남자와 여자의 은밀한 부위를 공격하는 놀이를 한 것은 챔플린이 보기엔 "실성한 폭군의 변덕이 아니다(혹은 변덕만은 아니다)". 이런 "놀림이나 장난"은 "말뚝에 묶인 죄인이 종종 나체로 맹수들의 공격에 노출되었던, 담나티오 아드 베스티아스damnatio ad bestias라는 일반적 형벌을 나름 예술적으로 표현한 것"인데, 이를 간파하지 못한 역사가들이 외설적이라며 비난한다는 것이다.

같은 맥락에서 챔플린은 네로가 자주 했다는, 임신한 아내를 차서 죽인다든가 하는 훨씬 더 끔찍한 행동 중 일부는 우연한 사고를 과거 역사와 신화의 정교한 모방으로 만들려는 노력의 결과물일지 모른다고 주장한다. 아내 포파이아의 죽음으로 네로는 직접 새로운 페리안드로스로 분할 이상적인 기회를 발견했을지도 모른다. 페리안드로스는 7세기에 그리스 도시국가 코린트의 참주였다는 반半 전설적인 인물로, 도시를 키우고 번영시킨 유능함을 보였지만 임신한 아내를 차서 죽인 잔인함을 보이기도 했다. 황제가 신화 속의 그리스 영웅 역을 맡는 것은 "로마 권력에 대한 대담하고도 새로운 발상"을 보여준다(네로는 그리스 신화의 주인공인 오레스테스와 오이디푸스로 분하기도 했다). 사람들이 이런 상징적 표현을 글자 그대로 해석했다 해도 이를 네로의 잘못이라고 보긴 어렵다. 이는 얼핏 황당한 주장 같지만 꼭 그렇지만도 않다. 챔플린은 예리한 안목으로 네로 시대 역사와 그리스 로마 문화에 녹아 있는 신화 전통 사이의 유사성을 포착한다. 그러나 내 생각에는 이런 유사성이 네로 자신의 홍보활동의 결과라기보다는 엘리트 역사가들의 의식적·무의식적 해석 체계의 산물일 가능성이 높다. (다시 말해 네로가 스스로 자신을 페리안드로스와 연결시킨 게 아니라 포파이아의 죽음을 기록한 박식한 역사가들이 글을 쓰면서 과거 그리스 참주의 행동을 내심 염두에 두고 있었다는 것이다.)

챔플린의 『네로』에는 세심하고 날카로운 분석의 결과물이 이외에도 많다. 예컨대 챔플린은 네로 시대의 다양한 형태의 '개선식', 혹은 '유사 개선식'에 대한 분석에서도 탁월한 통찰력을 보인다. 특히 그리스에서 열린 올림피아 제전 등 운동 경기에서 승리를 기념하는 네로의 '개선식'에 대한 분석이 눈길을 끈다. 당시 네로는 로마 군대의 개선 의식과 그리스 운동 경기 승리자의 귀향 의식을 혼합했다고 한다. 그러나 챔플린의 주장은 전체적으로 해결하는 것보다 더 많은 문제를 제기한다. 특히 네로의 행동의 논리와 목표를 드러내려는 시도 속에서 챔플린은 스스로 피하고자 했던 황제의 '실제' 행동이 무엇이었나 하는 '역사학적인' 이슈로 점점 빠져드는데 이는 불가피한 상황이었지 싶다. 논의가 진행되면서 다소 협소한 형태의 역사가 결정적으로 역사기록학을 누르고 이긴다. 그렇다보니 네로가 했다고 의심받는 각종 범죄에 대해 챔플린이 진위와 시비를 가리는 모습을 반복적으로 보게 된다.

포파이아 살인이라고? 페리안드로스의 선례 같은 소리 하지 마라. 이에 대한 판결은 무죄다(혹은 적어도 과실치사다. "집안에서 일어난 비극적인 사건이다. 임신으로 몸이 불편한 아내가 남편에게 바가지를 긁고, 남편은 그날 경마에서 운수가 사나웠을 것이다"). 로마 대화재의 방화범이라고? 유죄다. 무엇보다 자신을 새로운 카밀루스로 묘사하기 위한 플롯의 일부였다. 카밀루스는 로마의 장군으로 기원전 390년 갈리아인에게 함락당한 도시를 탈환해 재건한 영웅이다.로물루스에 이은 제2의 로마 건국자로 널리 추앙받았다. 이런 식으로 논의를 전개해가던 챔플린은 결론을 내는 장에서 "앞 장들에 등장했던" 네로에 대해 다음과 같이 요약한다. "황제로서 인간으로서 그의 많은 잘못이 어떠했든 간에, 그는 상당한 재능과 대단한 독창성, 무한한 에너지를 지닌 사람이었다." 예수나 넬슨, 또는 스탈린에 대해서도 거의 같은 말을 할 수 있지 않을까?

그러나 챔플린의 『네로』는 물론이고 고대와 현대 관계없이 로마 황제를 다룬 전기식 연구가 어김없이 제기하는 더 큰 질문이 하나 있다. 어떤 개별 통치자가 로마 역사 전체의 발전에 얼마나 영향력을 지녔었는가? 황제의 전기작가들은 직업상, 황제가 중대한 역할을 한다는 생각을 확고하게 지지한다. 챔플린도 네로 황제 치세에 네로 자신에게서 나오는 중요한 제국 운영 프로그램이 작동했음을 보여주려고 최선을 다한다. 바뀌는 통치자의 영향, 그들이 유발하는 공포와 아첨, 로마의 역사 서술 패턴에 대한 타키투스의 논평은 당연히 이런 접근법에 대한 지지의 의미로 해석될 수 있다. 그러나 거의 완전 반대 입장을 지지하는 데도 같은 논평이 동원될 수 있다. 상황에 맞는 말을 내뱉고 필요할 때 적절한 찬사와 비난을 해주기만 하면 정권이 바뀌어도 개인의 일상은 평상시처럼 지속될 수 있다. 누가 왕좌에 있든 상관없이. 이전 황제에게 적극 협력한 엘리트였다 해도 크게 걱정할 것은 없다. 이전 정권을 비난하는 어느 정도의 기술만 연마하면 새로운 정권에서도 얼마든지 자리를 보전할 수 있으니.

결국 그것이 거대한 콜로수스 이야기의 메시지다. 때로 소소한 조정과 단장이 필요했을지 모르지만 근본적으로 콜로수스는 제정 시기 내내 살아남았고, (좋은 쪽으로든 나쁜 쪽으로든) 황제의 권력을 상징하는 데 이용되었던, 네로에 의한, 혹은 네로의 조각상이었다.

서평 도서
1 Edward Champlin, 『네로Nero』(Harvard University Press, 2003)

16. 브리타니아의 여왕

━━━━━ 영국의 역사가이자 시인인 에드먼드 볼턴은 1624년 스
톤헨지가 부디카의 무덤으로 건설되었다는 주장을 내놓았는데
이게 사실이라면 볼턴 시대 고고학계의 핵심 질문 두 가지가 단
번에 해결되는 셈이었다. 솔즈베리 평원에 놓인 거대한 환상열석環
狀列石은 대체 어떤 용도였나? 로마 시대 브리타니아의 유명한 반
역자는 반란에 실패하고 (로마 역사가 카시우스 디오에 따르면) "성대
한 장례식을 치른" 후 대체 어디에 묻혔는가? 일거양득의 효과가
있는 볼턴의 가설은 매력적일 수밖에 없었고 1세기가 넘도록 유
지되었다. 1790년까지도 에드워드 바너드는『포괄적이고 불편부당
한 신新영국 전사New, Comprehensive, Impartial and Complete History of
England』를 집필하면서 "스톤헨지는 부디카의 영웅적인 행동을 기

리기 위한 기념물로 세워졌다"고 자연스럽게 이야기한다.

그러나 머잖아 신빙성은 어떨지 모르나 훨씬 더 매력적으로 보이는 주장들이 나왔다. 스톤헨지의 연대와 기능에 대한 관점 변화는 신경 쓸 필요 없이, 부디카의 무덤에 대한 여러 다른 주장이 나온 것이다. 19세기의 어느 판타지 소설에서는 부디카를 웨일스 북부 플린트셔지금은 클루이드주의 일부의 곱 언덕이라는 데 묻었다. (부디카의 유령 마차를 봤다는 목격담이 전해오는 곳이다.) 부디카의 무덤이 런던 서북부 햄스테드 히스 공원 내 팔리어먼트 힐필즈에 있는 작은 봉분 안에 있다는 주장도 해묵은 것인데 역시 에드워드 바너드가 언급한 바 있다. 1890년대에 그 지역에 대한 대대적인 발굴 이후 사실상 생명력을 잃은 주장이다. 그 유적지는 부디카보다 수백 년 앞선, 청동기 시대의 것으로 밝혀져 발굴 관계자들을 당혹케 했다. 그렇다고 런던에 다른 후보지들이 없는 것은 아니다. 지금까지도 부디카가 킹스크로스 역 8번 승강장 아래 어딘가에 깊숙이 묻혀 있다고 생각하는 이들이 있다.

서기 60년(혹은 61년) 로마 점령에 반기를 들고 일어났던 브리타니아 여왕에 대한 학계의 관심은 16세기 이탈리아 인문주의 학자이자 역사가, 수도사였던 폴리도루스 베르질리우스 이래 끊임없이 계속되었다. 부디카가 일으킨 반란의 원인과 목적부터 영향, 그녀의 무덤 위치는 물론이고 전투가 일어난 핵심 장소 등을 거쳐 이름의 정확한 철자까지 부디카를 둘러싼 갖가지 의문에 대해 학계는 그야말로 아낌없는 수고를 들이며 다양한 이론을 제시하고 있다. (이름의 정확한 철자를 둘러싼 논란은 기이한 학문적 집착이 아닐 수 없다. 부디카와 관련된 온갖 이야기 중 확실한 것이 하나 있다면 그것은 바로 부디카[혹은 보아디케아] 자신이 철자는 고사하고 읽거나 쓰지도 못했다는 사실이다.) 물론 이처럼 치열한 논쟁이 벌어지는 이유는 부분적으로 민족주의 열정 때문이다. 세부 내용에서는 많은 차이를 보이지만 전체적으로 용맹한 여전사의 경이로운 모습을 상상하게 만드는, 꽤 그럴듯한 고대 기록이 존재한다는 사실 역시 이런 논쟁에 일조했다(하나는 타키투스의 기록이고, 다른 하나는 카시우스 디오의 기록이다). 가령 카시우스 디오는 '부두이카 Boudouika'(요즘 많이 쓰이는 철자는 아니다)가 반기를 든 주된 이유는 로마 지배하의 경제적 착취 때문이었다고 말한다. 특히 철학자 세네카가 섬사람들에게 빌려준 막대한 돈을 일시에 회수하는 바람에 야기된 감당하기 힘든 결과가 주요인이었다고 한다(고대에 스토아 철학은 철학자의 고리대금업을 막는 장애물은 아니었다). 반면 타키투스는 남편인 이세니족의 왕 프라수타구스가 죽은 뒤 점령군이 부두카 Bouducca 혹은 부디키아 Boodicia(사본에 따라 철자가 다르다)를 매질하고 그녀의 딸들을 강간한 것이 반란을 촉발했다고 주장한다. 카시우스 디오는 언급하지 않았던 등장인물과 부족 이

3부 로마 제국: 황제, 황후, 적들

름이 타키투스 버전에는 나오는 셈이다. 타키투스 버전에서 여왕은 로마군 400명과 싸워 8만 명이나 되는 자신의 군대가 죽은 회전會戰 이후 독을 마시고 자살한다. 디오 버전에서 여왕은 그야말로 야만적이고 비열하다(부디카 군대가 저지른 최악의 잔학 행위는 로마 여자들의 유방을 도려내 그들의 입에 꿰맨 것이다. "희생자들이 자신의 유방을 먹고 있는 것처럼 보이도록"). 그러나 디오 버전에서 마지막 전투는 타키투스가 말하는 것처럼 일방적인 승리가 아니라 양측의 전력이 막상막하인 아슬아슬한 승리였으며, 여왕의 죽음은 자살이 아니라 질병 때문이었다(그리고 "성대한 장례식"이 이어졌다). 이처럼 상세하면서도 다른 기록이 존재하는 상황에서 역사가와 고고학자들이 수백 년간 여왕 이야기의 진상을 밝히려 노력해 온 것은 어쩌면 당연한 일이다.

로마에 맞서 반란을 일으킨 브리타니아 여왕에 관한 전설을 다룬 연구에서 리처드 힝글리와 크리스티나 언원은 부디카에 관한 더 특이한 근대의 이야기들을 제법 열정적으로 담아낸다. (타키투스가 반란으로 파괴된 곳이라 말했던) '카몰로두눔Camolodunum'과 '베룰라미움Verulamium' 유적지가 콜체스터와 세인트올번스로 분명하게 밝혀지기 전까지는 영국 제도 전역에 걸친 다양한 지역이 후보로 거론되었다. 우선, 폴리도루스 베르질리우스은 '보아디키아Voadicia'(역시 요즘은 많이 쓰지 않는 철자다)가 잉글랜드 동북부 노섬벌랜드 사람이고, 카몰로두눔은 잉글랜드 북부의 동커스터 아니면 폰테프랙트의 로마 시대 이름이라고 생각했다. 비슷한 시기에 『스코틀랜드 연대기Chronicles of Scotland』를 집필한 헥터 보이스는 이야기의 무대를 훨씬 더 북쪽으로 밀고 올라간다. 보이스는 카몰로두눔이 스코틀랜드 중부 폴커크 근처 어디라고 주장했고, 아르비라구스의 미망인 '보아다Voada'와 그녀의 딸들로 이어지는 2대에 걸친 부디카 이야기를 재구성했다. 보아다는 전투에서 패한 뒤 자살했고, (딸들 가운데 한 명은 자신을 강간했던 로마인에게 시집갔으며), 다른 딸 '보디키아Vodicia'는 투쟁을 계속하다가 결국 전투 중에 죽었다. 영국의 역사가이자 지지학자인 윌리엄 캠던(1551~1623)의 연구 결과가 나온 뒤에야 부디카의 반란 장소는 확실하게 잉글랜드 남쪽으로 돌아왔다. 캠던은 타키투스가 말한 장소가 세인트올번스와 에식스주의 몰던이라고 주장했는데 세인트올번스는 정확하지만 몰던은 맞지 않았다. 그러나 캠던조차 부디카가 발행한 동전이 현존한다는 근거 없는 이야기를 퍼뜨렸다. 이런 오류는 19세기 들어서야 수정되었고 현재는 문제의 동전이 철기 시대에 영국 서남부 글로스터셔주를 주무대로 활동했던 부족장 보드복이 발행한 것으로 알려져 있다. 보드복은 로마에 반기를 들었던 여왕 부디카에 비하면 사람들의 흥미와 관심이 한참 떨어지는 인물이다.

3부 로마 제국: 황제, 황후, 적들

현대의 연구자들은 부디카의 내력을 밝히려는 과거의 심각하게 부정확한 시도들을 보면서 우쭐한 자만심을 갖기 쉽다. 힝글리와 언윈도 가끔 그런 모습을 보인다. "영국의 고대 기념물에 대해서 고고학계가 진지한 관심을 갖기 전에 글을 썼으므로 베르질리우스가 범한 오류는 그런 상황에 의한 것으로 봐야 한다"면서 폴리도루스 베르질리우스에 대해서는 가벼운 비난 정도로 넘어가는 한편 책 전반에서 ("세심하고 철저한 발굴"로 대변되는) 현대 고고학이 과거의 한심한 오류와 대비되는 신빙성 있는 해답을 제공해주리라는 낙관론을 펴고 있다. 그러나 그들의 상세 설명을 보면 이런 낙관론은 아무래도 힘을 잃는다. 온갖 과학적인 발전에도 불구하고 현대 고고학자들이 부디카나 그녀가 이끈 반란에 대한 연구에서 골동품 수집가 선배, 혹은 그보다 더 앞선 선배들에 비해 크게 나을 게 없다는 사실이 충격적일 만큼 분명히 드러나기 때문이다.

부디카의 반란과 관계있다는 다수의 고고학 유물이 존재하는 것은 맞다. 런던박물관에 전시되어 있는, 월브룩강에서 발견된 두개골들은 부디카 군대가 죽인 로마인의 것이라고 한다. 콜체스터에 있는 롱기누스 스다페제라는 로마 기마병의 묘비는 반란군에 의해 훼손된 것으로 여겨진다. 최근에 노퍽 카운티 셋퍼드에서 발견된, 울타리로 둘러싸인 넓은 부지를 현지 고고학자들은 '부디카의 궁전'이라 부른다. 그러나 힝글리와 언윈이 거듭 지적한 것처럼 이들 중 어느 것도 썩 이치에 맞지는 않다. 정확한 연대 측정이 불가능한 두개골은 강물 속에 그런 물건을 두었던 오랜 전통에 따른 것일지도 모른다. 로마 기병대의 묘비를 훼손한 범인은 사실 1920년대에 묘비를 발굴한 고고학자들이었다(최근 사라진 조각들이 발견되었다). 거창하게 '궁전'이라 불리는 노픽 카운티의 구조물은 영국 동부에 많이 있는, 기능이 불분명한 비슷한 구조물 중 하나일 뿐이다. 이들 유물을 '부디카 시대'의 것으로 보고 싶은 유혹이 아무리 커도, 부디카 반란과 관련된 확실한 고고학적 증거물은 단 하나뿐이다. 런던과 콜체스터, 세인트올번스에서 발견된 두께 30~60센티미터나 되는 검은 혹은 붉은 '파괴층 destruction layer'이다. 로마인 정착지를 불태운 뒤 그곳 건물들이 붕괴되고 남은 잔해로 수천 년이 지난 지금 봐도 꽤나 인상적이다. 세인트올번스의 '파괴층'은 런던과 콜체스터의 것에 비해 규모가 작은 편이다.

물론 고고학 증거를 구체적인 역사적 사건과 연결짓기 어렵다는 것이야 어제오늘 일도 아니고, 부디카 연구에만 국한된 것도 아니다. 그보다 더 중요한 것은 반란의 좀더 포괄적인 배경이 되는 로마 이전 철기 시대에 대한 이해 역시 아주 흐릿하게만 남아 있다는 점이리라(어쩌면 그것이 반란군의 목적과 동기를 더 명확하게 알려줄지도 모른다). 최근 들어 해당 시대('로마 이전 철기 시대 말기 Late Pre-Roman Iron Age', 약어로는 LPRIA)에 대한 지식에 일종의 '혁명'이 일어났다는 주장이 계속 제기되어왔다. 그리고 힝글리와 언윈은 최근의 고고학 성과가 제공해줄지 모르는, 로마인들이 가져다주었던 '평화와 문명이라는 선물'(혹은 입장에 따라서는 노예제와 경제적 착취라는 불이익)을 천진난만하게 기다리고 있는 '원시적인 야만인'이라는 구닥다리 교과서 속의 브리타니아족들에 대한 이미지를 바로잡아줄 평형추의 등장에 대해서 대체로 낙관적이다. 또한 부디카가 살았던 세계가 영국해협 너머의 여러 문화와 사회적·상업적·정치적 관계를 맺고 있는, 생각보다 복잡하고, 폐쇄적이기보다는 외부 지향적인 세계였다는 암시들이 있는 것도 사실이다.

그러나 이들 암시의 결과는 무엇인가? 힝글리와 언윈의 『부디카Boudica』 1장은 철기 시대와 관련해 최신 정보까지 충실하게 반영하고 있다. 그러나 저자들의 솔직하고 신중한 설명은 그 시대에 대한 우리 지식이 얼마나 빈약한가를 적나라하게 보여줄 뿐이다. "철기 시대는 규모가 다른 여러 정착지에서 생활하는 공동체가 특징이다"라는 말은 많은 독자에게 새로울 게 없는 결론이리라. "아마 마차가 흔한 운송 수단이었으리라"는 말도 새로울 게 없기는 마찬가지다. 한편 철기 시대 연구에서 일어났다는 '혁명'은 과

거의 많은 논란과 불확실한 부분을 해소하는 데 별로 도움이 못 된다. 발굴이 시작된 지 수십 년이 지난 지금도 우리는 철기 시대에 건설되었고 일정한 특징을 보이는 '언덕 위의 성채들'의 용도를 모른다(도싯주에서 발견된 메이든 캐슬이 대표적이다). 이들 성채는 공동체의 재화와 잉여 농산물을 저장하는 장소였을까? 아니면 거주지였을까? 만약 거주지였다면 장기적인 거주지였을까, 위기시에만 사용하는 임시 거주지였을까? 영국의 다른 일부 지역에서는 (그런 용도로 사용할 만한 비슷한 언덕들이 있음에도 불구하고) 왜 그런 성채가 발견되지 않을까?

이처럼 불확실한 부분들이 부디카 이해에도 심각한 영향을 미친다. 부디카가 이케니 부족의 왕이었던 프라수타구스의 미망인이라는, 타키투스의 자료에 근거한 확실한 주장마저 생각만큼 확실하지 않다. 아니, 조금만 깊이 들어가면 확실한 것과는 거리가 멀다는 생각이 든다. 이를테면 여기서 말하는 '부족'이란 무엇인가? 비록 우리가 로마 이전 영국 지역의 주된 사회 조직 형태로 (그것의 의미가 무엇이든) '부족 집단'을 당연시하는 경향이 있고, (켄트 지방은 '칸티아키 부족', 웨일스 남부는 '실루리아 부족' 식으로) 여러 부족 관할로 깔끔하게 나뉜 영국 지도에 익숙하긴 하지만, 이번에도 이를 뒷받침할 증거는 극도로 빈약하다. 우선, 부족들에게 부여된 표준 명칭 대부분이 로마 시대 후기에 와서야 (지방 정

3부 로마 제국: 황제, 황후, 적들

부의 관할 지역 명칭으로서) 분명하게 확인된다.

부디카의 반란이 있기 1세기 전, 율리우스 카이사르의 브리타니아 원정 당시 그의 자서전에 언급된 부족들 가운데 나중에 우리가 이름을 듣고 알 수 있는 유일한 '부족'은 (현재 에식스 지방의) 트리노반테스 부족이다. (케니마그니, 세곤티아키, 안칼리테스, 비브로키, 카시 같은) 카이사르의 목록에 나오는 나머지 부족은 현재로서는 완전히 수수께끼다. 케니마그니가 이케니를 혼동해서 기록한 오기가 아니라면(혹은 반대로 이케니가 케니마그니의 오기일 수도 있다). 게다가 깔끔하게 정리된 부족 지도의 근거가 되는 부족들의 영향권은 철기 시대의 동전 분포에서 추론한 것일 뿐이다. 그러나 대개 이들 동전에는 어느 부족 소유인지에 대한 것이 나와 있지 않다. 간혹 동전에 '왕'의 이름이 있고, 그것이 문헌에 등장하는 이름과 일치할 때도 있긴 하다(전체적인 맥락에 개연성이 있든 없든). 이스트 앵글리아 지방에서 발견된 (정확히 그런 철자인지도 불확실하지만) 'SUBRIIPRASTO'라고 찍힌 동전 뒷면에 나온 손과 이름의 주인공이 프라수타구스라는 것은 사실 추측일 뿐 아무도 모르는 일이다. 요컨대 이들 '원시' 브리타니아 부족에 대한 증거를 보면, 이들이 주로 로마인에 의해 나중에 만들어진 일종의 구조물이라는 (일부 고고학자의) 주장에 힘이 실리는 것은 어쩔 수 없다. 이런 지방 정부 구조가 어느 정도는 (확정적이지는 않아도) 이

전부터 존재해온 집단에 느슨하게나마 근거했을 수도 있다(혹은 그마저 아닐 수도 있고). 어쨌든 "이케니 부족 프라수타구스 왕의 미망인 부디카"는 어느 모로 보나 로마의 창작물이다. 알다시피 과거 수백 년 동안 사람들은 허구를 통한 여왕의 재창조로 이런 증거상의 공백을 메워왔다. 힝글리와 언윈은 이런 재창조물을 모아 제법 길게 나열한다. 영국의 극작가 존 플레처의 무시무시한 『본두카Bonduca』(17세기 초에 처음 공연된 연극)부터 템스 강변 웨스트민스터 브리지 근처에 세워진 토머스 소니크로프트의 조각상에서 보이는 위풍당당한 '제국' 버전의 여왕을 거쳐 현대 소설, 웹사이트, 박물관 전시, (보통은 끔찍한) TV 다큐멘터리까지(소설가 페이 웰던은 토머스 소니크로프트의 조각상에 대한 흥미로운 단상을 이야기한다. "그녀가 의회를 향해 진군하고 있다고 생각하고 싶지만 […] 유감스럽게도 그녀는 지금 자리에서 꼼짝할 수 없는 신세 같다"). 그런데 안타깝게도 힝글리와 언윈은 문제의 반란을 다룬, (적어도 분량 면에서는) 가장 중요한 문헌에 대해서는 아무 말도 하지 않는다. 그것은 바로 맨더 스콧의 네 권짜리 소설 『부디카』다.

바네사 콜링리지의 『부디카』에서 이런 좋은 기회를 놓칠 리 없다. 표지에 "획기적인 전기"라는 광고 문구가 들어간 콜링리지의 『부디카』는 사실 힝글리와 언윈이 살펴본 근거에 대한 저인망식 훑기라 할 수 있다. 철기 시대라는 반란의 배경, 실제 상황과 사건에 대한 빈약한 증거, 반군 여왕의 흥미진진한 사후에 관한 다량의 증거가 버무려져 있으며, 힝글리와 언원의 결과물에 비해 시원한 맛은 있지만 신빙성이 떨어진다('전기'라고 보기 힘든 정도다). 콜링리지는 '전문가들'과 장거리 통화를 하거나 국내 곳곳을 다니며 직접 만나 대화하면서 상당히 많은 조사를 한 것 같다. 리처드 힝글리도 이런 정보원들 중 한 명이었다. ("'이곳은 연구하며 지내기 좋은 아름다운 곳입니다.' 더럼대학 교정을 함께 걸으며 고고학자 리처드 힝글리는 생각에 잠겨 말했다. 나는 그를 인터뷰하려고 기차를 타고 3시간을 달려 더럼대학으로 갔다.") 콜링리지는 콜체스터 고고학 트러스트의 소장과도 이야기를 나누었다("'나는 부디카라 불리는 사람이 존재했다고 확신합니다.' 필립 크러미는 여러 차례의 장거리 통화 중에 언젠가 그렇게 중얼거렸다"). 맨더 스콧도 마찬가지였다. 콜링리지의 기록대로 스콧은 꽤나 괴짜라는 인상을 준다. "그녀는 지금 샤머니즘 기법을 활용해 꿈을 탐구하고 통제하는 방법, 그리고 영성을 키우는 방법을 연마하며 사람들에게 가르치는 일을 하고 있다." 그리고 "정령이 자기 저서의 주제를 정해주었다고 굳게 믿는다." 맨더 스콧의 이야기를 들어보면 이렇다. "내가 정령에게 물었습니다. '나한테 무엇을 바라십니까?' 내가 받은 대답은 구체적으로 부디카에 대한 책을 쓰라는 것이었습니다. 그 결과로 내놓은 이들 책은 영국의 토착 영성이 정점에 이르렀다고 생각되는 철기 시대 말기의 모든 문화와 정신을 다루고 있습니다. 이후 로마인들 때문에 맥이 끊겼지요."

이 같은 일종의 사전 경고를 받고 접한 맨더 스콧의 『부디카: 사냥개 꿈Boudica: Dreaming the Hound』(전4권 중 제3권)은 꽤나 안도 감을 준다(적어도 정령들은 글을 쓸 줄 아는 사람을 지목할 만큼은 현명했다). 시리즈를 관통하는 짜증스러운 뉴에이지 분위기에도 불구하고 스콧의 책은 로마 지배 초기의 브리타니아 모습을 매력적이고 때론 감동적으로 그려낸다. '승리를 가져오는 자'라는 의미의 '부디카', 본명으로 하면 '브레아카'는 3권에 접어들어 처음으로 역사 속의 남편 프라수타구스(본명은 '타고스'로, '프라수'는 로마 총독에게 깊은 인상을 주려고 덧붙인 것이다)를 만난다. 그리고 이야기는 왕의 죽음을 거쳐 브레아카 자신이 매질을 당하고, 딸들이 강간을 당하는 힘든 시기로 이어진다. 그녀의 남편 타고스에 대한 묘사는 특히나 훌륭하다. 점령국에 협력하는 외팔이 부역자인 타고스는 민망할 정도로 로마의 방식들을 흉내 내고 따라한다(경호원들에게 로마식 이름을 하사하고, 저녁 식사 때는 포도주를 마신다). 이야기가 진전되면서 타고스는 로마의 타락상을 상당 부분 보게 된다. 강압적인 신임 총독이 부임하고 세네카가 빌려준 돈을 회수할 때 그런 모습이 한층 두드러졌다. 결국 타고스는 로마 노예 상인들과의 소규모 접전에서 죽음을 맞이한다. 스콧은 로마인과 토착민 사이의 복잡한 관계를 환기시키는 데에도 남다른 재능을 보인다. 여느 제국과 마찬가지로 로마 제국과의 접촉에서도 점령자와 토착민 사이의 복잡다단한 관계는 불가피했을 것이다. (그리고 이를 보여주는 마침맞은 특별 출연 단역이 바로 롱기누스 스다페제와 그의 묘비다.) 당시 브리타니아는 로마인과 브리타니아인이 뒤섞여 서로에게 의지하는 세계였고, 누가 정확히 어느 편인지를 확실히 구분하기 어려운 상황이었다. 물론 로마인 중에도 좋은 사람이 있고, 토착민 중에도 나쁜 사람이 있었으리라. 그러나 책을 읽는 독자가 어느 편이어야 하는가는 너무나 분명하다. 그렇지만 나는 잘 모르겠다. 스콧은 독자가 로마 편을 드는 것이 사실상 불가능하게 만든다. (점령 세력으로서) 로마인은 토착민을 강간하고, 약탈하고, 착취한다. 그러나 샤머니즘을 믿는 브레아카의 괴상한 행동들도 만만찮다(필요할 때는 끔찍하게 폭력적인 행동도 배제하지 않는다). 이런 모습을 보며 만약 반란이 성공했다 해도 반란군 통치 하의 브리타니아에서의 삶은 그리 즐겁지 않았으리라는 생각만 더욱 굳어질 뿐이었다. 제국주의 세력에 맞선 반란 세력이 겉으로는 뭔가 있어 보이고 근사해도 속내를 들여다보면 제국주의의 폭군만큼이나 볼품없고 못마땅한 경우가 너무 많은데 부디카도 나한테는 그런 사례 가운데 하나다.

서평 도서

1 Richard Hingley and Christina Unwin, 『부디카: 철기 시대의 전사 여왕Boudica: Iron Age Warrior Queen』(Hambledon, 2005)
2 Vanessa Collingridge, 『부디카Boudica』(Ebury Press, 2005)
3 Manda Scott, 『부디카: 사냥개 꿈Boudica: Dreaming the Hound』(Bantam Press, 2004)

17. 단역 황제들

──── 네로 황제는 서기 68년 6월 9일에 죽었다. 원로원은 요즘으로 치면 일종의 불신임 투표를 해서 네로를 '국가의 적'으로 선포했다. 밑에서 일하던 보좌진과 호위병까지 재빨리 그를 버렸다. 황제는 곁에 남은 하인들 중 한 명의 교외 주택으로 향했고, 거기서 자살함으로써 처형을 면했다. 일종의 선수를 친 셈이다. 마지막까지 탐미주의자였던 네로는 제대로 된 묘비를 만들기 위해 대리석을 채취해야 한다고 주장했고, 자살 도구 선택을 놓고 머뭇거리는 동안에도 유명한 마지막 말을 반복해서 읊조렸다. "Qualis artifex pereo." "이로써 세상은 위대한 예술가 하나를 잃는구나"라는 말이었다. 중간중간 호메로스의 『일리아스』에서 상황에 어울릴 법한 가슴 아픈 문구들을 인용하는 것도 잊지 않았

다. 진위야 확인할 수 없지만 아무튼 전하는 이야기에 따르면 그렇다.

서민들에게 네로의 인기가 어떠했든 간에 분개한 로마 상류층 사이에서는 네로를 두고 볼 수 없다는 공감대가 충분히 쌓였고, 68년에는 거의 모든 군대 지휘관과 속주 총독이 제위에 적합한 다른 후보를 생각하거나 스스로 제위에 도전해보려는 야망을 품고 있었다. 네 명의 경쟁자가 차례로 앞에 나섰다. 나이 지긋한 에스파냐 총독 갈바는 네로가 죽기 전에 이미 황제로 추대되었다. 갈바는 68년 가을 어느 시점에 수도 로마에 도착했고, 69년 1월 중순 쿠데타로 살해되었다. 이로 인해 한때 갈바의 지지자였지만 처우에 불만을 품고 있던 오토에게 제위가 넘어갔다. 그러나 오토도 오래가지 못했다. 오토는 저지 게르마니아 총독인 비텔리우스가 이끄는 군대에게 패했다. 비텔리우스도 몇 달 뒤인 69년 가을 티투스 플라비우스 베스파시아누스를 지지하는 연합군에게 패했다. 베스파시아누스는 66년 말 유대 반란 진압을 진두지휘했던 장군이다. 베스파시아누스는 선전을 통해서 자신이 휘하 장병들의 요구로 마지못해 황제로 추대되었으며, 심각한 대학살로부터 나라를 구하려는 의무감에서 나섰다는 이미지를 부각시키려고 무진장 애를 썼다. 사실 신중한 계산의 산물이었을 가능성이 훨씬 크다. 다른 경쟁자들이 죽어라 싸우는 동안 베스파시아누스

3부 로마 제국: 황제, 황후, 적들

는 기회를 엿보며 때를 기다렸고 적절한 시점에 "나라를 구하기 위해" 로마로 진군해 들어왔다. 구국의 사명감에서든 계산된 야망에서든 결과적으로 로마에는 새 왕조가 탄생했다. 바로 플라비우스 왕조다.

현대의 기록에서는 '내전'이라는 용어를 피하려는 듯 완곡어법으로 '네 황제의 시대The Year of the Four Emperors'라고 부르는 이 시기는 로마사에서 중대한 전환점이다. 네로는 율리우스-클라우디우스 왕조의 마지막 황제였다. 네로와 함께 죽은 것은 예술가만이 아니었다. 황위 주장은 직접적이든 간접적이든 초대 황제와 혈통으로 연결되어야 있어야 한다는 기존 관념 자체가 죽었다. 사실 아우구스투스가 마련한 황위 계승 방식 자체가 그의 체제에 중대한 약점이었다. 이후 역사에서는 황제가 되는 방법(혹은 특정 제위 후보자가 다른 후보자보다 정당성을 갖게 되는 이유)이 전보다 훨씬 더 치열한 논쟁거리가 된다. 타키투스가 예리하게 지적했듯이 서기 68~69년 각자의 군대를 이끌고 제위를 다퉜던 속주 총독들 사이의 충돌을 통해 "제국의 비밀 하나가" 누설되었다. "로마 외의 다른 어딘가에서 황제가 탄생하는 것이 가능하다"는 비밀이었다.

넷 중 첫 번째 도전자는 이미지상으로 네로와는 많이 다른 느낌을 주었다. 당연히 이는 매력적으로 귀족 지지자들을 끌어들였다. 에스파냐에서 제위를 주장하고 나섰을 때 갈바는 이미 일흔 살이 넘었다. 반면 네로는 자살 당시 불과 서른한 살이었다. 갈바는 예술적 성향을 띤 인기 있는 젊은이가 아니라 (탈장대를 둘러야 하는 보기 흉한 탈장을 포함해) 육체적 결점들이 있고, 남의 이목을 꺼리는 전통적인 사고방식을 지닌 노인이었다. 공화주의에 진지하고 현실적인 리더십, 미화하지 않고 있는 그대로를 드러내는 정치 리더십을 가치 있게 생각했던 이들에게는 이 모든 것이 네로와의 차이를 말해주는 표시이자 미덕으로 여겨졌을 것이다. 갈바는 검약하기로도 유명했다. 네로와 측근들은 경기를 마구 진작시켰다가 폭락을 초래하는 대책 없는 재정 전략을 택했지만 갈바는 처음부터 공공 지출을 단단히 틀어쥐었던 듯하다. 새로운 황제 즉위에 기여한 군단병이 당연히 기대하고 있었을 상여금 지불을 거부한 것은 널리 알려진 대로다. 이는 장기적으로는 현명한 정책이었을지 모르지만 단기적으로는 자신의 파멸을 초래하는 역효과를 냈다. 사람들은 갈바의 검약을 쩨쩨함으로 받아들였는데 아마도 올바른 판단이었을 것이다. 상황이 이렇다보니 갈바를 지지했던 군단병들은 기회가 오자마자 탈영해 오토에게로 갔다. 물론 상여금 지급에 관한 온갖 약속을 받고.

이외에 다른 면에서 갈바는 네로와 크게 다르지 않았다. 갈바 역시 고귀한 혈통을 주장했다. (로마 관습에 따라서) 가계도가 실제로 갈바의 집 아트리움 벽에 그려져 있었는데, 그의 혈통은 한쪽으로는 유피테르 신에게 닿았고, 다른 한쪽으로는 (특이한 성적 취향이 포함된다는 점을 감안하면) 살짝 위험하다 싶게 파시파에에게 닿아 있다. 파시파에는 전설에 나오는 미노스 왕의 아내이자 수소와 정을 통해 괴물 미노타우로스를 낳았다는 인물이다. 이는 베누스의 아들인 아이네이아스의 혈통이니 결국 베누스 여신의 후손이라고 주장하는 율리우스-클라우디우스 왕조의 주장과 맞먹는 수준이라고 봐야 한다. 그러나 과거 선조가 아무리 화려했다 해도 갈바 가계의 미래는 불확실했다. 네로처럼 갈바도 살아 있는 후계자를 두지 못했다. 이런 문제를 해결하고자 갈바는 게르마니아에서 비텔리우스가 반란을 일으켰다는 정보를 입수했을 즈음인 69년 1월 10일 귀족 청년을 입양해 후계자로 삼았다(그때까지도 갈바는 비텔리우스보다 훨씬 더 긴박한 위험이 가까이 있는 인물이 오토라는 사실을 인식하지 못했다). 루키우스 칼푸르니우스 피소 프루기 리키니아누스라는 젊은이였다. 그로부터 불과 닷새 뒤 피소는 갈바와 함께 살해되었다.

타키투스의 『역사Historiae』에서 피소의 입양은 도입부에 등장하는 중요한 사건이다. 타키투스의 『역사』는 (많은 부분이 소실되었지만) 원래 69년 초반을 시작으로 플라비우스 왕조가 끝나는 서기 96년, 즉 도미티아누스 황제 시대 말기까지 다뤘다. 현재 타키투스는 로마의 정치권력을 가장 비판적인 관점에서 냉정하고 날카롭게 분석한 고대 역사가로 간주되고 있다. 고대에 타키투스의 저서가 널리 읽혔다는 증거는 거의 없지만(오히려 반대 증거가 꽤 많다). 서기 56년 무렵 태어난 타키투스는 나중에 자신이 맹비난하게 되는 몇몇 황제 밑에서 원로원 의원으로 활동하며 출세 가도를 달렸고, 역사 기술로 관심을 돌린 것은 90년대 말경으로 보인다. (자신의 장인으로 한때 브리타니아 총독을 지낸 아그리콜라의 전기를 포함해) 단일 주제를 다루는 일련의 짧은 논고들을 집필한 뒤 서기 2세기 무렵에는 여러 권으로 구성된 훨씬 더 중요한 역사서인 『역사』 작업을 하고 있었다. 소플리니우스의 베수비오 화산 폭발 목격담을 적은 유명한 편지로 이런 사실을 유추할 수 있다. 화산 폭발이 일어난 것은 서기 97년이고, 타키투스에게 보낸 편지는 서기 106년 아니면 107년 어느 시기에 쓴 것이다. 이즈음 타키투스는 해당 부분에 대한 자료를 취합 중이었던 것으로 보인다. 『역사』를 마무리한 후 타키투스는 현재 『연대기Annales』라 불리는 새로운 역사서 집필에 착수했다(『역사』와 『연대기』 모두 르네상스 시대에 붙여진 명칭이다). 『연대기』는 『역사』 이전 시대, 즉 아우구스투스가 죽은 서기 14년부터 네로 사망 즈음의 어느 시점까지를 다룬 책이다. 정확히 어디까지 다뤘는지는 밝혀지지 않았다. 『연대기』의 끝부분 역시 소실되었기 때문이다. 타키투스가 착수한 작업을 마무리할 만큼 오래 살지 못했을 가능성도 높다.

『연대기』는 현대에 들어와 『역사』보다 훨씬 더 관심을 끌고 있다. 로마 역사 기술에서 수사학에 대한 최근 연구 대부분은 물론이고, 로마 제국 전제 정치의 본질을 정치뿐만 아니라 문화 면에서도 이해하려는 각종 시도에서 『연대기』는 무엇보다 중요한 핵심 자료가 되고 있다. 심지어 고전 시대 작품에는 좀처럼 손을 대지 않았던 프랑스 비평가 롤랑 바르트조차 『연대기』에 나오는 살인과 자살 장면을 분석해, 죽음이라는 행위가 제국의 폭정 아래 사는 자유민에게 남겨진 유일한 인간성의 흔적으로 간주되는 타키투스의 세계에 대해 짧은 평론을 썼다(타자기로 친 다섯 쪽짜리 주옥같은 원본 원고가 얼마 전 2500달러에 팔렸다). 전문 고전학자들 사이에서도 『연대기』에 대한 책과 글이 『역사』에 대한 것보다 10배쯤 많은 실정이 지속되고 있다.

이런 차이를 보이는 데는 몇 가지 이유가 있다. 첫째, 둘 다 지금은 완전하게 남아 있지 않지만 『역사』가 훨씬 더 많이 소실되어 남은 분량이 현격히 적다. 『역사』는 원래 총 열두 권 혹은 열네 권으로 추정되는데 현재는 네 권 남짓 있을 뿐이다(총 열여섯 권 혹은 열여덟 권에서 약 아홉 권이 남아 있는 『연대기』와 비교된다). 둘째, 『역사』에 남아 있는 네 권이 타키투스가 선택한 시기의 초기 2년, 즉 69년과 70년만 다루고 있다는 점이다. 결국 남은 분량의 많은 내용이 잠깐 등장했다 사라진 단역 황제들의 잔인하고 극도로 복잡한 싸움과 내분을 다루고 있다는 의미가 된다. 그러나 이들 단역 황제는 개별적으로 로마의 역사, 정치, 문화 등에 거의 영향을 미치지 못했다. 사정이 이렇다보니 후반부의 (아마 훨씬 더 재미있었을) 괴물 도미티아누스 치세에 관한 내용이 소실된 것을 안타까워하는 독자가 많을 수밖에 없다. 동시에 율리우스-클라우디우스 왕조 시대의 매력적인 영웅과 악당의 화려한 진용, 그들의 잊지 못할 범죄 장면, (롤랑 바르트마저 관심을 가졌던) 잦은 죽음 장면 등으로 다채롭게 무장한 『연대기』를 선호하지 않을 수 없었다. 카리스마 넘치는 왕자 게르마니쿠스의 매력과 그를 둘러싼 독살설. 매사에 간섭하고 자신을 조종하는 어머니를 엉성하게 만든 배에 태워 침몰 사고로 위장해 제거하려 했던 네로의 결과적으로 실패한 모친 살해 시도. 반역을 꾀하다 발각된 뒤 마치 연극을 하듯 소크라테스 스타일로 자살했다는 세네카 이야기 등등. 『연대기』에는 자극적이고 흥미로운 이야기가 넘쳐난다. 셋째, 『연대기』가 타키투스의 전체 작품 가운데 작품성이 절정에 달했으며 '타키투스적'인 특징이 가장 뚜렷이 드러난다는 게 일반적인 견해다. 이런 관점에서 보면 『역사』는 타키투스가 저술가로서 목표로 삼았던 최고의 경지로 가는 과정에서 하나의 단계를 나타낼 뿐이다. 따라서 진정한 '타키투스 체험'을 하려면 『연대기』를 읽어야 한다. 이런 식의 논리다. 분명 타키투스 특유의 극단을 오가는 언어, 엉뚱한 신조어 남발, 교활한 말장난, 문법 파괴 등은 후기 작품에서 가장 극적으로 나타나는 게 사실이다. 황제의 전제 정치가 예고했던 타락과 도덕성 붕괴를 분석할 새로운 라틴어를 찾으려는, 타키투스의 더없이 대담한 시도를 보게 되는 것도 바로 이들 후기 작품에서다. 우리가 『연대기』를 보면서 더없이 불편함을 느끼는 한편 유달리 도전의식을 불태우게 되는 것도 바로 이 때문이다. 그러나 『연대기』가 읽기 몹시 어렵다는 사실도 인정하지 않을 수 없다. 어쩌면 어렵다고 소문난 투키디데스보다 훨씬 더 어려울 수 있다(3장 참조). 라틴어를 2, 3년 공부한 학생에게 『연대기』에 도전하라는 것은 어떤 의미에서 기본 영어 실력 인증만 가지고 있는 비영어권 사람에게 제임스 조이스의 『피네간의 경야』를 내미는 것과 같다.

그러나 이런 상대적인 홀대가 『역사』에 공평한 대우라고 볼 수는 없다. 특별할 것 없어 보이는 1권의 첫 문장조차("내 글의 시작은 세르비우스 갈바가 티투스 비니우스와 함께 두 번째로 집정관으로 재직했던 해가 될 것이다") 의미심장한 모호성을 띠면서 제정의 본질에 대한 중요한 질문들을 던진다. 현대의 일부 평자는 여기서 타키투스의 선택에 대해 의문을 품는다. 왜 타키투스는 69년 1월 1일로 이야기를 시작하는가? (신임 집정관은 새해 시작과 함께 공식 취임한다.) 결정적인 정치적 변화는 네로의 죽음으로 인한 율리우스-클라우디우스 왕조의 몰락과 함께 68년 6월에 일어나지 않았던가? 그러나 그것이 바로 타키투스가 말하려는 요점이다. (『역사』와 『연대기』의 다른 부분에서도 그런 것처럼) 집정관 중심의 연도 표기라는 과거 공화정 시기의 구조를 보란 듯이 과시함으로써 타키투스는 로마의 전통과 제정기 정치 현실 사이의 긴장을 한층 더 강조하고 있다. 황제의 통치와 공화제 관료 취임 양식이 조화를 이룰 수는 없다는 사실을. 로마인들은 오래전부터 공화제의 관료 취임 양식에 따라 연도를 표기해왔다(해마다 선출하는 두 명의 집정관 이름을 앞에 써서 "X와 Y가 집정관으로 있던 해"라는 식으로). 다시 말해 제정은 로마인의 시간관념의 토대 자체를 파괴했다. 이것만이 아니다. 해당 문장에는 앞으로 책에 나올 주요 주제들에 대한 암시도 들어 있다. 이것이 갈바의 두 번째 집정관 시기라는 틀에 박힌 듯한 무심한 언급은 독자로 하여금 그렇다면 갈바의 첫 번째 집정관 시기는 언제인가라는 의문을 갖게 만든다. 첫 번째 집정관 시기는 무려 한 세대 전인 서기 33년, 아우구스투스의 후계자인 티베리우스 황제 치하였다. 첫 문장에서 암시하는 것처럼 갈바는 글자 그대로 과거에 속한 사람이었다. 69년이 시작되는 시점에 로마는 많은 문제를 안고 있었는데, 군대로 치면 만기 제대를 해도 시원찮을 사람이 초보자로 제위에 올랐다는 사실도 그중 하나였다.

타키투스 특유의 역사 서술 특징이 이보다 훨씬 더 두드러지는 대목은 피소의 입양 장면이다. 여기서 타키투스는 후계자 선택뿐 아니라 제위를 이을 후계자를 찾는 수단으로 입양이라는 전체 원칙을 정당화하는 갈바의 장황한 연설을 소개한다. 애국의 책임을 열변하는 고상한 표현들로 넘치는 그런 연설이다. 갈바는 '자유' 공화제까지 거슬러 올라가는, 기라성 같은 인물이 포진한 피소의 화려한 혈통을 칭송하고, 그때까지 피소의 나무랄 데없는 이력을 강조했다. 또한 갈바는 오랜 전통인 민주 정부의 부활이 이제는 불가능한 선택임을 경건한 어조로 한탄하는 모습도 보인다. 그리고 계속해서 입양이 차선책이라고 주장한다. 입양을 통해 지배자가 나라를 통치할 최적의 인물을 자유롭게 선택할수 있다는 논지다. 많은 비평가가 갈바의 이런 연설이 로마의 후대 역사에서 일어나는 사건들과 명백한 관련성을 보인다고 생각해왔다. 타키투스가 『역사』 작업을 이미 시작했으리라 추정되는 97년에 연로한데도 불구하고 자식이 없었던 데다 카리스마도 부족했던 네르바 황제가 트라야누스를 후계자로 입양했기 때문이다(네르바는 살해당한 도미티아누스에 이어 황제가 된 인물이다). 당연히 이때도 갈바의 연설 내용과 비슷한 주장들이 동원되었을 것이다. 그러나 갈바의 연설이 네르바와 트라야누스를 찬양하려는 의

도로 삽입되었다면 이는 양날의 칼과 같다고 볼 수밖에 없다. 왜 냐하면 신시아 데이먼이 『역사 1Histories 1』이라는 저서에서 지적 했듯이 애국 운운하는 고상한 이상에 호소하는 감상적인 외피를 벗기고 보면, 타키투스가 말하는 갈바는 거의 모든 것을 잘못 생 각하고 있기 때문이다. 갈바는 자신의 선택이 '합의'를 전제로 하 고 있다고 주장했지만 협력자 오토가 결국 반기를 들게 만든 것 이 바로 피소의 입양이었다. 자식이 없다는 사실만이 자신의 인 기에 흠집을 내는 유일한 결함이라는 갈바의 주장은 상여금을 요구하는 병사들의 불만에 귀를 기울이지 않았음을 말해준다. 또한 명문 귀족 출신이라는 피소의 배경과 나무랄 데 없는 이력 이 제국을 통치할 충분한 자격이 된다는 갈바의 생각은 아무리 좋게 보려 해도 순진하기 짝이 없는 것이다. 더구나 피소가 나무 랄 데 없는 이력을 자랑했던 유일한 이유는 네로 황제 시절 추방 당했기 때문이다. 로마에서 공직을 맡아본 적이 없으니 실수하고 잘못할 기회 자체가 거의 없었던 셈이다. 또한 (갈바가 강조했던) 피소의 귀족 선조 가운데는 폼페이우스도 있는데 이는 썩 상서롭 지 못한 징조였다. 기원전 40년대 율리우스 카이사르와의 내전에 서 폼페이우스의 패배는 공화정의 종식과 황제 1인 지배의 도래 를 예고한 결정적인 사건이었기 때문이다.

즉 피소의 입양 장면은 다음 단계가 주로 제위 계승에 관한 내용으로 채워질 역사서에서 놀라울 정도로 함축적이고 의미심장한 도입부다. 갈바의 연설 이면을 들여다보면 제위 계승에 있어 많은 딜레마가 드러난다(갈바의 장황한 연설과 달리 피소가 아무 말도 하지 않는 것 역시 의미심장하다 하겠다). 제국을 통치할 사람을 택할 때 누구를 택할 것인가는 물론이고 어떤 선택 방법과 선택 근거에 대한 주장이 좋은가까지. 이는 몇 장 뒤에 나오는 타키투스의 유명한 갈바 사후 요약문에서 다시 제기되는 딜레마이기도 하다. "omnium consensu capax imperii, nisi imperasset"("황제가 되기 전까지는 사람들이 만장일치로 황제가 되기에 적합하다고 생각했던 인물"). 69년에 대한 타키투스의 서술을 좀더 깊이 들여다보면 이런 딜레마가 경쟁 진영 사이에 끼어 십자포화를 맞은, 끔찍했던 크레모나 민간인 대학살에서 더 무시무시한 형태로 나타나고 있음을 알 수 있다크레모나는 현재 이탈리아 북부의 롬바르디아 지방에 위치한 도시로 69년 비텔리우스와 베스파시아누스 사이에 벌어진 베드리아쿰 전투로 도시가 거의 파괴되는 피해를 입었다. 스쳐 지나가는 단역 황제라 해도 무자비하게 파괴적일 수 있다는 사실을 보여준 사례다.

그러나 타키투스 특유의 역사 서술 방식에는 이해하기 힘든 부분도 적지 않다. 투키디데스의 역사 서술을 다룰 때도 살펴본 바지만 (『연대기』에서 특히 두드러지나 거기서만 보이는 특징은 아닌) 지독하게 극단적인 언어 사용은 거의 모든 번역가를 나가떨어지게 만든다. 뛰어난 라틴어 학자인 토니 우드먼은 최근 라틴어 원본에 충실한 타키투스 번역본을 완성하려 했다. 결과는 정확한 만큼 매력이 없다는 것이다. 대개의 번역가는 서문에서 아무리 해도 완벽한 번역이 불가능하다면서 변명조의 한탄을 늘어놓는 것으로 책을 시작한다. 예를 들면 케네스 웰즐리는 펭귄북스에서 펴낸 『역사』영어판 서문에서 자신이 "가엾은 제물을 난도질하지 않았나 싶다"는 (터무니없지만은 않은) "죄책감과 후회", 그리고 두려움에 대해 토로한다. 그러나 이런 사죄를 마치고 본론으로 들어가면 번역가들은 라틴어를 표준 영어에 가깝지만 원본과는 상당히 동떨어진 무언가로 매끄럽게 다듬어놓는다.

타키투스 번역은 당연히 벅차고 두려운 과제다. 정말 솔직한 예를 하나만 들자면 나는 (심지어 우드먼의 것까지 포함해) 지금까지 나온 『연대기』번역 중 첫 문장의 불온한 다중성을 제대로 포착한 판본을 보지 못했다. "도시 로마는 처음부터a principio 왕들의 소유였다." 라틴어 a principio는 '처음에는'과 '처음부터'라는 두 가지 의미를 동시에 지니고 있으며 이런 이중성이 중요하다. 타키투스의 의미가 '처음에는' 로마가 (로물루스와 동료) 왕들에 의해 지배되었다는 것일까? 아니면 타키투스는 전제 정치와 도시 로마가 사실은 '처음부터' 함께였지 않았나 하는 의문을 품도록 우리를 자극하는 것일까? 이에 대한 혹은 『연대기』의 다른 많은 부분에 대한 좋고 읽기 쉬운 (그리고 시장성도 있는) 영어 번역이 어떤 형태일지 예상하기는 쉽지 않다. 그러나 식을 줄 모르는 인기를 자랑하는 펭귄북스의 마이클 그랜트의 번역보다는 나은 것이어야 하리라("로마가 처음으로 도시가 되었을 때, 지배자들은 왕이었다"). 마이클 그랜트의 번역본은 출판 후 50년 넘는 세월 동안 꾸준히 인기를 끌면서 타키투스라는 사람과 그의 역사 서술의 특징에 대해 다른 어떤 책보다 많은 오해를 불러일으키지 않았나 싶다.

그렇지만 반가운 소식은 더없이 타키투스다운 면모를 보여주는 통찰력 있는 주제들이 한없이 따분한 번역에서도 빛을 발한다는 것이다. 타키투스는 "나흘 천하"로 생을 마감한 피소라는 인물을 통해서도 이처럼 통찰력 돋보이는 인상적인 주제 가운데 하나를 제기한다. 즉 황실 가족의 그늘에서 사는 게 얼마나 위험한가 하는 것이다. 워낙 집안이 좋고 연줄이 든든하다보니 권력자 입장에서 무시할 수도, 무턱대고 믿을 수도 없는 존재가 되는 데서 오는 특별한 위험이다. 『연대기』에 나오는 가장 대표적인 사례는 유니우스 실라누스 가문이다. 이들의 불행은 모계 쪽으로 아우구스투스의 직계 후손이었다는 데서 유래한다. 제위의 정통성에 자신이 없었던 모든 율리우스-클라우디우스 왕조의 황제가 가장 가까운 실라누스 집안 인물을 제거하는 예방 조치를 취했다. 타키투스가 보기에는 실라누스 집안 사람 살해가 대관식 의식 중 하나처럼 보일 정도였다. 철저하게 나태한 태도(혹은 그런 척하는 모습)를 보이는 것도 보호막이 되어주지는 못했다. 네로의 어머니 아그리피나(大大아그리파나)는 아들의 즉위에 즈음하여 '금빛 양'이라는 별명의 더없이 게으른 실라누스 집안 사람 한 명을 제거했다. "새로운 황제 치하의 첫 번째 죽음"은 타키투스가 실라누스 살해라는 범죄를 얄궂게도 격식화하여 칭한 『연대기』 13권의 시작 문구다.

피소의 가족도 같은 문제에 직면했다. 그들은 든든한 연줄뿐 아니라 앞서 살펴본 것처럼 위험천만하게도 폼페이우스의 후손이었다. 폼페이우스는 전제 군주정에 맞선 공화주의의 자유를 대표하는 가장 강력한 상징 중 하나가 된 인물이다. 따라서 이 집안에 태어나는 것은 '킬링필드'에 태어나는 것과 같았다. (겁도 없이 폼페이우스의 '마그누스' 칭호를 썼던) 피소의 형제 중 한 명은 클라우디우스 황제의 딸과 결혼했지만 모종의 범죄 혐의로 고소되었고 46년 즉각 처형되었다. (세네카는 클라우디우스가 "이름은 돌려주었지만 머리는 베어버렸다"고 농담했다.) 피소 부모의 죽음 역시 같은 마녀사냥이었다. 다른 동생은 네로에게 죽었고, 손위 형제 한 명은 피소보다 나중에 죽은 게 분명해 보인다. 타키투스가 잔인하게도 이런 농담을 했기 때문이다. "피소는 적어도 여기서는 형보다 위에 있었다. 먼저 살해당했으니까." 타키투스가 보기에 이들 가문은 제국의 권력 게임에서 역할이 서서히 사라질 운명인 대안 왕조alternative dynasty들을 대표한다.

이들 입장의 이야기에 대해서는 어떤 상세한 내용도 알 수 없으리라. 그러나 피소의 경우 어렴풋이나마 그들의 이야기를 엿볼 수 있다. 19세기 말 우연한 고고학 발굴 덕분에 피소의 가족 무덤이 드러났기 때문이다. 피소와 그의 형제 마그누스의 묘비명은 신중함 혹은 완곡어법의 진수를 보여주는 예라고 할 수 있다. 피소의 묘비명에는 간단하게 이름과 그가 보유했던 사제 칭호, 그리고 아내 베라니아의 이름만 기록되어 있다(베라니아는 트라야누스 황제 시대까지 살았다. 그녀는 트라야누스 황제 시대에 필시 꾐에 빠져 69년에 죽은 남편의 잘린 머리를 물어뜯었다는 평판이 있는 남자에게 유산을 주었다). 피소의 묘비명에는 갈바에게 입양되었다는 언급도 없고 끔찍한 죽음에 대한 암시도 전혀 없다. 마그누스는 클라우디우스 황제의 명으로 처형되었음에도 클라우디우스 황제의 부마라고 나와 있다. 같은 발굴 장소에서 나온 유일한 두상은 피소 집안의 이념에 대해 약간의 힌트를 제공하며, 더불어 그것이 타키투스의 서술과 맞는다는 것을 확인시켜준다. 바로 (현재는 덴마크 코펜하겐 글립토테크 미술관에 있는) 폼페이우스 마그누스의 두상이다(그림 2 참조).

가족의 묘비와 함께 이 조각상이 발견되지 않았다면, 우리는 타키투스 및 (그보다 신랄하지 않은) 다른 로마 역사가들이 말하는 피소 집안의 역사에 상당히 의혹을 품었을지도 모른다. 아무튼 전제 군주제하에서 왕가에 얽힌 살인이 무성하다면 왕가에 얽힌 확실치 않은 살인 혐의 역시 무성할 수밖에 없다. 돌연사가 황제의 작품으로, 더 편리하게는 황제의 어머니나 아내의 작품으로 설명되는 경우가 적지 않을 수 있다. 현대의 많은 평자가 인정하듯이 타키투스가 그리는 로마 제국 중심부의 타락상 가운데 일부는 완전한 창작까지는 아니라도 역사가 자신의 윤색이 많이 가미된 게 분명하다. 피소 가문을 다룬 다른 버전의 이야기가 나온다고 해도 피소가 오토 일파의 손에 처참한 죽음을 맞았다는 사실을 부인하긴 힘들겠지만, 다른 집안 구성원의 죽음이 정확히 얼마나 수상쩍은가에 대해서는 쉽게 믿기지 않았을지도 모른다. 동시에 이들 가문이 권좌에 대한 자신들의 권리를 얼마나 과시했을지, 즉 차기 권좌를 노리는 경쟁 왕조로서 행동했을지에 대해서도 충분히 의문을 품어봄 직했을지 모른다. 그러나 (공화주의 이념 지지에 따르는 온갖 부담과 위험에도 불구하고) 무덤에 떡하니 버티고 있는 폼페이우스 두상의 존재는 타키투스의 관점을 전반적으로 지지하고 있다는 생각이 든다. 피소 가문의 훗날 역사를 봐도 마찬가지다. 피소 자신은 '나흘 천하'로 끝났을지 모르지만 그로부터 1세기 뒤 친척뻘 되는 파우스티나가 안토니누스 피우스 황제에게 시집을 갔고, 그녀의 조카가 마르쿠스 아우렐리우스 황제가 되었다. 피소 가문은 결국 제위를 차지하는 데 성공했다.

서평 도서

1 Cynthia Damon (ed.), 『타키투스: 역사 1Tacitus: Histories I』(Cambridge University Press, 2002)

18. 하드리아누스와 티볼리 별장

━━━━━ 한번은 하드리아누스가 공중목욕탕에 갔다가 늙은 병사가 벽에 등을 대고 문지르는 모습을 봤다. 무슨 일인지 의아했던 황제는 노인에게 무엇을 하고 있느냐고 물었다. "대리석을 이용해서 몸의 기름을 제거하는 겁니다. 노예를 부릴 여유가 없어서요." 남자가 설명했다. 황제는 즉석에서 남자에게 노예 여러 명과 함께 유지비까지 하사했다. 몇 주 뒤 황제가 다시 목욕탕에 갔다. 아니나 다를까 이번에는 일단의 늙은 남자들이 보란 듯이 벽에 등을 대고 문지르고 있었다. 인심 좋은 황제의 덕을 보려는 속셈들이었을 게다. 황제가 같은 질문을 던지자 몇 주 전과 같은 대답이 돌아왔다. 영리하고 재치 있는 황제는 이렇게 대답했다. "그런데 서로 등을 밀어줄 생각은 안 해봤나?"

위의 일화는 황제 사후 2세기 넘게 지난 서기 4세기의 어느 시점에 작성된 특이한 '판타지 전기'에 실려 있다. 작가는 '아일리우스 스파르티아누스'라는 거창한 필명을 쓰는 사람이었다. 사실 이 일화는 로마 황제 누구와 연관지어도 무방한 내용이다. 공교롭게 하드리아누스의 이름을 쓴 것은 전혀 의미가 없다. 여기서 중요한 것은 일화를 통해 엿볼 수 있는 '좋은' 황제란 어떤 인물인가에 대한 로마 사람들의 생각이다. 좋은 황제는 관대해야 하고 멀리 볼 줄 알아야 하며(노예 유지비까지 하사한 점에 주목하라. 로마인은 공짜 노예라 해도 마냥 싸게 먹히지는 않는다는 것을 알고 있었다) 무엇보다 똑똑해서 마냥 속고 이용당하는 그런 부류가 아니어야 했다. 좋은 황제는 또한 대중과 직접 마주할 배짱을 지녀야 한다. 말하자면 상류층만 사용하는 외딴곳에 있는 사설 목욕 시설이 아니라 공중목욕탕에서 찾아오는 일반인 모두와 어울리고 고생도 함께 해야 한다. 로마 황제는 친구나 동료 같은 이미지여야 한다. 아니, 적어도 그런 척이라도 해야 한다.

황제의 미덕을 두루 보여주는 위의 일화와 달리, 하드리아누스 황제를 둘러싼 대부분의 일화는 황제의 미덕과 도를 넘은 과도함 사이의 경계가 과연 어디인가라는 곤란한 질문들을 촉발했던 인물에 대해 애증이 뒤섞인 복잡한 내용이다. 예를 들어 로마인들은 그리스 고전 문학작품에 정통한 황제, 자신의 쾌락주의 성향과 금욕주의 성향을 구별할 줄 아는 황제를 존경했을지 모른다. 그러나 그들이 과연 하드리아누스 같은 황제, 말하자면 그리스 철학자 스타일로 수염을 기르고 젊은 그리스인 동성 애인을 보란 듯이 과시하고 다녔던 그런 황제까지 존경했을지는 의문이다. 그냥 동성 애인도 아니고 황제가 빠져도 한참 빠져서 나일강에서 의문의 죽음을 맞은 뒤 신으로까지 추대했던 인물이다. 황제가 젊은 동성 애인이 죽었다고 신격화까지 하다니 참으로 민망한 노릇이 아닐 수 없다. 또한 로마인들은 아마 속주의 현황을 파악하기 위해 고된 여행도 마다 않는 그런 황제를 존경했으리라. 그러나 (거기가 어디든) '집'에는 거의 있지 않고 직업 여행가처럼 밖으로만 도는 그런 황제는 어떨까? 하드리아누스가 황제란 무릇 로마에 있어야 한다는 고정관념을 깬 것이 로마인들에게 아무렇지 않았을까? 아니면 문제라고 생각했을까?

사냥에 대한 남다른 열정은 또 어떤가? 소문에 의하면 하드리아누스는 고대 왕들의 스포츠였던 사냥의 달인이었다고 한다. 스파르티아누스에 따르면 하드리아누스는 특히 성공적이었던 야생돼지 사냥을 기념하기 위해 아예 하드리안-오테라이Hadrian-otherae(해석하면 '하드리아누스의 사냥')라 불리는 마을을 세우기도 했다고 한다. 그러나 하드리아누스가 로마인들이 높이 치는 전쟁 수행 등의 실제 군사적인 미덕을 희생하면서 자신의 사냥 솜씨만 과시하지 않았나 하는 의혹도 알게 모르게 있었다. 말하자면 전투 자체가 아니라 전투 놀이를 한다는 시선 말이다. 예를 들어 하드리아누스는 자신의 사냥용 애마가 죽자 추모비까지 갖춘 호화로운 무덤을 세웠다. 아마 알렉산드로스 대왕이 애마 부케팔로스를 잃고 행했던, 이름을 딴 도시 건설 등의 애틋한 추모의식을 참고한 것이겠지만 보는 사람 입장에서는 오히려 '격세지감'을 느끼지 않을 수 없다. 왕년에는 애마가 세계를 지배하는 데 쓰였지만 지금은 창으로 야생돼지 몇 마리를 잡는 데 쓰이는구나 하는.

하드리아누스 황제가 로마에서 30킬로미터쯤 떨어진 티볼리에 지은 대형 '별장' 역시 비슷한 질문들을 하게 만든다. 흔히 '하드리아누스 별장'이라 불리는데 솔직히 '별장'은 절제된 표현이다. 티볼리 별장은 로마 시대에 지어진 최대 규모의 궁전으로, 도시 폼페이 면적의 두 배에 달하는 공간을 차지했다(거의 런던 하이드 파크 크기만 했다). 티볼리 별장은 단일 건물이 아니라 그 자체로 하나의 도시였다. 대형 연회장, 여러 개의 목욕탕, 도서관, 극장, 식당, 주방, 집무실, 근사한 공원까지 갖추고 있었다. 지금은 유적지를 방문해도 원래 분위기를 거의 느낄 수 없다. 대부분은 아직 제대로 발굴되지 않은 데다 발굴된 유적마저 사실상 폐허 상태다. (현재 이곳이 이탈리아에서 네 번째로 관광객이 많은 기념물이라는데, 이곳 유적과 하드리아누스의 명성 때문이라기보다는 두 번째로 관광객이 많은 빌라데스테가 바로 근처에 있어서인 듯싶다.) 그러나 18세기에 이곳에서는 믿기지 않을 만큼 화려한 과거를 말해주고도 남는 수백 점의 조각상이 발굴되었다. 이들 조각상은 소위 '그랜드 투어 골동품 시장'에서 팔려나가 현재는 (영국박물관을 포함한) 서구의 여러 박물관을 장식하고 있다그랜드투어는 17세기 중반부터 19세기 초반까지 특히 영국 상류층 자제들 사이에서 교육의 일환으로 유행한 유럽 대륙 순회 여행을 말한다. 주로 예술의 중심지인 프랑스, 이탈리아, 그리스 등의 도시를 유람했다. (앞으로 살펴보겠지만) 스파르티아누스의 글에 나오는 이상한 언급들과 결합되어 18세기 이탈리아 판화가이자 건축가인 조반니 피라네시 이후로 계속된 다양한 유물 복원 시도 역시 어마어마한 규모의 호화판 풍경을 채우는 데 도움이 된다. 아무튼 티볼리 별장은 과대망상증 기념비처럼 보인다. 하드리아누스의 과대망상이든 실제 작업한 건축가들의 과대망상이든, 아니 양쪽 모두의 과대망상이 결합된 산물일 가능성이 높다.

여기서 문제는 황제의 고급스러운 우아함과 폭군의 퇴폐적인 음란함을 나누는 선을 어디에 (그리고 어떻게) 그어야 하는가다. 이는 티볼리 별장의 많은 '오락 시설'이 끈질기게 제기하는 질문이기도 하다. 이른바 수변 식당을 예로 들어보자. 손님들이 작은 연못 주변에 비스듬히 기대고 누워서 (한 복원에서 주장하는 것처럼) 연못에 띄운 작은 배들 위에 놓인 음식을 서로를 향해 밀어준다(물론 노예들이 가까이 대기하고 있다가 서툰 조종 때문에 해변으로 밀려오는 배들이 뒤집히지 않도록 구조했을 것이다). 하드리아누스 별장에서 가장 유명하고 그만큼 사진에 많이 등장하는 '카노푸스'는 주랑과 운하, 축소판 신전 등이 딸려 있는 인공호수인데, 한때는 하드리아누스가 사랑하는 동성 연인 안티누스를 기리며 만든 기념물로 여겨졌지만 지금은 만찬을 위한 공간으로 해석된다. 여기서 식사를 하는 사람들은 알렉산드리아의 유명한 세라피스 신전을 모방한 작은 신전에 설치된 로마식 벤치 위에 특유의 비스듬한 자세로 앉아서 실컷 먹고 마실 수 있었다. 그것이 교양 있는 만찬 참가자들을 위한 조예 깊은 모방품이었든, (장식용 분수와 환상적인 조명으로 한껏 꾸민) 시스티나 성당 같은 곳에 있는 요즘으로 치면 빅맥 햄버거를 제공하는 맥도널드 같은 곳이었든 간에.

별장 전체가 무엇을 상징하는가라는 좀더 포괄적인 질문도 있다. 스파르티아누스는 별장이 로마 제국 자체의 축소판이라고 말한다. 하드리아누스는 "실제로 별장 여기저기에 유명한 지방과 장소의 이름을 붙였다. 가령 리케움아리스토텔레스학파, 아카데미아플라톤학파, 프리타네움고대 그리스 도시국가의 공관, 카노푸스이집트 항구도시, 포이킬레스토아학파, 템페그리스 에살리아 지방에 있는 아름답기로 유명한 계곡 등으로 불렀다". 말하자면 여러 철학 학파의 명칭뿐 아니라 아테네와 지중해 동부 지역에서 가장 유명한 경승지가 어떤 식으로든 하드리아누스의 궁전에 존재하고 있었다. 스파르티아누스가 꼭 황제의 의도를 우리보다 잘 알고 있었다고 보긴 어렵지만 (카노푸스 같은) 별장의 특징적인 구조물 중 일부는 분명 같은 이름의 기존 건물 혹은 유명한 지형지물을 모방한 듯하다. 따라서 티볼리 궁전과 설계자들이 황제의 소유물에 대해 이야기하고 있으며, 전략적으로 제국의 영토와 황제의 사유지를 합체시키고 있다는 결론을 부인하기는 힘들다. 달리 말해 티볼리 별장은 유독 속주 순행을 좋아했던 하드리아누스가 '본국'에 있을 때조차 '해외'에 있는 기분을 낼 수 있다는 의미였다.

동시에 하드리아누스의 이미지와 반세기쯤 전의 '괴물' 네로 황제의 이미지 사이에는 유사성이 매우 두드러진다. 전하는 일화들을 보면 둘 다 로마인답지 않게 그리스와 관련된 모든 것에 심취해 있었다. (네로는 성대한 그리스 일주 여행을 한 것으로 유명한데 네로의 방문에 맞춰 일정이 조정된 중요한 제전祭典의 경연 종목에 참가해 다수의 월계관을 수집했다. 그리고 마지막에는 한껏 허세를 부리며 그리스 전역을 '자유도시'로 선포했다.)로마 제국 시절 자유도시가 되면 내정 자치가 보장되고 속주세가 면제되는 특전을 누렸다. 네로 이전에는 아테네와 스파르타만 누리던 혜택을 그리스 전역으로 확대한 것이지만 이런 '자유도시' 선언은 네로 사후 2년 뒤 백지화된다. 둘은 궁전 건물에 대한 열정도 같았다. 네로의 황금궁전은 티볼리 궁전의 확실한 선례라 할 수 있다. (네로의 궁전은 규모 면에서는 상대적으로 수수해서 약 0.5제곱킬로미터의 면적이었지만 최신 기술을 동원한 회전 천장까지 갖췄고 입구 홀에는 [아마도 네로 자신을 나타낸 것일] 유명한 대형 청동상이 세워져 있었다. 15장 참조.)

그렇다면 왜 네로는 쿠데타로 제위를 빼앗기고 역사에서 악마로 묘사되었던 반면, 하드리아누스는 목적과 동기에 대한 골치 아픈 물음표 외에는 이렇다 할 비난이나 혹평 없이 자기 침대에서 편안한 죽음을 맞을 수 있었을까? 당연히 하드리아누스가 황제의 '이미지 메이킹'이라는 아슬아슬한 줄타기를 네로보다 교묘하게 해낸 것도 한 가지 이유다. 네로의 황금궁전은 도시 로마의 중심지를 사유화했기 때문에 시민들의 원성을 샀다. ("로마 시민은 베이이로마 근교에 있던 에트루리아인이 세운 도시로 쫓겨갔고 도시는 개인의 집이 되었다." 네로의 건축 계획을 조롱한 당대의 유명한 농담이다.) 반면에 하드리아누스의 별장은 규모는 훨씬 더 컸지만 (충분히 신중을 기해서) 수도에서 꽤 멀리 떨어져 있었다. 지금까지 우리가 던진 질문 자체가 부분적인 해답을 제공하기도 한다. 대부분의 로마 지배자는 그들이 실제 악마이거나 악마화되었기 때문에 타도 대상으로 몰려 제위를 빼앗긴 것이 아니라 제위를 빼앗겼기 때문에 악마화되었다(내가 보기에 황제 암살은 대개 정치 이념이나 도덕적 분개의 결과라기보다는 자기 잇속을 차리려는 이기적인 경쟁의 산물이었다). 하드리아누스의 목숨을 노린 암살 시도도 여러 차례 있었는데 그중 하나가 성공했다면 하드리아누스 역시 포악한 미치광이로 역사에 기록되었을 것이다. 하드리아누스의 치세에 관한 진실이 무엇이든 간에 그가 택한 충성스러운 후계자 안토니누스 피우스는 하드리아누스가 후세에 나쁜 황제로 비치지 않게끔 마무리를 잘했다. 알고 보면 하드리아누스는 나쁜 대우를 받아야 마땅한 사람인데 능력 있고 재수 좋아 피해간 것인지 누가 알겠는가?

앤서니 벌리는 이런 질문들에는 별로 관심이 없었다. 벌리의 하드리아누스 전기는 티볼리에 있는 별장에 대해 한 쪽이 조금 넘는 정도로만 다룬다(그나마도 주로 하드리아누스와 같은 에스파냐 속주 출신 가운데 인근에 별장을 소유하거나 그렇지 못한 사람을 나열하는 식으로 채워져 있다). 어쨌든 벌리는 상대적으로 범위가 넓은 문제에는 지면을 전혀 할애하지 않는다. 황제의 명성이 어떻게 만들어졌는지, 심지어 여러 황제와 관련하여 거의 똑같다 싶은 일화가 전해오는데 이를 어떻게 평가해야 할지에 대해서도. 벌리의 방법론을 말하자면 바로 맹신이다. 그는 하드리아누스가 농부 여인과 마주친 유명한 일화를 인용하면서 이것이 하드리아누스 이전의 여러 그리스 통치자에 대해서도 나왔던 이야기임을 인정한다(일화에 따르면 여인이 청원할 것이 있어 하드리아누스를 불러 세우자 그는 너무 바빠서 이야기를 들을 시간이 없다고 말했다. 그러자 여인이

3부 로마 제국: 황제, 황후, 적들

"그럼 황제를 그만두세요"라고 응수했고, 이를 들은 하드리아누스는 돌아서서 여인의 이야기를 들었다는 내용이다). 그러나 벌리는 이 경우에는 "그럼에도 불구하고 진실일 가능성이 높다"고 주장하는 고지식함을 보인다. 벌리는 로마 황제에 대한 현대 전기의 목적이 무엇인지, 어떤 것이 포함되어야 하는지, 혹은, 더욱이 '인품이나 성격'도 아니고 현대적인 형태의 '인생사'를 로마인 상대로 기술하는 게 적합한지 등에 대해서 스스로 조금이라도 의문을 품었다면, 분명 독자에게 이야기하지 않았을 것이다.

벌리는 군더더기 없이 간단명료한 접근법을 택한다. 벌리는 처음부터 마지막 숨을 거두는 순간까지 하드리아누스의 인생행로를 기록한다. 그리고 질문을 던진다. 하드리아누스가 어떤 관직을 맡았는가, 누가 그의 출세를 도왔는가, 그의 친구는 (그리고 적은) 누구인가, 그는 어디를 다녔는가, 누구와 함께 갔는가, 어떻게 갔는가, 거기에 도착해서 무엇을 했는가, 다음에는 무엇을 했는가? 크게 문제될 것 없는 악의 없는 질문들이다. 그러나 문제는 대부분의 질문에 답할 증거가 사실상 없다는 점이다. 물론 하드리아누스에 관한 많은 일화가 전해오고, 티볼리 별장을 비롯해 눈에 보이는 유물과 유적 역시 어마어마하게 존재한다(하드리아누스는 페리클레스 시대의 아크로폴리스 개발 이래 아테네에서 이뤄진 최대의 건설 공사를 후원한 인물이기도 하다). 또한 아프리카에서 사냥하는 하드리아누스와 안티누스 이야기를 다룬 짧은 서사시를 포함해 흥미로운 시는 물론이고, 상당량의 동시대 철학과 수사학 관련 자료도 존재한다. 여기서 결정적으로 빠진 것은 연대기적 틀 안에서 사건들을 제시하는 하드리아누스의 생애 또는 치세에 대한 나름 내용이 충실한 서술이다. 20여 년에 걸친 하드리아누스의 치세와 관련해 우리가 보유한 자료라고는 스파르티아누스가 남긴 20쪽 남짓한 기록(하드리아누스 사후 수백 년 뒤에 쓰인 이념적인 판타지)과 3세기에 집필된 카시우스 디오의 기록을 비잔틴 제국 시대에 비슷한 분량으로 발췌한 내용이 전부다. 그렇다면 벌리는 어떻게 이런 미덥지 못한 자료에서 하드리아누스의 생애에 대해 그렇게 길고 상세한 연대기적인 서술을 만들어냈을까? 그 모든 정보는 대체 어디서 나왔을까? 간단히 말해 벌리는 어떻게 전기의 그 많은 페이지를 채운 것일까?

고대를 다루는 역사가들이 항상 그래왔듯이 학식과 추측, 허구를 결합하는 방법을 쓴 것이다. 벌리의 『하드리아누스Hadrian』를 읽다보면 그가 내용 확장에 즐겨 사용하는 전술이 금방 눈에 띈다. 먼저 벌리는 스파르티아누스나 디오의 글에서 어떤 '사실'을 뽑아온다. 예컨대 하드리아누스가 게르마니아에 (혹은 브리타니아에, 그리스에, 소아시아에) 갔다와 같은. 다음으로 벌리는 황제의 순행에 참여했을 인원의 범위를 생각해본다. 이것으로 한 페이지는

　　　　　　　　　3부 로마 제국: 황제, 황후, 적들

거뜬히 채울 수 있다. "브라두아가 하드리아누스의 순행에 동행했던 것으로 보인다. (…) 이때가 브라두아가 처음으로 황제 순행단에 함께한 때인지도 모른다" "사비나의 동행이 당연히 바람직하다고 생각했다" "다른 원로원 의원들 역시 포함되어 있었을 것이다. (…) 노예와 해방노예들도 함께해 시중을 들고 있었으리라", 이런 식의 추측이 고갈되면 순행 경로로 방향을 돌린다. 하드리아누스는 A에서 B까지 어떻게 이동했을까? "그는 소아시아의 여기쯤에서 분명 페르가몬을 들렀을 것이다" "하드리아누스가 클라로스에 있는 유명한 아폴로 신탁소에 들렀으리란 점을 부인하기 어렵다" "올림피아 방문 기회를 그냥 흘려보냈으리라고 생각하기는 어렵다" "활동적인 황제가 세 개의 봉우리로 이뤄진 에일든 힐스에 올라가서 트위드 협곡을 조망했으리라고 쉽게 상상해볼 수 있다".

추측이 과감할수록 다양한 조합의 학식이 동원되기 마련이다. 벌리는 단편적인 명문들도 해부하듯 꼼꼼히 조사하고 분석했다(주된 이유는 벌리가 X라는 마을에 있는 하드리아누스에게 바친 명문이 하드리아누스가 해당 마을을 실제로 방문했다는 의미라고 편리하게 가정했기 때문이다. 황제에 대한 지방의 충성심 과시 같은, 명문의 존재를 설명할 다른 많은 이유가 있음에도 불구하고). 시도 예외는 아니었다. 들들 볶다시피 해 도저히 거기서 나올 수 없는 '사실들'을 끌어냈다. 시인이자 역사가인 플로루스가 남긴 짧은 풍자시의 일부인 "그런 황제는 되고 싶지 않아/브리타니아인들 사이를 배회하는"이라는 구절을 황제가 걸어서 하드리아누스 성벽을 최초로 시찰했다는 자기주장을 뒷받침하는 증거로 간주하는데, 참으로 인상적인 주장이었다. 마찬가지로 인상적인 내용은 120년대 중반 유프라테스 강변에서 있었다는 하드리아누스와 파르티아 왕 사이의 정상회담에 대한 벌리의 창작이다. 하드리아누스와 파르티아 왕은 (어디까지나 추측에 근거한) 각각 동지의 도움을 받아 "번갈아 만찬을 하러 강을 건너왔다". 이런 허구의 행사는 스파르티아누스가 쓴 단어 하나에서 기인한다. 하드리아누스 황제가 "conloquio", 즉 "협상을 통해" 파르티아와의 전쟁을 중단시켰다는 내용이다.

벌리가 억울하지 않게 덧붙이자면, 벌리는 자신의 추측, 짐작, 추론 등에 대해 독자가 그것이 추측, 짐작, 추론임을 알 수 있도록 분명하게 표시를 한다. 강박적이다 싶을 정도로 그랬다. 벌리의 글에는 '신중에 신중을 기하는' 고대사 서술에서 많이 쓰이는 기술적 용어가 어지럽게 흩어져 있다. "짐작건대" "쉽게 가정할 수 있으리라" "이하의 가능성이 있다" "이는 단지 추측일 뿐이다" "다분히" "십중팔구" "이런 가설에 따르면"……. 이런 문장이 책 전체에서 수백 번은 등장한다. 이런 방법론은 정직성 면에서 문제가 되지는 않는다(그렇지만 독자들은 벌리가 사용하는 많은 용어가 가장

　　　　　　　　3부 로마 제국: 황제, 황후, 적들

협소한 학문적인 의미로 쓰였음을 알아야 할 것이다. 예컨대 이런 의미에서 '다분히'라고 하면 일상에서와는 달리 '매우 의심스러운 추측'이라는 뜻이 된다). 진짜 문제는 ("나는 진짜임을 확실하게 증명할 수 없는 어떤 것에 대해서도 사실이라고 주장하지 않을 것이다"라는 논조가 주는) 꼼꼼한 학문적 태도와 지식이라는 겉치장이 결과적으로 노골적인 허구를 감추는 더없이 좋은 알리바이가 된다는 점이다. "그것이 추측임을 인정한다면 상상하는 어떤 내용이든 맘껏 만들어낼 수 있다"는 식이 되는 것이다. 따라서 400쪽 넘게 펼쳐지는 하드리아누스의 (혹은 거의 모든 로마 황제의) 전기는 대체로 허구일 수밖에 없다. 말하자면 벌리의 문제는 그것이 추측한 내용임에도 불구하고, (다른 사람뿐만 아니라, 다분히 자기 자신에게도) 그것이 추측이 아닌 척한다는 것이다.

출판사들이 전기를 좋아하는 이유는 잘 팔리기 때문이다(적어도 우리는 그렇게 믿고 있다). 그러나 더없이 박식하고 신중하며 꼼꼼한 데다 학구적인 벌리가 『하드리아누스』 내용을 지어내게 만드는 것이 그저 상업적인 압력만은 아니리라. 이는 하나의 학문 분야로서 고대 역사 자체, 그리고 고대 세계를 다루는 현대 역사가들이 연구하고 글 쓸 가치가 있다고 생각하는 것과도 관계있다. 흔히 고대와 관련해서는 증거가 부족하다고 여기지만 오히려 반대다. 현존하는 로마 세계 자체의 자료만 해도 한 역사가가 평생을 연구하고도 남을 만큼 많다. 유대교와 초기 기독교 관련 자료까지 합하면 문제는 공급 부족이 아니라 오히려 공급 과잉이다. 그런데도 역사가들은 여전히 '자료'가 부족하다고, 문제가 있다고 한탄하는 것으로 책의 도입부를 연다. 그것이 고대사 저술에서 빠져서는 안 되는 수순이라도 되는 것처럼. 이런 한탄이 전적으로 거짓말은 아니다. 고대사 관련 자료가 역사가들이 제기하는 특정 질문에 대한 답을 찾기에 부족할 때가 많은 것은 사실이다. 그러나 이런 어려움은 고대 역사와 관련된 작업에서 필수 불가결한 부분이다. 일종의 게임이라 생각하고 풀어가는 단계를 말하자면 대략 이렇다. 먼저 질문을 택하라. 그리고 증거 부족을 감안하면 답을 찾기 지독히도 어렵다는 사실을 증명하라. 마지막에는 학문적 '기량'으로 그 어려움을 이겨내라. 이런 작업에서 영광은 자료보다 한 수 위인 사람에게 간다. 뜻밖의 장소에서 뜻밖의 해답을 찾아내는 사람, 고대의 침묵이라는 명백한 음모에 맞서서 영리한 (때로는 지나칠 만큼 영리한) 탐정 역할을 해내는 그런 사람에게. 이는 특정 주제에 국한되는 것이 아니라 분야 전체에 해당되는 진리다. 벌리처럼 우직한 전통주의자뿐만 아니라 고대 가족을 연구하는 급진적인 젊은 사회역사학자도 여기서 자유로울 수는 없다.

안타까운 것은 『하드리아누스』에서는 이런 기회가 모두 날아

　　　　　　　3부　로마 제국: 황제, 황후, 적들

가버렸다는 것이다. 하드리아누스가 어느 경로를 택해 비티니아로 갔을지, 황제인 남편이 자신이 세운 성벽을 둘러보는 동안 황후 사비나는 어디를 갔을지(현지 온천탕으로 여자들만의 여행을 갔을까?)와 같은 확실한 자료가 없는 질문을 놓고 상상의 나래를 펴는 대신, 우리가 확실하게 가지고 있고 알고 있는 자료를 더 치열하게 파고드는 방법도 있었으리라. 가령 하드리아누스의 해방노예인 플레곤이 남긴 비범한 저서는 어떤가? 고대의 초자연적 현상을 다룬 『신기한 이야기Mirabilia』라는 유명한 책인데 깜짝 놀랄 만큼 인상적이다(하지만 벌리의 『하드리아누스』에서 플레곤은 동방 순행 당시 황제의 이동 경로에 대해 증언하는 역할로밖에 등장하지 않는다). 아니면 로마 제국 전역에 남아 있는 하드리아누스의 조각상은 어떨까? 로마 황제의 조각상이야 항상 있는 것이지만 하드리아누스의 조각상은 독특한, 어떤 면에서 상당히 새로운 이미지를 투사하고 있다는 생각이 든다.

사실 벌리의 책은 보기보다 넓은 규모에서의 기회 상실이기도 하다. 더 넓은 맥락에서 보면 하드리아누스 황제 시대는 그리스 정복 이후 로마 제국주의가 광범하게 수정되는 최초의 순간, 즉 일종의 '무혈혁명'이 시작되는 시기였다. 그리스와 로마 문화 전통의 통합을 위한 놀라울 정도로 새로운 전략들이 동원되는 시기, '로마인' '그리스인' '세계 제국 시민' 등의 단어가 이전과는 전혀 다른 새로운 무언가를 의미하게 되던 그런 시기였다. 이런 맥락에서 보면 하드리아누스의 지속적인 순행과 시찰도 단순한 개인적인 방랑벽 이상의 무엇을 말해줄지 모른다. 실제로 이것은 황제의 '소속'과 관련된 중요한 개념상의 변화를 나타낸다. 이런 상황에서 벌리는 그저 에스파냐에서 안티오크까지 최단 경로 찾기에만 온통 신경을 쏟고 있었으니 안타까운 일이 아닐 수 없다.

서평 도서
1 Anthony Birley, 『하드리아누스: 활동적인 황제Hadrian: The Restless Emperor』 (Routledge, 1997)

4부

밑에서 본
로마

이번에는 일반 서민의 관점에서 로마는 어떤 모습이었을까라는 질문을 던진다. 노예부터 하드리아누스 성벽 순찰을 돌던 일개 병사까지, 나아가 이들 병사의 질서 유지 대상이었던 속주민까지. 부자도 아니고, 권력도 없는 데다, 후세에 이름을 남길 만큼 유명하지도 않았던 이들의 삶이 어떤 모습이었을지에 대해 우리는 과연 무엇을 말할 수 있을까?

대답은 생각보다 많은 내용을 말할 수 있다는 것이다. 황제의 전기 집필보다 평범한 로마인의 전기를 작성하는 일이 훨씬 더 힘들고 실현 가능성이 떨어진다는 점은 당연하다. 그럼에도 불구하고 혜택받지 못한 이들의 가난하고 볼품없는 세계를 되살릴 온갖 다양한 자료가 남아 있다. 20장에서는 폼페이 유적지 희생자들의 뼈가 그들의 삶에 대해 무엇을 말해주는지 살펴보고, 로마 제국의 일반 서민들한테 매일 어떤 걱정거리가 있었는지 말해주는 그동안 주목받지 못한 몇몇 기록을 살펴본다. 최고의 자료는 역시 고대 점쟁이들이 활용한 신탁 문답서가 아닐까 싶다. 문답서를 보면 ("제가 다른 곳에 팔릴까요?" "제가 중독된 건가요?" 등 그리 빈번하지 않은 질문은 물론이고) "간통이 들통날까요?" "아픈 사람이 있는데 가망이 있을까요?" 등 반복적으로 나오는 흔한 질문에 대한 답변이 주를 이루고 있다. 22장에서는 하드리아누스 성벽 근처, 로마 시대 항구 유적지 빈돌란다에서 지난 20년에 걸쳐 발굴된 로마 시대의 편지와 문서들을 감탄하며 살펴보는 시간을 갖는다. 어느 부인이 보낸 생일 파티 초대장부터 장교 회식에 쓰인 음식 목록까지 구성이 다채로운데, 이들 자료가 얼어붙은 북부에서 어느 로마 병사의 생활에 대해 어떤 이야기를 들려줄지 적잖이 궁금해진다(우선 하나만 이야기하면 이들의 생활은 흔히 생각하는 것보다 훨씬 더 '가정적'이었다).

그러나 엘리트가 아닌 서민의 삶을 생각해본다고 해서 꼭 소소한 이야기만 있는 것은 아니다. 로마 세계의 인프라와 그것이 실제로 어떻게 기능했는가와 관련된, 여전히 논쟁거리인 중요한 질문들 역시 제기된다. 가장 중요하고 난해한 질문 하나는 로마의 노예 제도다(19장). 로마인들은 왜 그렇게 많은 노예를 해방시켰는가? 그렇게 많은 사람이 해방노예 또는 그들의 후손인 것이 로마 사회 전체에 어떤 영향을 미쳤는가? 로마의 중요한 정복 전쟁이 끝난 뒤에는 해방되거나 죽은 이들을 대신할 신규 노예가 어디서 들어왔는가? 제국 변방에서 일어난 대규모 인신매매라도 상상해 야 하는 걸까?

로마의 제국주의 및 군국주의와 관련해서도 중요한 질문들이 제기된다. 21장에서는 로마인, 즉 로마의 보통 사람들이 얼마나 전쟁을 좋아했는가에 관한 현대의 논쟁을 정면으로 다뤄본다. 로마인은 종종 묘사되는 것처럼 정말로 잔혹 행위에 열심이었을까? 전반적으로 평화로운 제국의 중심에 살았던 이들은 자기네 이름 으로 수백 킬로미터 떨어진 곳에서 벌어지는 전쟁에 대해 어떤 생각을 가지고 있었을까? 22장에서는 로마 지배하의 브리타니아를 중심으로 이들 이슈를 현실적으로 살펴본다. 브리타니아에 대한 로마의 정복과 지배가 얼마나 폭력적이었는가, 사상자의 규모는 얼마나 되었는가라는 질문을 던짐으로써. 여기서 나오는 좀더 일반적인 질문이 하나 있다. 로마인 침략자와 브리타니아 속주민의 상호작용을 어떻게 이해해야 하는가라는 문제다. 로마 문화가 어떤 형태로든 보통의 '꼴통 땅꼬마들'에게까지 퍼졌을까? (로마인들은 때로 경멸의 의미를 담아 브리타니아인을 브리툰쿨리Brittunculi라 불렀는데, 직역하면 '땅꼬마 브리타니아인'쯤 된다.)

로마 제국주의의 또 다른 측면은 언어다. 라틴어가 정복 도중 마주친 다른 언어를 얼마나 말살했는가? 로마 총독, 군단병 및 참모들과 속주민 사이의 의사소통은 실제 어떻게 이뤄졌는가? 로마 제국의 동방에서는 언어 문제가 상대적으로 크게 부각되지 않았다. 많은 로마 상류층이 그리스어를 유창하게 구사했고, 로마 지배 체제에서 그리스어가 거의 공용어 역할을 했기 때문이다. 하지만 브리타니아는 이야기가 다르다. 아주 짧은 기간 속주를 통치하려고 브리타니아에 도착한 로마 원로원 의원을 생각해보자. 배에서 내린 뒤 그는 언어 문제에 어떻게 대처했을까? 또한 로마 병사들은 어떤 언어로 '꼴통 땅꼬마들'을 상대했을까? 마지막 장은 로마 세계에서 이중 언어 사용bilingualism에 대해 살펴본다. 사회 상류층에 속하는 로마인이 말하고 쓸 수 있었던 그리스어뿐만 아니라 다문화 세계에서 많은 사람이 이런저런 외국어를 소소하게 했다. (요즘으로 치면 '여행 영어'에 해당되는 정도이지 싶다). 고대 카르타고어로 아쉬운 대로 의사소통이 가능했던 로마인, 로마인 상사와 라틴어로 대화를 나누는 갈리아 도공들에 관한 증거가 남아 있다. 그러나 무엇보다 생생하고 감동적인 사례는 로마 지배하의 브리타니아 항구도시 사우스실즈영국 잉글랜드 동북부 더럼주에 위치에서 발견된 어느 묘비다. 시리아 중부에 위치한 고대 도시 팔미라 출신의 남자가 레기나라는 (해방노예) 부인을 기리며 세운 것이다(그림 12 참조). 묘비를 보면 남자의 아내는 라틴어와 아람어 2개 언어를 구사했던 것으로 나와 있다. 로마 지배하의 사우스실즈에 아람어 또는 라틴어를 아는 사람이 얼마나 됐을지 궁금해지는 대목이다.

19. 해방노예와 속물근성

━━━ 현대 로마의 어느 시가전차 종착역 근처, 지저분한 풀밭에, 현존하는 고대 기념물들 중 가장 흥미로운 것 하나가 있다. 로마의 제빵사 마르쿠스 베르길리우스 에우리사케스라는 남자의 무덤으로 기원전 1세기 중반쯤 사망한 인물이다. 높이 9미터가 넘는 무덤은 일종의 '보는 농담', 즉 이미지를 통해 보여주는 재미난 이야기라고 할 수 있다. 우선 무덤의 특이한 모양과 장식은 재료를 섞는 그릇부터 교반기까지 제빵 작업에 필요한 다양한 도구를 확대하여 표현하고 있다. 어떤 의미에서 무덤 전체가 빵집 이미지로, 즉 거대한 빵 굽는 오븐으로 해석될 수도 있다. 그래도 혹시나 있을지 모를 오해의 여지를 없애고 싶었던 걸까? 맨 윗부분에는 제빵 과정을 단계별로 보여주는 세밀한 돌림띠 장식이 새겨

져 있다(원래는 무덤의 사면 모두에 있었지만 지금은 하나가 사라졌다).
곡식을 사는 단계부터 제분, 반죽, 굽기를 거쳐 빵의 무게를 잰
다음 판매용으로 내보내는 단계까지. 이는 로마 시대 제빵 작업
을 그림으로 설명하는 안내서일 뿐만 아니라 무덤의 주인이 자기
직업에 얼마나 큰 긍지와 자부심을 지녔는가를 보여주는 좋은 기
록이다(더불어 무덤의 크기와 화려함으로 미루어 제빵업을 통해 얻는
이윤이 상당했다는 사실까지 알 수 있다).

에우리사케스의 묏자리 선택에는 뜻밖의 행운과 불행이 묘하
게 뒤섞여 있다. 불행은 에우리사케스가 도시 경계 바로 밖에 두
개의 간선도로가 만나는 최상급이면서 (짐작건대) 고가였을 자
리를 사들였다는 점이다. 자리가 너무 좋아서였을까? 수십 년 뒤
그의 무덤은 인근에 신축된 거대한 송수로 그늘 밑으로 완전히
들어가버리고 말았다(사실상 가려져서 보이지 않게 되었다). 무덤에
서 1~2미터나 떨어졌을까 싶을 만큼 가까이서 도시로 흘러드는
수로였다. 행운은 문제의 송수로가 나중에 도시 성벽에 통합되고,
도시 성문 중 하나의(현재의 마조레 성문) 방어시설이 에우리사케
스의 무덤 주위로 세워지면서, 19세기에 다시 빛을 보기 전까지
완벽하게 보존될 수 있었다는 점이다. 덕분에 로마의 제빵사는 생
전에 감히 꿈도 꾸지 못했을, 기나긴 불멸의 명성을 얻게 되었다.

그러나 이런 유명세 역시 양날의 칼과 같아서 좋은 점과 나쁜

8. 독특한 모양의 로마 제빵사의 무덤은 로마 시대 송수로와 나중에 세워진 성문 그늘 아래 있다.

점이 공존했다. 현대 학자들은 이를 보면서 깊이 감명을 받는 한편 은근히 깔보는 속물근성을 보인다. 일반적인 추측은 주인공인 제빵사가 해방노예였다는 것이다. (무덤에 새겨진 글에서는 그런 사실을 명시하지 않았지만 당시 '에우리사케스' 같은 그리스 이름은 보통 노예 출신임을 가리킨다.) 그러므로 친숙한 주장들에 따르면 에우리사케스는 돈이 많았을지는 몰라도 그렇게 감각 있는 편은 아니었다. 지금 우리가 무덤을 아무리 멋있다고 생각한다 해도 솔직히 로마 기준에서 보면 천박하다. 어느 건축사학자의 말을 빌리자면 에우리사케스의 무덤은 "지독하게 형편없는 건축물"이다.

사실 이런 논조는 로마 세계에서 해방노예가 의뢰한 예술품이 흔히 받는 평가다. 폼페이 유적지의 베티의 집이라는 곳에서 나온 훌륭한 벽화들이 만약 로마 황궁 벽에서 발견되었다면 걸작으로 불렸을 것이다(포도를 밟아 으깨고 천을 만들고 경주를 하는 등등 다양한 활동을 하는 유명한 큐피드 그림도 여기서 나왔다. 워낙 유명해서 그림엽서에도 자주 등장한다). 그러나 '베티 부부'는 해방노예였을 가능성이 높다. 그것도 수도 로마에서 한참 떨어진 벽지에 사는 해방노예. 따라서 미술사가들은 이들 부부 집의 장식에 콧방귀를 뀌며 얕잡아보는 경향이 있다. 참신한 구석도 있지만 과장된 느낌이라는 식으로.

헨리크 모우리트센은 해방노예에 대한 폭넓은 연구 결과물인

『로마 세계의 해방노예The Freedman in the Roman World』서문에서
이런 주제를 한층 더 발전시킨다(현대 학술 용어에서는 흔히 'freed-
men'이라고 하는 해방노예를 가리키는 라틴어가 'liberti'인데 여기에는
'freedwomen'도 포함하는 것으로 간주된다). 모우리트센이 지적하
듯이 현대 저작물에서 로마 노예를 대하는 태도에는 당혹스러울
정도로 상반되는 두 가지 흐름이 공존한다. 로마 노예를 인간의
옳지 않은 끔찍한 행동의 무고한 피해자로 여겨 전적으로 동정하
고 공감하는 태도와 자유를 허락받은 (혹은 돈으로 샀던) 해방노
예들을 완전 얕보고 폄하하는 태도다. 20세기 초반만 해도 역사
학자들이 (노예를 풀어주는 공식 절차인) '노예 해방manumission'이
라는 로마의 관행을 공공연히 비난하면서 그 때문에 순수한 이
탈리아 혈통이 (동방 출신도 종종 있었던) 해방노예의 타민족 혈통
과 섞여 희석되었다고 개탄하는 일이 잦았지만 오늘날엔 어떤 역
사가도 귀에 거슬리는 그런 불평을 늘어놓진 않는다. 그러나 비교
적 최근에도 학자들은 "외국인의 로마 주민 침투"를 은밀히 암시
하면서 해방노예를 (특히 부자가 된 해방노예를) "입신출세주의자"
로 묘사하고 있다. 또한 주인이 "사소한" 이유로 해방시켜준 "자격
미달" 노예들에 대한 언급도 반복적으로 보인다. 심지어 제인 가
드너조차 그것만 아니라면 더없이 훌륭했을 『케임브리지 세계 노
예사The Cambridge World History of Slavery』에 실린 「노예제와 로마

법Slavery and Roman Law」이라는 글에서 (너무 많은, 혹은 그럴 자격이 없는 노예를 해방시키는) 노예 해방의 "남용"을 말할 정도다. 여기서 우리는 기이한 불합리성을 목격한다. (우리 자신의 도덕률이 주장하는 것처럼) 노예 제도가 항상 끔찍하게 부당하고 불공평한 것이라면 당연히 (어떤 이유에서든, 얼마나 많은 숫자에게든) 자유를 허락하는 것은 좋은 행위일 수밖에 없다는 결론이 나온다. 그런 관점에서 보면 노예 해방은 "남용될" 수 없다. 이런 문장이 고대 노예제 논의에 으레 뒤따르는 인권에 대한 훈계와 나란히 놓이곤 해서 더 거북하게 느껴진다.

물론 현대 저자들이 로마의 해방노예를 보는 이런 관점에는 (의식적으로, 또는 대개는 무의식적으로) 고대의 선배와 자료들에 담긴 편견이 반영되어 있다. 로마 세계 역사가들은 분명 너무 많은 수의 노예를 해방시키는 데 따르는 도덕적, 정치적 위험을 인지하고 있었다. 가장 악명 높은 사례로는 할리카르나소스의 디오니시오스를 들 수 있다. 디오니시오스가 기원전 1세기 말에 집필한 로마사에는 부정한 수단으로 돈을 번 뒤 주인에게 돈을 주고 자유를 샀던 노예 범죄자와 노예 매춘부들에 대한 장광설이 있다. 한편, 페트로니우스의 소설 『사티리콘Satyricon』에서 해방노예 트리말키오가 여는 화려하고 과장된 연회를 다룬 부분을 보면, 천박한 해방노예에 대해 이보다 더 지독할 수 없는 풍자가 나온다. 부를 과시하는 터무니없을 정도로 호화로운 분위기, 분에 넘치는 값비싼 음식, 에우리사케스의 무덤에 필적하는 어느 해방노예의 화려한 무덤에 대한 제안을 놓고 벌어지는 우스꽝스러운 논쟁 등등. 이것이 한때 네로 황제의 친구였던 사람이 출세를 열망하는 하층민에 대해 쓴, 상류층의 풍자소설이라는 점은 신경 쓸 필요가 없었다. 그렇다고 해서 트리말키오가 로마 해방노예의 '전형'인 양 말하는 여러 세대에 걸친 현대 역사가들의 집필 관행이 바뀌지는 않았으니 말이다. 사실 많은 사람은 제빵사가 세운 이 기념물을 페트로니우스가 말하는 트리말키오가 얼마나 사실에 가까운가를 확인해주는 증거로 받아들이고 있다.

이외에도 현대 역사가들에게 추가되는 문제가 하나 더 있으니 로마의 해방노예를 이해하는 데 도움될 만한 익숙한 개념이 없다는 점이다. 흔히 노예 제도에 대해서 알 만큼 안다고 생각하지만 해방노예는 훨씬 더 어려운 개념이다. 도움될 만한 비교 대상을 찾으려는 필사적인 노력 속에서 우리는 희화화된 출세지상주의자, 안목은 없고 천박한데 돈만 많은 "벼락부자"의 전형이라는 식의 결론에 이르는 경향이 있다. 하지만 대부분의 해방노예가 천박한 취향을 드러낼 만큼 많은 돈을 가지고 있지 않았다는 것은 두말할 필요 없는 사실이다.

물론 로마 노예 제도를 특히 흥미롭게 만드는 것은 바로 이런 생소함과 특이함이다(특히 그렇게 많은 해방노예를 만들어내는 독특한 법률과 관습들). 기본적으로 노예가 있는 거의 모든 사회에는 일부 노예에게 자유를 주는 메커니즘이 존재한다. 그러나 (우리가 아는 한) 로마처럼 많은 노예를 해방시킨 사회는 일찍이 없었다. 나아가 로마인은 해방노예에게 로마 시민이 누리는 거의 모든 권리와 혜택을 주었다. 고대 아테네에서 해방노예는 기껏해야 '거주 외국인' 정도의 지위를 부여받았다. 반면 로마에서 로마 시민에 의해, 특정 법률에 따라 해방된 노예는 누구든 몇몇 소소한 제약만 따르는 로마 시민이 되었다(가령 해방노예는 군단병이 될 수 없고 관직을 가질 수 없었다). 그리고 다음 세대부터는 일부 제약마저 사라져 사실상 아무런 제약도 없었다. 유명한 시인 호라티우스도 로마 사회 최상위층과 가까이 지냈던 해방노예의 아들인데 이처럼 눈길을 끄는 사례는 그뿐만이 아니다. 한 추정에 따르면, 로마 도시에서 가사 노동을 하던 노예 대부분은 자유민으로 생을 마감했다(농업이나 공업 분야 노예는 분명 해방되는 비율이 훨씬 낮았겠지만 말이다).

남녀 불문하고 로마인 주인들이 그렇게 많은 인적 자산을 풀어준 이유는 지금까지도 논쟁거리로 남아 있다. 때로는 집안 식구에 대한 애정 때문이었다(그리고 상당수의 여성 노예가 주인과 결혼하기 위해 해방되었다). 때로는 주인 자신의 경제적 이익 때문이었다(어쨌거나 한창때가 지난 나이 지긋한 노예를 유지하는 데는 비용이 많이 든다). 때로는 노예 해방이 노예가 고분고분 따르도록 만드는 좋은 당근이었기 때문이리라. 혹은 노예 해방은 그저 '로마인의 성정'이었다. 그러나 어떻게 설명하려 하든 (미국의 역사사회학자 올랜도 패터슨의 유명한 문구에 나오는) 로마 도시 지역에서 노예 신분이 '사회적 죽음'이었다고 말하는 것은 아무래도 맞지 않을 것이다. 대다수까지는 아니더라도 많은 로마 노예에게 노예 신분은 호라티우스의 아버지에게 그랬듯이 한시적 상태, 따라서 '사회적 죽음'까지는 아니고 '일시적인 사회적 마비' 상태였기 때문이다.

모우리트센은 로마의 노예 제도와 자유의 실상이 우리가 선뜻 인정하는 것보다 훨씬 더 복잡하고 명확하지 않다는 점을 상기시킨다. 더구나 로마 해방노예에 대한 이해 전체가 온갖 위험한 추산과 '어림짐작'에 근거하고 있다. 이런 추산과 어림짐작 가운데 여러 가지가 노예 제도 문제를 훨씬 넘어 우리가 로마 사회 전체를 생각하는 방식에 지대한 영향을 미쳤다. 여기서 중요한 질문 하나는 '얼마나 많은 노예가 해방되었는가?'뿐만 아니라 로마의 평범한 자유민 인구에서 해방노예 혹은 그들의 자손이 차지하는 비율이 얼마나 되는가이다. 남아 있는 묘비 증거를 액면 그대로 받아들인다면 로마라는 대도시의 자유민 인구 대다수는 노예 출신이었다(이들 묘비의 대부분은 앞서 살펴본 제빵사의 무덤보다 훨씬 소박하고 명문도 장황하지 않다). 소수의 귀족 무덤과 노예들의 무덤을 차치하고, 로마 시대 묘비명에 기록된 사람의 약 4분의 3은 해방노예임이 거의 확실하며, 나머지 4분의 1의 대부분은 해방노예의 직계 자손으로 보인다.

이쯤 되면 분명하고도 풀리지 않는 문제가 제기된다. 정말로 (일부 사람이 주장하는 것처럼) 로마 제국 수도의 인구가 압도적으로 해방노예와 '해방노예' 출신으로 구성되어 있었다고 생각해야 할까? 아니면 해방노예가 모종의 이유로 남아 있는 증거 가운데 지나치게 높은 비율을 차지하게 된 걸까? 예를 들면 해방노예들은 새로 얻은 지위가 너무 좋아서 스스로를 기리는 기념물 세우기를 유달리 좋아했다든가 하는 이유로 말이다. 여러분이 어느 쪽으로 생각을 발전시키든, 현존하는 수천 개에 달하는 비교적 소박한 묘비는 페트로니우스의 트리말키오가 상징하는, 돈은 많지만 취향은 천박한 출세주의자이자 벼락부자라는 고정관념과는 거리가 멀다.

그러나 사실 깊이 들여다볼수록 노예와 로마 시민권을 가진 공식적으로 해방된 노예 사이의 명확한 이분법은 무너진다. 기원전 1세기부터 공식 노예 해방 관행을 관리하는 엄격한 규정들이 계속 생겨났다. [주인이] 스무 살 미만이면 노예를 해방시킬 수 없다. 서른 살 이전에는 어떤 노예도 해방될 수 없다. 죽은 주인의

4부 밑에서 본 로마

유언으로 해방되는 노예의 총수에 대한 규제도 있었다. 게다가 대부분의 노예 해방은 현직 로마 관료 한 명이 있는 앞에서 이뤄져야 했다. 그러나 다수의 노예가 이런 규정들을 어기면서 해방되었던 것이 분명하다. 가령 묘비명에 나온 다수의 해방노예가 서른 살 이하이며, 일부 사람은 분명 쉽게 로마 관료를 찾아냈겠지만(헤르쿨라네움에서 나온 밀랍 서판에는 그렇게 했던 사람들의 인원수가 기록되어 있다) 모두에게 가능한 일은 아니었으리라.

실제로 규정에 따라 '올바르게' 해방되지 않았어도 그런 것처럼 대우를 받은 이들도 있었을 것이다. 그러나 다른 이들은 (전문용어로 'Junian Latin'이라고 알려진) 어정쩡한 범주로 떨어졌을 게 분명하다. 자유는 얻었지만 로마 시민권은 얻지 못한 범주다. 물론 이들이 나중에 아이를 갖는다든가 해서 추가 기준을 충족시킴으로써 로마 시민권을 가질 수도 있었으리라. 정확히 얼마나 많은 사람이 위에 열거한 각각의 범주에 속했는지를 말하기란 어렵다(현재 일부 역사가는 시민권 없이 자유만 얻은 'Junian Latin'의 숫자가 기존 생각보다 훨씬 많았다고 주장하고 있다). 여기서 중요한 것은 개인이 거치게 되는 조각보처럼 복잡하게 이뤄진 계층 구조다. 노예, 혹은 (라틴어로 'vicarii'라고 하는) 노예의 노예부터 공식 절차에 따라 해방된 시민권을 가진 해방노예까지. 위로의 상승만 있었던 것도 아니다. 로마 법조항 가운데 하나는 노예 주인의 동의를 얻어, 노예와 불륜을 저지른 자유민 여성을 해방노예 지위로 '강등시킨다'고 규정하고 있다. 만약 자유민 여성이 노예 주인의 동의 없이 그런 행동을 했다면 노예 주인의 노예가 되었다.

모우리트센은 로마 해방노예의 복잡한 사회사와 경제학뿐만 아니라 과거 주인과의 지속적인 유대관계 역시 훌륭하게 설명해주는 안내자다. 그러나 해방노예의 문학적, 문화적 영향을 논하는 데는 썩 능숙하지 못하다. 호라티우스의 해방노예에 대한 생각을 읽으려는 시도는 다소 지루한 느낌을 준다. 또한 카이사르 암살자들이 그를 죽임으로써 자신들이 나라를 해방시켰다고 주장할 수 있었다는 사실은 잠깐 언급하고 넘어가는데 생각보다 중요한 부분으로 여겨진다(암살자 가운데 한 명인 브루투스가 발행한 동전에 해방된 노예들이 자유의 표시로 쓰던 특징적인 모자가 등장한다). 이는 로마인이 (노예 신분에서 해방된) 자유민을 어떻게 개념화했는지와 관련하여 생각보다 많은 이야기를 들려주기 때문이다. 그러나 모우리트센의 『해방노예』의 가장 중요한 성과는 해방노예까지 고려하지 않고는 로마의 노예 제도를 이해하기 불가능하다는 사실을 더없이 확실히 했다는 점이다.

따라서 개괄적으로 말해 『케임브리지 세계 노예사』 1권이 로마의 해방노예에 그렇게 적은 지면만 할애한 것은 안타까운 일이다(사실 방대한 주제가 이도 저도 아닌 어중간하게 다뤄지고 끝나버린 셈이다.『케임브리지 세계 해방노예사Cambridge World History of Freedman』가 별도로 기획된다면 모를까. 사실 그럴 가능성은 대단히 낮아 보인다).『케임브리지 세계 노예사』 1권은 여러 면에서 절대적으로 훌륭한 책이다. 여기에는 고전 시대 노예 제도에 대한 다양한 관점을 담은 22편의 권위 있는 논문이 실려 있다. 고대 스파르타 노예의 모습을 멋지게 압축해서 보여주는 폴 카틀리지부터 주인에 대한 로마 노예의 다양한 저항 방식을 이야기하는 키스 브래들리까지 집필진은 모두 그 분야의 세계적인 전문가다(로마 노예의 저항 방식에 대해 말하자면, 대놓고 하는 전면적인 저항이나 도망보다는 좀도둑질과 무례한 태도 등 사소한 저항이 훨씬 많았다). 그렇지만 로마의 노예 해방과 그것의 함의에 대한 명확하고 광범위한 논의가 없다는 것은 아쉬웠다.

특정 문제와 질문에 관해서는 예리하게 파고드는 부분이 분명 있다. 로마의 노예 공급 문제를 다룬 발터 샤이델의 훌륭한 논문이 특히 그렇다. 로마의 노예 공급은 최근 치열한 논쟁이 벌어지는 주제이기도 하다. 만약 흔히 추정하는 것처럼 로마 제국 전체가 노예를 일정하게 유지하는 데만 매년 25만 명에서 40만 명의 새로운 노예를 찾아내야 했다면, 대체 어디서 그런 노예들이 공급되었을까? 로마의 대규모 정복 전쟁들이 끝나고 전쟁포로가 고갈된 다음에는? 분명 전쟁포로 외에 다양한 노예 공급 원천이 있었을 것이다. 기존 노예가 낳은 아이(베르나이vernae), 로마 제국 경계 너머에서 일어난 인신매매와 관련되었을 것으로 추정되는 노예 매매, 부모가 유기한 아이들 '구조' 등등. 그러나 여기서 중요한 것은 비율이다. 비율이 어떻게 되느냐에 따라 로마 사회 전체를 보는 우리 관점은 엄청나게 달라질 수밖에 없다. (만약 쓰레기더미에서 구출한 아기들이 여기서 중요한 변수라면 영아 유기가 성행했다는 중요한 사실을 말해준다고 볼 수 있다.)

또한 이 논쟁에서는 (노예가 해방되는 평균 나이에 대한 추정과 더불어) 노예 해방 비율이 절대적으로 중요하다. 이런 요인들이 대체되어야 했을 노예의 숫자에 영향을 미치기 때문이다(해방되는 노예가 많을수록 필요한 신규 노예 수도 많아진다). 그리고 이런 수치는 여성 노예가 자유의 몸이 되기 전에 출산할 수 있는 아기, 즉 '베르나이'의 수를 결정하는 데도 영향을 미친다(여성 노예를 해방시키는 시기가 늦을수록, 더 많은 베르나이가 태어날 잠재적 가능성이 있으며, 여성 노예가 노예 공급에 기여하는 정도도 커진다). (당연히 본인들은 내키지 않을 때도 많았겠지만) 로마 여성 노예들의 삶에서 빼놓을 수 없는 한 가지가 바로 활발한 성생활이다.

그러나 로마의 '노예 해방 문화'는 로마인들 자신이 노예 제도를 어떻게 이해했는가와 관련하여 훨씬 넓은 함의를 지닌다. 노예 신분이 많은 이에게 일종의 종신형이 아니라 일시적 상태였다는 사실만으로도 로마인의 노예제 이해에 엄청난 영향을 미쳤을 게 분명하다. (이와 관련하여 짚고 넘어갈 것이 로마 학자 마르쿠스 테렌티우스 바로가 노예만을 가리켜 'instrumentum vocale', 즉 '말하는 도구'라고 표현했다는 오랜 통념이다. 모우리트센은 '말하는 도구'라는 바로의 표현이 결코 노예만 가리키지 않는다고 주장하는데 이는 절대적으로 옳다. 바로는 자유민의 노동 역시 같은 범주로 이야기하고 있다. 하지만 바로가 노예만을 특정해 '말하는 도구'라고 했다는 통념은 끈질기게 계속되고 있으며, 『케임브리지 세계 노예사』도 예외가 아니다.) 또한 수도 로마의 아주 많은, 어쩌면 대다수 주민이 해방노예이거나 해방노예와 긴밀한 관계에 있는 사람들이었다는 단순한 사실이 로마의 일반 남녀의 노예에 대한 인식에도 영향을 미쳤을 게 분명하다.

요컨대 로마의 노예 제도는 고전 시대 그리스 도시국가의 노예 제도와는 아주 다른 것이었음이 분명하다. 그리스에서는 노예와 자유민 사이의 장벽이 훨씬 더 엄격하게 관리되고 있었다. 그런데도 우리의 '고대 노예제'에 대한 접근에 기본 지침 역할을 하는 것은 주로 고전 시대 그리스다(그리고 아리스토텔레스 같은 그리스의 토박이 이론가들이다).

그렇다면 로마의 에우리사케스에 대해서는 어떤가? 에우리사케스는 『케임브리지 세계 노예사』에서 미셸 조지가 쓴 「노예 제도와 로마의 물질문화Slavery and Roman Material Culture」라는 아주 유용한 장에서 간략히 언급되고 있을 뿐이다. 게다가 이런 간략한 언급은 에우리사케스만이 아니라 에우리사케스 밑에서 일하는 노예들까지 포함한 것이다. (무덤에 조각된 돌림띠 장식에서 보는 바와 같이) 에우리사케스의 빵집에서 힘들게 빵을 만드는 노예들이 있다. 에우리사케스가 『케임브리지 세계 노예사』를 본다면, 자기 자신은 물론 해방노예 전체가 책에서 좀더 크게 다뤄지지 않았다는 사실에 다소 실망하지 않을까 하는 생각이 든다.

서평 도서

1 Henrik Mouritsen, 『로마 세계의 해방노예The Freedman in the Roman World』 (Cambridge University Press, 2011)
2 Keith Bradley and Paul Cartledge (eds.), 『케임브리지 세계 노예사 1: 고대 지중해 세계The Cambridge World History of Slavery, Volume One: The Ancient Mediterranean World』(Cambridge University Press, 2011)

20. 점, 입 냄새, 스트레스

──────── 아내가 임신을 했을까요? 죽게 될까요? 시의원이 될 수 있을까요? 내가 팔릴까요? 내가 불륜에 빠질까요? 이는 지금까지 남아 있는 고전 시대 문헌에서도 가장 흥미로운 책 한 권에 나오는 92가지 질문 중 일부다. 『아스트람프시쿠스의 신탁Sortes Astrampsychi』이라는 책으로 고대 사람들의 삶에서 가장 골치 아픈 문제, 예측하기 힘든 일들에 대해 무작위적이지만 그럴듯한 답을 제공한다. 방법은 단순하나 나름 설득력 있는 점괘가 되기에 충분할 정도로 모호하고 아리송한 구석이 있는 그런 대답들이다. (현대의 어느 해설자는 이를 "활용하긴 쉽지만 헤아리기는 어렵다"는 멋진 말로 표현한 바 있다.) 각각의 질문에는 번호가 매겨져 있다. 독자가 자신의 딜레마와 가장 가까운 문제를 찾은 다음, 1에

서 10까지 숫자 가운데 하나를 머릿속으로 생각하고, 문제 번호에 생각한 숫자를 더한다. 이어서 '대응표'로 가면, 방금 나온 합계 숫자를 또 다른 숫자로 바꿔주고, 이것이 다시 10개씩 정리되어 있는 103개의 가능한 답변 목록 가운데 하나로 이끈다(92개의 질문으로 이뤄진 전체 시스템이 요구하거나 활용할 수 있는 것보다 많은 답변 목록이 있어서 더욱 혼동되는 구조다). 마지막으로 처음에 생각했던 1에서 10 사이의 숫자로 돌아가라. 그 숫자가 10개씩 묶인 답변 중 어느 것이 독자가 찾는 답인지를 말해준다.

헷갈린다고? 구체적인 예를 가지고 해보면 한결 이해하기 쉽다. 가령 내가 불륜에 빠지게 될지 알고 싶은데 그것이 100번 질문이라고 해보자. 이어서 나는 1에서 10까지의 숫자 중 하나, 예를 들어 5를 생각한다. 그러면 합친 수는 105가 된다. 숫자를 바꿔주는 '대응표'를 보니 105면 28이 된다. 그러면 나는 28번 답변 묶음으로 가고, 처음에 생각했던 숫자가 5이므로 10개 가운데 다섯 번째 답변을 선택한다. 답변을 보니 다행히 좋은 소식을 전해준다. "불륜에 빠지지 않을 것이다." (책의 판본에 따라서 "걱정하지 마라" 같은 안심시키는 말이 덧붙여져 있기도 하다.) 처음에 생각한 수가 5가 아니라 6이었다면, 같은 과정을 거치니 일시적인 유예 정도에 해당되는 답변이 돌아온다. "당분간은 불륜에 빠지지 않을 것이다." 7이라면 종류가 다른 나쁜 소식이 기다리고 있다. "당신

4부 밑에서 본 로마

이 아니라 당신 부인이 다른 남자와 바람을 피우고 있다."

(현대 판본으로 30쪽 정도 되는) 얄팍한 신탁서의 서문에서는 책의 저자가 기원전 4세기 이집트의 마술사 아스트람프시쿠스이며, 아스트람프시쿠스는 유명한 철학자이자 수학자인 피타고라스가 처음 개발한 시스템을 활용했다고 주장하고 있다. 그뿐만이 아니다. 서문에는 이 책이 알렉산드로스 대왕의 바데 메쿰vade mecum, 즉 상시 휴대용 지침서였다고 주장하는 광고성 문구도 있다. 알렉산드로스 대왕이 이 신탁서에 의지해 세계 지배와 관련된 문제들을 결정했다면서 "그러므로 당신도 이것을 활용하면 그만큼 확고한 명성을 갖게 될 것이다"라고 말한다. 알렉산드로스 대왕의 의사결정 과정이 얼마나 제멋대로였는지는 모르지만 이 신탁서에 의존하는 것은 불가능했다. 문제의 신탁서는 기원전 4세기 이집트의 마법사나 피타고라스와는 전혀 관계없는 게 거의 확실하며, 서기 2세기 혹은 3세기 로마 제국에서 만들어진 것이기 때문이다. 추측건대 이 책은 문외한을 위한 매뉴얼이라기보다는 전문적, 혹은 준전문적인 점쟁이들이 사용하는 도구였을 것이다. 아마 그들은 인상적인 즉석 추리나 뭔가 있어 보이지만 실은 무의미한 주문 등을 곁들인 기계적인 상담 과정을 만들어냈을 것이다.

이 신탁서가 실제로 어떻게 사용되었든, 이를 통해 우리는 로마 제국 일반 서민들의 나날의 걱정거리를 엿볼 드문 기회를 갖게 된다. 신탁서는 상류층이 남긴 문헌이 아니기 때문이다. 혹은 전적으로 상류층을 겨냥한 책은 분명 아니다(알렉산드로스 대왕 운운하는 홍보성 문구 따위는 잊어라). '내가 팔리지 않을까' 하는 질문은 노예도 대상 고객에 포함되어 있었음을 뜻한다. 지금 우리는 평범한 로마 남자가 점쟁이를 찾아갈 만큼 걱정하고 불안해하는 각종 문제의 목록을 손에 넣은 셈이지 싶다(여기 나오는 질문은 전적으로 남자들의 질문으로 보인다).

일부는 섹스, 질병, 성공 같은 인류의 영원한 문제다("여자친구랑 헤어지게 될까요?" "아픈 사람이 살아날까요?" "내가 성공할까요?"). 그러나 어떤 것은 인생의 행운과 불행에 대한 그리스 로마인들의 생각과 관심사를 특히 구체적으로 반영하고 있다. 아내의 임신에 대한 걱정과 함께, 태어날 아이를 기를지 말지 묻는 질문도 볼 수 있다. 영아 살해가 고대 세계에서는 가족계획의 전통적인 방법이었으며, 연약하거나 병이 있거나 기형으로 태어난 아이들을 제거하는 편리한 방법이었다는 사실을 다시 한번 생생하게 상기시키는 질문이다. 빚과 상속 역시 중요한 관심 주제로, 총 92개의 질문 가운데 적어도 12개가 이와 관련 있다("채무를 갚을 수 있을까요?" "친구한테서 상속을 받게 될까요?"). 여행에 따르는 위험("안전하게 항해할 수 있을까요?")과 사법제도의 잠재적 피해자가 되지 않을까 하는 우려("고발 우려가 없을까요?" "밀고를 당해도 괜찮을까요?")

등도 중요한 관심사였다. "내가 중독된 것인가요?" 같은 질문을 보면 질병도 범죄나 악의적인 행동의 결과일지 모른다고 생각했음을 알 수 있다.

제리 토너는 『고대 로마의 대중문화Popular Culture in Ancient Rome』에서 이 자료로부터 유추 가능한 사회적, 문화적 함의를 더 없이 훌륭하게 뽑아내 보여준다. 토너는 신탁서에 보이는 이런저런 위험에 노출된 데다 빚에 허덕이는 짧고 고단한 인생뿐만 아니라 기존 생각과 달리, 보이지 않는 것들도 지적한다. 로마 제국 하면 노상강도, 해적, 강도 등이 끊이지 않는 곳으로 생각하곤 하는데, (중독 관련 질문을 빼면) 폭력적인 범죄에 대한 우려를 암시하는 내용은 전혀 없다. '후원 제도'에 관한 내용도 없다. 현대 역사가들은 고대의 빈민들이 부유한 상류층 후원자에게 일자리부터 대출 혹은 식량까지 모든 것을 의존했다는 내용을 가지고 적잖은 저서와 논문을 집필해왔다. 토너는 신탁서가 겨냥한 사용자들은 로마 사회의 서열에서 워낙 밑바닥에 위치해 후원 제도의 혜택조차 입지 못하는 수준이었다고 추정한다('나름 사회적 지위가 우선한 빈민'까지만 그런 제도의 혜택을 입을 수 있었다는 것이다). 어쩌면 그럴 수도 있으리라. 아니면 이런 후원 제도 전체가 상류층 외의 서민들의 삶에서는 로마 상류층 작가들이 생각했던 것보다 훨씬 중요하지 않았는지도 모른다. 따라서 고대의 현실은 고대에 대한 정보를 이들 상류층 작가가 남긴 저작에 주로 의존하고 있는 우리가 생각하는 모습과는 많이 다른 것인지도 모른다. 그것도 아니면, 적어도, 이 얄팍한 신탁서가 만들어진 로마 제국 어느 구석에서는 후원 제도가 훨씬 중요하지 않았던 것인지도 모른다.

토너는 여기서 한발 더 나아가 이들 신탁에서 우리가 아주 기본적인 형태의 위험 평가 시스템을 보고 있는지도 모른다고 주장한다. 가령 토너는 신생아의 운명에 대한 답변이 당시 유아 생존율의 사회적, 생물학적인 현실과 어느 정도 부합하리라고 본다(10개의 답변 중 하나는 아이를 "기르지 말라"고, 즉 유기하거나 죽이라고 말하며, 두 개는 어떻게 하든 결국 죽을 것이라고 말한다). 토너는 현대 터키의 여러 도시에서 발견된 고대 명문에 기록된 비슷한 신탁 모음까지 종합한 다음, 신탁 답변의 18퍼센트가 '벤처사업'이 실패할 것이라고 경고한다고 지적한다. 이는 (선박, 운송비, 적하품을 저당물로 잡히고 선박 항해에 필요한 비용을 빌리는) 소위 '적하모험임차maritime loan'에 흔히 부과하는 이율에 반영되는 실패율과 대략 같은 비율이다. 요컨대 토너의 주장에 따르면 신탁의 답변들은 실제 생활의 위험도와 확률을 반영하고 있다는 것이다.

나는 잘 모르겠다. 그런 원칙에 따르면 여기에 신탁을 묻는 상담자가 시의원이 될 확률은 80퍼센트였다. 이처럼 높은 확률은 다음의 몇 가지 상황을 의미한다. 신탁서를 활용한 이들이 토너가 (그리고 대부분의 역사가가) 생각하는 것보다 사회적 지위가 높았거나, ("제가 시의원이 될 수 있을까요?"라는) 특정 질문을 던지는 사람이 자체적으로 엄선된 집단이거나, 그것도 아니면 점괘가 지나치게 낙관적이거나. 반대로 때론 점괘가 너무 비관적이다 싶다. "내가 중독된 것인가요?"라는 질문에 대한 10개의 신탁 답변 중 다섯 개가 "그렇다"고 한다.

『고대 로마의 대중문화』는 전체적으로 로마 제국의 '비엘리트 non-elite' 문화에 대한 흥미롭고 호기로운 소개서이면서 동시에 저자의 정치적 신념에 충실한 책이기도 하다. 토너는 서문에서 책을 헌정한 대상인 자기 어머니가 케임브리지 대학에서 '허드렛일을 하는 사람'이었다고 말한다. 또한 (현대 '고전학'의 중심인 엘리트 문헌 밖에서 발견되는 고대 세계의 대중문화가 존재한다는) 책의 핵심 아이디어는 역사학적인 문제의식뿐만 아니라 정치적인 문제의식에 의해서도 영향을 받았다고 밝힌다.

토너의 업적은 원로원 의사당이 아니라 로마 선술집의 문을 열고 내부를 보여준 것이다. 달리 말하면 화려한 별장이 아니라 어두컴컴한 다락방을 말이다. 토너는 『아스트람프시쿠스의 신탁』부터 현존하는 로마의 소화집(『필로겔로스』), 서기 2세기에 점쟁이 아르테미도루스가 썼다는 해몽에 관한 책까지, 말하자면 고전 시대 문헌의 주류에서 벗어난 자료에 의거해 그동안 우리에게 익숙했던 반짝이는 대리석 이미지와는 사뭇 다른, 로마의 모습을 (마법의 주문이라도 외운 양) 생생하게 불러낸다. 토너가 불러낸 로마는 오물과 악취의 세계(토너가 보기에 로마는 기본적으로 쓰레기더미였다), 대중오락의 세계, 카니발과 육체노동을 하는 하층민의 세계이며, 엘리트의 권력에 대한 복종은 물론 저항이 있는 세계다. 토너가 유일하게 잘못 판단한 부분이 있는데, 바로 로마인의 정신건강을 다룬 장이다. 로마 서민에게 영향을 미친 스트레스 수준에 대해 어설프게 현대화한 관점과 생각들이 표현되어 있다. "죽은 자들에 대한 사후 진단을 하려는 것은 아니다"라는 부인에도 불구하고, 토너가 이집트의 가톨릭 사제이자 성인인 성 안토니우스는 정신분열증이었고, 일반 로마 병사들이 전투 스트레스와 PTSD(심리적 외상후 스트레스 장애)를 앓았을 가능성이 높다고 여긴다는 강한 인상을 지울 수 없다.

그렇지만 여기서 중요한 질문은 토너가 불러내 우리에게 보여주는 로마가 그가 말하는 것처럼 '서민적'인가 하는 점이다. 토너가 말하는 더럽고, 냄새 나고, 위험한 세계가 농민과 빈민의 세계인가, 아니면 엘리트의 세계이기도 한 것인가? 그의 정치적 의도가 무엇이었든 간에, 토너가 더없이 성공한 지점은 혜택 받지 못한 이들의 실제 생활을 보여주었을 뿐 아니라 엘리트 문화의 다른 측면도 보여주었다는 점이리라. 우리가 지금 (우리 계급질서에서 그들에게 맞는 위치가 그것이기 때문에) '하위 엘리트' 또는 '비엘리트' 문헌이라고 표기하는 이들 텍스트가 고대 세계에서 얼마만큼 '서민적'이었던 것인지 여전히 불분명하기 때문이다. 사실 『아스트람프시쿠스의 신탁』을 보면 대상 고객에 노예 및 하층민과 함께 비교적 상류층에 속하는 이들도 포함되었을지 모른다는 사실을 암시하는 힌트가 토너가 인정하는 것보다 많이 나온다. 특권층 고객을 암시하는 질문이 "내가 시의원이 될 수 있을까요?"(이는 "내가 원로원 의원이 될 수 있을까요?"로 해석할 수도 있다) 하나만은 아니다. 초기 기독교 판본을 보면 "내가 주교가 될 수 있을까요?"라는 질문이 포함되어 있으며, 열 개 중 다섯 개의 답변이 "긍정"을 가리킨다(그중 하나는 "머잖아 주교가 되겠지만 후회할 것이다"여서 마냥 '긍정'이라고 하기엔 애매하다. 아무튼 초기 교회의 권력 문제를 지극히 현실적으로 바라보는 관점을 반영한 게 아닌가 싶다). 같은 논리가 로마 소화집에도 적용된다. 『필로겔로스』가 고대 마을의 공동 우물이나 이발관에서 들을 법한 대중적이고 서민적인 농담을 기록한 것이라는 주장이 틀렸음을 입증할 순 없지만, 우리가 가지고 있는 농담 모음집은 비교적 부유한 로마 학자가 책상머리에 앉아 작업한 백과사전일 가능성이 높다.

이런 딜레마들은 로마 문화사에서 훨씬 더 근본적인 문제로 이어진다. (토너처럼 우리가 아무리 열심히 찾는다 해도) 엘리트와 대중의 취향이 분명히 갈리는 부분을 찾아내기란 거의 불가능하기 때문이다. 로마는 (현대의 우리 문화처럼) 미적 선택에 의해 지위가 드러나고 구별되는 그런 문화가 아니었다(요즘은 특정 계층에서 특정 브랜드를 선호하는 식으로 취향과 계층이 연결되는데 로마에서는 그런 흔적이 보이지 않는다). 오히려 반대다. 확인 가능한 선에서 보면, 로마에서 문화적·미적 취향은 부와 지위에 상관없이 대체로 같다. 유일한 차이는 지불 여력이 있느냐다. 폼페이 유적지를 보면 이런 점이 더없이 분명하다. (규모가 크든 작든, 주인이 엘리트든 비엘리트든) 모든 주택의 장식이 동일한 일반적인 패턴을 따르고 있는 데다, 주제와 디자인 면에서도 대체로 동일한 선호 경향을 보인다. 부잣집이라 해도 벽화로 장식된 부분이 넓고 그림 솜씨가 좋다는 정도지 기본적인 미적 감각이나 취향이 다르지는 않다. 돈을 많이 내면 좋은 그림을 가질 수 있는 것이야 당연한 이치다. 로마 시대에 (오물, 빈곤, 굶주림과 별개로) '대중문화'라고 부를 만한 어떤 것이 존재했는지 여부는 토너가 때로 인정하는 것보다 훨씬 더 까다로운 문제다.

『폼페이 되살리기Resurrecting Pompeii』에서 에스텔 레이저는 서기 79년 베수비오 화산 폭발 희생자들의 유골을 부자와 빈민 가리지 않고 꼼꼼히 분석함으로써 '평범한 로마인'의 삶과 생활 방식에 대해 다른 접근을 시도한다. 여러모로 괄목할 만한 책인데,

　　　　　　4부　밑에서 본 로마

특히 레이저가 유골 분석 작업을 했던 현대 폼페이의 환경에 대한 설명이 인상적이다. 인디애나 존스 스타일의 화려한 고고학과는 거리가 멀어도 한참 먼 환경이다. 전시로 대중에게 공개되는 일부 유명한 유골과 사체 석고 모형을 제외하고, 제2차 세계대전 기간에 연합군의 폭격을 견디고 살아남은 나머지 유골 대부분은 창고 두 곳에 쌓여 있다. 창고는 둘 다 일반 관광객의 접근이 허용되지 않는 고대 목욕탕 건물 중 하나에 위치한다. 레이저는 7년의 연구 시간 대부분을 이들 창고에서 보냈다. 한 번 오면 몇 달씩 머무르곤 했다. 조명도 제대로 설치되지 않은 데다 쥐와 각종 벌레가 들끓는 곳이었다(자전거용 휴대 전등을 가지고 작업해야 할 때도 있었다). 발굴 이후 뼈에 붙인 꼬리표는 이미 오래전에 쥐들이 갉아먹은 터였다. 새들의 안락한 둥지로 활용되는 해골도 많았다. (그렇다보니 뼈는 물론이고 레이저가 '해골의 핵심 랜드마크'라 부르는 중요 부분들이 새 잡는 끈끈이로 덮여 있었다.) 창고 하나에는 일종의 '가내 공업'이 들어서 있었다. 인간의 허벅지 뼈를 이용해 그곳 고대 가구의 복원에 필요한 경첩을 만드는 일이었다. "이를 통해 새로운 넓적다리뼈 절단 표본을 제공하고 있다"고 레이저는 지나가듯 무심하게 말한다.

이처럼 다루기 여간 까다롭지 않은 재료를 통해 레이저는 베수비오 화산 폭발의 희생자와 폼페이 인구에 대해 아주 신중한 결론들을 끌어냈다(그리고 그보다 넓게는 헤르쿨라네움 인구에 대해서도). 레이저는 일부 고대 유골 연구를 토대로 나온 선정적인 결론들을 완전히 무시한다. 1980년대 초에 헤르쿨라네움 해안의 여러 '보트 창고'에서 발견된 300개가 넘는 해골 분석 결과에는 특히 비판적이다. 당시 자료 연구를 재정적으로 지원한 곳은 『내셔널 지오그래픽』이었는데 이 잡지사는 지원 대가로 희생자의 개인 신상에 대한 아주 생생한 세부 정보들을 얻었다. 당시 결론은 이런 식이었다. 근육이 많이 발달한 것으로 보이는 뼈의 주인은 노예였음이 분명하다. 장검과 단검을 소지하고 있는 다른 희생자는 '병사'라고 불렸다. 또 다른 유골은 보트 근처에서 발견되었다는 이유로 '조타수'가 되었다.

레이저는 이런 식의 '신원 확인'이 얼마나 엉성한가를 지적하는 데서 그치지 않는다(함께 발굴된 보트는 '조타수'와는 전혀 다른 시대에 속하는 것으로 밝혀졌고, 소위 '병사'는 장검과 단검 외에 목수 연장이 들어 있는 가방도 가지고 있었다). 레이저는 또한 누가 어떤 선정적인 목적을 가지고 돈을 대든, 고대 유골 자료에서 결론을 끌어내는 작업이 얼마나 까다롭고 논란의 여지가 많은가를 강조한다. 성인이 되기 전의 유골의 성별을 판단하는 일은 언제나 일종의 '찍기 게임'일 수밖에 없다. 폼페이나 헤르쿨라네움에서 발견된 어떤 유해에서도 믿을 만한 DNA 염기서열이 확보된 적은 없다. 무엇보다 눈에 띄는 것은 보트 창고에서 나온 유해를 가지고 진행된 두 연구에서 내놓은 희생자들의 평균 신장 추정치가 5센티미터나 차이 난다는 점이다. 여기에는 자를 꺼내서 단순히 유골의 길이를 재는 이상의 무언가가 분명 영향을 미치고 있다.

이들 뼈에서 의욕적인 결론을 끌어내는 데 극도로 신중한 자세를 보이는 레이저지만 폼페이 인구와 관련해서는 상당히 많은 이야기를 들려준다(아니 어쩌면 신중하기 때문에 적잖은 내용을 파악할 수 있었는지도 모른다). 레이저가 들려주는 이야기는 로마 세계의 구강 청결 수준이 정말 형편없었다는 꽤나 알려진 사실뿐만이 아니다. 이는 현재 수백 개의 이빨과 턱을 분석한 결과를 통해 반복적으로 증명되고 있다(로마의 풍자 시인 마르티알리스는 자신의 시에서 동시대인들의 입 냄새를 신랄하게 비판하는데, 어쩌면 단순한 시적 표현이 아니었는지도 모른다). 레이저가 말하는 중요한 관찰 결과 가운데 하나는 희생자들의 인구학적인 통계다. 베수비오 화산이 요란한 괴음을 내다가 마침내 폭발했을 무렵, 도시에 남아 있던 이들은 주로 노약자였음이 분명하다고 주장하는 이가 많다. 아주 어리거나 늙거나, 장애가 있거나, 그 외에 어떤 식으로든 움직이기 힘든 사람들이 피난을 가지 못하고 남아 있었다는 것이다. 그러나 창고에 쌓여 있는 뼈들을 꼼꼼히 살피는 동안 레이저는 그런 선입견을 뒷받침할 만한 어떤 특징도 찾지 못했다. 오히려 남아 있는 유해는 우리가 여느 로마 도시에서 기대할 법한 전형적인 성별과 연령 분포를 보이는 듯하다.

로마 사회를 전반적으로 이해하는 데 훨씬 중요한 것은 이들 유골이 비교적 동질성을 보인다는 점이다. 폼페이는 항구도시였고 겉으로 봐서는 단연코 다문화 사회였다. 이집트 여신 이시스의 유명한 신전부터 어느 주택에서 발견된 상아로 만든 인도 여신의 작은 조각상까지 다문화 사회의 증거는 차고 넘친다. 그러나 유골을 통해 드러나는 숨길 수 없는 특징들은 (가령 이중뿌리 송곳니, 특히 독특한 형태의 정강이뼈 등등) 비교적 동질성이 높은 인구라는 사실을 암시한다. 이런 특징은 "공통의 유전자 혹은 성장 환경으로 인한 결과"이기 때문이다. 더구나 헤르쿨라네움에서 발굴된 유골이 [폼페이와는] 일관되게 다른 특징을 보인다는 점도 의미심장하다. 이는 (그들의 다문화 장식물이 어떻든) 이들 나폴리만 주변의 소도시들이 우리가 흔히 가정하는, 상호 이동이 빈번한 동적인 개체군의 주거지라기보다는 근친 교배 중심의 정적인, 말하자면 고인 늪지대 같은 주거지에 가까웠음을 암시한다.

(때로 집필이 명쾌하지 못한 구석도 있고 편집이 세심하지 못한 부분도 있지만) 『폼페이 되살리기』는 분명 주목할 만한 책인데, 레이저가 워낙 꼼꼼하고 신중해서 자신의 까다로운 증거 기준이 허락하는 선을 결코 넘어가지 않기 때문이라는 이유도 있다. 또한 레이

저는 자신이 다루는 재료가 비록 2000년 전이라고 해도 끔찍한 자연재해의 희생자들이라는 사실을 결코 망각하지 않고 이에 대한 존중심을 갖고 일관되게 글을 쓴다. 당연히 베수비오 화산 폭발은 보기 드문 규모의 고대 비극이다. 그러나 희생자 추산, 도망칠지 남아 있을지에 대한 그들의 결정 등을 보면, 『아스트람프시쿠스의 신탁』에 자문을 구했던 사람들의 딜레마가 떠오른다. 토너의 말처럼 "제가 죽음을 보게 될까요?"라는 질문에 대한 열 개 답변 중 일곱 개가 "그렇다"라는 사실은 고대 삶의 실상이 어떠했는가에 대해 중요한 무언가를 말해준다 하겠다.

서평 도서
1 Jerry Toner, 『고대 로마의 대중문화Popular Culture in Ancient Rome』(Polity Press, 2009)
2 Estelle Lazer, 『폼페이 되살리기Resurrecting Pompeii』(Routledge, 2009)

21. 군대의 수도 로마 진입 금지

━━━━━ 전사들의 나라로서 고대 로마는 현역 군인의 수도 주둔을 경계했는데, 이는 현명하고도 신중한 처사였다. 로마 군대는 지금의 스코틀랜드부터 사하라까지, 동방으로는 이라크에까지 이르며 실로 광대한 영토를 정복했다. 추정에 따르면, 최소한 공화정 시기에는 전쟁에 적극 참여한 로마 시민의 비율이 산업화 이전의 어느 제국보다 높았던 것으로 보인다. 공적인 명성과 무공武功 사이의 상관관계가 워낙 높아서 학구적인 샌님 스타일인 클라우디우스 황제조차 개인적으로는 내키지 않아도 브리타니아를 정복해 왕좌를 차지할 자격을 보여주고 업적을 쌓아야 했다. 그러나 라틴어로 포메리움pomerium이라고 하는 신성한 경계 내부에 있는, 도시 로마 자체는 엄격하게 군대의 주둔이 금지되는 지역,

즉 비무장지대였다. 무장한 병사는 물론이고, 심지어 현역 장군조차 진입이 허락되지 않았다. 물론 1인 지배하의 로마 제국에는 수도에 주둔하는 소규모 특수 사병이 있었다. 바로 황제 근위대인데 이들의 임무는 통치 중인 황제를 보호하는 (때로는 암살하는) 것이었다. 내전이 발발했을 때는 로마 군대가 유서 깊은 수도 곳곳을 활보하기도 했다. 예컨대 다수의 경쟁자와 그들이 이끄는 군대가 황위를 놓고 싸우면서 1년 동안 황제가 네 번이나 바뀐 '네 황제의 시대'(서기 69)에는, 전투 및 이와 관련된 방화 때문에 카피톨리누스 언덕에 있는 유피테르 옵티무스 막시무스 신전까지 파괴되었다. 그럼에도 불구하고 로마는 현대의 여러 국가가 앞다투어 거행하는 열병식과 치명적인 무기 과시에는 탐닉하지 않았다. 심지어 로마에는 영국에서 왕의 생일에 거행하는 열병식이나 전사자를 기리는 현충일 같은 의식이 소박한 형태로도 존재하지 않았다. 로마 정규군이 합법적으로 수도에 들어온 유일한 때는 승리를 축하하는 개선식에서였다. 개선식은 로마의 대승을 (그리고 거의 당연한 귀결로 전쟁의 종식을) 축하하면서 전리품과 적군 포로들을 과시하는 행진이었다. 공화정 시대에는 그보다 잦았지만 서기 1세기부터 개선식은 약 20년마다 한 번씩 있는 행사였다. 그렇다면 고대 방문자의 눈에 로마는 실상인 군국주의와는 상반된, 인류 최초의 반전평화주의 국가로 보였을까?(그런 국가가 인류 역사상 존재했다고 한다면.) 조금만 주의를 기울여 주위를 둘러보면 그런 오해를 불러일으킬 리 만무했다. 『고대 로마의 전쟁 표상 Representations of War in Ancient Rome』에 수록된 글들이 강조하는 것처럼 로마는 살아 있는 실제 병사들 대신 전쟁과 정복을 나타내는 이미지와 기념물로 가득했다. '로스트라rostra'라고 알려진 중앙 광장에 있는 연단은 포획한 적선敵船의 충각衝角, 즉 적을 무찌르기 위해 군함의 이물 아래쪽에 부리 모양으로 장착했던 장치를 단에 전시해놓은 데서 유래했다(라틴어 로스트라가 부리 또는 충각이라는 의미다). 개선장군의 저택 밖에는 승리를 떠올릴 영원한 기념물 역할을 하는 전리품과 노획한 적의 무기가 장식처럼 붙어 있었다. 한번 붙이면 절대 제거하지 않았다고 한다. 실제로 꼭 그랬을 것 같진 않지만 그만큼 중요하게 여겼다는 의미일 듯싶다. 황제의 조각상도 전투복을 입은 모습 혹은 적을 정복하는 동작으로 표현되곤 했다. 한때 카피톨리누스 언덕 위에 미켈란젤로가 조성한 캄피돌리오 광장 중앙에 있었던 마르쿠스 아우렐리우스 황제의 유명한 기마상에서 사라진 중요한 부분이 하나 있으니, 황제가 짓밟고 있는 것으로 묘사된 바닥에 쓰러진 야만인이다(현재 황제상의 원본은 비바람으로부터 보호하기 위해 인근 박물관으로 옮겨 보관하고 있으며 광장에는 복제품이 세워져 있다). 그게 전부가 아니다. 트라야누스 기둥과 마르쿠스 아우렐리우스 기둥 주위로는 이들 황제가 이끈 전투와 원정을 상세히 기록한 부조가 새겨져 있다. 말하자면 이들 기둥은 서기 2세기 초에 있었던 트라야누스 황제의 성공적인 다키아 원정, 그로부터 반세기쯤 뒤 마르쿠스 아우렐리우스 황제의 게르마니아의 여러 부족 제패를 시각적으로 설명한 일종의 전승 기념탑이다. 이처럼 다양한 전쟁 이미지의 기능은 빤하다. 대리석이나 청동에 새겨 군사력을 과시하는 것이 무장한 군대를 수도에 주둔시키는 위험을 감수하는 것보다 훨씬 더 안전한 선택이기 때문이다. 물론 이미지보다는 실제 군대가 훨씬 더 강렬한 인상을 주고 유용할 수 있겠지만 그만큼 커다란 위험도 따르는 법이니까. 로마가 비무장화한 중앙과 당연히 로마 바깥 지역이 되는 무장 지역을 명확하게 분리한 정책은 전반적으로 국토 안보에 상당히 도움이 되었다(이런 분리는 '본토와 해외'를 가리키는 일반적인 라틴어 표현인 'domi militiaeque'라는 말로 훌륭하게 표현된다). 수도 자체에서 벌어진 내전은 그야말로 피비린내가 진동하는 인상적인 사건들이었을지 모르지만 아우구스투스 이후로는 상대적으로 드물었다. 수도 로마에 있는 전쟁 및 정복과 관련된 각종 이미지가 실제 군대를 대신해 군사력을 과시하는 기능만 했던 것은 아니다. 이들 이미지는 점점 멀어지는 전장과 수도 로마를 연결하는 중요한 역할을 했다. 기원전 1세기가 되기 한참 전부터 대다수의 전투가 수도 사람들의 눈에 보이지 않는 곳에서 일어나고 있었다. 그만큼 로마의 영토 범위가 넓어졌기 때문이다. 이미 기원전 2세기 중반에 폴리비오스는 개선 행진이 본국에 있는 로마인들 눈에 해외 장군들의 활약상을 보여주기 위한 것이라고 주장했다(폴리비오스는 로마가 팽창을 거듭하며 세계 지배자의 자리를 향해 한창 내달릴 무렵에 활동한 그리스 역사가다. 로마와의 전쟁에서 패한 그리스 도시국가 출신이며 인질이자 시민으로 장기간 로마에서 생활했다). 그래서인지 개선식에서는 전리품은 물론이고 전투 장면을 그린 그림도 전시되었다. 트라야누스와 마르쿠스 아우렐리우스의 기둥에 새겨진 부조 역시 비슷한 기능을 했다. 수도 로마 주민들은 이들 부조를 보며 자신이 제국주의 팽창 활동의 일부가 된 듯이 느꼈다. 제정기에 들어서는 수도 로마 시민 가운데 직접 전투를 목격한 이가 거의 없었다. 그런 의미에서 이런 전쟁 기념물은 영국 공영 라디오에 나오는 해상 기상 예보의 기능과 다르지 않다. 노르웨이 남단 사우스 웃시레 지역의 바람 세기를 알아야 하는 영국인은 사실 거의 없지만 우리가 섬나라에 살고 있으며 파도에 영향을 받는다는 사실을 기억하는 것이 중요하다. 이들 전쟁 기념물은 로마의 장군 개인에게도 중요한 의미가 있었다. 토니오 횔셔가 『고대 로마의 전쟁 표상』에 실린 날카로운 통찰력을 드러내는 글에서 주장한 것처럼 로마 엘리트들에게 무엇보다 중요한 과제 중 하나는 군사 분야에서 거둔 성공을 믿음직한

4부 밑에서 본 로마

정치적 자산으로 변환시키는 것이었다. 그런 변환 수단이 바로 도시 내의 건물이나 그 외 눈에 보이는 전시물이었다. 기원전 4세기부터 전쟁에서 승리를 거둔 장군들은 전리품을 통해 얻은 수익금을 감사의 표시로 신전에 바쳤는데, 이 역시 자신의 업적을 기리는 영구적인 기념품 역할을 했다. 나중에는 대중오락과 훨씬 더 직접적으로 관련된 기념물에 현금을 풀었다. 원래 콜로세움에는 베스파시아누스가 유대 전쟁 승리를 통해 얻은 전리품으로 지었다는 명문이 여기저기 있었다(가장 최근에 복원된 글에 따르면 그렇게 생각된다).

제정 시대 이전에도 폼페이우스 마그누스가 전쟁 승리를 통해 얻은 수익금이 로마 시내 최초의 상설 극장 건설에 사용되었다. 꼭대기에는 베누스 윅트릭스('승리를 주는 자' 베누스)에게 바치는 대형 신전이 있었는데, 폼페이우스가 약탈해온 미술품이 전시된 주랑 및 정원과도 연결되어 있는 거대한 건축물이었다. 이처럼 웅장한 건축물과 폼페이우스의 군사적 승리 사이의 연관성을 강조하려는 듯, 극장 개관 축하 행사는 폼페이우스가 몇 년 전에 연출했던 개선 행진을 거의 똑같이 흉내 내고 있었다. 트로이 전쟁 이후 아가멤논의 귀환을 다룬, 극장 개관 작품에는 폼페이우스 개선식 당시 로마 거리를 덜컹거리며 행진했던 전리품을 가득 실은 수레들이 등장했을 것이다. 다만 궁금한 점은 대놓고 그런 것은 아니지만 암묵적으로 폼페이우스를 바람난 아내에게 배신당한 (그리고 결국 살해당한) 아가멤논에 비유한 이런 시도를 불길한 전조로 해석한 사람이 얼마나 되었을까 하는 것이다. 여기까지는 순조롭다. 그러나 좀더 깊이 들어가면 문제는 그리 간단치 않다. 우선 어떤 것이 로마에서 '전쟁 예술'에 속한다고 볼 수 있을까? 『고대 로마의 전쟁 표상』 집필자들은 폭넓은 정의를 염두에 두고 있는 듯하다. 성공적이었던 로마군의 전투 장면을 묘사한 이미지, 전리품으로 건설된 게 분명한 신전과 기념물은 당연히 포함된다.

뿐만 아니라 무엇보다 그리스 정복의 결과로 로마에 있게 된 '원래' 그리스 예술작품은 물론이고, 훌륭한 통솔력과 무인武人으로서 남다른 자질을 떠올리게 하는 극도로 사실적인('진실묘사주의') 양식의 로마 초상화도 모조리 포함된다. 가령 기발하고 독창적이지만 완전히 설득력 있다고 보기는 힘든 장에서 로라 클라르는 로마 극장 무대 정면의 독특한 배경 장식인, 스카이나이 프론스scaenae frons를 개선장군이 전리품을 일시적으로 극장에 전시한 데서 유래했다고 주장한다. 로마의 스카이나이는 그리스의 그것과 달리 높이가 높고 기둥과 벽감들이 연결된 2~3층의 건물 형태를 띠는 것이 특징이다(이들 벽감이 흔히 정복 전쟁 전리품에서 큰 부분을 차지하는 귀중한 조각상들을 전시하기 위해 만들어졌다는 식이다). 그럴지도 모른다. 그러나 이런 관점을 따르면, 모든 로마 예술이 '전쟁 예술'이라는 범주에 들어갈 위험이 있다. 직접적이든 간접적이든 군사적 승리로 얻은 이익으로 돈을 댔다는 사실만으로 말이다. 그런 이유로 기원전 5세기의 모든 아테네 예술 역시 '전쟁 예술'로 규정되며, 서구 유럽 예술 전통의 상당 부분도 두말할 필요 없이 이 범주에 속하게 된다.

이런 포괄적인 문제뿐만 아니라 구체적으로 들어가도 쉽지 않은 부분들이 있다. 특히 일부 유명 기념물의 의미 및 기록의 사실성과 관련된 문제가 그렇다. 이들 기념물은 전투에서 로마군의 행동 특징을 정확하게 반영하고 있는 것일까, 아닐까? 발밑의 야만인을 짓밟고 있는 황제의 기마상이 실제 황제의 행동을 보여주는 일종의 '스냅숏'이라기보다는 전제 군주인 황제의 권력을 상징적으로 표현한다고 보는 편이 그럴듯하다는 것이야 말할 필요도 없다. 그러나 트라야누스 기둥과 마르쿠스 아우렐리우스 기둥에 나온 이미지를 활용한 상세 설명은 어느 쪽으로 봐야 할지 그렇게 간단하지가 않다. 두 기둥이 전혀 다른 전투 방식을 묘사하고 있다는 점은 오래전부터 인정되어온 바다. 트라야누스 기둥은 무력 충돌의 잔인하고 끔찍한 장면 표현을 자제한다. (일단의 여성이 타오르는 횃불로 벌거벗은 포로들을 공격하는 것처럼 보이는 수수께끼 같은 장면을 포함함) 몇몇 예외는 있지만 다키아 전쟁은 냉혹하면서도 나름의 품위를 지키며 진행된다. 요즘으로 치면 [전쟁 포로의 인권을 규정한) 제네바 협정 같은 규칙을 어느 정도는 따르면서 말이다. 반면 마르쿠스 아우렐리우스 기둥은 훨씬 더 끔찍한 장면들을 보여준다. 주로 교전 지역에서 여성을 학대하는 것인데 여성을 폭행하고, 머리채를 잡아 끌고 가며, 칼로 찌르고 죽이는 장면들이다. 악명 높은 장면 하나에서는 병사들이 엄마 품에서 어린아이를 떼어내려는 듯하다. 이는 현대 비평가들의 눈에는 '전쟁 범죄'가 분명하며, 전쟁의 공포를 더없이 분명하게 상기시키는 로마의 기념물이다(흥미롭게도 19세기의 한 학자는 이를 전선에서 긴장을 풀어주는 유쾌한 '농담'의 일종으로 해석하기도 했다. 그런 말을 한 학자 자신은 그리 유쾌한 편이 못 되었지만). 이들 기둥 사이에 차이가 나는 이유는 무엇일까? 어떤 이들은 이런 차이의 원인이 기본적으로 양식의 문제라고 주장해왔다. 이런 주장에 따르면 미사여구나 수사를 절제한 트라야누스 기둥은 아직 고상한 고전 시대 양식 범주에 든다. 반면 그로부터 50년쯤 뒤에 만들어진 마르쿠스 아우렐리우스 기둥은 고전 시대 이후 혹은 중세 초기의 격렬한 감정 표현 특징을 이미 보여주고 있다는 것이다. 그런가 하면 어떤 이들은 기둥에 새겨진 전쟁의 실제 차이를 주장해왔다. 예를 들어 파울 창커는 여성을 다루는 전혀 다른 태도가 전쟁의 목적이 다른 데서 비롯된다고 본다. 트라야누스의 다키아 정복은 다키아를 로마의 일반적인 속주로 만들기 위함이었다(말하자면 '평화로운 공존'이 궁극적인 목적이었다). 반면에 마르쿠스 아우렐리우스는 야만인의 침략을 진압하는 중이었다. 그런 까닭에 인정사정 봐주지 않고 가차 없이 공격했다. 『고대 로마의 전쟁 표상』에서 실라 딜런은 현실주의에 입각한 이런 설명이 영 어색하다는 의견을 내놓는데 옳은 관점이지 싶다. 두 전쟁은 아마 똑같이 폭력적이었으리라는 것이다. 딜런은 오히려 기둥의 부조가 그것을 보는 로마인들에게 전하는 메시지에 초점을 맞춘다. 트라야누스는 '네 황제의 시대'(17장 참조)와 이들의 군대가 저지른 잔혹 행위에 대한 기억이 아직 생생한 시기에 다키아와 전쟁을 했다. 벌목을 하고, 다리를 건설하고, 희생하는 등의 각종 유익한 활동에 매진하는, 기강이 잡힌 군대 이미지의 목적은 넓은 의미에서 트라야누스 시대에 규율과 절제를 강조하기 위한 것이었다. 아우렐리우스 기둥에 묘사된 폭력, 특히 여성에 대한 폭력은 남성적인 로마 제정 권력의 다른 이미지를 고조시키고, 게르마니아 여성과 아이들 학살을 통해 이를 보는 로마인들에게 자신들의 "승리가 다음 세대까지 이어지리라"는 확신을 심어주려는 의도였다고 본다. 이런 설명은 설득력이 있다, 어느 정도는. 그러나 이런 설명, 혹은 이들 기둥의 부조에 대해 이보다 더 야심찬 다른 어떤 해석이라도 풀어야 할 과제가 하나 있다. 이미지를 통해 보여주는 이들 시각적 서사가 사실 땅에서는 보이지 않는다는 점이다.

9. 로마 병사가 적의 아이를 빼앗았을까? 아니면 그저 놀이일까? (서기 2세기 후반에 제작된) 마르쿠스 아우렐리우스 기둥 장면을 17세기에 판화로 만든 것이다.)

『고대 로마의 전쟁 표상』은 삽화가 풍부하게 들어간 흥미롭고 시의적절한 논문집이다. 당연히 고대 전쟁 연구는 물론 고대의 예술적 (그리고 문학적) 표상 연구에 지대한 공헌을 하고 있다. 책에 실린 마지막 논문은 윌리엄 해리스의 「서사 문헌에 나타난 로마인의 용기Narrative Literature of Roman Courage」인데 역시 날카로운 통찰력이 돋보이는 흥미진진한 글이다. 해리스는 로마의 군사 행동은 물론이고 문헌에 표현된 이미지와 관련하여 난해한 질문들을 던진다. 로마인은 왜 그렇게 전쟁에 열심이었나? 로마인은 이런 군사 행동에 필요한 용기를 어떻게 고취시켰나? 아니 쉽게 말해서 '보병'들이 도망치는 것을 어떻게 막았을까? 끊임없이 전쟁을 벌이는 부단한 군국주의의 심리적 뿌리는 무엇일까? 해리스 외에도 『고대 로마의 전쟁 표상』에 글을 실은 저자 대부분이 잠깐이라도 이런 질문을 던진다. 그러나 이들이 제시하는 답변을 통해서는 로마인의 모습이 충분히 와닿지 않는다. 이는 이 책에서 가장 취약한 부분이기도 하다. 오히려 로마 군대는 피에 굶주려 날뛰는 '광분한' 폭도이자, 더할 나위 없이 효율적이며, 잘 훈련된 전쟁 기계라는 다소 자가당착적인 모습을 보인다(범죄에서 광기와 효율성이 공존하는 경우는 흔치 않다). 동시에 로마인의 행동은 잔인성 면에서 고대 기준에서 봐도 심각한, 그야말로 잔인함의 끝을 보여주는 것으로 여긴다. "그리스인이 성인 남성을 죽이고 여성과 아이들은 노예로 팔았을 수도 있다. 그러나 항상 그런 것은 아니었다." 캐서린 웰치는 논문 도입부에서 이렇게 말한다. 그리스인을 치하하는 한편 로마인이 항상 그런 잔혹 행위에 탐닉했다는 것을 은연중 암시하는 문장이다. 하지만 이는 정말 잘못된 설명이다.

훨씬 더 중요한 문제는 마치 로마 문화 전반이 군국주의 이념과 그것이 가져다주는 정치적 이득을 열광적으로 지지한 것처럼 묘사되고 있다는 점이다. 다른 목소리 따위는 없이 이구동성으로. 군국주의 이념에 이의를 제기한 로마 시인들의 반체제 목

10. 빈사의 갈리아인. (빈사 상태의) 숭고한 야만인의 모습을 보여주는
그리스 조각상을 로마에서 모방한 작품.

소리에 대한 언급은 거의 없다. 일부 로마인의 잔인하고 불필요
한 살생 중에서도 정도가 가장 심한 사례에 대한 타키투스의 통
렬한 비판만 짧게 언급될 뿐이다. 마찬가지로 다른 관점을 보여주
는 예술작품에 대한 언급은 '전혀' 없다. 아우구스투스가 세운 유
명한 '평화의 제단'을 높이 평가해서 하는 말이 아니다(엄밀히 말
하면 '평화의 제단'보다 '성공적인 강화를 기념하는 제단'이라는 명칭이
더 나을 것이다). 그러나 (아마 한때 율리우스 카이사르의 정원에 전시
되었을 것으로 추정되는) '빈사의 갈리아인'이라는 유명한 조각상은
다르다. 야만인의 숭고한 죽음을 압축적으로 보여주는 조각상에
서 우리는 적을 감탄하며 바라보는 로마인의 관점을 간접적으로

접하게 된다. 조각상에서 느껴지는 로마인의 관점은 『고대 로마의 전쟁 표상』의 저자들보다는 타키투스와 반체제 시인들의 시각에 가깝지 않나 싶다. 말하자면 로마인의 생각은 『고대 로마의 전쟁 표상』에서 이야기하듯 흑백 영화처럼 천편일률적인 것이 아니라 그보다 더 다양하고 흥미로웠다. 책의 저자들이 로마인 스스로가 가졌던 회의, 체제 전복적인 사고, 자기비판을 더 치열하게 살피고 고민했다면, 로마인을 더욱 공평하게 평가한 더 좋은 책을 펴낼 수 있었으리라.

서평 도서

1 Sheila Dillon, Katherine E. Welch (eds.), 『고대 로마의 전쟁 표상Representations of War in Ancient Rome』(Cambridge University Press, 2006)

22. 로마 지배하의 브리타니아에서의 삶과 죽음

━━━━━ 하드리아누스 방벽은 로마군 병사 입장에서 보면 결코 달갑지 않은 주둔지였음이 분명하다. 실제로 많은 영국 학생이 W. H. 오든의 매력적인 광시狂詩 「로마 방벽의 블루스Roman Wall Blues」를 보면서 로마 병사에게 이곳이 얼마나 달갑잖았을까를 생각해볼 기회를 갖는다.

히스 관목 너머로 축축한 바람이 부네,

튜닉에는 이가 있고, 코감기가 들었네.

하늘에서는 후두두 후두두 빗방울이 떨어지네.

나는야 방벽을 지키는 병사. 도대체 영문을 모르겠네.

안개가 딱딱한 회색 돌을 뒤덮고,

사랑하는 사람은 퉁그리아에 있고, 나는 홀로 자야 하네.

시는 거의 같은 분위기로 몇 줄 더 이어진다.

어린 학생들도, 가르치는 교사 대부분도 모르는데, 사실 이 시는 ('블루스'라는 제목이 암시하듯이) 원래는 벤저민 브리튼이 곡을 붙인 노래였다(한때 소실됐다고 여겨진 악보가 최근에 다시 발견되었는데, 브리튼이 '블루스풍' 노래 작곡의 달인이라는 사실을 새삼 상기시킨다). 사실 오든의 시는 고대와 현대의 하드리아누스 방벽을 다룬, 1937년에 전파를 탔던 BBC 홈서비스 라디오 방송국의 다큐멘터리 원고의 일부였다. 1930년대 BBC 라디오 방송국이라는 배경이 평소 오든의 시답지 않은 절제된 표현에 대한 설명이 될 수도 있으리라. 오든은 이어서 짜증나는 기독교도 동료가 '키스'에 반대한다고 묘사하는데('그가 그런 바람을 가지고 있는 한 키스는 없을 것이다'), 오든이 속으로는 [키스보다] 선정적인 무언가를 염두에 두고 있었으리라고 상상하기는 어렵지 않다.

오든이 작성한 프로그램 원고 전체가 그대로 남아 있다. 두 가지 이야기를 상상 속에서 교차시켜놓은 것이다. 첫 번째 이야기는 하드리아누스 방벽의 일부인 하우스스테즈 요새를 방문한 관광객 가족을 다룬다. 아이들은 방벽 건설에 대한 안내 책자 설명에 매료된다. 반면에 아버지는 감명받기를 거부한다("뭐가 뭔지 말해주는 표지판이 있어 다행이네. 내가 보기에는 건설업자가 파산한 뒤에 남은 주택개발단지에 가까운 모양새구나"). 두 번째 이야기는 노래와 대화를 통해 전개되는데 머릿니를 비롯해 온갖 불편함과 어려움으로 힘들어하는 로마 방벽 수비 병사에 대한 것이다. 오든의 원고는 로마 지배하의 브리타니아와 관련된 수많은 이야기에 따라붙는 질문을 던지면서 사람을 심란하게 만드는 말로 끝맺는다. 침략자와 원주민 사이의 이런 갈등에서 우리는 누구 편인가? 오든의 대답은 암울하면서도 공평하다. 로마인과 브리타니아인의 우열을 가리기는 거의 불가능하며, (로마인의) 제국주의와 (원주민의) 야만성 사이에는 도덕적인 차이도 크지 않다는 것이다. "저 남자는 야만인으로 태어났는데 이에 대한 증명은 로마 방벽으로 충분하다. 방벽은 두 민족을 강도와 살인자로 특징 짓는다." 원고의 마지막 줄은 1930년대 말의 현실에서 그야말로 정곡을 찌르는 말일 수밖에 없었다. "죄가 없는 사람에게서 권리를 빼앗는 사람은 누구든 야만인이다."

20~30년 전에 비해 오든의 시를 아는 사람이 적다는 사실은 영국인의 시적 취향 변화와는 거의 무관하며, 학교 교과과정에서 고전의 쇠퇴와도 그리 큰 관계가 없다('영국에서의 로마인'이라는 항목은 공립학교 교육과정 2단계에 확고한 자리를 차지하고 있다). 이런 변화는 오히려 교사들이 이제는 오든의 복화술 없이도 방벽에서

들리는 진짜 로마인의 목소리를 학생들에게 제공할 수 있게 되었다는 사실과 관련 있다. 로마인의 생생한 목소리는 1970년대 이후 빈돌란다 요새 유적지에서 발견된 유명한 문서들에서 나온다. 빈돌란다 유적지잉글랜드 노섬벌랜드 핵삼에 있는 고대 로마의 유적지가 실은 방벽에서 남쪽으로 1.6킬로미터 정도 떨어져 있다는 사실, 현존 텍스트의 절대다수가 방벽이 건설되기 전의 것이라는 점은 신경 쓰지 않아도 좋다. 작은 목판에 기록된 빈돌란다 유적지의 문서들은 주로 편지, 고발장, 이런저런 목록, 장부 등인데, 덕분에 우리는 오든의 시를 통하는 것보다 로마 병사의 실제 모습에 훨씬 더 가까이 다가갈 수 있게 되었다. 이들 문서가 학자는 물론이고 대중의 상상력을 자극하는 데 얼마나 큰 영향을 미쳤는가는 2003년 BBC 방송국에서 실시한 영국의 '10대 보물' 투표 결과에서도 잘 나타난다. BBC 시청자들은 빈돌란다 문서를 서턴후 유적잉글랜드 서픽주에 있는 앵글로색슨 시대의 주장분舟葬墳, 즉 배 무덤 유적에 이어 두 번째로 중요한 보물로 꼽았다.

지금까지 발견된 수백 개의 문서 가운데 가장 인기 있는 것은 어느 장교 아내가 다른 장교 아내에게 보낸 생일 파티 초대 편지다("귀하를 초대하오니 꼭 좀 오셔서 함께해 주시면 더 즐거운 자리가 되리라 믿습니다"). 이는 교사들 입장에서는 로마 군대 이야기로 점철된 전반적으로 남성 위주인 세계에서 여성의 시각을 찾아볼 수 있는 뜻밖의 행운이었다. 이는 또한 (심지어 생일 파티까지 했다니) 로마인들이 우리와 얼마나 비슷했던가에 대한 의미 없는 이야기와 감탄들을 잔뜩 촉발하는 계기가 되기도 했다. 사실 그보다 더 진중하고 무거워 보이는 문서들이 알고 보면 더욱 흥미로운 사실을 말해준다. 예를 들어 서기 1세기 말에 빈돌란다에 배치된 보병대에 관한 '병력 보고'를 보면, 야영지 한곳에 모두 모여 있는 단결력이 강한 로마 군단이라는, 우리가 흔히 가지고 있는 이미지가 틀렸음이 드러난다. 이곳 주둔군의 750명 병사 가운데 절반 이상이 기지에 없었다. 인근 코브리지에 300명 넘게 파견 나가 있었고, 일부는 갈리아에 가서 일을 보고 있었으며, 11명은 '급료를 받으러' 요크로 나가 있었다. 아픈 병사 15명, 부상당한 병사 6명, 눈병에 감염된 졸병 10명을 빼면, 빈돌란다 주둔군 가운데 265명만이 '실전 투입이 가능한' 상태였다. 이외에도 브리툰쿨리 Brittunculi, 즉 '빌어먹을 브리타니아인들'의 군사력에 대한 로마인의 생각을 담은 문서, 장교 식당에서 소비되는 상당량의 가금류 고기를 나열한 문서, 사냥용 그물을 보내달라 요청하고, 새로 보급된 속옷 처리 내역을 기록한 문서 등이 있다.

데이비드 매팅리의 『제국의 소유물: 로마 제국하의 브리타니아An Imperial Possession: Britain in the Roman Empire』가 이들 문서를 활용한 로마 지배하의 브리타니아 역사를 논한 최초의 글은 결코 아니다. 그러나 이는 빈돌란다 문서의 함의를 해당 지역 전반에 대한 해석과 통합시킨 최초의 역사학적인 결과물이다. 빈돌란다 문서 덕분에 군사 지역에 대한 매팅리의 관점은 대부분 선배의 것과는 큰 차이를 보인다. 매팅리가 그리는 브리타니아 주둔 '군대'의 모습은 우리가 평소 그린 교전지역 군대에 대한 이미지와 사뭇 다르다(서기 2세기경 브리타니아 주둔 로마군의 수는 총 5만 5000명쯤 되었다). 이들은 생각보다 훨씬 더 '가정 친화적'이었고, 기지 밖의 지역사회와도 사회적·가정적으로 밀접한 관계를 맺고 있었다(문서 외에 빈돌란다에서 발견된 유물에는 꽤 많은 아동용 신발이 포함되어 있다). 매팅리는 "기지 안의 병사와 기지 밖의 민간인이 엄격하게 분리되어 있었다는 오랜 통설을 받아들이기는 아무래도 어려워 보인다"고 강조한다.

이런 접근법의 일환으로 매팅리는 대담하게도 (그리고 아마 어리석게도) 20세기 일본군 사령부가 군대에 제공한 매춘부 숫자를 가져와서(병사 40명당 한 명꼴), 로마 속주 인구에 도합 1375명의 매춘부를 더한다.

이 책을 집필하면서 매팅리에게는 두 가지 중요한 목적이 있었던 것으로 보인다. 저서가 로마 지배하의 브리타니아를 이해하는 좋은 참고서이면서 동시에 이를 이해하는 데 근본적인 기여를 하는 것이다. 어떤 면에서는 이런 결합이 주효했다.

매팅리는 수많은 교과서에서 제공하는 이야기 중심의 역사 서술을 피하고('22장 3세기 위기') 대신 딱딱한 연대순 설명 뒤에 대상의 다양한 측면을 다루는 주제 중심의 장들을 배치한다. 구체적으로는 로마화한 브리타니아 도시의 불확실한 성공부터, 종교 갈등을 거쳐 시골 지역 경제까지 다양한 주제를 다룬다. 정말 훌륭하다 싶은 분석을 내놓는가 하면, 고고학 증거의 취약성을 인정하면서 신선하고도 대담한 접근법을 보여주기도 한다. 가령 매팅리는 잉글랜드 웨스트서식스주 치체스터, 피시본에 있는 소위 로마 '궁전'의 역사와 기능에 대한 건전한 회의론에 상당히 개방적인 태도를 취한다. 피시본의 로마 '궁전'은 흔히 브리타니아 왕이자 로마의 우방이었던 토기두브누스의 거처라고 생각되며 이에 대한 큰 이견이나 논쟁은 없다. 또한 매팅리는 서기 4세기 런던 주교관구의 성당 확인 작업에 말려드는 데도 회의적인데 내가 보기에는 아주 적절한 태도가 아닌가 싶다. (그렇다고 매팅리의 회의적인 태도가 항상 만족스러울 정도로 철저한 것은 아니다. 매팅리는 콜체스터 부근 렉스덴에 있는 철기시대 말기의 무덤에서 발견된, 뚜렷한 특징 없이 평범한 흰 금속 가공품 조각이 로마 행정관이 쓰던 공식 의자의 부속품이라는 현대의 통설을 앵무새처럼 안이하게 되뇌는 모습을 보인다. 그런 탓에 철기시대 군소 군주들과 로마 당국이 로마의 브리타니아 침략 이전에 밀접한 외교적 접촉을 했다는 좋은 증거가 된다는 사실보다 공상에 가까운 주장을 받아들이는 것이다.)

그렇지만 참조 부분에서 매팅리가 제시하는 일부 설명은 책을 정말 지루하게 만들고 만다. 몇몇 전문가 외에 과연 누가 농촌 지역의 정착 유형을 지역별로 하나하나 살펴보는 걸 흥미로워할까. 또한 삽화가 전혀 없어 (아마 펭귄북스에서 만드는 새로운 영국사 시리즈의 편집상의 결정 때문인 듯한데) 글에서 제시하는 증거물에 익숙한 사람이 아니라면 거듭 당황하게 된다. 로마 지배하의 브리타니아 문화에 대한 많은 주장은 당시의 도기, 모자이크, 동전, 조각 등의 특징에 근거할 수밖에 없다. 이것은 '형편없는 작품'인가, 아니면 의도적으로 '켈트족의' 특징을 살린 것인가? 로마 이전 브리타니아에서 만들어진 이런 동전의 형태는 로마나 그리스 양식에서 얼마나 영향을 받은 것인가? 눈앞에 이미지가 없이 이런 문제들을 평가하는 건 고사하고 이해하기조차 거의 불가능하다.

그러나 문제는 설명하고 보여주는 방식에 그치지 않는다. 매팅리가 『제국의 소유물: 로마 제국하의 브리타니아』를 집필한 중요한 목표 하나는 로마 지배하의 브리타니아 연구를 '로마화 Romanisation'라는 묵은 질문으로부터 해방시키는 것이다. 20세기 초 프랜시스 하버필드의 연구, 그리고 1915년에 출간된 선구적 연구인 『로마 지배하 브리타니아의 로마화The Romanization of Roman Britain』 이래, 해당 시대 연구에서 중요한 이슈는 항상 문화 접촉과 문화 변화에 집중되어왔다. 브리타니아 속주는 과연 얼마나 로마화되었는가? 이런 문화 접변의 주된 매개체는 무엇이었나? 로마 문화가 브리타니아 사회 계층 구조의 어디까지 퍼져나갔는가?

매팅리는 이런 견해를 로마 문화와 토착 문화를 바라보는 데 극도로 단순화되고 일방적인 관점에 의존하는 '결함 있는 패러다임'이라고 과감하게 지적한다. 매팅리는 이런 패러다임을 (다양한 탈식민주의 연구를 좇아 그가 말하는) '불일치 경험discrepant experience'이라는 개념에 근거해 로마 지배하의 브리타니아를 보는 관점으로 대체하는 것을 목표로 삼는다. 말하자면 매팅리는 브리타니아 원주민 내부의 여러 집단이 점령국 로마와 서로 다른 다양한 형태의 접촉을 가졌고, 반응 역시 다양했음을 강조한다. 예컨대 도시 엘리트가 로마 및 로마 문화와 맺은 관계는 시골 농부들의 것과는 많이 달랐다.

이에 대해서는 분명 매팅리가 옳을 것이다. 문제는 고대 증거에 대한 매팅리의 해석이 아니라 학계 선배와 동료들에 대한 판단이다. 만약 로마 지배하의 브리타니아 연구들이 매팅리가 주장하는 것처럼 로마와 브리타니아 문화를 구분하지 않는 획일화된 모델을 받아들였다면, 이들 연구가 '토착' 문화와 '그리스 로마 고전' 문화 사이에 단일한 형태의 문화적 변천만을 가정했다면, 매팅리의 주장은 혁명에 견줄 만한 것이었으리라. 하지만 사실 매팅리는

4부 밑에서 본 로마

새로운 길을 열었다기보다는 이미 열린 문을 밀고 나갔을 뿐이다. 매팅리의 동료들이 대체로 여전히 '로마화'라는 개념이 작업하기 (혹은 토론하기) 좋은 개념이라 생각한다 해도, 그들은 이미 '불일 치 경험'의 기본 개념을 사용하고 있다. 제인 웹스터, 마틴 밀릿 등 의 고고학자들은 결코 단일한 문화 변동 모델이 어디에나 맞는다 고 생각하지 않는다. 잠시라도. 그런데도 그들이 그렇다는 식으로 은연중 암시한다면 그 분야에서 이뤄진 최근의 매우 중요한 작업 과 성과를 모욕하는 것이나 다름없다.

브리타니아 속주와 관련하여 고대 로마인이 남긴 문헌 증거를 보는 매팅리의 시선이 곱지 않다는 것도 문제다. 고고학을 선호 하는 많은 역사가가 그렇듯이 매팅리도 타키투스나 율리우스 카 이사르 같은 고대 로마인이 남긴 브리타니아에 대한 기록과 거리 를 두는 데 엄청 신경 쓰고 그에 대한 설명에 많은 페이지를 할애 하고 있다. 실제로 매팅리는 대부분의 고대 작가가 역사학적인 관 점에서 보나 정치적인 관점에서 보나 한심한 수준이었다고 준엄 하게 꾸짖는다. 매팅리에 따르면, 이들은 "자료를 비판적으로 조 사하는 연구자"가 아니었고 귀족 독자를 염두에 두고 글을 썼다. 당시 로마 엘리트가 가지고 있던 야만인과 야만성에 대한 고정관 념에 의존했고, 속주의 역사를 고찰할 때도 "자신들의 타고난 우 월함과 다른 이들의 후진성을 확인시켜주는 내용"을 찾았다. 무엇보다 이들이 말한 내용의 많은 부분이 고고학이라는 과학에 의해 확인되지 않는다.

이런 주장이 나오게 된 맥락을 파악하기는 어렵지 않다. 부분적으로 이런 주장은 아무리 믿기지 않는 것이라도 고대 자료에서 말하는 내용이라면 무조건 믿었던 그 분야의 앞선 세대 역사가들에 맞서는 건전한 반응이다. 그러나 고대 문헌 자료를 마냥 비관적으로 보는 시각도 [맹신 못지않게] 핵심을 놓치게 된다. 고대 문헌 자료가 엘리트주의에 편향되고 문화적으로 왜곡된 형태의 브리타니아 역사를 제공하는 것은 맞다. 그러나 산업화 이전의 다른 제국을 연구하는 학자들에게 고대 로마의 가장 변방에 위치한 어느 속주의 경우, 최초 침략자 중 한 명(즉 카이사르)의 자서전적인 기록은 물론이고, 사위가 쓴 초기 총독 가운데 한 명의 전기(타키투스가 집필한 『아그리콜라Agricola』)도 있다고 말해보라. 누구라도 이들 복잡하고 까다로운 텍스트가 요구하는 더없는 꼼꼼함과 정교함을 가지고 토씨 하나 빼놓지 않고 낱낱이 분석해야 한다고, 집필자의 편견이나 차별 같은 정치적 문제 때문에 소홀히 하는 일은 결코 없어야 한다고 충고할 것이다.

게다가 이들 텍스트에 실린 귀중한 '정보'는 워낙 유혹적이어서 최고로 엄격한 고고학자들마저 완전히 무시하지는 못한다. 특히 실린 정보가 자신의 주장과 깔끔하게 맞아떨어질 때는. 매팅리는 부디카의 반란 이유 중 하나가 거부巨富 철학자 세네카였다는 카시우스 디오의 주장을 마치 사실인 양 거리낌 없이 말한다. 세네카가 순진한 브리타니아인들에게 관대하게 빌려주었던 사채를 갑자기 회수하는 바람에 이들은 현금이 부족해 발을 동동 구르게 되었다는 것이다. 물론 카시우스 디오는 자신이 기술하는 사건이 일어난 150년 뒤에 살았기 때문에 (신빙성이 있든 없든) 당시 상황을 아는 사람들한테서 주워 모은 정보에 의지하고 있었다. 그러나 이는 매팅리가 버리기에는 너무나 유혹적인, 로마 거물에 대한 비방이었다. 고대 작가들이 말하는 내용을 믿지 말라며 스스로가 발한 온갖 경고에도 불구하고.

그런 주장이 거부할 수 없는 유혹이었던 이유는 매팅리에게 로마인은 대체로 적이었기 때문에, 아니 지금도 적이기 때문이다. 이것 역시 일부 선배의 행태를 생각하면 이해가 가는 반응이다. "향수에 젖어 식민주의자와 원주민의 친밀한 관계"를 이야기하고 목욕탕부터 브로치까지 로마인이 삐죽삐죽한 더벅머리에 땟물이 줄줄 흐르는 원주민에게 가져다준 문명의 혜택을 찬양하는 태도 말이다. 매팅리가 지적한 것처럼 아그리콜라의 조각상이 "맨체스터 시청사 입구의 가장 눈에 띄는 자리에 떡하니 서 있는 것은" 바로 이런 관점을 대변한다. 마치 아그리콜라가 의회 회의장에 전시된, 시민 정신을 축복하는 명예 맨체스터 시민이라도 되는 것처럼. (하지만 런던의 템스 강변에 있는, 토머스 소니크로프트의 부디카 조각상은 19세기의 가치를 로마에 저항해 반란을 일으켰던 고대 여왕과 연결시키는, 한층 더 복잡한 이야기를 들려준다.)

매팅리는 [식민 지배를 통한] 문화 발전이라는 안이한 생각에 철저히 반대하면서 오히려 '로마 지배하의 브리타니아'는 군사 점령 기간이자 이방인의 지배 기간이었다는 사실을 강조한다. 매팅리에게 로마인은 극단적인 군국주의자 무리일 뿐이었다. "로마 사회 전체가 전쟁이라는 이념을 중심으로 구조화되어 있었다"(글쎄, 사회 전체가 전적으로 그렇지는 않았을 것이다). 로마인은 돈벌이를 알아보는 예리한 안목을 지녔고, 자신들의 이익 추구 과정에서 섬나라 민간인들에게 막대한 피해를 입혔다. 물론 모든 고대 제국주의 팽창의 토대가 되는 폭력성을 상기시킨 점에서는 매팅리가 옳다(더구나 우리는 고대의 전쟁 역시 사상자를 냈다는 단순한 사실을 의외로 쉽게 망각하는 경향이 있다). 그러나 이런 인식을 가지고 구체적으로 무엇을 해야 할지는 명확하지 않다. 매팅리의 다음 단계는 피해 규모에 관한 자료를 모으는 것이었다. 예컨대 매팅리는 점령 기간(서기 43년부터 83년까지)에 약 200만이었던 총인구 가운데 10만에서 25만 명가량이 살해되었다고 추정한다. 피해가 심각해 보인다. 그러나 대체 어디서 이런 숫자가 나온 것일까? 총인구도 희생자 수도 신빙성 있는 증거가 없다.

그러나 결국 문제는 부풀려졌든 아니든 숫자 따위가 아니다. 문제는 온갖 상세한 설명, 최신 정보, 이따금 가해지는 정치한 분석에도 불구하고, 매팅리가 지나치게 단순한 모델을 마찬가지로 지나치게 단순한 다른 모델로 교체할 우려가 있다는 것이다('로마인은 착하다'를 '로마인은 나쁘다'로 정정하면서). 핵심은 '로마 지배 하의 브리타니아' 이야기에는 영웅도 없고 무고한 피해자도 없다는 것이다. 반란을 일으켰던 여왕 부디카의 지배 아래 산다는 것이 그녀의 적이었던 수에토니우스 파울리누스(누가 봐도, 심지어 로마인의 기준에서도 잔인했던 인물이다) 지배하의 삶보다 나았을 것이라는 보장은 없다. 당연히 오든은 이런 사실을 환히 꿰뚫고 있었고, 1937년 다큐멘터리에서 이런 생각을 더없이 간결하면서도 명확하게 제시했다. 두 민족 모두 살인자요 강도들이었다. 그리고 방벽을 지키는 가련한 병사들은 [침략 전쟁의] 승리자이면서 동시에 피해자였다.

서평 도서
1 David Mattingly, 『제국의 소유물: 로마 제국하의 브리타니아An Imperial Possession: Britain in the Roman Empire』(Allen Lane, 2006)

23. 사우스실즈의 아람어

━━━━ 로마 제국 말기에 사용된 학교 교과서는 요즘 아이들이 읽는 '쉬운 읽을거리' 시리즈와 신기할 정도로 비슷하다. 간단한 상황과 대화 속에서 어느 로마 아이의 하루를 꼼꼼하게 묘사하고 있다. 아침에 일어나 세수하고, 옷을 입고, 학교에 가고, 친구들을 만나고, 점심을 먹고, 파티를 즐기고, 잠자리에 든다. 적절하게 선택된 가정에서 쓰는 어휘 목록을 통해 부모와 형제자매, 놀이 친구, 친척, 집 안에서의 일상, 학교 교육 등을 두루 보여준다. 누구라도 금방 이해할 수 있는 그야말로 '쉬운 읽을거리'다. 그러나 이런 단순함에 현혹되면 곤란하다. 거의 모든 문장에서 고대 로마 사회의 특징적인 계급 구조, 사회적 불평등, 냉혹한 현실이 포착되기 때문이다. 어린아이의 세계에서도 노예 제도는 가장 중

요한 부분이다. 아이가 자주 사용하는 동사형은 직설법 현재형이 아니라 명령형이다(노예여 일어나서 날이 밝았는지 봐. 문을 열고, 창문을 열어. (…) 물건을 이리 줘. 신발을 줘. 세탁한 옷을 접어. (…) 망토와 겉옷을 줘). 로마 제국 교과서에 등장하는 소년은 학교에서 돌아오는 길에 인사를 해야 하는 사람들의 기다란 목록을 집안 내시를 언급하는 것으로 마무리한다. 오늘날 재닛과 존의 세계에는 너무나 어울리지 않는 목록 마무리다.

마찬가지로 놀라운 것은 이들 텍스트가 라틴어와 그리스어를 병기하는 이중 언어로 쓰였다는 단순한 사실이다. 이처럼 두 언어를 나열하는 목적이 무엇인가를 둘러싸고 그동안 논란이 많았다. 일부 현대 비평가는 이미 라틴어를 유창하게 구사하는 고대 학생들을 위한 기초 그리스어 교재라고 본다. 반면에 그리스어 학습이 이들 교재의 최종 목적이 되었다고는 해도, 처음에는 라틴어를 유창하게 구사하려는 그리스어 사용자들을 위해 나온 것이라고 주장하는 이들도 있다. 그런데 양쪽 다 교재 자체에 분명하게 설명되어 있는 내용을 공공연히 무시하고 있다. 두 언어를 동시에 학습하는 것을 목적으로 한다고 명기되어 있기 때문이다.

우리가 보기에는 교사나 학생 모두에게 끔찍한 악몽 같은 교수법이라 생각될지 모르지만 로마 세계에서 가장 유명한 교육이론가가 주장한 내용과 대략 맞아떨어지는 방법이었다. 마르쿠스

파비우스 쿠인틸리아누스는 (서기 1세기 말에 집필한)『웅변술 교육Institutio Oratoria』에서 어린이를 대상으로 라틴어와 그리스어 정식 교육이 정도의 차이는 있더라도 병행되어야 한다고 주장했다 (두 언어에 대한 동등한 관심이 어느 하나가 "다른 언어를 방해하지 않도록" 해주기 때문이라고 했다). 로마 제국은 여러 언어를 사용하는 다언어 세계였다. 로마 제국의 언어적 다양성은 라틴어와 그리스어에 국한되지 않는다. 켈트어부터 이집트어, 아람어, 에트루리아어까지 다수의 언어, 알파벳, 음절문자, 문자 등으로 이뤄져 있었다. 또한 다른 언어 사용자들이 함께 일할 때 의사소통의 편의를 위해 언어와 언어를 혼합하여 만드는 각종 혼성어, 지역 방언, 사투리까지 합치면 숫자는 훨씬 더 늘어난다. 제국의 광대한 영토가 (그리스어를 쓰는 동방과 라틴어를 쓰는 서방으로) 언어적으로 깔끔하게 양분되며, 이를 (쿠인틸리아누스가 생각하는 이상적인 학생처럼) 양쪽 언어를 모두 구사하는 대다수 로마 엘리트가 연결하고 있었다는 전통적인 생각은 실제 언어 사용 현실과는 거의 맞지 않는다. 틀렸다고까진 못해도 오해의 소지가 꽤 있는 지나친 단순화다. 이런 생각이 부분적으로는 '두 언어'에는 어떤 언어도 기꺼이 못 본 체하고 못 들은 척한다는, 로마 제국의 면면히 이어진 강력한 이데올로기에서 유래했다고 해도 말이다. '두 언어 모두'라는 의미의 'utraque lingua'는 마치 라틴어와 그리스어 외에는 어

4부 밑에서 본 로마

떤 언어도 중요하지 않은 양, 심지어 존재조차 않는 양 하는 로마 시대의 일반적인 약칭이었다.

그러나 실제로는 그보다 훨씬 더 다채로운 언어적 지형이 존재 했다는 암시가 많이 있다. 심지어 로마의 엘리트 작가들에게서도. 시인 오비디우스는 고대의 가장 유명한 다언어 사용자가 아닐까 싶다. 더구나 본인이 원해서가 아니라 마지못해 그렇게 되었다는 점도 흥미롭다. 아우구스투스의 비위를 건드리는 바람에 흑해 연 안의 토미(현재 루마니아의 콘스탄차)로 추방된 오비디우스는 어쩔 수 없이 현지 게테족이 쓰는 말을 배워야 했다고 (라틴어로 쓴) 글 에서 말한다. 오비디우스는 심지어 자신이 그렇게 이상하고 상스 러운 언어로 시도 한 편 지었다고 주장한다. 언어는 달라도 형식 은 안전하게 익숙한 라틴어 음보를 썼다고 한다. 이외에도 자신들 이 다루는 다양한 경우와 상황 때문에 로마 작가들은 여러 언어 에 관심을 갖게 되었다. 가령 타키투스는 서기 1세기 에스파냐의 어느 농부가 로마 장교를 살해한 혐의로 기소되었는데, 모국어인 에스파냐어 외에 어떤 언어로 물어보는 질문에도 대답하길 거부 했다는 이야기를 전한다. 이미 2세기 전에 로마의 희극 작가 플라 우투스는 자신의 희곡 『작은 카르타고인』에 등장인물이 카르타고 어로 말하는 장면을 포함시켰다. 로마의 극장 무대 위에서 배우가 카르타고어를 말했다는 의미가 된다. 한편 로마 원로원이 '카르타고어 전문가 위원회'에 카르타고어로 된 유명한 농업 서적 28권을 라틴어로 번역하라고 의뢰(혹은 강제)했다는 이야기도 전한다.

글을 읽고 쓰는 엘리트들 이하 수준에서는 사용하는 언어의 범위가 더 넓었으리라는 데 이론의 여지가 없다. 구체적으로 어떤 언어와 몸짓, 간절한 임기응변, 순전한 탐욕 등이 어떻게 결합되어 로마 제국 변방에서 각종 거래가 이뤄졌는지 명확하게 파악할 순 없지만 일반적으로 그런 교류와 거래가 키케로가 사용했던 고급 라틴어로 이뤄지지 않았으리라는 것은 지금의 우리조차 확신하고도 남는다. 런던 박물관에 가면 관람객에게 로마관을 소개하는 녹음 내용이 배경 음처럼 들리는데, 지금은 이해하기 힘든 여러 '야만인'의 억양과 말투가 뒤섞인, 변칙 라틴어의 흐릿한 불협화음이다. 정확도 면에서 로마 속주, 어느 항구의 거리에서 들릴 법한 그런 수준이 아닐까 싶다.

J. N. 애덤스의 『이중 언어 상용과 라틴어Bilingualism and the Latin Language』는 이전에 누구도 시도하지 않았던 규모와 깊이로 로마 제국의 언어적 다양성을 살펴보면서 로마 세계에서 라틴어와 다른 언어 사이의 접촉을 다룬 놀라울 정도로 유용한 연구다. 여기서 애덤스가 말하는 '이중 언어 상용bilingualism'은 두 가지 언어를 똑같은 수준으로 유창하게 구사하는 보기 드문 현상을 의미하지 않는다(즉 현대에 '이중 언어 상용'이라고 하면 으레 생각하는 그

런 의미가 아니다). 그보다는 정도의 차이는 있더라도 어떤 식으로든 제2언어를 구사하는 능력 혹은 기량을 말한다. 애덤스의 정의에 따르면 (우리 식으로 말하자면) '여행 프랑스어'부터 태어나면서 두 가지 언어를 말하도록 교육받고 자란 아이가 구사하는 '모국어 수준의 외국어 구사'까지 두루 포함된다. 애덤스의 느슨한 그물 안에는 그리스어를 능숙하게 구사하는 로마 엘리트라는 비교적 친숙한 집단은 물론이고, 귀동냥으로 라틴어를 익힌 그리스인, 카르타고어로 간신히 의사소통하는 로마인, 라틴어와 모국어를 모두 구사하는 군대 병사, 로마인 상사 밑에서 일하는 갈리아인 옹기장이, 상황에 따라 여러 언어를 구사하며 그리스 델로스 섬에서 활동하는 이탈리아 상인, 이외에도 무수한 집단이 걸려든다. 애덤스의 연구는 언어에 대한 상세한 설명에 그치지 않고 로마 제국과 로마 제국주의 문화에 대한 우리의 이해와 관련하여 무척 중요한 질문들을 던진다. 라틴어가 어느 정도로, 혹은 얼마나 빨리 로마 제국 내에서 다른 모국어들을 말살시켰는가? 다국어를 사용하는 군대는 어떻게 효율적으로 돌아갔는가? 제국 정부의 사법 및 행정 절차에 다언어 상용 시스템이 어느 정도까지 구축되어 있었는가?

애덤스는 제2언어 습득 및 사용과 관련된 관행을 파악함에 있어 고대 문헌 자료를 증거로 활용하기는 어렵다고 보는데 이는 올바른 판단일 듯하다. 로마 작가들이 제국의 지방 언어에 대해 이야기할 때는 거의 항상 다른 꿍꿍이가 있었다. 게테족 언어를 배우느라 고생한 오비디우스의 경험담이 아무리 많은 것을 생각하게 한다 해도, 이것이 토미에서 오비디우스의 언어 경험에 대한 믿을 만한 가이드가 되지는 못한다. 오비디우스에게 라틴어와 게테어 비교는 추방된 사람이 맞닥뜨리는 곤경, 로마에서 추방됨으로써 겪는 언어적 (그리하여 사회, 정치, 문화적) 정체성 상실에 대해 이야기하는 하나의 수단이기 때문이다. (이처럼 경계할 것을 주장한 애덤스조차 최소한 '제2언어 학습 기회'를 로마인이 어떻게 받아들였는가를 이해하는 데 오비디우스가 실마리를 던져준다고 결론 내리는데, 사람을 너무 잘 믿는 경향이 있지 않나 싶다.) 타키투스도 그것이 로마 권력의 본질이나 타락에 대한 냉소적 의견을 제시하는 수단인 경우를 제외하고는 좀처럼 어떤 토착어에 대해서 언급하지 않는다. 이런 대표적인 경우가 (자신의 장인이자 브리타니아 총독의 전기인) 『아그리콜라』에 나오는 유명한 부분이다. 거기서 타키투스는 브리타니아 속주에서 이전의 켈트어 사용자들이 열렬히 라틴어를 받아들인 것은 노예화의 또 다른 측면이라고 결론 내린다.

로마 작가들이 남긴 고대 문헌 자료를 활용하기 힘들다는 판단에 따라 애덤스는 여기저기 새겨진 명문과 파피루스 문서에 많이 의존한다. 전적으로 그런 것은 아니지만. 상당량을 차지하는 한 장에서는 주로 라틴어로 된 키케로의 서신에 나오는 그리스어 문구와 문장 사용에 초점을 맞춘다. 어떤 상황에서 어떤 이유로 키케로가 이런 형태의 (언어학 용어를 쓰자면) '코드 전환code-switching'을 하고 있는가를 묻는다. (답은, 이외에도 여러 요인이 있지만, 특히 자기 과시, 편지를 받는 사람의 '그리스화' 정도에 맞춘 배려, 키케로 자신의 심리 상태 등이 복잡하게 뒤섞인 결과물이라는 것이다. 인상적인 것은 키케로가 '위기 상황에서는' 그리스어를 거의 사용하지 않는다는 점이다.) 그러나 (로마 제국의 인구 대다수는 분명 글자를 몰랐겠지만, 글자를 모를 만큼 '평범하지는' 않더라도) 엘리트에 비하면 평범한 편인 사람들이 만든 비문서 자료가 애덤스의 연구에서 주요 부분을 차지한다. 여기에는 도기에 나와 있는 옹기장이 목록, 로마 지배하의 이집트에서 관광객이 자주 찾는 기념물에 새겨진 낙서, 병사들의 묘비, 법정 소송 절차 혹은 기업가들의 활동을 기록한 파피루스 등이 두루 포함된다.

애덤스는 이처럼 쉽지 않은 자료들을 최대한 쥐어짜서 작가가 제2언어를 구사하고 있는지 말해주는 이런저런 흔적을 찾고, 이중 언어로 표기된 텍스트라면 어떤 언어가 중심 언어이며, 목표로 하는 독자의 언어 능력은 어떤지 등을 말해주는 힌트를 부지런히 찾는다. 이는 극도의 전문성을 요하면서도 한편으로 무척 흥미로운 조사다. 애덤스의 책은 라틴어 지식이 없는 독자들을 위한 것이 아니다. 더불어 고대 그리스어 (더하여 에트루리아어, 카르타고어, 아람어) 등을 기본적으로 구사하는 능력이 있으면 이해에 한층 더 도움이 되리라.

특히 흥미로우면서 애덤스가 다루는 주제의 복잡성을 잘 보여주는 예는 시리아 중부 팔미라 출신의 바라테스라는 남자가 (해방노예였던) 브리타니아 출신의 아내 레기나를 기리며 지금의 영국 잉글랜드 동북부에 위치한 사우스실즈에 세운 '로마' 묘비다. 묘비에는 다분히 팔미라 양식으로 표현된 죽은 아내의 부조가 새겨져 있다. (엄격하게 언어에 초점을 맞춘 애덤스는 시각적인 표현 양식에 대해서는 전혀 언급하지 않는다.) 비문은 라틴어와 팔미라에서 쓰는 아람어 둘 다로 표기되어 있다. 사우스실즈에는 팔미라인이 집단 거주한 적이 없으므로(하드리아누스 방벽에 팔미라 군대가 주둔한 적은 없다), 아람어 텍스트의 기능은 아람어를 읽는 독자와 소통하려는 현실적인 목적이라기보다는 바라테스의 민족 정체성 선언에 가까웠음이 분명하다.

라틴어 텍스트는 팔미라에서 사용하는 아람어 텍스트보다 길고, 죽은 여인의 나이(30)와 부족(카투벨라우니)에 관한 추가 정보를 담고 있다. 그러나 라틴어 텍스트는 또한 (나는 반드시 그렇다고 보진 않는데 애덤스와 다른 편집자들이 보기에는) 아람어 텍스트보다 훨씬 고르지 않은 글씨체로 쓰여 있는데 석공이 라틴어보다는 아

11. 남편 바라테스가 브리타니아에 세운 아내 레기나의 무덤. 명문은 라틴어와 아람어로 되어 있다.

람어를 편하게 느끼는 사람이었던 듯하다. 아니 적어도 왼쪽에서 오른쪽으로보다는 오른쪽에서 왼쪽으로 글씨를 새기는 것을 좋아했던 듯하다. 하지만 그보다 신기한 것은 일부 라틴어 단어에 그리스어 어법을 연상시키는 변칙적인 격어미가 쓰였다는 점이다.

애덤스는 바라테스가 팔미라 출신 상인이었으리라 추정한다. 그가 코브리지에 묘비가 있는 팔미라 출신 기수旗手인 '…라테스'와 동일 인물이 아니라면 말이다(이름 앞부분 글자는 소실되었다). 또한 애덤스는 바라테스가 모국어는 아람어이고, 그리스어를 같이 구사하는 이중 언어 사용자라고 본다. 그렇다보니 바라테스의 라틴어가 친숙한 그리스어 문법의 영향을 받았다는 것이다. 상당히 그럴듯한 주장이다. 그렇다고 해당 텍스트에서 제기되는 모든 질문에 대한 답이 나온 것은 아니다. 묘비를 새긴 석공과 의뢰자인 바라테스는 무슨 관계일까? 둘은 동일 인물인가? 아니면 둘 다 로마 지배하의 사우스실즈에 사는 팔미라인가? 왜 아람어 텍스트에서는 레기나가 바라테스의 아내라는 핵심 정보를 누락하고 바라테스의 해방노예라고만 언급했을까?

『이중 언어 상용과 라틴어』는 로마 문화사의 핵심 이슈들을 반복적으로 언급한다. 애덤스는 "이 책은 거의 전적으로 정체성에 관한 책이다"라고 말한다. 실제로도 그렇다. 그렇다고는 해도 로마의 문화 정체성을 연구하는 이라면 애덤스가 여기서 제시하는 정보를 처리할 경우 상당한 작업을 하지 않을 수 없다. 그러나 수고할 가치가 충분히 있다고 생각된다. 전문가의 언어적 관심을 한참 초월해 로마의 전반적인 문화적, 정치적 관행을 밝힐 수 있는 자료가 여기 있기 때문이다. 예를 들어 이집트 속주의 역사적 기념물에 대한 로마인들의 반응을 보자. 지금도 이집트에는 수천 년 전의 지배자와 문명을 상기시키는 인상적인 기념물이 많다. 2000년 전인 로마 제국 시대에는 지금보다 훨씬 규모도 크고 의미도 생생했을 이들 기념물을 로마인들은 어떻게 이해하고 언급했을까? 한 장에서 애덤스는 로마 병사와 관광객이 여러 이집트 기념물에 새긴 낙서를 집중적으로 살펴본다. 그리고 기념물에 따른 인상적인 차이를 발견한다. (해 뜰 무렵이면 특이한 소리를 낸다고 하여 '노래하는 석상'이라고도 알려진) 유명한 멤논의 거상 위에 로마인들이 남긴 낙서는 대부분 라틴어로 되어 있다(특히 하드리아누스 황제가 방문했던 기념물로도 유명하다). 테베에 있는 파라오들의 지하 무덤 역시 로마인들이 찾는 중요한 '순례지'였는데 여기에는 주로 그리스어 낙서가 남아 있다. (로마인 총독들을 비롯해) 멤논의 거상에 과감하게 라틴어로 서명을 남겼던 이들과 다르지 않은 사람들이 방문했는데도 불구하고. 이런 언어의 차이는 이들 이집트 고대 유적이 로마인의 문화적 상상력 속에서 차지하는 위상과 의미가 다르다는 강력한 암시가 아닐까 싶다. 멤논의 거상은 라틴어를 써서 로마인으로서의 정체성을 주장하도록 자극했던 반면, 파라오의 지하 무덤은 '현지어'에 가까운 그리스어 반응을 끌어냈다.

또한 로마 군대에서의 언어 사용을 다루는 장으로 가면 한층 더 포괄적인 암시들을 엿볼 수 있다. 애덤스는 적어도 단순화시켜 보면 로마 제국 전역에서 라틴어가 군대의 '공식' 언어였다는 견해를 사실상 무너뜨린다. 그는 그리스어가 각종 '공적인' 목적으로 사용되었음을 밝히고, 속주민으로 구성된 부대의 하급 병사들은 장교가 쓰는 라틴어 구사 능력이 매우 제한적이어서 각자의 모국어로만 편안한 의사소통이 가능했음을 보여준다. 그렇다면 로마 군대의 구조, 조직, 결속력에 대해 그동안 우리가 지녔던 환상은 어떻게 되는 걸까? 로마 군대의 실상은 그동안 영화, 소설, 교과서 등에 나왔던 비슷한 모습에 같은 언어를 사용하는 병사들의 이미지보다는, 언어적·문화적으로 다른 모습을 보이는 구성원들이 한데 뒤섞인 현대 영국 프리미어리그 축구팀 모습에 가깝지 않았을까 싶다.

그러나 가장 중요하면서 파장이 큰, 그렇기 때문에 논란의 소지 또한 많은 주장은 따로 있다. 바로 로마 속주 행정의 전반적인 토대에 대한 그간의 이해와 관련하여 애덤스의 작업이 지니는 함의다. 애덤스는 로마인이 그리스어 학습을 가볍게 해냈다는 것은 명확히 밝히지만, 제국의 서방에서 다른 토착어들을 마스터하는 데도 같은 태도를 취했다는 증거는 거의 발견하지 못한다. 비교적 초기에 에트루리아어와 카르타고어를 웬만큼 구사하는 듯한 로마인들이 보이는 것은 사실이다. 28권에 달하는 카르타고어 농서를 번역하는 불가피한 임무를 맡은 전문가 위원회 외에도 역사가 리비우스는 에트루리아어에 능통해서 정찰 임무를 띠고 에트루리아 영토로 파견되는 로마 집정관의 형제 이야기를 들려준다(파견된 형제는 에트루리아 도시 카에레에서 교육을 받으며 에트루리아어를 배운 것으로 나와 있다). 그러나 머잖아 애덤스가 모은 증거는 여러 토착어 사용자가 라틴어를 익혀 능숙하게 구사했던 반면, 로마인은 같은 태도로 화답하지 않았다는 쪽으로 점점 기운다.

가령 카이사르는 갈리아에서 "라틴어를 어느 정도 배운 현지인들을" 썼고, 갈리아인 족장에게 침략군과 토착 주민 사이의 대화를 통역하도록 시킨 적도 있다. 로마 군대에서 복무하는 것으로 기록된 통역사들이 있긴 하나 이들 가운데 누구도 애초에 라틴어 사용자였다는 확정적인 증거는 없다. 요컨대 애덤스가 요약해 제시하는 것처럼 "라틴어를 배울 의무는 현지인의 몫이었고 (…) 지배자들은 현지어를 마치 존재하는 않는 양 취급했다". 이런 주장이 서방에서 로마의 지배와 관련하여 제시하는 그림은 상당히 난해하다. 이런 관점의 함의를 가장 극단적으로 보자면, 지배자와 피지배자 사이의 결정적인 접촉에서도 위험천만하게 피지배자의 통역 능력에만 의존하는, 언어적으로 무력하고 취약한 점령 세력이라는 로마인들의 모습이다. 사실이라면 이는 영국 제국이 택했던 것과는 완전히 다른 제국 지배의 언어적인 모델이다. 예를 들면 레너드 울프는 1904년 스리랑카의 행정관으로 부임하기 전에 이미 타밀어를 능숙하게 구사했고, 몇몇 동양 언어를 추가로 익힐 각오를 하고 있었는데, 당시 영국에서 이는 특별한 사례가 아니었다.

물론 로마 세계에서 진짜 '로마인'과 피지배자 사이의 구분은 서기 1세기를 거치면서 점점 흐려지고 있었다. 로마 시민이 (따라서 제국의 관리자가) 다중 언어를 구사했을 속주에서 나왔다는 사실 자체가 지배자와 피지배자 사이의 선명해 보이는 언어적 구분을 무디게 만드는 데 일조했을 것이다. 가령 부디카 반란 뒤에 브리타니아 속주 행정장관으로 임명된 율리우스 클라시키아누스는 (듣기 좋은 라틴어 이름에도 불구하고) 갈리아 출신으로 그에 걸맞은 언어 능력도 갖추었던 듯하다.

그러나 동시에 나는 (애덤스 자신도 어느 대목에선가 인정한 것처럼) 현존 증거가 말해주는 것보다는 더 많은 로마인이 현지 토착어 구사 능력을 어느 정도 가졌으리라 본다. 단기간 부임하는 총독들은 기껏해야 인사말 몇 마디 정도지, 그 이상 현지어를 배울 기회나 의지가 없었을지도 모른다. 그러나 속주나 변방에서 장기간 근무하는 관리들은 현지 언어 구사 능력을 어느 정도 갖출 수밖에 없었으리라. 무엇보다 그들 가운데 다수가 (팔미라 출신 바라테스처럼) 현지인 아내, 여자친구, 매춘부 등을 취했다. 추정컨대 그들이 라틴어로만 성생활을 했을 것 같지는 않다. 이런 정도의 이중 언어 사용이 애덤스가 강조하는 그날그날의 간단한 기록, 급히 휘갈겨 쓰는 낙서, 조잡하게 새겨진 묘비 등에 흔적을 남기지 않은 것은 이상할 게 없다. 여기서 다루는 대상이 고대 세계에서 다수를 점하는 글 모르는 최하층에 속한다는 이유에서만은 아니다. 이들 현지 토착어들은 많은 경우 기록 가능한 문자를 가지고 있지 않아 문서 기록으로 남길 방법이 없었다.

그렇게 생각하면 로마 세계의 언어적 다양성은 애덤스가 강조하는 것보다 더 다채로웠으리라는 결론을 내릴 수 있다. 『이중 언어 상용과 라틴어』는 어느 모로 보나 인상적이고 자료를 다루는 거장다운 솜씨 또한 돋보이는 작품이다. 여기서 제시하는 로마 제국의 모습은 문화적으로 우리가 흔히 생각하는 것보다 더 복잡하고 솔직히 낯선 모습이기도 하다. 하지만 애덤스의 책이 전하는 이보다 더 중요한 메시지도 있다. 고대 세계를 제대로 이해하는 데 언어 연구가 얼마나 중요한가를 분명히 보여준다는 점이다.

서평 도서

1 J. N. Adams, 『이중 언어 상용과 라틴어Bilingualism and the Latin Language』
 (Cambridge University Press, 2003)

5부

—

예술과
문화:
관광객과
학자들

현대 고전학의 역사는 (크노소스의 선사시대 궁전과 아서 에번스 경을 다룬) 첫 번째 장부터 이 책 전반에 걸친 중요한 주제였다. 마지막 5부에서는 그동안 우리에게 고전 시대를 해석해준 학자, 고전 세계를 재창조해온 예술가와 극작가, (북유럽인의 관점에서 고전 세계를 보면서) 그리스와 로마가 지배하던 지중해 땅을 '탐험했던' 초기 여행자 및 관광객에 직접적인 초점을 맞춘다.

처음 두 장은 고전 시대 문학과 예술이 현대 세계에서 어떻게 활용되는가에 초점을 맞춘다. 24장은 20세기 그리스 연극의 부활을 중점적으로 다루며 경축한다. 고대 그리스가 현대에 미친 영향을 마냥 좋게만 보는 장밋빛 견해를 조심하라는 경고도 포함된다. 그동안 많은 사람이 여성 참정권부터 인종차별 반대 투쟁까지 온갖 숭고한 자유주의 대의를 옹호하기 위해 아테네 비극을 무대에 올렸고 이런 시도가 매우 효과적이었던 것도 사실이다. 다른 한편 우리는 그리스 비극이 전체주의 정권에서도 애용했던 예술 양식이라는 점을 잊지 말아야 한다. 로버트 케네디가 마틴 루서 킹 목사 암살 이후 행한 유명한 연설에서 그리스의 비극 시인 아이스킬로스의 문구를 인용했던 것은 분명 사실이다. "꿈속에서조차, 잊지 못할 고통이 가슴에 방울방울 떨어지는구나." 그러나 앞으로 살펴보겠지만 같은 구절이 전혀 다른, 그리 달갑잖은 상황에서 전용된 적도 많다.

이어지는 25장에서는 지금까지 발견된 가장 영향력 있는 고대 조각 작품 하나를 살펴본다. 바로 '라오콘'이라 불리는 조각상이다. 1506년 로마에서 발굴된 '라오콘'은 베르길리우스의 『아이네이스』에 나오는, 몸을 휘감은 뱀에게 목이 졸려 죽은 트로이 아폴로 신전의 사제와 아들들에 관한 이야기를 대리석 안에 생생하게 담고 있다(삽화 15). 그런데 '라오콘'은 지금까지 발견된 어떤 조각상보다 더 많은 논쟁을 불러일으켰다. 조각상의 올바른 복원 방법에 대한 지극히 실질적인 논쟁부터(수 세기 동안 복원 전문가들이 사라진 사제의 오른팔 복원 작업에 매달리고 있다) 조각상을 보는 우리의 반응에 대한 이론적인 질문까지(그렇게 섬뜩한 죽음을 묘사한 조각을 보면서 우리가 어떻게 즐거울 수 있는가?) 동시에 '라오콘'은 의외의 흥미로운 내세를 누리고 있기도 하다. 예를 들면 라오콘 조각상은 카를 마르크스에게도 워낙 친숙해서 자본주의 해악의 상징으로 거론할 정도였다.

이후의 두 장에서는 여행과 관광객에 할애했는데, 특히 영국 관광객이 현지에서 고전 세계를 어떻게 경험해왔는지에 대해 살펴본다. 19세기 관광객의 그리스, 이탈리아 방문은 어떤 모습이었을까? 가이드북의 지시를 따랐다면 모기장, '피스 헬멧'이라고 하는 더운 나라에서 머리 보호용으로 쓰는 모자, 안장 등을 잔뜩 싣고 떠났을 것이다. '현지인'에 대한 생각은 어땠을까? 27장에서 설명하는 것처럼 가이드북들은 초기 폼페이 방문자에게 인간의 도덕성에 대해 재고해볼 것을 권함과 동시에 현지인의 속임수, 사기, 바가지 씌우는 식당 등에 대한 경계를 늦추지 말라고 충고했다. 그러나 (26장에서 집중적으로 다루는) 그리스에서는 현지인을 아랫사람을 보듯 깔보면서도 한편 현대 그리스 농민이 호메로스 시절 이래 거의 변하지 않은 양 아련한 향수를 가지고 바라보는, 말하자면 [폼페이에 비해] 훨씬 낭만적인 태도를 보이는 경향이 있었다. 이는 지금까지도 우리가 떨치지 못하는 과거로부터의 '지속성'이라는 환상이다.

28장 역시 여행이 주제이지만 이번에는 비유적인 의미에서의 여행이다. 인류학 분야의 고전으로 꼽히는 제임스 프레이저의 『황금가지The Golden Bough』는 광대한 영국 제국 곳곳에서 끌어모은 '야만적인' 풍습 이야기로 가득하다. 그런데 알고 보면 프레이저는 그리스 이상으로 멀리 가본 적이 없고 스스로도 말한 것처럼 '야만인'을 만나본 적이 없다! 물론 프레이저는 전문적인 훈련을 받은 고전학자였고, 『황금가지』의 기초가 되는 '모험'의 원형은 고전 시대 문학에서 직접적으로 파생된 것이다(책의 제목 자체가 베르길리우스의 서사시 『아이네이스』에 나오는 '황금가지'에서 유래한 것으로, 서사시에서는 황금가지 덕분에 아이네이아스가 안전하게 저승을 다녀올 수 있었다). 프레이저 이후에는 책상물림이었던 그와 사뭇 다른 R. G. 콜링우드가 등장한다. 지금은 철학자이자 『역사의 개념The Idea of History』의 작가로 유명한 콜링우드지만 29장에서는 많이 잊힌 그의 다른 관심 분야를 살펴본다. 콜링우드는 고전학자, 특히 로마 지배하 브리타니아의 라틴어 명문 전문가이기도 했기 때문이다. 콜링우드는 대학 수업이 없는 여름방학이면 영국 여기저기를 누비고 다녔다. 묘비명, 낙서, 종교적인 헌사, 이정표 등 영국에 남아 있는 로마인이 새긴 흔적들을 찾아내고 해석하고 기록하면서.

30장에서는 범위를 넓혀 엘리자베스 1세 여왕부터 A. E. 하우스먼, 아르날도 모밀리아노까지 '영국의 고전학자'로 간주되었던 다양한 인물을 살펴본다(솔직히 그중에는 고전학자로 받아들이기 힘든 이들도 있다). 더불어 우리가 학자들을 어떻게 기억하고자 하는

지, 알면서도 의도적으로 학자들의 과실과 결점을 직시하기를 꺼리는 이유 등도 살펴본다. 이런 논의를 진행하기에는 아주 명석했지만 끔찍한 존재이기도 했던 옥스퍼드 대학의 라틴어 교수 에두아르트 프랭켈이 더없이 좋은 예일 것이다(아이리스 머독과 메리 워녹 등이 그의 제자였다). 프랭켈의 사례를 살펴보면서 나는 고전 학자와 학문의 역사에 속하는 (혹은 속하지 않는) 것이 무엇인지 질문을 던져본다.

마지막 장의 초점은 많은 이가 처음으로 고전 시대 및 고전학을 접하기 시작하는 장소다. 로마 지배에 맞서 싸우는 가상의 갈리아 마을로, 용감한 아스테릭스와 친구들의 고향이다. 만화 주인공인 아스테릭스가 유럽 전역에서 그렇게 인기를 얻었던 이유는 무엇인가? 그리고 우리가 가진 로마에 대한 통념과 관련하여 아스테릭스가 우리에게 해줄 말은 무엇인가?

24. 아이스킬로스밖에 없다?

───── 1968년 4월 4일, 마틴 루서 킹 목사가 암살당한 날 저녁, 로버트 케네디는 인디애나폴리스의 흑인들이 밀집한 빈민가에서 성난 군중을 향해 연설을 했다. 연설 중간에 케네디는 다들 알고 있는 것처럼 아이스킬로스의 『아가멤논』에 나오는 코러스 대사를 인용했다. "꿈속에서조차, 잊지 못할 고통이 가슴에 방울방울 떨어지는구나, 우리 자신의 절망 속에서도, 우리의 의지와 반대로, 신의 크나큰 은혜로 지혜가 찾아올 때까지."

두고두고 인구에 회자될 만큼 감동적인 장면이지만 케네디가 고전 텍스트를 살짝 틀리게 인용했다는 점을 지적하지 않을 수 없다. 먼저 케네디는 "내가 좋아하는 시는"이라고 시작했다가 "내가 좋아하는 시인은"이라며 바로잡았고, "아이스킬로스입니다……"라고 말했다. 이어지는 인용문 자체는 (나름 건설적이랄 수 있는) 잘못된 기억의 산물이었다. 케네디가 생각했던 것은 1930년대 이디스 해밀턴의 번역이었지만, 케네디가 통렬한 어조로 "우리 자신의 절망our own despair"이라고 했던 대목을 해밀턴은 사실 "본의 아니게in our despite"라고 썼었다. 케네디가 말한 내용과는 꽤 다른 의미를 지니는, 아이스킬로스의 원문에 대한 의고체식의 정확한 번역이다. 현대 세계의 그리스 비극 활용을 다룬 『1969년 이후의 디오니소스Dionysus Since 69』라는 논문집에 실린 더없이 훌륭하고 인상적인 글에서 이디스 홀은 현대 정치에서 아이스킬로스 작품이 활용되는 핵심 사례 중 하나로 케네디의 연설을 드는데, 인용이 정확하지 않다는 사실에 대해서는 정중하게 침묵한다. 그러고는 이렇게 말한다. "현대사의 가장 암울한 순간 중 하나 앞에서 (…) 적절한 말이 아이스킬로스밖에는 없었을 것이다." 그렇지만 홀의 주된 관심은 정치적 논쟁에서 "말할 수 없는 것을 말하는" 용도로 아이스킬로스 작품이 사용된 그보다 더 최근의 사례다. 발칸 지역부터 페르시아만까지 무력 충돌로 인한 참상을 다시 생각해보려는 목적이며, (영국 시인이자 극작가인 토니 해리슨이 만든 영화 「프로메테우스」에서처럼) 빈곤과 계급 제도라는 형태로 나타나는 '내부의 적'을 칭하는 용도 등이 홀이 주목했던 바다.

특히 기억에 남는 것은 미국 감독 피터 셀라스가 각색해

1993년 무대에 올린 『페르시아인The Persians』에 대한 내용이다. 원본 희곡은 기원전 480년 살라미스 해전에서 아테네 함대에 괴멸당한 페르시아 함대의 패배를 주제로 삼았다. 이디스 홀이 지적하는 것처럼, 아이스킬로스의 『페르시아인』은 "등장인물이 아테네의 침략자이자 아테네인이 심히 증오하는 적인 페르시아인으로만 구성되었다"는 점에서 주목할 만하다. 피터 셀라스는 극의 무대를 제1차 걸프 전쟁으로 옮기고, 크세르크세스 1세와 그 휘하의 페르시아인들을 미국을 상대로 싸우는 이라크라는 적으로 재해석했다. 아이스킬로스가 크세르크세스를 동정하지 않았듯이 사담 후세인의 행위도 동정을 얻지 못한 것은 마찬가지였지만, 셀라스는 전쟁에서 이라크 희생자들의 고통을 강조하고, 나아가 배우들이 ("나는 미국이라는 이름을 저주한다. […] 알다시피 그들은 테러리스트다" 같은) "말할 수 없는 것을 말하게" 함으로써, 관객에게 맹공을 퍼붓기에 이른다. 로스앤젤레스 극장에서 연극이 상연되는 동안 매일 저녁 약 750명의 관객 가운데 100여 명이 중간에 자리를 박차고 나갔다. 한편 로버트 케네디의 유령이 유명한 아이스킬로스 인용으로만 논문집에 등장하는 것은 아니다. 케네디 자신이 1968년 6월 5일, 「1969년의 디오니소스Dionysus in 69」라는 연극 개막을 불과 하루 앞두고 암살당했기 때문이다(『1969년 이후의 디오니소스』라는 홀의 논문집 제목은 당연히 이 연극에서 나온 것이다). 리처드 셰크너가 연출한 「1969년의 디오니소스」는 역시 그리스 비극작가인 에우리피데스의 『바카이Bacchae』를 과격하게 각색한 버전으로 뉴욕 퍼포밍 가라지 극장에서 처음 상연되었는데, 즉흥연기, 나체, 출산 의식, 사다리 위아래에 앉은 관객 등 흥미로운 요소를 두루 갖춘, 종종 그리스 비극의 현대적인 연출의 전환점으로 인식되는 작품이다. 「1969년의 디오니소스」는 최근에 엄청난 기세를 자랑하는, 고대 연극 르네상스의 출발점이자 고대 연극이 20세기 말의 투쟁 및 불평불만에 깊이 연루되는 시작점이기도 했다(이와 관련하여 홀은 "과거 30년 동안 그리스 로마 시대 이후 역사상 어느 시점보다 더 많은 그리스 비극이 상연되었다"고 말한다). 시발점이 되었던 「1969년의 디오니소스」 초연과 로버트 케네디 죽음 사이의 우연의 일치는 그 자체로 흥미로운 구석이 있다. 연극 분야의 혁명은 전쟁에 반대하는 진보 진영이 지배하는 미국을 만들 마지막 희망이 산산이 부서진, 현실의 정치적 비극과 함께 이뤄졌던 것이다.

『1969년 이후의 디오니소스』에서 프로머 자이틀린은 이제는 거의 전설로 통하는 당시 공연에 대해 아주 참신하고도 냉정한 분석을 내놓는다. 관객이었던 자신의 생생한 기억을 되돌아보면서 자이틀린은 우선 「1969년의 디오니소스」가 연극사에서 일종의 랜드마크가 되는 획기적인 위치를 점한다는 의견에 동의한다.

5부 예술과 문화: 관광객과 학자들

사실 에우리피데스의 『바카이』는 20세기 초반 미국에서 상업적인 공연으로 무대에 오른 적이 한 번도 없는 고대 비극 작품이었다. 리처드 셰크너는 이런 작품을 택해 ("폭력, 광기, 황홀경, 리비도 에너지 방출 […] 같은") 해당 비극의 주제가 1960년대 뉴욕 사회에 얼마나 효과적으로 말을 거는지, 얼마나 호소력 있게 다가오는지를 보여주었다. 하지만 동시에 자이틀린은 작품의 성공에 압도되어 「1969년의 디오니소스」에 등장하는 혁신적인 시도가 모두 성공적이었다고 판단하는 자칫 빠지기 쉬운 함정을 피한다. 배우와 관객의 상호작용에서 눈길을 끄는 시도 중 하나는 특히 (그리고 재미있게도) 엉망이 되었다. 연극 말미에 진행되는 '다함께 애무하기'라는 이벤트였다. 자이틀린의 표현에 따르면, "펜테우스와 디오니소스가 동성애를 하기 위해 잠깐 무대 뒤로 물러난 시간"에 진행되는 행사였다. 다른 배우들이 관객들 사이를 돌아다니면서 완곡 어법으로 하자면 '감각 탐험 대화'에 관객을 참여시키자는 아이디어였다. 자이틀린의 설명에 따르면 "에우리피데스 작품에 나오는 디오니소스 신을 섬기는 사제들 사이에 평화롭게 이뤄지는 관능적인 행동"을 본뜬 것이었다. 사실 이런 식의 접촉이 어떻게 변질될지는 충분히 예측 가능한 일이다. 결국 셰크너는 훨씬 정형화된 막간 행사로 이를 대체해야 했다. 이런 과정은 얼핏 보면 훨씬 즉흥적으로 보이는 연극 뒤에 숨어 있는 통제 욕구가 무심코 드러난 것이라 할 수 있다. 셰크너는 '다함께 애무하기'는 "위험했고 점점 더 문제가 커졌다"고 말했다. "연극 도중의 행사가 통제되지 않는 쪽으로 흘렀다"고도 했다. 『1969년의 디오니소스』에서 다루는 작품은 뉴욕시의 아방가르드 공연 공간을 훌쩍 넘어 아일랜드부터 아프리카, 카리브해까지 걸쳐 있다(소포클레스의 『필록테테스Philoctetes』를 각색한 셰이머스 히니의 『트로이에서의 치유The Cure at Troy』에 대한 올리버 태플린의 품격 있는 논평이 대표적이다. 셰이머스 히니는 아일랜드의 극작가이자 시인이다). 이런 작업을 하는 사이 작가들은 매우 특이한 고대 비극 각색본을 여러 편 찾아내게 된다. 그중에는 유명한 것도 그리 유명하지 않은 것도 있으며, 때로는 기묘하다 싶은 것도 있다. 예컨대 헬렌 폴리는 미국의 극작가 존 피셔의 1996년 동성애 패러디물인 「뮤지컬 메데이아Medea, the Musical」를 무척 흥미롭게 생각한다. 「뮤지컬 메데이아」는 연극을 만드는 이야기를 다룬 연극으로, 메데이아 이야기를 '게이' 이아손 이야기로 각색해 새롭게 선보이려는 (그리하여 원래 이야기의 성의 정치학을 뒤집으려 하는) 연출자의 고충을 다루고 있다. 「오페라 하우스와 콘서트홀의 그리스 비극Greek Tragedy in the Opera House and Concert Hall」이라는 제목으로 흥미로운 조사 결과를 발표한 피터 브라운 역시 「뮤지컬 메데이아」를 놓치지 않는다. 브라운이 조사한 바에 따르면, 과거 35년 동안 그리스 비극

　　　　　　　5부 예술과 문화: 관광객과 학자들

을 새롭게 각색해 공연한 뮤지컬은 100편 가까이 된다. 이런 작업을 했던 작곡가 중에는 당연히 서구 유럽과 미국 출신이 많았지만 인도, 중국, 레바논, 모로코 등의 작곡가도 적지 않았다. 브라운은 피셔의 '게이 패러디'를 백인 선장에게 버림받은 뉴올리언스에서 태어난 크리오요의 『메데이아』, 작곡가가 악보를 마무리하지 않고 죽은 뒤 결국은 [뮤지컬이 아니라] 연극으로 상연된 토니 해리슨의 성 대결 오페라 「메데이아」만큼이나 다채로운 작품 중 하나로 꼽는다.

책이 끝나갈 즈음, 독자는 지난 30년 동안 제기된 거의 모든 가치 있는 정치적 대의가 새로운 그리스 비극 공연을 통해 도움을 받았다는, (혹은 역으로 거기에 영감을 주었다는) 사실을 깨닫는다. 여기서 말하는 정치적 대의에는 독재, 제국주의, 또는 마거릿 대처 정부 등에 맞선 투쟁은 말할 것도 없고, 여성의 권리, AIDS 계몽운동, 인종차별 반대 운동, (북아일랜드부터 팔레스타인까지) 각종 평화 협상 과정, 동성애 차별 반대 운동, CND Campaign for Nuclear Disarmament, 즉 반핵운동 등이 포함된다. 또한 같은 시기 인류가 경험한 거의 모든 참혹한 사건, 특히 발칸반도와 걸프 지역에서의 전쟁을 사람들이 그리스 비극의 표현 방식을 써서 분석하고 개탄했다는 사실도(가령 트로이 파괴를 코소보, 바그다드, 혹은 그와 비슷한 처지에 있는 어디로든 해석하는 식이다). 이 점은

『1969년 이후의 디오니소스』가 상당한 호소력을 지니는 주된 이유이면서 동시에 책에 항상 붙어다니는 성가신 문제의 원인이기도 하다.

책에 실린 논문의 저자 모두 그리스 연극의 최근 역사에 대한 다음의 몇 가지 가정을 공유하고 있지 않나 싶다. 지난 30년 동안 고대 이래 어느 시대보다 그리스 비극에 대한 문화적 관심이 더 뜨거웠다. 이들 현대 그리스 비극 공연은 과거 어느 때보다 강한 정치색을 띠고 있다. 그리스 비극은 인간의 문제 가운데 가장 복잡하고 치열한 사안을 논의하는 데 더없이 효과적인 매체다. 최근 세계 각지에서 활동하는 정의의 세력이 그리스 비극이 보유한 이런 힘을 활용하고 있다(무력에 맞서 평화를 주장하고, 여성 혐오에 맞서고, 억압에 맞서 성해방을 주장하는 이들 등등). 이런 가정 가운데 일부는 문제가 없다. 수치 면에서 보자면 지난 몇십 년 동안 고전극에 대한 관심이 다른 어느 시대보다 컸던 것은 분명하다. 하나의 학문으로서 고전학의 대표적인 특징 중 하나가 어느 세대든 고전 학습의 쇠퇴를 개탄하는 한편, 고전 시대에 대한 자신들만의 새로운 재발견을 자축하는 능력이었다는 점 역시 기억할 가치가 있지만. 어쨌든 1880년대의 비평가들 역시 당대의 그리스 연극에 대한 열기를 두고 비슷한 말을 했다. 그러나 일부 가정은 꽤나 편향적이다. 그런 논쟁에 어느 정도 공간을 할애했다

　　　　　5부 예술과 문화: 관광객과 학자들

면, 똑같은 목소리를 내는 사람 말고 다른 목소리를 내는 사람 한두 명에게 지면을 할애했다면, 『1969년 이후의 디오니소스』는 지금보다 훨씬 더 좋은 책이 되었을 것이다.

예를 들면 그리스 비극이 '말할 수 없는 것을 말하는', 다른 데는 없는 독특한 힘을 지닌 것이 사실일까? 책의 저자들이 반복적으로 주장하는 것처럼? 이 장의 서두에서도 언급했지만 이디스 홀은 아이스킬로스를 인용한 로버트 케네디의 연설에 대해 "적절한 말이 아이스킬로스밖에는 없었을 것이다"라고 하는데 홀이 그렇게 생각하는 이유는 무엇일까? 가령 셰익스피어의 글에서 신중을 기해 선택한 인용문이었다면 케네디의 연설이 그만하지 못했으리라고 생각하는 이유는 뭘까? 음유시인이라는 의미의 '바드 Bard'라는 애칭으로 불리는 셰익스피어의 글도 세계 각지에서 정치 투쟁 수단으로 활용된 나름 훌륭한 기록을 가지고 있다. 그러므로 '바드'의 운명이 그리스 비극의 그것과 어떻게 다른지에 대한 논쟁을 어느 정도 살펴봤다면 유익하지 않았을까 싶다. 그리스와 관련된 것이라면 물불 안 가리고 열광하는 현대 연극계의 분위기에 대한 비판과 반대 의견 역시 없지 않다. 이런 비판과 반론을 가볍게 훑어보기라도 했다면 더 유익한 논의가 되었을 것이다. 예컨대 고대 비극은 답이 아니라 오히려 문제이며, 서구 문화가 참혹한 전쟁이나 성적 불평등을 해결하지 못하는 데는 고대 그리스에 대한 열광도 한몫하고 있다는 주장은 어떤가? 무려 2000년도 더 전에 아테네에서 만들어진 틀을 벗어나 이런 문제를 고민하고 생각하지 못하기 때문이라는 주장 말이다. 로너 하드윅이 탈식민주의에 관한 글에서 스쳐 지나가듯 약간 미진하게 살펴본, 카메룬에서 「바카이」 공연 혹은 남아프리카공화국에서 「안티고네」 공연은 (정치적 권리와 자율권 추구를 북돋우는 교육활동이기는커녕) 식민 권력의 궁극적인 승리를 상징한다는 주장에 대해서는? 토착 문화가 제국주의 정치 지배자들은 쫓아버렸을지 모르지만 그들이 남긴 망할 연극은 계속해서 상연되고 있다는 논지였다.

『1969년 이후의 디오니소스』 작가 대부분은 20세기 후반 무대에 오른 그리스 비극에 열광하며 그에 얽힌 흥미로운 이야기를 들려준다. 하지만 이런 태도는 한편으로 그 전에 고대 연극이 정치 투쟁 도구로 여러 번 무대에 올랐던 사실을 잊어버리게 만드는, 말하자면 집단기억상실을 유발하지 않나 싶다. 『1969년 이후의 디오니소스』에는 길버트 머리가 번역한 에우리피데스의 『트로이의 여인들Trōiades』이 제1차 세계대전 기간에 공연되었던 데 대한 기억은 없다. 전쟁 반대 기치를 내건 여성평화당Woman's Peace Party에서 돈을 댄 미국 투어도 있었고, 1919년에는 머리가 특히 애정을 가지고 있었던 국제연맹을 지지하는 의미에서 옥스퍼드에서 공연을 하기도 했다. 또한 여기에는 1830년대 노예 제도에 반대하는 노골적인 선언이나 다름없는 에우리피데스의 『이온Ion』이 공연되었던 사실에 대한 언급도 없고, 빅토리아 여왕 시대 말기와 에드워드 7세 시대에 영국에서 연극 검열에 맞서 주로 소포클레스의 『오이디푸스왕Oidipous Tyrannos』 공연을 둘러싸고 벌어졌던 투쟁에 대한 언급도 없다. 따라서 책을 마무리할 즈음 독자 대부분이 고대 연극의 정치 이슈화는 지난 몇십 년 동안의 새로운 발명품이라는 잘못된 인식, 그리고 홀이 "1968~1969 분수령"이라 부르는 지나치게 경직된 생각을 갖게 될 우려가 있다.

더욱이 독자를 오도할 우려가 있는 부분은 그리스 비극이 옳지 않은 정치적 목적에 활용되었던 전적에 대해 『1969년 이후의 디오니소스』 저자들이 모르쇠로 일관하는 모습이다. (보통선거권부터 광부 파업까지) 고대 연극을 동원해 지지해온 좋은 대의들이 얼마든지 있는 것은 맞다. 그러나 근대 세계에서 고대 연극을 옳지 않은 정치적 대의에 이용한 사례도 그와 비슷하게 인상적인 역사를 보유하고 있는 게 사실이다. 히틀러 집권 당시 독일의 수도 베를린에서 열린 1936년 하계 올림픽에서는 히틀러의 아리안 민족주의의 승리 이야기로 새롭게 해석된, 따라서 심히 왜곡된 아이스킬로스의 『오레스테이아Oresteia』가 상연되었다. 그런가 하면 무솔리니는 시칠리아 시라쿠사에서 장기간 열린 고대 연극 축제에 깊은 관심을 보인 지지자이자 후원자였다. (히틀러 치하의 제

3제국에서 반유대주의를 지지하는 무기로도, 반대하는 무기로도 『베니스의 상인』이 많이 공연된 것처럼) 전시 프랑스에서는 프랑스의 극작가 장 아누이의 『안티고네』가 레지스탕스와 점령 세력 둘 다에 의해 무대에 올랐다.

하지만 이러니저러니해도 가장 특이한 정치적 전환을 보여준 것은 로버트 케네디가 인용했던 아이스킬로스의 유명한 문장의 이후 운명이다. 미국의 진보주의 연표와 민권운동 신화에서 신성한 지위를 점한 뒤 해당 문장은 참으로 어울리지 않는 운명에 놓인다. 캐나다의 고전학자 크리스토퍼 모리시가 최근에 지적한 것처럼 이는 리처드 닉슨이 즐겨 인용하던 문구이기도 했다. 마틴 루서 킹의 죽음을 추도하는 데만 사용된 것이 아니다. 닉슨이 백악관에서 마지막 밤을 보내는 동안 닉슨 곁을 지켰던 헨리 키신저 역시 해당 문구가 내내 머릿속을 떠나지 않았다고 주장했다. 정말 아이스킬로스밖에는 없었던 모양이다.

서평 도서

1 Edith Hall, Fiona Macintosh and Amanda Wrigley (eds.), 『1969년 이후의 디오니소스: 새천년 벽두의 그리스 비극Dionysus Since 69: Greek tragedy at the dawn of the third millennium』(Oxford University Press, 2004)

25. 팔과 남자

──── 18세기 후반부터 19세기 초반까지 활동한 스위스 화가 J. H. 푸젤리의 「고대 유물 잔해의 위엄 앞에서 절망감에 빠진 예술가」라는 유명한 그림은 제목 그대로 "고대 유물 잔해의 위엄에 압도된" 예술가의 모습을 보여준다. 구체적으로는 로마 시대에 제작된 거대한 발 조각 옆에 앉아서 울고 있는 모습이다(그림에 등장하는 발 조각은 원래 콘스탄티누스 황제 조각상의 일부로, 현재 로마 콘세르바토리 박물관에 소장되어 있다). 푸젤리가 그림을 통해 말하려는 요점은 고대 예술품이 감수성 풍부한 남자를 울릴 만큼 감동적이라는 사실만은 아니다. 푸젤리는 또한 르네상스 시대부터 발견된 그리스 로마의 걸작 조각 대부분이 안타깝게도 망가진 상태로 땅속에서 모습을 드러낸다는 점을 강조하는데, 참으로 옳

은 지적이 아닐 수 없다. 머리가 사라진 몸체, 사지가 잘려나간 몸통, 처참한 몰골로 떨어져 나온 사지 등등. 푸젤리가 그린 예술가는 수천 년의 세월에도 변함없이 남아 있는 고대 예술품의 위엄에 압도되었을 뿐 아니라, 그 세월 속에 사라져버린 것들 때문에도 마음 아파하며 울고 있다.

그럼에도 불구하고 세계 각지의 주요 미술관에 전시된 고전 시대 조각 상당수가 온전한 상태인데, 이는 미켈란젤로부터 19세기 덴마크 조각가 베르텔 토르발센에 이르기까지 푸젤리의 동료와 선배들이 기울인 노력에 주로 기인한다. 16, 17세기에 로마에서 망가진 걸작이 발굴되면 당대 최고의 조각가들은 득달같이 현장으로 달려갔다. 고대 천재가 남긴 작품에 손을 대는 작업에 대해 처음에는 당연히 거부반응을 보였다. 그러나 그런 거리낌과 가책은 오래가지 않았다. 머잖아 예술가들은 새로 발굴된 작품에 (글자 그대로 머리끝부터 발끝까지) 필요한 모든 것을 만들어주느라 분주해졌다. 완벽한 고대 석상에 어울리는 모습이 되기 위해 필요한 모든 것을. 뻗은 손가락이나 위로 쳐든 팔, 코 등이 지금까지 부러지지 않고 남아 있는 고대 조각은 알고 보면 근대에 행한 이런 단장 작업의 수혜자라는 게 일반적인 규칙이며 예외는 거의 없다.

이처럼 광범위하게 이뤄진 후대 예술가들의 개입을 생각하면, 이런 개입의 결과물 중 일부가 인기 고전 조각 작품의 하이라이

12. 푸젤리는 위의 그림을 통해 고전 시대 예술작품
이 주는 복합적인 충격을 곰곰 생각해본다.

트가 되었다는 사실도 결코 놀라운 일은 아니다. 가령 루브르 박물관에 소장되어 있는 불편한 자세의 「잠자는 헤르마프로디토스Sleeping Hermaphroditos」는 17세기 이탈리아 조각가 조반니 로렌초 베르니니가 만든 아주 보송보송한 느낌의 매트리스 조각 덕분에 대중의 관심을 사로잡는 스타덤에 오를 수 있었다. 시무룩한 표정의 「루도비시의 아레스Ludovisi Ares」의 다리 뒤에서 삐죽 머리를 내밀고 엿보는 에로스의 매력적인 얼굴도 베르니니의 작품이다(전쟁의 신 아레스와 에로스의 어머니 아프로디테와의 불륜을 은밀하게 상기시키는 장치다). 때로는 르네상스 시대에 워낙 매력적으로 복원해놓는 바람에 우연한 기회에 사라진 '진짜'가 발견되었는데도 복원품이 진품에 선뜻 자리를 내주지 않아 문제가 되는 경우까지 있다(덧붙이자면 진품의 발견이 정말 우연이었는지 의심스러운 사례가 적지 않다는 사실도 인정하지 않을 수 없다). 말하자면 복원 과정에서 사라진 부분을 대신했던 가짜가 진짜의 자리를 위협할 정도로 경쟁자가 되는 것이다. 높이 3미터가 넘는 거대한 조각상 「파르네제 헤라클레스Farnese Heracules」가 대표적이다. 복원하고 몇 년 뒤 '진품' 다리가 나타났지만 대부분의 사람은 미켈란젤로의 제자 굴리엘모 델라 포르타가 복원 당시 제작한 가짜를 선호했다. 오랜 시간이 지난 뒤에야 르네상스 시대에 추가된 부분이 제거되고 '진품'에 자리를 내주는데, 그때조차 델라 포르타가 만

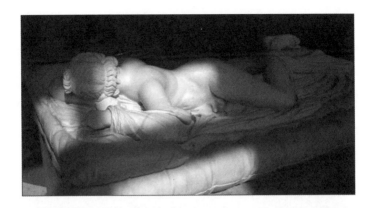

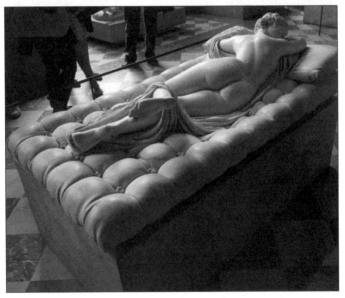

13. 남녀 생식기를 함께 지닌 헤르마프로디토스, 즉 남녀추니의 모습은 항상 놀라움을 안겨준다. 한쪽에서 보면(아래 사진) 잠자는 여인의 모습이지만, 반대쪽에서 보면(위 사진) 그렇게 단순하지 않다.

든 작품이 실제 「파르네제 헤라클레스」 조각상 바로 옆에 계속해서 전시되었다(지금도 나폴리 박물관에 포르타가 제작한 부분이 전시되어 있다). 최근 학계는 이런 복원 작품 자체의 가치를 사뭇 진지하게 받아들이는 분위기다. (토르발센의 우아한 신고전주의 복원 작품들을 뮌헨 국립고대미술관 내 조각전시관인 글립토테크의 유명한 그리스 조각군에서 빼버린 악명 높은 사건, 또는 「죽어가는 세네카Dying Seneca」라는 작품을 르네상스 시대에 만들어진 유혈이 낭자한 핏빛 목욕탕에서 꺼내 콘크리트 기단 위에 세우기로 한 루브르 박물관의 결정 같은) 20세기에 있었던 몇 차례의 '순수주의' 실천 움직임에도 불구하고, 미술사학자와 박물관 큐레이터들은 대체로 베르니니를 비롯한 여러 후대 예술가의 개입을 현재도 진행 중인 고전 시대 조각 창조사creative history의 중요한 부분으로 받아들이는 추세다. 정확한 복원은 아닐지라도 그 자체로 연구 가치가 충분한 작품으로. 사실 2000년 10월부터 2001년 1월까지 루브르 박물관에서 열린 '고전 이후D'après l'Antique'라는 훌륭한 전시는 바로 이런 고전 창조의 역사를 기린 것이다. 전시는 (푸젤리의 발 그림을 주제로 한 현대 예술 사진들, 다섯 점이 넘는 살바도르 달리의 '밀로의 비너스'를 주제로 한 실물 크기 작품을 포함해) 고전 시대를 주제로 하는 현대 예술가들의 근사한 작품은 물론이고 그리스 로마 조각품을 과거에 복원한 작품, 복제품, 재창조품 등을 엄선하여 선보였다.

삽화가 훌륭한 카탈로그에는 르네상스 시대 복원 전문가들의 목표와 방법은 물론이고, 유명 고대 조각 작품 중 일부가 누리는 의외의 '제2의 삶'에 대한 이야기 등이 흥미롭게 소개되어 있다(가령 지난 50년 동안 「밀로의 비너스」는 빠른 속도를 자랑하는 자동차, 가스레인지, 리바이스 청바지, 탄산수, 탄성 양말까지 실로 다양한 상품 광고에 활용되었다!). 물론 복원은 현재진행형이다. 지금까지의 경험을 통해 고대 조각을 깨지고 부서진 상태 그대로 존중해야 한다는 깨달음을 얻었으니 더 이상의 복원은 없을 거라고 생각할 수도 있겠다. 그러나 그런 깨달음은 어느 정도까지일 뿐이다. 감질나게 복원되지 않고 있는, 양팔 없는 「밀로의 비너스」가 전부라고 생각하면 곤란하다. 1950년대 로마의 남쪽 스페를롱가 마을의 한 동굴에서 수천 개로 쪼개진 상태로 발견된 엄청난 수의 조각 작품은 사뭇 다른 길을 걸었다. 현재 스페를롱가 박물관에 전시된 재창조된 걸작들은 당연히 원래 재료인 대리석 못지않게 재창조 작업에서 첨가된 다량의 석고와 레진을 포함하고 있다. 베르니니와 토르발센이 야심차게 진행한 재창조 작업에 견줘도 결코 손색없는 '창조적인' 재창조다. 여기서 이해할 수 없는 것은 이런 복원을 진행했다는 사실 자체가 아니다(산더미처럼 쌓인 대리석 파편을 보려고 스페를롱가를 방문할 사람이 누가 있겠는가?). 오히려 르네상스 시대의 고대 조각 복원 관행과 원칙에 점점 관심을 갖고 냉정하며 날카로운 눈초리를 들이대는 현대 미술사학자들이 동시대 복원 전문가들의 작업에 대해서는 전반적으로 신뢰한다는다는 식으로 못 본 척한다는 사실이다. 이들의 태도만 보면 현대의 복원 '과학'은 창의적인 소설 수준이던 과거와 달리 비난할 여지 없이 확실하기라도 한 것 같다. 이런 모르쇠의 대표적인 사례가 바티칸 박물관에서 복원한 「라오콘 군상群像」이다. 라오콘은 불운한 트로이의 사제로, 베르길리우스의 『아이네이스』에 따르면, 목마와 '선물을 가져온 그리스인'이 위험하니 성에 들이지 말자고 주장했지만 트로이 사람들의 지지를 얻지 못했고, 결국 그리스를 돕는 신의 노여움을 사서 아테나 아니면 미네르바가 보낸 뱀에게 어린 두 아들과 함께 목이 졸려 죽는다.

아버지와 두 아들이 위협적인 뱀에 칭칭 감긴 채 몸부림치는 절망적인 모습을 보여주는 「라오콘 군상」은 강렬한 이미지 때문인지 1506년 발견 순간부터 고대와 현대를 통틀어 가장 유명하고 영향력 있는 작품 중 하나가 되었다(현재는 바티칸 박물관에 소장되어 있다). 우선 현대 미술사라는 학문의 시작점에서 크게 부각되었던 가장 중요한 논쟁 중 몇몇이 「라오콘 군상」을 둘러싸고 벌어졌다(특히 독일의 미술사가 요한 요아힘 빙켈만과 독일의 극작가이자 비평가인 고트홀트 에프라임 레싱 사이의 논쟁이 유명하다). 머잖아 유럽 전역과 후에는 미국에서 고통에 신음하는 가정을 대표하는 이

14. 트로이의 사제 라오콘이 뱀에게 목이 졸려 죽는 모습이다.
사진 속의 조각은 '구'버전 복원 작품으로 라오콘의 팔이 위로
뻗은 모습이다.

미지가 되었다. 카를 마르크스에게 「라오콘 군상」은 자본주의 해
악의 상징을 제공했고, 찰스 디킨스에게는 크리스마스 선물용 양
말을 들고 고뇌하는 스크루지 이미지를 제공했다. 「라오콘 군상」

은 풍자만화 소재로도 오랫동안 사랑을 받았다(자신의 녹취 테이프에 목이 졸린 리처드 닉슨 대통령처럼 이런저런 덫에 빠진 정치가들을 묘사하기에 더없이 좋은 소재였다). 「라오콘 군상」은 학계에서도 최대 현안이어서 고전 미술사 분야의 대표 주자로 꼽히는 두 학자가 이를 주제로 저서를 펴내기도 했다. 리처드 브릴리언트의 『나의 라오콘My Laocoön』과 살바토레 세티스의 『라오콘: 명성과 스타일Laocoonte: Fama e stile』이 바로 그것이다.

1506년에 모습을 드러낸 「라오콘 군상」은 워낙 탄탄하게 받쳐주는 문헌상의 배경을 가지고 있었다. 브릴리언트와 세티스 둘 다 강조하듯이 조각상이 등장과 동시에 막강한 영향력을 가질 수 있었던 것은 『아이네이스』에 나오는 라오콘과 아들들의 죽음에 대한 설명, 그리고 대⋏플리니우스의 백과사전식 『박물지』에 나오는 조각상에 대한 묘사와 누가 봐도 분명하게 맞아떨어진다는 연관성에서 기인한 바가 컸다. 플리니우스는 『박물지』에서 "티투스 황제의 궁에 있는 라오콘 조각상은 (…) 단일 대리석 조각을 깎아서 만든 것으로, 라오콘과 아들들, 그리고 이들을 휘감고 있는 뱀들의 모습을 (보여주는데) (…) 하게산데르, 폴리도루스, 아테노도루스가 만들었고 이들은 모두 그리스 로도스섬 출신이었다"라고 말하고 있다. 플리니우스가 보고 묘사했던 조각상과의 일치가 너무나 절묘해서 거의 믿기지 않을 정도였다. 그렇지만 발견 당시 '라

'오콘 군상'은 온전한 모습과는 거리가 멀었다. 이렇게 발견되는 고대 조각들이 흔히 그렇듯이 손가락, 발가락과 뱀의 여기저기가 소실되었을 뿐만 아니라, 세 인물의 오른팔이 모두 소실된 상태였다. 사라진 팔들을 어떻게 복원할 것인가를 놓고 (특히 미켈란젤로와 라파엘을 중심으로) 치열한 논쟁이 벌어졌다. 무엇보다 중심인물인 라오콘의 팔 복원을 둘러싼 논쟁이 치열했다. 뒤로 젖힌 모습으로 할지, 위로 바로 뻗은 모습으로 할지가 논점이었다. 1530년대의 논쟁 참가자들은 위로 뻗은 모습이 옳다고 합의를 봤다. 따라서 이후 진행된 (다수의) 복원 결과물이 이런 기조를 따랐고, 아들들도 그에 맞춰 복원되었다. 그리하여 이것이 '라오콘 군상'의 표준 이미지가 되었다.

여기까지는 특별할 게 없다. 그러나 20세기에 이야기는 놀라운 반전을 맞게 된다. 1906년 독일의 고고학자이자 골동품 중개인이었던 루트비히 폴라크가 로마에 있는 어느 석공의 작업장을 어슬렁거리다가 발견한, 어딘가에서 떨어져 나온 대리석 팔 때문이다. 튀어나온 근육의 모양 등이 '라오콘 군상'과 비슷한 양식이었는데, 공중으로 뻗은 팔이 아니라 뒤로 젖힌 자세였다. 폴라크는 문제의 팔을 바티칸 박물관에 기증했고, 박물관에서는 1950년대까지 창고에 보관했다. 박물관 당국에서는 1950년대에 와서야 폴라크가 기증한 팔이 원래 '라오콘 군상'의 일부라는 결론을 내렸고, 조각상을 해체해, 예전의 복원 부분을 제거하고, 폴라크가 찾은 팔을 삽입했다. 이에 대해서도 반론이 만만치 않다. 무엇보다 폴라크가 발견한 팔이 아버지의 어깨에 곧장 결합된 것은 아니다 (사이에 석고 조각을 삽입해야만 했다). 또한 몸체에 비해 크기도 작아 보이고, 대리석 색깔도 살짝 달라 보인다. 폴라크 자신은 문제의 팔이 '라오콘 군상'과 비슷한 조각상에서 나온 것이라는 데까지만 확신을 가지고 있었다. 문제의 조각을 찾은 상황 역시 좋게 보려 해도 어딘지 불확실한 구석이 있고, 나쁘게 보자면 상당히 의심스럽다는 점은 말할 것도 없다. 신뢰성 면에서 르네상스 시대에 이뤄진 사라진 부분들의 '우연한' 발견 이야기 그 이상도 이하도 아니다. 당연히 대중은 새로 복원된 조각상을 마음에 들어하지 않았다(누가 봐도 확실한 '라오콘 군상'의 이미지를 원하는 풍자만화가들은 지금도 아버지의 팔을 공중을 향해 뻗은 모습으로 묘사한다). 그러나 어떤 이유에서인지 전문 미술사학자들은 전반적으로 이런 새로운 버전의 신빙성을 아무 의심 없이 받아들이는 분위기다. 르네상스 시대 최고의 조각가들이 복원한 결과물에 대해서는 냉정한 분석을 서슴지 않지만 현대 박물관 복원 전문가들의 작품에 날카로운 눈을 들이대고 냉정하게 분석하는 일은 왠지 꺼리는 모양새다.

브릴리언트와 세티스도 예외는 아니다. 둘 다 넓은 의미에서

'새로운' 「라오콘 군상」을 명시적으로 지지한다(브릴리언트는 세 인물을 재배열하는 좀 과격하다 싶은 변화를 택하긴 하지만). 아무튼 둘 다 폴라크가 발견한 팔이 진짜라고 믿는 근거에 대해서는 특별히 설명할 필요가 없다고 느끼는 것 같다. 이는 두 저자 모두에게서 드물게 설명이 누락된 부분이다. 『나의 라오콘』과 『라오콘: 명성과 스타일』은 서로 다른 지적 배경과 스타일에도 불구하고(브릴리언트는 미술사와 예술철학, 미학이 교차하는 지점에서 작업하고 있는 반면, 세티스는 고전학과 문화사라는 이탈리아 전통 안에서 작업하고 있다), 고대의 「라오콘 군상」뿐만 아니라 재발견 이래 지난 500년 동안 격렬한 논쟁과 논란의 대상이 되었던 「라오콘 군상」에 대해서도 통찰력이 돋보이는 날카로운 분석들을 내놓고 있기 때문이다. 특히 브릴리언트는 미술사와 미술 이론의 중심 이슈들을 제기하면서 「라오콘 군상」을 고대 미술품의 식별, 모방, 도해, 연대 결정, 반응 등과 관련한 전형적인 사고방식, 즉 패러다임을 보여주는 사례로 보고 접근한다. 그의 말을 빌리자면 「라오콘 군상」은 "해석 자체에 대한 분석에 적합한 정형화된 주제"에 해당된다.

브릴리언트의 말대로 「라오콘 군상」은 그런 작업에 더없이 좋은 주제다. 「라오콘 군상」과 관련된 거의 모든 요소가 발견 이래 어느 시점엔가는 치열한 논쟁의 대상이 되었다. 심지어 플리니우스가 묘사한 조각상이 바티칸 박물관에 있는 「라오콘 군상」이라는 얼핏 보기에 단순명료한 '사실'마저 그렇게 간단하게 증명되지는 않는다. 일단 내용이 맞는 것은 사실이다(아버지와 두 아들, 그리고 몸을 비틀고 있는 뱀까지). 그리고 르네상스 시대 자료가 모호하긴 하나 발견 장소 역시 '티투스의 궁전'과 모순되지는 않는다고 여겨지는 곳이다. 문제는 플리니우스가 문제의 조각상이 한 덩어리의 대리석'ex uno lapide'으로 만들어졌다고 주장한 반면, '우리의' 「라오콘 군상」은 분명 그렇지 않다는 점이다. 발견과 동시에 이런 불일치를 설명할 그럴듯한 주장들이 나왔다. "플리니우스가 틀렸다" "'ex uno lapide'가 우리가 생각하는 그런 의미가 아니다" "플리니우스가 본 「라오콘 군상」은 이게 아니라 지금은 존재하지 않는 다른 버전이다" 등등. 세티스는 'ex uno lapide'라는 널리 알려진 개념이 사실은 놀라운 역작이라는 의미이며, 글자 그대로 한 덩어리의 대리석으로 받아들여서는 안 된다고 역설한다(어쩌면 옳은 주장일 수도 있다). 한편 브릴리언트는 그런 싸움에서 한발 물러나 과거 텍스트의 존재가 해당 작품에 대한 우리 이해에 어떻게 불가피하게 영향을 미치는가를 생각한다.

플리니우스의 설명은 바티칸의 「라오콘 군상」의 연대와 원작 여부에 대해 논쟁거리를 제공한다. 플리니우스는 그리스 로도스 섬 출신이라는 세 조각가의 이름을 거론한다. 처음에 이들은 약간의 논란이 있는 어느 시기, 그렇지만 당연히 플리니우스가 『박물지』를 썼던 서기 1세기 중반보다는 이전인 어느 시점에 '우리의' 조각상을 조각했던 예술가들로 추정되었다. 그러나 이후 많은 비평가가 생각해온 것처럼 바티칸 박물관에 있는 「라오콘 군상」이 이전 그리스 '원작'의 '복제품'이라면 어떻게 되는가? 그런 경우 플리니우스가 말한 조각가들은 '원작' 작업자들일까, 아니면 '복제품' 작업자들일까? 또한 스페를롱가에서 무더기로 발견된 대리석 조각 중 하나의 기단에 동일한 세 명의 이름이 새겨져 있었던 것은 어떻게 설명해야 할까? 티베리우스 황제가 스페를롱가 어느 동굴에서 식사를 하다가 동굴이 무너지는 바람에 가까스로 탈출했다는 묘하게 겹치는 사건과도 연결시킬 수 있을까? 이런 의문들을 둘러싸고 걷잡을 수 없이 많은 이론이 쏟아져 나오고 있으며, 「라오콘 군상」의 연대 추정 하나만 놓고도 최소 300년은 차이가 나는 다양한 이론이 사뭇 진지하게 제기되고 있는 실정이다. 지난 30년 동안 줄줄이 쏟아져 나온 온갖 발표 자료 중 가장 유명한 것은 베르나르트 안드레아이의 이론이다. 한때 로마에 있는 독일 고고학 연구소Deutsches Archäologisches Institut, DAI 소장을 지냈고, 스페를롱가에서 발굴된 파편들을 재조립해서 형체를 알아차릴 수 있는 조각으로 만드는 작업에도 깊이 관여했던 인물이다. 안드레아이는 아주 빈약한 근거를 토대로 바티칸 박물관의 「라오콘 군상」이 기원전 140년 페르가몬 왕이 의뢰해서 제작된 청동

원작의 모작이라고 주장한다. 안드레아이의 추정으로는 페르가몬 왕이 이 작품의 제작을 의뢰한 목적은 트로이라는 같은 뿌리에서 나왔다는 점에 호소함으로써 페르가몬과 로마의 화합을 도모하기 위함이었다. 안드레아이는 플리니우스가 말한 로도스 출신의 세 조각가에 대해서도 나름의 설명을 내놓는다. 티베리우스 치하에서 대리석 복제품을 만드는 작업을 하면서 동시에 황실의 의뢰로 '티베리우스 황제 일대기' 정도의 명칭이 적합할, 스페를롱가 동굴(현재는 불행하게 끝난 만찬회 장소로 확실하게 밝혀진 곳이기도 하다) 단장 작업도 같이 했던 복제 담당자들이었다는 것이다.

브릴리언트나 세티스는 이런 내용 중 어느 것도 진지하게 다루지 않는다(브릴리언트가 안드레아이를 '20세기의 빙켈만'이라고 부른 대목이 있는데, 어쩌면 양날의 검처럼 서로 다른 해석이 가능한 이야기일 듯 싶다). 또한 둘 다 복잡다단한 로마 제국의 예술계에서 아무리 단순한 의미로라도 '진품'과 '복제품'을 구별하는 일이 특별히 유용한 절차라고 생각하지 않는다. 그럼에도 불구하고 세티스는 이번에도 맹렬히 돌진해 안드레아이에게 정면으로 맞서는 주장을 편다. 『라오콘: 명성과 스타일』의 상당 부분이 바티칸의 「라오콘 군상」이 기원전 1세기 말에 만들어진 '진품'임을 증명하려는 내용으로 채워져 있다. 반면 브릴리언트는 이에 대해서도 거리를 두고 초연한 태도를 취하면서 특정 연대를 제시하지 않는다. 여러

5부 예술과 문화: 관광객과 학자들

모로 보아 이런 태도는 『나의 라오콘』에서 주목할 만한 중요한 성과가 아닌가 싶다. 독자들에게 로마 조각상의 연대를 확정하는 일이 미술사에서 가장 중요한 문제도 아니고, 반드시 풀어야 하는 필수 불가결한 문제도 아니라는 점을 솔선수범하여 보여주었다는 점에서 말이다.

하지만 종국에는 브릴리언트와 세티스 모두 충분히 날릴 수도 있는 펀치를 날리지 않고 너무 사정을 봐준 게 아닌가 하는 느낌이 남는다. 「라오콘 군상」에 대한 반응의 역사에 관심을 집중한 나머지 그들은 (안드레아이의 입장을 포함해) 다른 맥락에서라면 정중한 조롱의 대상이었을 여러 의견을 진지하게 받아들인다. 사실 「라오콘 군상」에 대한 최근의 글들 가운데 상당수가 정밀 분석은 물론이고 강력한 비판을 받아야 마땅하다. 이런 글들에 대한 영리한 풍자의 힘을 알고 싶은 독자라면 독일의 정기 간행물인 『그리스 로마 세계Antike Welt』에 실린 글을 찾아보라. 거기서 토니오 휠셔는 「라오콘 군상」에 대해 안드레아이는 저리 가랄 정도로 온갖 정치적인 해석을 이야기한다('라오콘'과 두 아들이 아우구스투스와 중도에 죽어버린 후계자이자 손자였던 가이우스와 루키우스를 상징한다고 가정해보면? 조각에서 더 큰 소년이[가이우스?] 로마 교외 프리마 포르타에 있는 유명한 아우구스투스 상에서 아우구스투스의 다리를 타고 기어오르던 큐피드의 나이든 버전이라면? 등등). 그러나 주의 깊은 독자라면 불필요한 우려 따위는 하지 않을 것이다. 책에 나온 명백하게 '구식' 버전의 「라오콘 군상」복원품을 보고 이상하다 생각하며 주의를 기울이다보면, 금세 각각의 문단의 첫 번째 문자가 상황에 딱 맞는 이합체시離合體詩 보통 각 행의 첫 글자를 아래로 연결하면 특정한 어구가 되게 쓴 시나 글를 이루고 있다는 사실을 발견하게 될 것이기 때문이다(당연히 독일어로). 연결하면 어떤 의미가 되느냐고? "헛소리를 찬양할지어다!"

서평 도서

1 『고전 이후: 파리, 루브르박물관, 2000년 10월 16일-2001년 1월 15일D'après l'Antique: Paris, musée du Louvre, 16 octobre 2000-15 janvier 2001』(Réunion de musées nationaux, 2000)

2 Richard Brilliant, 『나의 라오콘My Laocoön: Alternative claims in the interpretation of artworks』(University of California Press, 2000)

3 Salvatore Settis, 『라오콘: 명성과 스타일Laocoonte: Fama e stile』(Donzelli, 1999)

26. 피스 헬멧을 반드시 챙기시오

"고전 학자라면 그리스 선원과 농부의 언어며 몸가짐을 보고 고대 그리스 문헌에서 봤던 익숙한 표현이나 풍습을 계속해서 떠올릴 것이다." 19세기 여행 안내서 시장의 선구자였던 존 머리가 펴낸 1854년판 『그리스 여행 안내서Handbook for Travellers in Greece』의 서문은 이런 말로 걱정하는 관광객들을 안심시켰다. 이를 통해 말하려는 메시지는 간단했다. 대략 이렇다. 그리스로 가는 배를 타면 오디세우스가 있는 과거로 돌아간 느낌을 받을 것이다("고대인들의 항해 도구와 기술이 일상적으로 사용되는 모습을 볼 수 있다. [⋯] 그리스의 바다는 지금도 변덕스럽기 짝이 없다"). 시골 오두막에서는 호메로스의 서사시 『오디세이아』에 등장하는 돼지치기 유마이오스로 봐도 무방할 그런 사람이 따뜻하게 손님을 대접한다.

"귀신같이 영국인을 찾아내는 해충의 사나운 공격조차 그리스의 희극작가 아리스토파네스가 예전의 그리스 집들에서 겪은 비슷한 고통에 대해 생생하게 묘사한 것과 정확히 일치한다."

물론 이처럼 고대를 떠올리게 하는 세계로 들어가는 데는 위험과 애로 사항이 없지 않았다. 때문에 『그리스 여행 안내서』는 준비 없이 그리스로 모험을 떠난 여행자들에게 일어날 만한 상황에 대해 무시무시한 경고를 하면서 안내서 자체가 필수라는 점을 강조하는 것도 잊지 않는다. 설명에 따르면 건강, 사실상 생존 자체가 가장 중요한 문제였다. "풍부한 과일은 이방인에게는 유혹일 수밖에 없지만 그것만큼 해롭고 치명적인 결과를 가져올 만한 것도 없다"고 경고한다. 아리스토파네스가 말한 해충을 막는 법은 저렴하지만 엄청나게 복잡한 모기장을 이용하는 수밖에 없었다. 매일 모기장을 조립하는 일은 강박적일 만큼 꼼꼼하고 손재주가 비상한 사람이 아니라면 지쳐 나가떨어질 수밖에 없는 그런 것이었다. "모기장에 들어가는 가장 좋은 방법은 입구를 매트리스 중간 부분에 두고, 그 안에 서서, 가방 입구를 머리 위로 끌어오는 것임을 알게 되었다." 이동의 어려움이 근소한 차이로 2위를 차지했다. 영국 안장을 가져갈 가치가 있을까? 모든 것을 감안할 때 그렇다. 영국 안장이 훨씬 편안하기 때문이다. 하지만 튼튼한 영국 안장은 '빈약한' 그리스 말들의 등에 부상을 입힐 우려가 있다. 반면 영국 하인들은 집에 두고 가는 편이 좋다. 집이 아니면 그리스 초입인 코르푸섬에. "일반적으로 영국 하인들은 낯선 타지 생활에 자신을 맞추려는 의지가 좀체 없고 외국어 습득 능력도 없기 때문이다." 이어서 하층민에게는 불편과 고생이 일상이나 마찬가지임을 전혀 모르는 엘리트 특유의 무지를 드러내는 충고가 이어진다. "또한 영국 하인들은 불편함과 힘든 생활에 주인보다 더 짜증을 낸다." 따라서 현지인을 고용하는 것이 훨씬 "바람직하고 도움이 된다". 다만 고대 예술품에 대한 지식은 기대하지 말아야 하며, 만약 그런 지식을 이야기해준다 해도 믿어서는 안 된다. 그런 부분에는 (휴대용) 안내 책자가 안성맞춤이다.

그리스를 방문하는 사람들이 이런 충고를 철저히 따랐으리라고 생각하기는 힘들다. 현대 여행 안내서에서 일광욕에 우려를 표하면서 하지 말라고 권하지만 사람들이 잘 따르지 않는 것처럼 말이다. 이런 안내서의 역할은 여행자의 행동을 특정 방향으로 유도하거나 제한하는 목적 못지않게 이상적인 여행의 이미지를 만들어내는 것이기도 하다(더불어 위험에 대한 흥분을 완화시키는 것도 포함된다). 안내서의 충고가 얼마나 현실적이었는지 또는 사람들이 얼마나 현실적이라고 믿었는지는 분명하지 않다. 그렇지만 시간이 흐르고 새로운 판본이 나오면서 영국인 여행자들의 목적지로서 그리스라는 나라에 대한 머리의 『그리스 여행 안내서』

의 태도가 1840년 초판과는 확실히 달라지는 것만은 분명하다 (머리 출판사 이름으로 출간되었고 저자와 편집자는 머리글자로만 표기 되었다). 초판이 나온 1840년대면 그리스 독립전쟁이 끝난 직후였 다. 19세기도 후반에 접어들어 20세기가 가까워졌을 무렵 그리스 는 영국인들의 머릿속에서 위험한 탐험의 장이 아닌 중상류층 여 행자와 관광객을 위한 괜찮은 관광지로 위상이 재정립되었다.『그 리스 여행 안내서』의 여러 판본이 얼마나 정확하게 그리스의 '실 제' 변화를 반영했는가는 더 말하기 어려운 부분이다. 그러나 부 분적으로는 분명 반영하고 있었다. 가령 잇달아 나온 판본들에서 는 ("적어도 이탈리아 대도시에 있는 것만큼 좋은") 고급 호텔들이 증 가하고 있다며 이름을 나열하는데, 이는 여행자들이 이용 가능한 편의시설의 변화뿐만 아니라 그리스의 경제생활 변화도 반영하 는 것이라 볼 수 있다. 그러나 나중 판본에 첨가된 이유가 불분명 한 내용도 있다. 예를 들어 1884년 판본에서는 아테네에 무용 강 사가 있다는 언급이 나오는데, 이전에는 무용을 가르치는 기관이 없었기 때문에 굳이 말한 것일까? 또는 아테네에서 누릴 수 있는 것에 대한 관광객들의 기대가 달라졌기 때문일까? 그것도 아니면 여행 안내서란 유용하든 그렇지 않든 가능한 한 완벽하고 포괄 적인 정보를 제공해야 한다는 생각에 더없이 충실해지기 위함일 까?(1884년에는 책도 2권으로 늘었다.)

어쨌든 전체적으로 보아 무용 강사를 포함시킨 것은 여행 안내서 시리즈가 지속됨에 따라 점점 발전하는 그리스의 길들여지고 익숙해지는 (아니면 적어도 여전히 이국적이지만 다루기 쉬운 방향으로 발전하는) 이미지와 궤를 같이한다. 1840년 초판에서는 "무엇보다 중요한 필수품은 텐트"라고 목청을 높였지만 1854년 개정판에서는 "아시아의 많은 지역에서는 텐트가 필수품이지만 그리스에서는 꼭 그렇지는 않으며 흔히 챙기는 물품도 아니다"라면서 한층 더 온건한 어조를 취한다. 1884년이 되면 "텐트는 필요 없는 짐이다"라고 단언한다. 이후의 판본에서는 야생 상태의 거친 지역에서 문명을 느낄 안락한 여행을 위한 이전까지의 필수품을 모두 뺐다. 휴대용 식기, 카펫, 정교한 모기장 등등(1884년 판본에서는 모기장이 가벼운 얼굴 가리개로 대체되었다). 아주 가끔 전체적인 흐름을 역행하는 듯한 내용도 보인다. 예컨대 초기 판본들에서는 햇빛을 피하는 용도로 튼튼한 밀짚모자면 충분하다고 했지만, 1884년에는 피스 헬멧pith-helmet 정도는 되어야 한다고 강조한다(1896년 판본에서는 피스 헬멧이 "4월 말 이후에는 필수"라고 덧붙인다).

이런 모든 변화와 재정의가 이뤄지는 동안에도 한 가지는 거의 변함이 없었다. 근대 그리스 및 그리스인이 고대 세계의 정신과 관습의 중요한 부분을 보존하고 있다는 생각이었다. (고고학 유적은 인상적이지만) 주민들에겐 고대 선조들의 모습이 거의 없어

흐릿한 그림자에 불과해 실망했다는 말은 18세기와 19세기 초반 그리스를 여행한 초기 여행자들의 이야기에 등장하는 상투적인 문구였다. "아테네 동북쪽에 위치한 마라톤 들판에서 페르시아군을 격파한 밀티아데스 장군이나 그의 아들로 역시 장군이자 정치가로 명성을 떨쳤던 키몬의 후손들을" 만나리라 기대하며 그리스에 간 여행자들은 오히려 강도, 사기꾼, 강매를 서슴지 않는 장사치들과 맞닥뜨렸다. 또한 발레리 드 가스파랭이 안타까운 마음으로 인정할 수밖에 없었듯이, 그리스 여자들은 밀로의 비너스와 닮은 구석이 거의 없었다. 19세기 말의 안내서들은 독자에게 고대 유산을 찾으려면 다른 곳을 보라고 했는데, 이는 여행자들이 느낀 실망감을 좀 줄이려는 의도에서였던 듯하다. 다른 곳이라면 어디일까? 농부의 일상생활 이면을 보면, 그들이 하는 말에 제대로 귀를 기울이면, 고전 세계와의 온갖 교감과 연결이 느껴질 것이다. 선원들은 호메로스 서사시에 나오는 항해 기술을 사용하고, 농부들은 헤시오도스가 『노동과 나날』에서 권한 농경법을 활용한다. 또한 상상력을 한껏 발휘하면, 그리스 시골지역에 널리 퍼진 각종 미신의 기원이 고전 시대 이교도의 사상과 관습까지 거슬러 올라가는 것을 확인할 수 있다. 대략 이런 내용이다.

이런 연속성 문제는 당연히 앞서 200여 년간 단속적으로 전개되어온, 때로는 맹렬하게 펼쳐지는 그리스 민족의 정체성에 관한 학계의 논쟁과도 겹치는 부분이 있다. 현대 그리스 주민이 고대인의 직계 후손인가? 아니면 이들은 (19세기에 야코프 J. 팔머라이어나 20세기 로밀리 젱킨스가 펼쳤던 유명한 주장처럼) 새로 이주해 온 슬라브계 주민들인가? 이런 논쟁이 때로 얼마나 저급한 수준까지 내려갔는가를 보여주는 사소한 예가 하나 있다. 케임브리지 대학 도서관에 있는 패트릭 리 퍼머의 『루멜리: 그리스 북부 여행 Roumeli: Travels in Northern Greece』 1966년 초판에 남긴 어느 인종차별주의적 독자의 메모가 그것이다. 『루멜리: 그리스 북부 여행』에서 리 퍼머는 현대 그리스어가 "논쟁의 여지 없이 고대 그리스어에서 나왔다"고 말하는데 익명의 낙서자는 다음과 같은 논평을 덧붙여놓았다. "말도 안 되는 헛소리. 점령지를 기형적인 '천한 이탈리아 놈'의 신체와 지저분한 정치로 더럽힌 이탈리아계 슬라브인의 미개한 혼성어지." 책의 여백에 낙서처럼 휘갈겨 쓴 것으로 인종차별주의 냄새가 물씬 풍긴다. 이런 연속성에 대한 생각들은 또한 그보다 보편적이면서 그에 못지않게 중요한 다른 문제들을 제기한다. 현대의 관행과 고대의 관행 사이의 유사성을 우리는 어떻게 인식하는가, 여행자와 관광객들은 원시주의primitivism와 역사적 연속성을 자기가 방문하는 나라에 어떻게 투사하는가, 세계 어디서든 관광지와 그곳 주민들이 이런 투사를 어떻게 자기네한테 이익이 되도록 활용하는 한편 이를 더 부추기고자 이런저런 투자를 하는가 등등(전통 복장을 한 런던탑의 경비병이나 셰익스피어의 아내 앤 해서웨이가 결혼 전에 살았다는 농가 주택 등을 생각해 보라). 즉 지금 우리가 다루는 것은 방문자와 방문지 사이에 일어나는 일종의 권력 투쟁(혹은 적어도 복잡한 줄다리기)이다.

지금 보면 참으로 시대착오적인 듯한, 약 1세기 전의 여행자들에게 제공된 조언에서는 이런 부분이 분명히 드러난다. 그러나 현대의 여행 산업 및 그와 연계된 (가장 저렴한 여행 안내서부터 한껏 고상한 척하는 기행문학까지) 저작에서 이런 힘겨루기가 어떻게 펼쳐지는지 파악하기는 쉽지 않다. 이와 관련하여 그야말로 전설적인 그리스인의 환대가 흥미로우면서도 복잡한 사례를 제공한다(손님을 환대하는 그리스인이라는 이미지는 기원을 찾자면 호메로스 시대까지 거슬러 올라가는 오랜 역사를 지니고 있다).

"손님을 환대한다는 그리스인의 명성은 옛날이야기가 아니다." 최근에 나온 『론리 플래닛』은 당당하게 선언한 뒤 (이전에 나온 『블루 가이드Blue Guide』의 내용을 충실히 모방한 이야기에서) 그리스인의 '환대' 관행을 상세히 소개한다(『블루 가이드』는 1918년에 창간된 영국의 여행 안내 총서다. "낯선 사람이 차나 식사를 하라고, 혹은 하룻밤 묵고 가라고 선뜻 자기 집으로 초대하는" 경우가 많다. 주는 것을 거절하거나, 그에 대해 값을 치르려 하거나, 그들이 물어보는 사적인 질문에 답하기를 거부하는 것은 실례다. 실제로 그리스에서 휴가를 보낸 블로거들의 웹사이트를 훑어보면 그런 경험과 관련된 사진들이 심심찮게 등장한다. 가령 (당나귀와 함께 찍힌) 노인의 사진이 여러 장 실린 웹사이트가 있는데, 여행 온 가족 전체를 자기 집으로 데려가서 끊임없이 커피와 맛있는 현지 술을 권하고 아이들에게는 한아름의 과일을 주었다는 내용이다. 객관적인 기준에서 그리스인이 세계 어느 나라 사람보다 친절하지는 않다는, 그럴 리도 없다는 점을 쉽게 망각한다. 그동안 우리는 그들 나름의 사회적 상호작용을 더없이 순수한 형태의 환대로 해석하는 쪽을 택해왔다.

우리가 그렇게 해온 부분적인 이유는 스스로에게 그리스에서는 고국에서와는 다르게 행동해도 좋다고 허락하기 위해서였다 (낯선 사람의 집에 가서 잠 자는 것은 우리가 아이들에게 절대 해서는 안 된다고 경고하는 바로 그런 행동 아닌가). 또한 부분적으로는 내가 이미 언급한 정들이기 과정을 가능케 하기 위해서다. 사실 잠깐만 생각해보면 이처럼 '환대하고 환대를 받는' 만남에서 다른 이야기를 구성해낼 수도 있다. '맛있는 현지 술'은 '마시기 힘든 증류주'다. 과일은 덜 익어서 씁쓸하다. 정말 보고 싶었던 사원 유적은 비포장 흙길로 족히 한 시간은 가야 하는데 이제 거기까지 가기에는 너무 늦어버렸다. 해지기 전까지 머물던 숙소로 안전하게 돌아갈 가능성은 더더욱 낮다. '환대'라는 미명 아래 우리는 걱정되고 두려울 만한 문화 차이를 찬미의 대상이자 동시에 살짝 얕봐도 좋은, 원시적인 (사실 호메로스 시대의) 미덕으로 해석한다. 반면 『그리스 여행 안내서』의 후속 판본들은 이런 초대에 의심의 눈초리를 보내면서 독자들에게 주민이 집요하게 권하더라도 그리스 마을에서 무료로 묵는 제안을 받아들이지 말라고 분명히 경고한다. 이런 주장의 주된 근거는 세상에 공짜는 없다는 (역시 호메로스 시대까지 거슬러 올라가는) 원칙이다.

당나귀 옆에 있던 노인의 관점에서 이 모든 것이 어떻게 보일지 추측하기란, 적어도 내게는 한층 더 어려운 일이다. 수요와 공급이라는 불가분의 연결 고리 속에서, 그리스의 관광 산업이 '호메로스 시대부터 내려오는 환대'를 보여주는 이런 이야기들처럼 소박한 원시주의라는 관점에서 자기포장을 하고 판매하고 있다는 사실은 굳이 관광 안내 책자나 포스터를 꼼꼼히 살펴보지 않아도 알 수 있다. 경기가 좋을 때나 나쁠 때나 마찬가지다. 현대 유럽 국가가 얼굴에 주름이 자글자글한 이빨 빠진 농부 또는 ('황량한 서부' 버전의 원시주의에서는) 여기저기 총알 구멍이 뚫린 도로 표지판이 나와 있는 엽서 사진에 스스로의 이미지를 투사하는 쪽을 택한다는 것은 그동안 우리가 당연하게 여겨왔던 역설이 아닐 수 없다.

그러나 전반적으로 영국인 관찰자들은 이런 고정관념이 관광

5부 예술과 문화: 관광객과 학자들

객과 '현지인' 사이에 일어나는 생각보다 복잡하고 미묘한 줄다리기의 일환임을 보지 못하고 있다. 19세기 말에 젊은 가이드가 바사이의 아폴로 에피쿠리우스 신전에 가고 싶다는 요구를 악령이 산다는 이유로 거절하자 고전학자 제인 해리슨은 짜증이 나면서도 한편으로 너무 기뻤다고 말한다. 짜증 난 것은 신전에 갈 다른 방법을 찾아야 했기 때문이고, 너무 좋았던 이유는 가이드의 반응을 통해 원시 종교 신앙의 증거를 발견했기 때문이다. 젊은이가 해리슨이 그런 말을 들으면 좋아하리라는 사실을 정확히 알고 일부러 속였을 수도 있다는 생각은 전혀 들지 않았던 모양이다. 또한 주민이 갑자기 불러 세워 마시기 힘든 증류주나 풋과일을 안겼을 때, 사실은 우리가 원시적 환대에 대한 집착 때문에 꼼짝없이 받아들여야 하는 자승자박의 처지에 놓인다는 생각 역시 좀처럼 들지 않은 모양이다. 즉 자기 꾀에 자기가 걸려 넘어지는 상황인 것이다.

얼핏 보기에도 제2차 세계대전 전후로 그리스를 방랑한 패트릭 리 퍼머의 유명한 여행기들은 20세기 '로맨틱 헬레니즘romantic Hellenism'의 온갖 가정과 신화에 맞장구를 치는 듯 보인다. 『루멜리』와 『마니: 펠로폰네소스반도 남쪽 여행Mani: Travels in the Southern Peloponnese』에는 (펠로폰네소스반도 남쪽의 작은 반도 셋 중 중간에 위치한) 마니에서 일어난 흉악한 강도 사건을 찬양하는 이야기도 포함되어 있다. 이런 유치한 이야기들은 그리스의 관습과 사상이 호메로스 시대 이래 연속성을 갖고 있다는 빤한 주장은 물론이고, 비잔틴의 역사와 문화의 신비로운 부분에 대한 복잡하고 난해하면서 동시에 시대착오적인 연구들과도 죽이 잘 맞는다. 마니반도에서도 남단에 있는 메사 마니에서 받은 환대에 대해 특히 열광적으로 설명하는 대목도 있다.

> 그리스에서는 많은 것이 『오디세이아』 시대 이후로 변하지 않은 채 남아 있는데, 가장 눈길을 끄는 것은 낯선 사람에게 보여주는 따뜻한 환대가 아닐까 싶다. (…) 이타카에서 오디세우스가 변장을 하고 돼지치기 유마이오스의 오두막에 들어가 극진한 대접을 받으며 머물렀던 것을 기억하는지? 그리스 돼지치기의 집에 머무는 이방인의 경험은 오디세우스의 그것과 전혀 다르지 않다. 통성명조차 하지 않은 상태에서도 이방인을 거리낌 없이 받아들이고, 세심히 필요한 것들을 챙겨주는 문화가 지금까지도 그대로 남아 있다. 집안의 딸이 손님 손에 물을 부어주고, 깨끗한 수건을 주고, 상을 차려 내오고, 포도주와 음식을 계속 권한다.

이런 모든 상황에 자극을 받은 어떤 냉소적인 평자는 거의 모든 형태의 사회적 상호작용을 호메로스식으로 묘사하면서 비웃

5부 예술과 문화: 관광객과 학자들

기에 이르렀다. ('일반적인 영국 만찬에서 손님들은 선물을 가져오는데, 이 중 가장 값진 것은 [즉 가장 비싼 술은] 다음번 파티용으로 쓰려고 따로 챙겨둔다. 그러는 동안 주인집 딸이 손님들에게 올리브 같은 소소한 음식을 대접하고 자기 방으로 물러간다.') 자연스럽게 찾은 것이 아니라 만들어낸 것이긴 하지만 유사점들이 꽤 있다.

리 퍼머는 제2차 세계대전 당시인 1944년 영국군 특공대로 나치 점령하의 크레타섬에 침투해 독일군 사령관 하인리히 크라이페를 납치하는 과정에서 주도적인 역할을 해 오늘날에도 유명한 인물이다(그리고 적어도 고전학자들에게서 납치 후 독일군을 피해 도피 중이던 시기에 있었다고 전하는 독특한 일화로도 유명하다. 크레타산의 어느 동굴에서 자고 일어난 아침, 리 퍼머가 포로인 크라이페와 함께 호라티우스의 「소락테 송가Soracte Ode」를 암송했다는 일화다. 콘텐츠 수준이 워낙 높아서 그렇지 일반인 수준에서 말하자면, 대치 중인 양쪽 진영이 참호 너머로 「고요한 밤 거룩한 밤」을 함께 부르는 모습을 상상해보면 되지 않을까 싶다). 크라이페 납치가 크레타섬의 민간인, 또는 전쟁의 진전에 미친 결과가 어떠하든 간에, 이야기 자체는 전형적인 남자 냄새를 짙게 풍기는데, 그의 여행기들도 예외는 아니다. 리 퍼머는 전쟁 후 많은 여행을 훗날 아내가 되는 사진작가 조앤과 함께 했다. 그러나 여행기에서 조앤은 좀처럼 자기 목소리를 내지 못하며, 그나마 목소리를 낼 때도 대개 극도로 소극적인 역할에 머문다(머리의 『여행 안내서』가 '여성들'을 위한 그리스 여행에 대해서는 아주 지엽적인 충고만 제공하는 것처럼). 조앤의 존재감 부재는 판본이 거듭되면서 더 심해진다. 존 크랙스턴의 특징적인 표지 디자인은 그대로지만 초판에 포함되었던 조앤이 찍은 눈길을 끄는 흑백사진들은 빠졌다.

이런 모든 한계와 결점에도 불구하고 『마니』와 『루멜리』는 보기 드물게 매력적인 책으로 남아 있다. 여기에는 자신의 통찰력을 인상적인 문구로 변환시키는 리 퍼머의 남다른 능력도 일조했다("좋고 나쁨 사이에 차이가 사라져버린 과도기에 있는 마을들이 있다"는 잉글랜드 슈루즈베리부터 크레타섬의 헤라클리온 사이에 위치한 수많은 장소에 적용될 수 있는 재치 있는 표현이다). 또한 리 퍼머는 별것 아닌 재료로 감탄이 절로 나는 강렬한 이야기를 만들어내는 능력도 탁월하다. 이런 이야기 중 최고를 하나 들자면 『루멜리』에 나오는 재미난 여담이 있다. 바이런의 아주 특이한 증손녀, 웬트워스 부인을 위해 메솔롱기그리스 서부 아이톨리아아카르나니아 주의 주도의 어떤 남자에게서 바이런의 슬리퍼를 되찾으려다가 미수에 그쳤다는 이야기다. 이 이야기는 퍼머의 책과 기사에서 발췌한 다른 글들과 함께 『머큐리의 노래Words of Mercury』에도 수록되었다. 일종의 선집인 『머큐리의 노래』는 리 퍼머의 글이 오늘날 우리에게 던지는 생각거리들을 맛보기에 더없이 좋은 견본이다.

인상적인 경구나 이야기를 찾아내는 탁월한 안목, 우아한 미문을 짓는 재능이 결코 전부가 아니다. 고대 그리스의 연속성에 관한 온갖 헛소리를 끝까지 견디고 나면, 이면에 현대 그리스, 그곳 사람들, 그곳에 대한 통념이 갖는 양면성이라는 훨씬 더 미묘한 이야기가 보인다(여기서 말하는 통념에는 우리가 그리스에 대해 가지고 있는 통념뿐 아니라 그리스가 스스로에 대해, 그리고 우리에 대해 가지고 있는 통념도 있다). 『머큐리의 노래』에 나오는 발췌에는 포함되지 않은 바이런의 슬리퍼 이야기에 대한 인상적인 후기의 한 대목이 대표적이다. 후기에서 퍼머는 영국 시인 루퍼트 브룩이 (조금은 다른 종류의 원시주의를 보여주는) 에게해의 스키로스섬에서 누리는 사후 명성에 대한 이야기를 한 페이지나 할애해 설명한다. 그런데 브룩은 스키로스섬에 발을 디딘 적이 없다. 그저 거기에 묻혔을 뿐이다. 그렇지만 발을 디딘 적이 없다는 'O Broukis'가 스키로스섬의 문화와 역사, 풍경 속에 버젓이 등장한다. 그곳의 양치기가 브룩의 무덤을 찾은 방문자에게 했다는 말을 들어보자. "그는 말없이 숲을 배회하곤 했는데, 옛날 영국 신사의 전형적인 모습 그대로였지요. (…) 훤칠하고, 품위가 넘치는 데다 매끄러운 머릿결에, 형형한 안광, 기다란 허연 수염까지요."

충분히 예상 가능한 이야기지만 리 퍼머는 근대에 들어 대규모로 이뤄지는 그리스 대중 관광을 경멸하는 입장이다. 『루멜리』

에서 퍼머는 당시 아테네의 작은 음식점 풍경을 떠올린 다음("눈을 동그랗게 뜬 가이드들이 이끄는 고분고분한 무리가 떼 지어 모여든다. […] 맨체스터, 리옹, 쾰른, 미국 중서부 등등에서 꼬리에 꼬리를 물고"), 그리스 관광의 미래를 그려본다. "암울함 속에서 나는 지금도 그렇고 앞으로 그렇게 되어갈 만과 섬들을 연이어 본다. (…) 해변은 동전을 넣고 음악을 듣는 50개의 주크박스와 수많은 라디오로 한껏 들뜬 분위기다. 그곳의 집들은 이제 분위기 있는 바, 양품점, 골동품점이 되어 있다. 새로 들어선 고층 호텔과 콘크리트 빌라들이 급속히 늘고 있다." 그렇지만 퍼머도 미래의 그리스에서 자기 자신이 관광의 대상이 되리라는 사실까지는 예측하지 못했다. 『론리 플래닛』을 보면 리 퍼머가 지금도 연중 일부 기간을 거기서 보낸다는 사실을 강조하면서 마니에 있는 마을을 소개하고, 과거 리 퍼머의 집에서 가사도우미로 일했던 이가 운영하는 술집을 소개한다(책이 나올 당시 리 퍼머는 90세였고 2011년에 사망했다). 돼지치기 유마이오스의 오두막, 오디세우스의 배들을 볼 수 있다며 독자의 향수를 자극했던 빅토리아 시대 『그리스 여행 안내서』와는 상당한 거리가 있다(아니 어쩌면 그렇게 다르지 않을지도).

5부 예술과 문화: 관광객과 학자들

서평 도서

1 Patrick Leigh Fermor, 『루멜리: 그리스 북부 여행Roumeli: Travels in Northern Greece』(John Murray, 2004)

2 『마니: 펠로폰네소스반도 남쪽 여행Mani: Travels in the Southern Peloponnese』 (John Murray, 2004)

3 Patrick Leigh Fermor, edited by Artemis Cooper, 『머큐리의 노래Words of Mercury』(John Murray, 2004)

27. 관광지로서의 폼페이

━━━━━ 19세기 중반에 어떤 사람이 폼페이를 방문하려고 길을 알아본다면, 나폴리에서 기차를 타고 인근 역까지 가서 유적지 입구까지 걷거나 말을 타고 가는 편이 제일 좋다는 조언을 받았으리라. 1848년 프랑스 2월 혁명 이후 유럽에서 고조된 혁명운동의 일환으로 1849년 2월 공화국을 선포한 로마에서 잠시 피신해 있는 동안, 교황 비오 9세도 폼페이를 방문하면서 정확히 이런 방법을 썼다(방문 날짜는 1849년 10월 22일이다). 비오 9세는 스위스 용병으로 구성된 교황청 근위대와 개인 요리사를 대동하고 8시 30분 기차로 폼페이 인근에 도착했다. '성하께서 유적지까지 오래 걷지 않아도 되도록' 마차가 마련되었다. 현대 마차의 바퀴 사이의 간격과 크기 등이 폼페이 도로에 놓인 유명한 고대 디딤돌

간격과 맞지 않았기에 교황의 행차를 위해 많은 디딤돌을 치워야 했고, 이때 치운 디딤돌들은 다시는 제자리로 돌아오지 못했다. 교황은 유적지를 둘러봤고 특히 목신의 집을 보고 감탄을 금치 못했다. 지금은 나폴리 고고학 박물관에 있는, 유명한 알렉산더 모자이크(그림 2 참조)가 당시까지는 원래 발견 장소인 목신의 집에 있었다. 교황은 발굴이 진행 중인 현장들도 방문했는데 참 우연히도 교황이 둘러보는 동안 새 유물이 발견되었고, 덕분에 교황은 일종의 전리품까지 챙겨갈 수 있었다.

마차, 디딤돌을 치우는 등의 기물 파괴, 과도한 호위를 빼면, 이것은 당시 관광객들이 따랐던 일반적인 폼페이 방문 패턴이었다. 1953년에 출판된 머리 출판사의 『남부 이탈리아 여행 안내서 Handbook for Travellers in Southern Italy』의 초판은 일행이 다섯 명 이상이 아니라면 기차를 타고 갈 것을 추천한다. 기차표 가격이 만만치 않아서 다섯 명 이상이라면 나폴리에서 마차를 빌리는 편이 저렴했다(당연히 교황은 이런 경비 절감 상식 따위는 알 필요가 없었다). 『여행 안내서』는 계속해서 무덤의 거리를 따라 유적지로 들어간 다음, 유적지를 둘러보고 기차역 옆에 있는 호텔 벨뷰로 돌아오면 "아주 예의 바르고 친절한 주인"이 준비해주는 늦은 점심을 먹을 수 있다고 강력 추천한다(양쪽에 무덤이 늘어선 거리는 현재 폼페이에서 나와 신비의 빌라로 가는 주요 관광 루트다). 기운 넘치는 사람이라면 이어서 원형경기장을 방문하거나 집으로 돌아가는 길에 인근의 헤르쿨라네움 유적지를 들러보는 것도 방법이었다. 교황은 폼페이를 둘러보고 며칠 뒤 역시 베수비오 화산 폭발로 매몰된 헤르쿨라네움을 별도로 방문했지만(그리고 그런 과정에서 약간의 전리품을 더하게 됐지만), 대부분의 관광객에게 (1세기 전에 유럽 최고의 문화 명소 중 하나였던) 헤르쿨라네움은 이제 시간이 있으면 돌아오는 길에 잠깐 들르는 가치 정도일 뿐이었다. 그들이 나폴리까지 와서 보려는 것은 폼페이였다.

물론 방문자들의 경험은 19세기를 거치면서 여러 면에서 변화를 겪었다. 1865년 유적지는 입장료를 부과하는데, 여기에는 이제 강제 조항이 된 가이드, 즉 치체로네cicerone 비용이 포함되었다. 한편 호텔 벨뷰는 경영진의 교체로 이름도 호텔 디오메데로 바뀌었고, 이제는 적극 추천 대상이 아닌 관광객에게 바가지를 씌울 위험이 높은 경계 대상이 되었다('머리' 안내서는 독자들에게 "주인과 미리 가격 합의를 보기 전에는" 음식을 주문하지 말라고 경고한다). 그러나 폼페이 방문의 본질적인 부분들은 달라지지 않았다.

1870년대까지 추천 경로로 남아 있던, 무덤의 거리를 지나가는 도시 진입은 19세기 관광객에게 자신이 죽은 자들의 도시를 방문하고 있다는 사실을 새삼 강조하는 역할을 했다. 폼페이는 고고학 유적일 뿐 아니라 수많은 사람이 묻힌 매장지였다. 또

5부 예술과 문화: 관광객과 학자들

한 폼페이는 비극적인 멸망과 자연 앞에서 한없이 취약한 인간의 처지를 필연적으로 떠올리게 함과 동시에 더없이 생생한 모습으로 발굴됨으로써 역설적으로 고대 세계에 '활기'를 불어넣는 존재이기도 했다. 발굴 유골을 보는 것은 폼페이 방문자들에게 언제나 우선순위였다. 그러던 중 1860년대에 주세페 피오렐리가 희생자 유해의 석고 모형을 뜨는 기법을 개발하면서 폼페이 방문에서 맛보는 비애감은 한층 더 깊어졌다(왕년에 급진 정치인이었던 주세페 피오렐리는 폼페이 발굴 역사에서 가장 영향력 있는 관리자 중 한 명이 되었다). 죽은 사람의 살과 옷이 분해되면서 생긴 비어 있는 구멍에 석고를 부으면, 최후의 순간 그들의 신체적 특징과 일그러진 표정 등이 고스란히 드러나는 놀라운 형상들이 만들어졌다.

유진 드와이어는 『복원된 고대Antiquity Recovered』의 흥미로운 장에서 이런 석고상들을 집중적으로 다룬다. 『복원된 고대』는 폼페이와 헤르쿨라네움의 근대사를 화려한 삽화를 곁들여 조명한 논문집이다. 드와이어는 이들 석고 모형에서 보이는 두꺼운 의복, 남녀 공용인 듯한 바지, (어느 고고학자가 "동양적"이라고 표현한) 여성들이 머리에 쓴 스카프 등이 선정적일 정도로 노출이 심하진 않더라도 몸을 겨우 가릴 정도의 가벼운 로마 복식이라는 널리 퍼진 이미지를 어떻게 불식시켰는가를 설명한다(드와이어와 달리, 화산 폭발 상황에서 주민들이 택한 입성을 평소에 입는 일상복으로 생각할 수 있을까에 의문을 품는 학자들도 있다. 어쩌면 머릿수건은 "동양적인" 것이라기보다 화산재로부터 머리를 보호하려는 지극히 현실적인 선택이었을지 모른다). 드와이어는 폼페이라는 도시, 그리고 도시의 멸망과 관련하여 특히 유명한 상징물이 된 몇몇 석고상의 역사를 추적한다. 여기에는 피오렐리가 만든 최초의 석고상 중 하나도 포함되었다. 뒤로 넘어진 채 위를 보며 숨을 쉬려 안간힘을 쓰는 여성의 석고상인데, 치맛자락이 골반 주변에 몰려 주름이 잡혀 있어서 임신한 듯한 인상을 주었지만 이는 잘못된 해석이 아닌가 싶다. 빅토리아 시대의 일부 학자는 그녀를 매춘부라고 봤다(그녀가 들고 있는 작은 큐피드 조각상과 은거울을 근거로). 다른 이들은 그녀를 본분에 충실한 주부라고 봤다(역시 그녀가 가지고 있던 커다란 철제 열쇠를 근거로). 어느 쪽이든, 흔히 '임신한 여성'이라 알려진 이 석고상은 1860년대와 1870년대에 폼페이 유적지 논의에서 주역을 차지했고, 초기에 찍힌 많은 사진의 주인공이었다. 단말마의 고통을 보여주는 훨씬 극적인 석고상들이 나오면서 사람들의 관심을 빼앗기기 전까지는 말이다. 그리고 그녀의 석고상은 수수께끼처럼 사라졌다.

사람이 죽어가는 모습을 보여주는 이들 석고상은 현대인의 뇌리에 강렬히 남아 상상력을 자극한다. 제니 허시가 『복원된 고대』에 실린 다른 글에서 이야기하는 것처럼 죽는 순간에도 서로

　　　　　　　　5부 예술과 문화: 관광객과 학자들

를 꼭 끌어안고 있는 두 사람의 석고상이 로베르토 로셀리니의 1953년 영화 「이탈리아 여행Viaggio in Italia」에 카메오로 깜짝 등장한다. 유적지를 방문한 두 명의 현대 관광객(잉그리드 버그먼과 조지 샌더스)으로 하여금 그들의 결혼생활이 얼마나 소원하고 공허한 것이 되어버렸는가를 떠올리게 하는 신랄하고도 가슴 아픈 상징물 역할을 하면서. 심지어 더없이 냉정한 방문자 또는 엄격하게 학구적인 태도를 취하는 방문자라 해도 유리 상자에 담긴 채 유적지에 전시되어 있는 몇몇 석고상 앞에서까지 냉정함을 유지하기는 어렵다. 불편하게도 모두가 보란 듯이 전시되어 있는 그들의 단말마의 고통 앞에서.

그러나 다른 관점에서 보면 오늘날 이곳 죽은 자들의 도시를 방문하는 경험은 1세기 반 전과는 사실 많이 다르다. 지금은 발굴을 통해 드러난 면적이 1850년대의 두 배가 넘지만, 관광객들이 즐겨 찾는 장소들이 예전과 동일한 것은 분명하다. 폼페이 방문자들은 여전히 석고상에 마음을 빼앗기고 목신의 집, 이시스 신전, 스타비아나 목욕탕 등으로 몰려든다. 그러나 여기서 중요한 점은 근본적인 방문 목적이 협소해졌다는 것이다. 현대의 방문자들은 주로 고대 도시를 보기 위해, '과거로 돌아가보기' 위해 그곳을 방문한다(매년 200만 명이나 되는 다른 사람들과 함께이기는 하지만). 물론 19세기 방문자들도 그런 목적을 마음에 품고 있었다. 실

15. 19세기에 제작된 폼페이 모형을 보면 중간쯤에 마켈룸 유적지가 있다. 중앙에는 의문의 돌들이 둥글게 배치되어 있다(석상을 놓았던 기둥일까, 덩굴시렁 지지대였을까?)

제로 여기서 최초로 로마인의 일상생활이 현대인의 눈앞에 모습을 드러냈다는 사실 때문에 초기 관광객들은 폼페이를 그렇게 각별히 여겼다. 그러나 오래전의 과거가 모습을 드러내는 과정을 지켜보는 것도 초기 관광객이 폼페이를 찾은 중요한 이유였다. 말하자면 그들은 폼페이라는 고대 도시에 대해 알려진 내용 못지않게 알게 되는 방법에 대해서도 관심을 가졌다.

19세기 안내서들이 대중에게 공개되는 고대 기념물들의 정체성, 기능 등을 둘러싼 의혹, 불확실성, 논쟁 등을 열심히 다룬 것도 이런 과정에 대한 관심을 자극했다. 처음 발굴되었을 때는 건물들의 정체가 뭐고, 어떤 용도였는지 확실치 않았기 때문이다. 대표적인 사례가 폼페이 중앙 광장, 유피테르 신전 오른쪽에 있는 대형 구조물이다. 현대 관광객들에게는 (논란의 여지 없이) '시장', 즉 마켈룸macellum이라고 소개되는 곳이다. 지금 상태로만 보면 유적지에서 가장 매력 없는 건물 중 하나이기도 하다. 빅토리아 시대의 많은 여행자가 입에 침을 튀기며 칭찬했던 휘황찬란한 벽화들이 이제는 흐려져서 알아보기 힘들 정도가 되었다. 그러나 원래는 한쪽에 상점들이 있었고, 뒤쪽에는 푸줏간 작업대가, 중앙 뜰의 중심에 있는 옆은 트이고 위는 덮인 구조물 아래에는 (거기서 발견된 다량의 생선 비늘로 미루어보건대) 생선 손질 공간이 있었다. 그리고 이 모든 것이 신격화된 로마 황제들의 신성한 보호 아래 운영되었다. 황제를 모신 신전이 건물의 제일 끝, 푸줏간 옆에 있다. 적어도 지금 우리는 확실하게 그렇다는 설명을 듣고 있다.

이와 달리 19세기 폼페이 방문자들에게는 상충되는 여러 해석이 제공되었다. 분야 최고 권위자 가운데 일부가 생각하듯이 해당 건물은 올림포스의 열두 신을 모신 신전, 즉 판테온이었을 수도 있다. (지금은 중앙의 지붕을 받치는 기둥이라고 보는 열두 개의 지지대가 사실 열두 신상의 기단이라는 가정에 따른 것이다.) 아니면 이곳은 아우구스투스 숭배가 이뤄진 종교 공간이었을지도 모른다 (이런 견해에서는 한쪽에 늘어선 방들을 황실 숭배 사제들이 사용하던 '독방'이라고 여겼지만 최근에는 상점으로 보고 있다). 19세기 초반 영국의 고전학자 윌리엄 겔 경은 이곳을 사원이 딸린 고급 '카페'라고 생각했다(즉 도심의 커피하우스 또는 레스토랑으로, 소위 '상점'들은 요즘으로 치면 따로 식사를 하는 식당의 '별실'이고, 푸줏간 작업대는 트리클리니움, 즉 로마 식당 삼면에 설치되던 붙박이 카우치라고 봤다). 윌리엄 겔의 『폼페이아나Pompeiana』는 19세기 전반에 베스트셀러 안내서였고, 그보다 더 베스트셀러였던 불워리턴의 『폼페이 최후의 날Last Days of Pompeii』(1834)의 토대가 되었던 책이기도 하다. 물론 발굴 초기에 수수께끼로 남아 있던 부분이 추가 연구나 발굴을 통해 풀리기도 했다. 하지만 마켈룸처럼 의심쩍은데도 불구하고 편리한 현대의 정설이 19세기 논쟁과 토론의 공간을 차지해버린 사례도 적지 않다.

관광 목적 면에서의 이 같은 차이는 1849년 교황 방문 때도 예외가 아니었다. 교황이 보는 앞에서 새로운 유물이 발굴되는 상황을 연출하는 것인데, 이는 18세기 이래 폼페이 관광업계에서 계속된 관행이었다. 덕분에 교황뿐 아니라 폼페이를 방문하는 고관이면 누구나 뜻밖에 자기 코앞에서 유물, 벽화 또는 (가장 좋기로는) 유골이 우연히 발견되는 현장을 목격했다. 요즘 사람들은 이런 빤한 쇼의 조악함과 거기에 속아 넘어가는 관광객의 어리석음을 비웃는 경향이 있다('폼페이를 방문한 지체 높으신 분들은 그런 경이로운 발견이 하필이면 자기가 도착한 순간 우연찮게 이뤄졌다고 생각할 만큼 순진했을까?'라고 생각하면서). 그러나 흔히 그렇듯이 이런 쇼는 방문객이 현지인의 간교한 속임수에 노출되어 있다는 사실뿐 아니라 관광객들의 희망과 바람 역시 말해준다. 방문객들은 폼페이에서 유물 자체뿐만 아니라, 땅속 깊이 파묻혔던 과거가 빛을 보게 되는 발굴 과정 역시 목격하길 원한 것이다.

19세기 폼페이 여행 안내서와 이외에 널리 알려진 폼페이 관련 글들의 서술 관행 또한 교육적이다. 기념물에 대한 묘사에서 각각의 고대 역사뿐만 아니라, 현대의 재발견 시기와 환경에 대한 정보까지 체계적으로 꼼꼼히 제공하고 있었다. 초기 방문자들은 각자의 머릿속에서 두 가지 연대표를 동시에 가동시켜야 했으리라. 한편으로는 고대 도시 자체와 발전상에 관한 연대표를, 다른 한편으로는 폼페이라는 고대 도시가 현대 세계에 다시 모습을 드러내는 점진적인 과정에 관한 연대표를.

주디스 해리스의 『깨어난 폼페이Pompeii Awakened』와 『복원된 고대』는 저마다의 방식으로 이런 입체적인 시각을 어느 정도까지는 담아내려고 노력했다. 도시의 재발견에 얽힌 과정과 이야기가 오랫동안 화산재에 묻혀 있다가 모습을 드러낸 이들 도시를 방문하여 유적을 이해하는 데 중요하다고 보기 때문이다. 두 책 다 폼페이와 헤르쿨라네움의 근현대사에 대해 다채롭고 때로는 예리한 통찰을 보여준다. 구체적으로는 특이한 부르봉 왕가의 왕들 (그리고 종종 무서운 모습을 보였던 왕가의 왕비들) 치하에서 이뤄진 최초의 원정과 고고학 관련 활동이 왕성하게 이뤄졌던 나폴레옹 치세부터, 그보다 더 최근에 발굴을 진두지휘했던 가장 뛰어난 책임자 두 명에 이르기까지. 두 명 중 첫 번째 인물은 앞서 언급한 주세페 피오렐리다. 피오렐리는 희생자 유해가 있던 공동空洞에 석고를 부어 모형을 뜨는 기술을 발명했을 뿐만 아니라 폼페이 시내를 오늘날에도 통용되는 '지역'과 '구역'(이탈리아어로 regiones와 insulae)으로 나눈 인물이기도 하다. 두 번째 인물은 1924년부터 1962년까지 파시즘의 발흥과 몰락을 거치면서 유적지 발굴을 책임졌던 아메데오 마이우리다. 마이우리는 폼페이 발굴 역사를 통틀어 누구보다 더 넓은 지역을 발굴했다. 그는 또한 1950년대에 인부와 발굴 장비 제공의 대가로 발굴에서 나온 화산 잔해를 제공함으로써 나폴리-살레르노 간 도로 건설업자들의 협력을 끌어냈던 것으로도 악명 높다.

고고학 이야기는 우리가 선배들보다 낫다는 식으로 잘난 체하는 어조가 되기 쉽다. 여러모로 정말 훌륭한 책인 『복원된 고대』도 이런 결점에서 완전히 자유롭지는 못하다. 티나 나즈버그는 헤르쿨라네움의 '포르티쿠스', 즉 주랑柱廊에서 나온 벽화들에 관한 글에서 부르봉 왕가 시절의 서툴렀던 발굴자들이 '전후 맥락을 중시하는' 고고학의 요구를 무시하고 최상의 벽화들을 원래 장소에서 떼어내 박물관으로 가져간 것을 꾸짖는다. 나름 일리가 있는 지적이지만 너무 반복하는 바람에 묘한 반발심이 생기면서 나도 모르게 부르봉 왕가 편을 들게 되었다(잦은 꾸짖음만 아니었다면 더없이 흥미로웠을 글이다). 폼페이 마켈룸에 있던 벽화들을 발굴 초기의 선명한 상태 그대로 벽에서 떼어내 박물관으로 가져갔더라면, 지금처럼 벽화 내용조차 판독하지 못하는 상태는 되지 않았으리라.

그렇지만 전체적으로 『복원된 고대』가 실수하는 경우는 거의 없다. 여기에는 자기 분야에서 활동하는 최고의 학자들이 수행한 폼페이 근현대사에 대한 경탄할 만한 사례 연구들이 포함되어 있다. 나는 헤르쿨라네움에 있는 파피리 빌라에 관한 제임스 포터의 전반적인 설명과 재발굴 캠페인에 불을 지핀 여러 이야기가 틀렸음을 증명한 글을 특히 흥미롭게 읽었다(이곳이 카이사르의 장인이자 철학자 필로데무스의 후원자인 루키우스 피소의 소유라는 이야기, 이곳의 '라틴 서적 도서관'이 발굴을 기다리고 있을지 모른다는 이야기 등이다). 초기 관광객들의 유적지에서의 소풍 습관과 과시적 소비에 대한 묘사가 어떤 의미를 갖는가에 대한 클로이 차드의 훌륭한 글도 마찬가지다(영국 작가 애나 제임슨은 1822년에 쓴 글에서 "런던 포터 병맥주에 여섯 가지나 되는 다양한 와인"이 포함된 야유회를 즐겼다고 말하는데, 개인 요리사를 대동했던 교황도 그렇게 호화롭게 먹지는 못했을 것이다). 헤르쿨라네움 성문에서 유골이 발견된 로마 경비병을 둘러싼 신화에 대한 리 벨먼의 글도 마찬가지다. 경비병은 화산재가 떨어지는 동안 자기 위치를 지키다가 죽었다고 여겨져 영웅시되었고, 영국 화가 에드워드 포인터는 「죽음도 불사하는 충직함Faithful unto Death」이라는 그림으로 이를 표현하기도 했다.

그러나 폼페이에 대한 사람들의 '수용 및 반응'과 발굴 역사가 유적지에 대한 고고학적인 이해에서 일종의 '옵션'이 아니라 필수라는 점을 설득력 있게 보여주는 글을 하나만 꼽으라면, '신비의 빌라'에서 나온 유명한 '디오니소스' 돌림띠 장식을 다룬 베티나 베르크만의 글이 아닐까 싶다(결혼 의식을 묘사한 것으로 해석하기도 하고, 채찍질과 음경 노출 등이 포함된 밀교 입회 장면을 묘사한 것으로 해석하기도 하는 난해한 내용이다). 이들 벽화는 1931년 최고 품질의 컬러 사진이 실린 책자 형태로 화려하게 공개되었다. 당시 유적지 책임자인 마이우리가 정부(즉 파시스트)의 후원을 받아 공개했기 때문에 많은 이가 최초 발굴자를 마이우리라 생각하고 해당 벽화 이야기가 나오면 자연스럽게 그를 떠올린다. 그러나 알고 보면 신비의 빌라는 1909년 현지 호텔 주인 아우렐리오 이템에 의해서, 완곡하게 표현하자면 '민간' 발굴 과정에서 발견되었다. 따라서 최초의 명칭은 '신비의 빌라'가 아니라 '빌라 이템Villa Item'이었다. 또한 마이우리가 손을 대기 전에도 좀 따분해 보이는 흑백 사진을 실어 세 차례나 출간되었다. 베르크만은 심리 분석이나 HBO에서 방영한 「로마」를 비롯한 실로 다양한 매체에서의 활용까지 포함해 '디오니소스' 돌림띠 장식을 폭넓게 연구하는 과정에서 한 가지 중요한 질문을 던진다. 마이우리가 공개한 이미지들이 처음 발굴된 이미지와 얼마나 가까웠을까? 나아가 1909년에 발견된 벽화가 지금 우리가 유적지에서 보는 벽화에 얼마나 정확하게 반영되어 있을까? 벽화가 있는 방의 지붕과 벽면 상부가 현대의 복원 결과물이라는 점은 꽤 많은 방문객이 눈치 채지 않을까 싶다(물론 내가 직접 관찰한 바에 따르면, 지붕을 포함한 방 전체가 고대의 모습 그대로 기적처럼 보존된 결과물로 생각하는 사람도 상당수 있는 것 같지만). 동시에 관광객 대부분은 (알고 보면 학계에 몸담고 있는 대다수의 방문자도) 해당 벽화가 적어도 어느 정도는 땅에서 발굴되던 때의 모습 그대로를 간직하고 있다고 가정한다. 그런 가정이 과연 옳을까? 우리가 정말 그동안 고고학자들이 주장해온 대로 '선명하고 생생한 원본'을 보고 있는 것일까?

베르크만은 폼페이 기록보관소에서 예전 사진들을 찾아내 꼼꼼하게 살피고 대조한 뒤 로마 벽화 전체를 통틀어 가장 유명하고 '최고로 보존 상태가 좋다'고 알려진 이들 벽화가 현대적 복원의 산물임을 분명히 보여준다. 최초의 발견과 마이우리의 공개 사이의 몇 년 동안 이들 벽화는 가려놓은 천 외에는 아무런 보호 장치 없이 방치되어 상태가 많이 나빠졌다. 게다가 빼돌린 것을 되찾아온 것도 있다(일부는 최초 발견자인 이템이 경영하던 호텔에서 발견되었다). 말하자면 원래 벽에서 떼어내 가져간 것을 (사실상 새롭게 쌓은 벽에) 다시 끼우는 상황이었다. 또한 왁스와 벤진을 섞은 용액으로 여러 번 코팅을 했다(덕분에 반짝반짝 빛나는 '산뜻한' 색조를 띠게 되었다). 우리가 증거를 가지고 입증할 수 있는 것은 여기까지다. 베르크만은 '디오니소스' 돌림띠 장식의 로마 시대 모습을 복원하기란 불가능하다고 솔직한 결론을 내린다. 지금 우리가 보는 모습과는 상당히 달랐으리라는 점은 확신하지만. 어쨌든 문제의 돌림띠 장식을 다시는 예전과 같은 방법으로 보지 못할 것이다.

━━━
서평 도서

1 Judith Harris, 『깨어난 폼페이: 재발견 이야기Pompeii Awakened: A story of rediscovery』(I. B. Tauris, 2007)

2 Victoria C. Gardner Coates and Jon L. Seydl (eds.), 『복원된 고대: 폼페이와 헤르쿨라네움 유산Antiquity Recovered: The legacy of Pompeii and Herculaneum』 (Getty Publications, 2007)

28. 황금가지

━━━ "그는 세상을 바꿨다. 무솔리니처럼 검은 셔츠와 피마자유를 가지고 세상을 바꾼 것이 아니다. 레닌처럼 차리즘Tsarism이라는 더러운 물과 함께 귀중한 인간성까지 버리는 식으로 바꾼 것이 아니다. 또한 히틀러처럼 물리적 힘을 과시하여 바꾼 것도 아니다. 그는 모든 사람이 숨 쉬는 문화적 공기의 화학적 구성을 바꿈으로써 세상을 바꿨다."

여기서 찬양하는 문화혁명가는 (지금 보면 도저히 상상이 안 되지만) 바로 제임스 프레이저 경으로, 1937년 1월 27일자 『뉴스 크로니클』 한 면의 절반에 걸쳐 나름 요란하게 소개되어 있다. (「그는 자기가 하는 일을 신뢰해야 할 이유를 발견했다」는 제목으로 실린) 기사는 어느 모로 보나 당시 80대였던 원로 학자에 대한 칭찬에 인색하지 않았다. 글 후반부에서 프레이저는 시공간의 영웅적인 탐험가로 그려진다. "집에 앉아서 기원전 1000년의 폴리네시아 또는 바이킹들이 상륙하기도 전의 북극 동토대凍土帶를 탐험하는." 결론적으로 그는 (역시 아전인수격 해석 같지만) 가장 낭만적인 영국 영웅 중 한 명과 비교된다. "정적인 생활을 하는 조용한 학자는 프랜시스 드레이크 경의 육체에 비견되는 정신을 지녔다. 머나먼 나라들을 항해하고 동포들을 위해 그곳의 보물을 가지고 돌아왔던."

이런 말도 안 되는 소리를, 뻔뻔하다 싶을 만큼 과장하는 재능과 『황금가지』에 대한 기이한 열정을 가진, 전쟁 전 어느 글쟁이의 감정 분출로 치부해버리면 오히려 편할 것이다. 그러나 불편한 진실은 이것이 1920년대와 1930년대에 널리 퍼졌던 프레이저에 대한 이상화의 한 예일 뿐이라는 것이다(게다가 특별히 극단적이라고도 할 수 없는 예다). 『허더즈필드 이그재미너Huddersfield Examiner』부터 멀리 오스트레일리아의 『멜버른 에이지Melbourne Age』까지 '대영제국' 전역의 언론이 극단적일 정도로 내성적인 빅토리아 시대 학자를 동시대 영웅으로 탈바꿈시키는 데 공모했다.

유난히 수줍음을 타는 샌님 같은 성격은 분명 프레이저가 가진 매력의 중요한 부분이었다. 밤이고 낮이고 학문에만 정진하는 세속에 물들지 않은 교수의 전형적인 모습. 어느 기자는 ('가까운 친구'와의 인터뷰 내용을 근거로) 이렇게 말한다. "제임스 프레이저 경에게 연구는 하나의 의식이다. 학자로 지내는 동안 그는 일요일도 없이 일주일 내내 하루에 14시간에서 16시간씩 연구에 매진했고 휴가 때도 마찬가지였다." 단조롭고 지루한 생활 방식이라는 생각 따위는 끼어들 여지가 없었다. 프레이저의 글은 멀고 먼 오지를 탐험하고 있지만 정작 프레이저 자신은 서재를 거의 떠나지 않았다는 기이한 역설에 대해서도 감탄 외에 다른 평가는 허락되지 않았다. "미개인 연구의 권위자이지만 그는 정작 미개인을 한 명도 본 적이 없었다." 몇몇 글의 표제는 이렇게 단언했다(물론 긍정적인 의미로). 이런 글들은 계속해서 제임스 경이 "자신은 평생 미개인을 본 적이 한 번도 없으며, 그의 책은 독창적인 과학적 작업을 통한 연구 결과물이라고 말하는 것을 좋아한다"며 독자들을 안심시킨다. 실제로 이는 제임스 프레이저가 1937년 8월 문학 관련 오찬 자리에서 대화 도중 『선데이 크로니클』의 가십 칼럼니스트에게 말한 내용 그대로다. 무지한 칼럼니스트는 순진하게도 자기 앞에 있는 인류학자가 "폴리네시아, 뉴기니, 그레이트배리어리프, 그 외 우리의 원주민 형제자매들이 살고 있는 여러 지역을 지적인 관심을 가지고 부지런히 돌아다닌 게" 분명하다고 생각했지만 프레이저가 자신은 "그리스 너머로는 가본 적이 없다"고 말해주었다.

프레이저의 일상생활에 대한 온갖 사소한 정보는 어느 기자에게든 좋은 원고거리가 되었다.『레 누벨 리테레르Les Nouvelles Littéraires』의 독자들은 "Sir James vendrait son áme pour des fruits confits"(제임스 경은 설탕에 절인 과일이라면 사족을 못 쓴다)는 정보를 듣는 한편, 영국 대중은 어리석을 정도로 학문에 헌신하는 고결한 성품과 관련된 일화들을 곧이곧대로 받아들인다. 이런 글에서 프레이저가 책에 빠져 일신의 안락, 심지어 자신의 안전에 대한 생각조차 대담하게 무시한다는 사실을 보여줄 때면 그보다 더 매력적일 수가 없었다. 한 기자에 따르면 프레이저는 독일군 전투기가 머리 위를 선회할 때도 거의 고개를 들지 않았다고 한다. 알코올 난로가 폭발해서 수염과 눈썹을 절반이나 그슬렸을 때도, 자신은 괜찮다며 얼른 아내를 안심시킨 뒤 곧 보던 책으로 돌아갔다. 난로 폭발에 얽힌 사건은 만화로도 그려졌는데, 일단의 '미개인'이 불이 활활 타는 가마솥 주변을 춤추면서 돌고 있고, 가마솥 안에서 프레이저가 차분히 민간 전승에 관한 책을 읽는 모습이다(프레이저 부인이 아끼는 소장품 중 하나다).

신문 가십을 통해서만 이런 '영웅 만들기'가 이뤄진 게 아니다. 마지못해 나섰다고는 해도 프레이저 자신도 '지식인 영웅'으로서 공적 역할 수행에 종종 모습을 드러냈다. 내성적인 학자라는 이미지, 그리고 실제 모습을 생각하면 묘한 반전인 듯싶은데 생전의 프레이저는 자신과 어울리지 않는 정말 다양한 행사에 주역으로 참석했다. 뛰어난 학자이자 기사 작위 및 공로훈장 수여자가 으레 참석할 것으로 기대되는 전통적인 공공 행사만이 아니었다. 프레이저는 유명인이나 고위 인사 중에서 정말 예상외의 조합인 사람들을 만나고 그들에게 깊은 인상을 남겼다. 1936년 베를린 올림픽을 마치고 고국인 미국으로 돌아가는 길에 영국에 들른 젊은 제시 오언스와의 만남이 대표적이다(아마도 기록된 만남 중에서 가장 기이하지 않나 싶다). 도무지 어울리지 않는 조합인데도 불구하고 당시의 만남은 어느 정도는 성공적이었던 듯하다. 오언스는 고대 올림픽에 대해 누구보다 많이 아는 저명한 학자와 이야기를 나누는 데서 '더없이 감동을 받았다'며 당시를 추억했다. 프레이저 자신이 그때의 만남을 어떻게 생각했는지는 알 수 없다.

유명세를 타던 시절 프레이저의 공적 생활의 하이라이트는 그의 생일 파티였다. 생애 마지막 10년간 그의 생일에는 프레이저 부인이 세심하게 준비하고 당연히 영국 언론들이 감탄조로 보도하는, 과장된 파티가 열렸다(프레이저는 1941년 87세의 나이로 사망했다). 특히 호화판이었던 것은 1937년 83세 생일을 기념한 파티였다. 200명이 넘는 손님이 런던에서 만난 프레이저에게 경의를 표했고, 프레이저는 친절하게 '황금가지' 아래 서서 포즈를 취했다(그날 행사를 위해 특별히 노르웨이에서 수입한 겨우살이 가지 아래서). 83개의 초가 꽂힌 거대한 생일 케이크, 프레이저 부인이 직접 희곡을 썼다는 오페레타 공연, 실내 불꽃놀이 등이 특히 화려한 볼거리였다(공연된 오페레타는 「노래하는 나무The Singing Wood」였는데 행사와 안성맞춤이지 싶다). 기사들을 보면 프레이저 자신은 불꽃놀이가 "특히 마음에 들었다"고 했단다. 그러나 이즈음 프레이저가 시력을 완전히 잃었기 때문에 이런 말은 아이러니가 아닐 수 없으며 행사 전체가 그에게는 불편하지 않았을까 추정만 될 뿐이다. 이런 주장이 맞는다면 프레이저는 불편하다는 내색을 좀처럼 하지 않는 사람이었던 모양이다. 일부 기사에서 그가 대개 의무감에서 나가는 흥청망청 즐기는 잔치판보다는 편안한 서재에서 종일 일하는 것을 좋아한다고 지나가듯 말하기는 했다. 그러나 프레이저는 대중 앞에 나서는 이런 행사를 대체로 거부하지 않고 받아들였던 듯하다. 손님들에게 감사의 말을 하고, 인내심 있게 카메라 앞에서 포즈를 취하면서 말이다.

제2차 세계대전 이후에도 오랫동안 지속된 '프레이저 개인'에 대한 숭배는 『황금가지』라는 책 자체에 대한 못지않은 열광과 궤를 같이한다. 물론 일부 비평가는, 심지어 대중지에서도, 프레이저의 방법이 '빅토리아 시대의 한계'를 벗어나지 못한 감이 있다는 사실을 깨닫고 있었다. 가령 『시드니 모닝 헤럴드』의 어느 기자는 (그들이 '문명의 혜택'에 너무나 무지하다는 이유로) 프레이저가 불쌍한 미개인에게 느끼는 '연민'을 '보통, 정확히 같은 이유로 미개인을 부러워하는' 신세대 급진적인 젊은 인류학자의 태도와 대비시켰다. 그러나 이런 꺼림칙한 마음의 가책이 '프레이저식 인류학'에 대한 열광을 누그러뜨릴 만큼 영향력을 발휘하지는 못했다. 『황금가지』축약판은 (1922년부터 1933년 사이) 초기 10년에 걸쳐 3만3000부 이상 팔렸고, 영국의 비평가들은 임박한 전쟁으로 인한 기나긴 밤을 보낼 좋은 읽을거리로 이 책을 계속해서 추천했다. 영국 보수당 정치인 아서 네빌 체임벌린의 부인도 같은 생각이었던 모양이다. 『이브닝 뉴스』에 따르면 그녀는 여행 중 거의 항상 『황금가지』를 들고 다녔다고 한다. 게다가 『황금가지』의 성공은 영국에서만 일어난 게 아니다. 1940년 뉴욕에서 『황금가지』는 그해의 베스트셀러 재판 책으로 히틀러의 『나의 투쟁』과 앞서거니 뒤서거니 하며 수위를 다투었다.

프레이저와 『황금가지』에 대한 이런 예사롭지 않은 열광은 쉽게 이해가 되지 않는다. 『황금가지』 못지않게 이국적인 정보를 담고 있으면서 그보다 쉽고 짧아 읽기도 수월한 인류학 책들이 없지 않았다. 그러나 (마거릿 미드의 작품들을 제외하고는) 어떤 것도 프레이저 수준의 인기를 얻지 못했다. 또한 옥스퍼드, 케임브리지, 이외에 어느 대학에든, 쉬운 기삿거리를 찾는 기자에게 소재를 제공할 만한 기이하고 별난 습관을 지닌 교수들은 말 그대로 수백 명은 있었다. 그러나 대중지의 지면을 장식한 사람은 프레이저였다. 왜일까?

이런 질문에 답을 직접적으로 제시하지는 않지만 프레이저의 성공이 지니는 문제점들을 부각시켰던 저서가 한 권 있다. 바로 로버트 프레이저의 『'황금가지' 만들기The Making of 'The Golden Bough』라는 지성사 저서다(발음이 비슷해서 착각하기 쉽지만 둘은 친척지간이 아니며 이름의 철자도 다르다). '논의의 기원과 성장The Origin and Growth of an Argument'이라는 부제에서 분명히 드러나듯이 로버트 프레이저는 『황금가지』의 이론적인 함의와 배경에 관심을 가진다. 로버트 프레이저는 스코틀랜드의 지적 전통, 특히 데이비드 흄의 사상에 제임스 프레이저가 적잖이 빚을 지고 있다는 사실, 그리고 제임스 프레이저 사상의 발전 과정에서 중요한 역할을 했던 로버트슨 스미스와의 관계에 대해 상세히 탐구한다. 로버트슨 스미스는 케임브리지 대학 동료로서 『셈족의 종교Religion of the Semites』라는 저서를 『황금가지』가 나오기 불과 1년 전에 출판했다. 이어서 로버트 프레이저는 『황금가지』의 다양한 판본이 나오는 동안 제임스 프레이저의 주장이 어떻게 변화하고 발전했는가를 추적한다. 1890년 2권짜리 책에서 12권짜리 3판(1906~1915), 그리고 1922년 축약판이 나오기까지 전체 과정을(로버트 프레이저의 탐구를 따라가다보면 이것이 마치 프레이저의 방대한 저작물을 다루는 성실한 학생이 되기 위한 일종의 자격시험 같다고 느껴진다).

로버트 프레이저는 타협의 여지가 없는 묵직한 소재도 가볍게 다루는 편이다. 때로는 짜증나는, 다큐멘터리 드라마 같은 느낌도 있다. (로버트슨 스미스가 케임브리지 대학 교정을 숨 가쁘게 가로질러 가서 『브리태니커 백과사전』에 들어갈 '프리아포스Priapus' 항목 집필을 어떻게 시작해야 할지 몰라 망설이고 있는 젊은 시절의 프레이저에게 '시작하라고, 친구!'라고 말했다는 증거가 하나라도 있는가?) 그리고 가끔은 억지로 갖다 붙인 어울리지 않는 유머 때문에 알고 보면 간단한 내용이 거의 이해되지 않을 때도 있다. ("프랭탕 호텔에서 나오는 불길한 소음" 이야기는, 내가 알기로는 로마에 있는 어느 하숙집에 머무는 동안 발전시킨 『황금가지』 3판에 대한 프레이저의 새로운 아이디어를 의미한다!) 그러나 지성사 연구로서 『'황금가지' 만들기』는 전반적으로 잘된 작업이며, 로버트 애커먼의 더없이 훌륭하지만 그보다 더 엄격한 전기 형식을 따른 제임스 프레이저 연구를 보완해줄 유용한 자료다.

그러나 『황금가지』의 대중적인 성공과 관련해 가장 설명이 필요한 부분은 이런 '고급 문화high culture' 수준에 있지 않다. 프레이저 책의 엄격한 학문적인 주장들, 주술과 종교의 구분, 희생제 이론, 흄 철학의 전개 등이 모두 어떻게 보면 폭넓은 대중적 성공을 얻는 데 도움이 되었으리라. 그러나 이로 인한 영향은 크게 의미 있는 정도까지는 아니다. 프레이저를 위대한 학자라며 칭송하는 글을 보고 열렬히 호응하는 『뉴스 크로니클』이나 『스태퍼드셔 센티넬』 독자 대부분은 프레이저의 공감 주술 이론과 흄의 유사성 법칙 및 근접성 법칙 사이의 유사점에 눈곱만큼도 관심이 없었다. 로버트슨 스미스는 고사하고 데이비드 흄이라는 이름을 들어본 적조차 없을 것이다. 그러므로 프레이저와 그의 저서에 대한 그들의 열광에는 분명 다른 이유가 있을 것이다. 그러나 안타깝게도 (로버트 프레이저의 연구를 포함해) 최근에 나온 어떤 『황금가지』에 관한 연구도 이런 이유를 설명하지 않는다. 판매 규모가 좀 당혹스러울 만큼 많다면서 감탄만 할 뿐, 프레이저에 대한 대중의 숭배, 이를 보여주는 풍부한 자료들은 무시한다.

대중이 『황금가지』에서 느끼는 가장 중요한 매력 중 하나는 탐험과 여행이라는 주제다. 물론 『황금가지』는 실제 여행을 기록하지 않았다. 신문 기사들에서 끊임없이 강조했던 것처럼 프레이저는 자기 책에 나온 대부분의 나라를 방문한 적이 없고, 책에서 상세히 다룬 관습이나 의식을 목격한 적도 없다. 그럼에도 불구하고 프레이저를 '영웅-탐험가'로, 제2의 프랜시스 드레이크 경으로 그리는 찬사는 끊이지 않았다. 프레이저 자신도 책의 서론에서 『황금가지』를 하나의 '항해voyage'로 표현했다. 저자는 '순풍에

돛을 활짝 펴고' 항해를 나서는 조타수로 그리고. 프레이저는 어떤 유의 여행을 말하는 것일까? 당연히 예전에는 배짱깨나 필요했고, 지금은 흔해진 지중해 인근 여행은 아니다. 아무튼 책의 첫 장에서 전체 모험의 비교적 안전한 출발점으로 소환된 곳은 바로 이탈리아 연안이었다. 계속해서 프레이저의 항해는 독자를 시공간상으로 훨씬 머나먼 곳으로 데려간다. 모든 게 낯선 그런 땅으로. (수확에 감사하는 의미에서 짚으로 만든 인형, 오월제 등등) 원시시대 영국의 기이한 관습들이 로마 제국 토착민들의 별난 풍습과 공존하던 그런 시간 속으로. 이는 우리가 아닌 다른 세계, 낯선 이방, 점점 도시화·산업화되는 20세기 초 잉글랜드 남부의 삶과 다른 모든 것으로의 여행이었다(실제로나 비유적으로나).

이는 어떤 면에서 두려운 여행이기도 했다. '미개인'의 낯설고 폭력적인 관습도 두려울 뿐 아니라, 영국 역시 한때는 꽤 '비이성적인' 사회였다는 사실을 확인하면서 느끼는 불안감도 무시할 수 없었다. 그러나 이런 두려움으로 인한 전율이 얼마나 강렬하든 간에 적어도 독자는 결국 안전하게 집으로 돌아온다(즉 출발점인 이탈리아에 이른다). 이는 책 제목 『황금가지』가 정확히 의미하는 바이기도 하다. 학문적 소양을 지닌 독자라면 분명 '황금가지'가 책 도입부에서 프레이저가 (다소 복잡하고 삐딱한 방식으로) 분석한 이탈리아 중부 네미호 인근의 성스러운 디아나의 숲에서 행해진 로마인들의 독특한 종교의식을 가리킨다는 사실을 결국 깨달으리라(이곳은 후임자에게 죽임을 당할 때까지가 임기인 '사제왕priest-king'이 다스렸다는 유명한 숲이다. 한편 새로 왕이 되려는 도전자는 기존 왕과 대결을 벌이기 전에 반드시 숲에서 자라는 신성한 나무의 가지, 즉 '황금가지'를 꺾어야 한다. 그런 이유로 사제왕은 도전자가 황금가지를 꺾지 못하도록 칼을 들고 밤낮으로 나무를 지켜야 했다). 그러나 동시에 이것은 베르길리우스의 서사시 『아이네이스』에 나오는 '황금가지'를 가리키기도 한다. 쿠마이 시빌(그리스 무녀)의 지시에 따라 아이네이아스가 안전하게 저승에 다녀오기 위해 꺾었던 마법의 나뭇가지다. 다시 말해서 책 제목은 책의 목적을 분명하게 말해준다. 아이네이아스가 꺾었던 가지가 그랬던 것처럼 책은 독자들을 데리고 두려운 이방으로 낯선 항해를 떠나며, 그들을 안전하게 데리고 돌아온다는 의미다.

프레이저의 이런 '항해' 이미지는 1890년에 출판된 인기 소설에서는 예상치 못한 방향으로 전개된다(『황금가지』 초판본과 불과 몇 달 차이지만 『황금가지』를 근거로 탄생했다는 사실을 분명하게 알 수 있다). 그랜트 앨런의 『위대한 금기The Great Taboo』는 프레이저의 은유적인 여정을 말 그대로 여행과 모험 이야기로 탈바꿈시켰다. 젊은 영국인 남녀, 펠릭스 서스턴과 뮤리엘 엘리스는 남태평양에서 증기선이 파도에 휩쓸리는 바람에 배 밖으로 떨어지고, 물살에 떠밀려 부파리라는 섬에 도착한다. 이곳 원주민의 종교 관습이 프레이저가 묘사하는 내용과 상당히 닮은꼴이다. 소설에는 터무니없는 내용도 몇 가지 나온다. (이때쯤이면 뮤리엘과 절절한 사랑에 빠진) 펠릭스가 어쩔 수 없이 인육을 먹는 신왕神王을 죽이고 스스로 신의 역할을 한다든가, 섬의 종교 관습의 무시무시한 비밀이 늙은 앵무새의 입을 통해 주인공들에게 누설된다든가 등등. 그러나 마지막에는 행복한 남녀가 다시 영국에 도착하고 당연히 결혼을 한다. 마지막 장면은 주인공 남녀가 뮤리엘의 집안 아주머니와 이야기를 나누는 내용이다. 성깔이 보통이 아닌 나이 많은 아주머니는 이들 남녀가 섬에서 여러 달을 함께 보내면서도 결혼하지 않았다는 사실에 이의를 제기한다. 소설의 마지막 문장에서 말하는 것처럼 "금기는 부파리와 영국이 크게 다르지 않았다".

『위대한 금기』는 훌륭한 소설이 아니다.『황금가지』를 조잡하게 단순화하여 개작한 수준이다. 그러나 부분적으로는 바로 그런 이유에서 프레이저의 작품에 대한 대중의 즉각적인 열광을 이해하는 데 이 소설이 역할을 한다. 저속한 멜로드라마에서 펠릭스와 뮤리엘은『황금가지』의 모든 독자의 경험을 실제 행동으로 옮긴다. 그들은 무섭고 낯선 세계로 여행을 떠났고 안전하게 문명세계로 돌아왔다. 우리 자신의 문화가 가지고 있는 금기와 제약에 대해 한층 더 분명해진 인식을 가지고,『위대한 금기』를 통해『황금가지』는 미지의 세계로 떠나는 탐험 여행으로서의 진면목을 드러낸다.

물론 제2차 세계대전 전에『황금가지』가 성공한 데에는 다른 요인들도 있었다. 방대한 분량을 자랑하는 3판은 백과사전식 지식의 정수를 보여주는 기념비적인 작품이었고, 그것만으로도 출간 즉시 권위를 부여받았다. 또한 400쪽에 달하는 색인 덕분에 세계 문화 전반을 쉽게 파악하게 하는 참고서 역할을 했다. 동시에 '대영제국'이 통치하는 지역 원주민들의 관습을 통합적으로 설명하다보니 당시의 현실 정치와도 연결되었다. 일부 평자는 이런 연결 고리를 지극히 실용적인 관점에서 해석했다. 어떤 사람은 "제임스 경이 저서에서 분명하게 밝힌, 낙후된 미개 민족의 습관, 관습, 전통 신앙에 대한 지식에 좀더 주의를 기울였다면, 이들 지역 정부에서 저지른 많은 실수를 피할 수 있었을 것이다"라고 지적했다. 또한 프레이저도 자기 책이 "미개 민족을 통치하는 임무를 맡은 이들에게 도움이 되었으면" 하는 마음이라고 말했다고 한다. 그렇지만 더 중요한 것은 프레이저가 대영제국의 대의에 상징적으로 도움을 주고 있다는 것이었다.『황금가지』는 주인에게 복종하는 제국의 신민들을 대변했고, 방대한 학술 연구에서 원주민들이 편리한 증거로 뒷받침하도록 함으로써 영국의 제국주의를 정당화했다. 말하자면 이것은 학술 논문으로 깔끔하게 바뀐 정치적 지배의 다른 얼굴이었다.

『황금가지』가 오늘날에도 여전히 인기 있는 이유는 더욱 미스터리가 아닐 수 없다. 1922년에 나온 축약판은 절판된 적이 없었다. 또한 출판사들은 최근에도 초판 발행 100주년을 기념해 12권짜리 판본을 재출간했다. 어느 정도는 상업적 성공을 거두리라는 계산이 있었으리라. 프레이저의 이론과 주장이 대중적인 인기와 깊이 관련 있다고 생각하는 것은 순진한 발상이다. (『황금가지』가 오컬트 전문 서점에 비치되어 있다는 사실, 페이퍼백의 자극적인 표지 등으로 판단하건대) 프레이저가 말하는 죽음 및 부활 이론 등과 현대의 비교祕敎 전통 사이에는 어느 정도 연관이 있을 것이다. 그러나 아무리 오컬트를 추종하는 열광적인 신봉자라 해도 시대에 뒤져도 한참 뒤진 프레이저의 민족지民族誌가 자기네 관심사와 관련 있다고 생각하기는 힘들 것이다. 또한 (무척 장황하고 난해한 글임이 분명한 『황금가지』가 요구하는) 인내심을 발휘할 동기가 부족한 일반 독자들에게는 이제는 이미 과거가 되어버린 낯선 세계와 또 다른 낯선 세계 사이의 고집스러운 비교가 더욱더 난해하고 당황스럽게 보일 것이다.

『황금가지』가 지금도 우리에게 중요한 이유는 현재도 활발하게 읽히기 때문이 아니라 우리에게 지금도 여전히 중요한 작가들이 (기꺼이, 때로는 마지못해) 한때 읽었던 책이기 때문이다. T. S. 엘리엇, 제임스 조이스, 브로니슬라브 말리노프스키폴란드 출신의 영국 인류학자, D. H. 로런스, 에드먼드 리치영국의 사회인류학자, 윌리엄 버틀러 예이츠 등등이. 우리는 그들의 눈을 통해 『황금가지』라는 책을 보며, 이는 어쩔 수 없이 프레이저 글에서 느끼는 직접적인 희열과는 거리가 있을 수밖에 없다. 케임브리지 대학 고전학자이자 그리스 종교 전문가인 제인 해리슨은 1925년에 자기 세대가 프레이저식의 인류학과 처음 조우한 경험을 추억하면서 다음과 같이 말했다. "마법의 주문 같은 미약한 소리로만 우리는 '황금가지'를 듣고 이해했다."

마법이 이제는 예전 같지 않다.

서평 도서
1 Robert Fraser, 『'황금가지' 만들기: 논의의 기원과 성장The Making of 'The Golden Bough': The Origin and Growth of an Argument』(Macmillan, 1990)

29. 철학이 고고학을 만나다

━━━━ 1938년 2월 옥스퍼드 대학에서 형이상학 분야의 웨인 플리트 석좌교수로 재직 중이던 R. G. 콜링우드는 가벼운 뇌졸중을 앓았다. 불과 48세의 나이에 첫 증상이 나타났고, 이후 점점 심해져 5년 뒤 사망한다. 1930년대의 일반적인 뇌졸중 치료법은 현대의 의학적 개입에 비해 효과는 약했던 반면 재미난 구석이 있었다. 의사들은 장기간의 휴가, 장시간의 산책과 크루즈 여행을 권했다. 집필활동을 계속하는 것도 권장 사항 중 하나였다. 학생들을 가르치는 것조차 혈관에 좋지 않다고 삼가라면서 웬일인지 연구는 좋게 봤다.

옥스퍼드에 1년간 휴가를 낸 콜링우드는 곧장 작은 요트를 구입했고, 혼자 영국 해협을 건너 유럽 여기저기를 항해하기로 마음먹었다(한가한 크루즈 여행이라고 보긴 힘들지만 바다 공기가 건강 회복에 도움이 된다는 기본 원칙에 의존하는 것만은 같았다). 그러나 재난이 닥쳤다. 항해를 시작하고 며칠 지나지 않아 콜링우드는 끔찍한 폭풍우를 만났고 인명 구조선에 실려 해안으로 돌아왔다. 다시 항해를 떠났지만 머잖아 또 한 번의 뇌졸중이 찾아왔다. 당시 콜링우드는 먼 바다에 닻을 내리고 침상에 누워 두통이 가라앉으며 정상적인 움직임이 가능할 때까지 기다리는 방법으로 위기를 모면했던 듯하다. 콜링우드가 다시 육지에 다다랐을 무렵 그는 이미 자서전 집필을 시작한 참이었다.

잉글랜드 서북부 호수 지방에 위치한 집에서 몇 달 동안 요양한 뒤 그는 자서전 집필을 마무리했다. 그리 두껍지 않은 콜링우드의 자서전은 솔직하고 거침없는 말투에 때로는 자기 자랑식의 내용도 담고 있었다. 그리고 자신의 "젊은 시절에" 일부 옥스퍼드 철학자가 "파시즘을 선전하는 이들"이었다며 마구잡이로 공격하는 말로 끝맺었다. 옥스퍼드 대학 출판부는 우려되는 부분도 있고 해서 약간의 수정을 요구한 다음 이듬해에야 책을 출판했다. 그러는 동안 콜링우드는 또 다른 여정을 시작했는데 이번에는 극동 지역으로 향하는 네덜란드 배를 타고 떠난 것이었다. 바로 이 배에 탑승한 상태에서 『형이상학론Essay on Metaphysics』을 집필하기 시작했고 자카르타에 있는 어느 호텔에서 초고를 완성했다(당시 배의 선장은 콜링우드를 위해 선교에 야외 서재를 급조해주었다). 집으로 돌아오는 길에 콜링우드는 자서전 내용 중 가장 공격적인 일부 구절을 들어내는 한편 스스로 '대표작'이라 불렀던 작품의 상당 부분을 집필했다. 훗날 『역사의 원리The Principles of History』라고 알려지는 바로 그 책이다.

돌아와서 콜링우드가 옥스퍼드에 머문 기간은 불과 두 달이었다. 신빙성이 떨어지는 콜링우드 자신의 이야기에 따르면, 옥스퍼드 브로드가에 있는 손턴 서점 밖에서 모르는 미국인 학생이 다가오더니 제자들과 함께 배를 타고 그리스로 가자고 초대했으며, 콜링우드는 이를 받아들였다. 그들은 6월에 떠났고 콜링우드는 영국과 프랑스의 대독 선전포고1939년 9월 3일 직후에야 돌아왔다. 1940년 여행기 『일등 항해사 일지The First Mate's Log』가 옥스퍼드 대학 출판부에서 나왔다.

이렇게 정신없이 돌아가는 생활은 이전의 콜링우드에겐 없던 일이다. 그는 항상 불면증에 시달리는 일중독자였지만 자기감정을 드러내지 않고, 예의 바른 학자풍의 생활 방식과 보폭을 단호하게 지키며 생활해온 것이 사실이다. 그의 이력에 특이한 부분이 있다면, 이는 얼핏 보기엔 많이 다르지만 상당히 유사한 두 가지 연구와 교수 분야에 대한 관심이었다. 한편으론 철학, 다른 한편으론 로마 역사와 고고학이었다(특히 로마 지배하의 브리타니아, 즉 로마 지배하의 영국을 다루는 고고학에 관심을 두었다). 사실 1935년 웨인플리트 석좌교수로 뽑히기 전에 콜링우드는 교수로서 철학과 로마사를 가르치는 보기 드문 복합적 지위를 점하고 있었다. 그는 많은 시간을 특유의 관념론 철학 연구에 쏟았다. 관념론 철학에 매진하는 콜링우드의 모습은 1930년대 중반이면 점점 시대에 뒤처졌다는 인상을 주었을 게 분명하다. 앨프리드 에이어의 논리 실증주의 철학, 존 오스틴의 언어철학 등에 귀를 기울이기 시작한 사람들에게는 특히 그랬을 것이다. 여름이면 콜링우드는 어김없이 (묘비명부터 이정표까지 다양한) 로마 시대 명문들을 발굴하고 번역·기록하며 그려놓는 일에 매진했다. 『영국의 로마 시대 명문Roman Inscriptions of Britain』 전집을 준비하는 과정이었는데 콜링우드가 학자 생활을 하는 내내 매달린 프로젝트였다고 해도 과언이 아니다. 1938년 이전에 콜링우드는 이미 '로마 지배하의 영국' 고고학에서 중요한 연구 결과를 몇 편 발표했고, 철학계에도 주목할 만한 기여를 한두 가지 했다. 그러나 스테펀 콜리니가 영국의 지식인을 다룬 『지성의 부재Absent Minds』에서 말한 것처럼, 만약 콜링우드가 1938년 첫 뇌졸중 발작으로 사망했더라면 그의 작업은 "20세기 영국 철학과 학문에서 자세히 봐야만 보이는 작은 보충 설명 정도로만" 남았을지 모른다(그리고 누군가는 콜링우드가 웨인플리트 석좌교수로 뽑힌 것은 실력보다 운이 좋아서였을 거라는 부

연 설명을 달았을지도 모른다). 이처럼 콜링우드의 이름을 빛낸 것은 뇌졸중 이후에 드러난 작업이었다.

사실 개인 생활에서나 직업과 관련해서나 콜링우드의 움직임은 1941년 자신에게 남은 시간이 얼마 없다고 확신한 뒤 한층 더 빨라졌다(그리고 그런 확신은 옳았다). 1941년 1월 콜링우드는 결국 대학의 석좌교수직에서 물러났다. 그리고 죽음이 머잖은 사람들이 종종 그렇듯이 무모하고 대범해져서 아내와 이혼하고 내연녀인 케이트와 결혼했다. 케이트는 한때 그의 제자였다가 배우로 활동하는 친구로, 콜링우드보다 스무 살이나 어렸다. (프레드 잉글리스는 콜링우드 전기에서 1930년대 말 콜링우드의 잦은 해외여행이 모험심과 바다 공기가 건강에 좋다는 믿음 때문이라기보다는 복잡한 가정사에서 벗어나고 싶었기 때문이 아닐까 추정하는데, 나름 일리가 있다.) 1941년 12월 케이트와의 사이에서 아이가 태어났고 콜링우드는 점점 심각한 뇌졸중으로 고생하다가 1943년 초 호수 지방에서 사망했다. 콜링우드의 또 다른 저서 『새로운 리바이어던: 인간, 사회, 문명, 야만The New Leviathan: or Man, Society, Civilisation and Barbarism』은 그가 죽기 직전인 1942년에 나왔다. 제목에서 분명히 드러나는 것처럼 토머스 홉스의 정치철학을 최대한 동원해 파시즘에 맞서 싸우려는, 타협을 거부하는 단호함은 물론이고 가끔은 거친 공격적 태도가 두드러지는 작품이었다. 잉글리스는 "전쟁에 맞선 콜링우드의 공헌"이라고 평가했다. 『새로운 리바이어던』에는 이외에도 콜링우드가 점점 공격 대상으로 삼기 즐겼던 다른 주제들에 대한, 솔직히 말해 "살짝 제정신이 아니다 싶은" 공격들도 있다(이는 콜링우드 찬미자들도 인정하는 부분이다). 특히 자신이 더없는 수혜자인 교육 제도에 대한 신랄한 공격이 눈에 띈다. 콜링우드는 홈스쿨링의 열정적인 지지자였고, 플라톤이 저지른 최대 범죄 중 하나는 "유럽 세계에 교육이 전문적으로 이뤄져야 한다는 터무니없는 생각을 심은 것"이라고 봤다.

현대 정치와 철학의 관련성에 대해 때로는 너무 직설적이고 때로는 흥미로운 주장들이 포함된 『자서전』을 빼면 그가 남긴 영향력 있는 작품 대부분은 죽음을 앞둔 마지막 몇 년이 아니라 이후에, 즉 콜링우드 사후에, 어떤 경우는 아주 오랜 세월 뒤에 출판되었다. 이제는 우리에게도 제법 익숙한, 콜링우드가 '가위와 풀 방법론'이라 불렀던 역사학 연구 방법론에 대한 공격^{독자적 연구 없이 여기저기 나와 있는 자료를 가위로 오려내 풀로 붙이는 식으로 편집하고 짜깁기하는 역사에 대한 반발}, 역사란 항상 '정신사'라는 역사 옹호론 등을 담은, 가장 유명한 저서 『역사의 개념』은 1946년에 출판되었다. 콜링우드의 제자이자 (고인의 유언에 따라) 유고 관리자가 된 맬컴 녹스가 유고를 사후에 편찬한 것이다. 녹스의 유고 편집이 얼마나 편파적이었는지는 최근에야 분명히 밝혀졌다(가령 콜링우드의 헤겔

5부 예술과 문화: 관광객과 학자들

비판 내용을 삭제하거나 어조를 누그러뜨리는 식으로 자의적인 편집을 서슴지 않았다).

이후 반세기에 걸쳐 훨씬 더 많은 저작이 나왔다. 800쪽에 달하는 『영국의 로마 시대 명문』은 로마 지배하의 영국 연구에 지속적으로 기여할 분야 개론서다. 사실 제1차 세계대전 전에 연구 프로젝트를 시작한 사람은 프랜시스 하버필드였다. 첫 편집 담당자로 지정된 이가 1915년 다르다넬스 해협에서 전사했고, 콜링우드가 후임자로 뽑혀 1941년까지 책과 관련된 작업을 했다. 작업은 주로 여름방학 때 간헐적으로 이뤄졌다. 1941년 콜링우드는 밑에서 일하는 R. P. 라이트에게 자료를 넘겼고, 책은 1965년에야 콜링우드와 라이트 공저로 세상에 나왔다. (라이트는 서문에서 "작업하는 데는 콜링우드의 말을 듣고 예상했던 것보다 훨씬 오래 걸렸다"며 하소연하듯이 혹은 탓하듯이 말한다.) 그로부터 30년 뒤 콜링우드가 극동 여행에서 시작했지만 마무리는 못 했던 자칭 '대표작' 『역사의 원리』가 마침내 빛을 보게 되었다. 『역사의 원리』 원고는 원래 맬컴 녹스가 『역사의 개념』을 준비하는 과정에서 요점만 발췌한 다음 사라진 것으로 어쩌면 파기되었을지 모른다고 여겨졌다. 그러나 1995년 예리한 두 명의 문서 보관 담당자가 옥스퍼드 대학 출판부에 숨어 있는 원고를 발견했다. 『역사의 원리』는 1999년에 출판되었는데 콜링우드 사후 50년도 더 지난 시점이었다.

잉글리스의 『히스토리 맨: R. G. 콜링우드의 생애History Man: The Life of R. G. Collingwood』는 콜링우드를 이해하려는 열정을 보여준다. 학자에 대한 전기치고는 이례적으로 호수 지방에서 보낸 유년 시절에 대해서도 상세히 다루고 있다. 유년 시절 아버지 W. G. 콜링우드가 연로한 존 러스킨1819~1900, 영국의 평론가, 사회사상가의 비서로 일했고, 윌리엄 워즈워스의 자녀와 손자 손녀들이 지역사회에서 여전히 유명세를 타고 있었고, 아서 랜섬1884~1967, 영국 아동문학가이 콜링우드 저택을 자주 방문했다고 한다. 잉글리스는 랜섬의 『우리는 바다에 가려던 것이 아니었다We Didn't Mean to Go to Sea』에 나오는 형 존 워커가 콜링우드에게서 영감을 받아 탄생한 인물이 아닐까 하는 대담한 추측도 해본다. 사실이든 아니든, 이런 추측은 콜링우드가 1938년 혈혈단신으로 영국 해협으로 항해했을 때의 상황을 떠올리게 한다. 『우리는 바다에 가려던 것이 아니었다』의 존 워커와 마찬가지로 최초의 항해에서 위험한 상황에 맞닥뜨렸기 때문이다. 옥스퍼드 대학 시절 콜링우드의 생활과 경험에 대한 서술은 오히려 정확성이 떨어진다. 양차 대전 사이에 오랜 역사를 보유한 대학들을 별나게 보수적인 모습으로 그리는 상투적인 표현들을 별 생각 없이 내뱉고 있다는 느낌이다. 영화와 드라마로도 만들어진 에벌린 워의 『다시 찾은 브라이즈헤드

Brideshead Revisited』에 나올 법한 상류층 대학생 서클부터 내성적이고 과묵하며 성미 고약한, 그리고 대부분 총각인 대학교수들까지. 그러나 콜링우드가 1920년대와 1930년대 옥스퍼드의 지적인 분위기에서 잉글리스가 인정하는 것보다 더 많은 것을 배우고 익혔으리라고 생각하지 않을 수 없다. 당시 옥스퍼드에서는 철학 분야에서 한창 혁명적인 변화가 일어났고, 로널드 사임에 의해 로마사에 대한 재고(재정치화)가 이뤄지고 있었다. 로널드 사임의 유명한 『로마 혁명Roman Revolution』은 1939년에 나왔다.

열정적으로 다루는 온갖 흥미로운 내용에도 불구하고, 잉글리스는 콜링우드의 업적 및 학자로서의 자세와 관련된 두 가지 중요한 질문에 대해 충분히 설득력 있는 설명을 내놓지 못한다. 첫째, 가장 유명한 저서로 남은 유작 『역사의 개념』이 얼마나 중요한가? 둘째, 로마 지배하의 브리타니아 고고학과 철학이라는 콜링우드의 두 연구 분야 사이에 (어떤 연관성이 있다면) 그것은 무엇일까? 즉 『영국의 로마 시대 명문』이 『형이상학론』은 물론이고 『역사의 개념』과 어떤 관련이 있을까?

아주 유명한 인물들 가운데 『역사의 개념』 추종자들이 제법 있다. 역사학 공부를 시작할 무렵 퀜틴 스키너는 자신에게 영감을 주었던 책이 바로 『역사의 개념』이라고 했다. 물론 스키너는 모든 역사란 '정신의 역사'라는 콜링우드의 주장에 자신만의 차별화된 견해를 계속해서 보탰다. 또한 경쟁이 그렇게 치열하지 않은 상황에서, 이 책은 대학에서 역사를 공부하는 학부생, 또는 대학 입시를 준비하는 학생들이 역사 이론을 접하는 상비용 이론서였다(스테펀 콜리니가 지적하는 대로 이 책은 "영어로 된 명작이 과잉 공급되지 않은 분야에서" 하나의 고전이다). 『역사의 개념』은 지금도 참고도서 목록에 곧잘 오르며, 의욕 넘치는 교사들이 제자들에게 열렬히 추천하는 책이기도 하다(몇 해 전 내가 케임브리지에서 역사를 공부하는 대학 3학년생 50명에게 이 책을 읽었는지 물었을 때 한 사람도 손을 들지는 않았지만). 지금 와서 보면 문제점은 책의 핵심 주장이 너무 무난해서 논란의 여지가 적다는 것이다. 물론 이런 특성이 대중적인 성공에 일조한 것은 사실이다. 그러나 이들 주장이 애초에 결코 특별히 독창적이지도 않았으며, 누구도 반대하기 힘든 빤한 방식으로 설명되어 있는 것도 사실이다. 예를 들어 과연 누가 콜링우드가 주장한 '문답' 방식의 역사보다 일종의 짜깁기인 '가위와 풀' 방법론이 좋다고 주장할 수 있겠는가? 역사를 공부하는 부분적인 목적이 (잉글리스의 표현에 따르면) "지금 생각하고 느끼는 방식 외에 달리 어떻게 생각하고 느낄 수 있을지"를 알도록 도와주는 것이라는 생각에 어느 누가 반대할 수 있겠는가?

거의 30년이 흐른 뒤 학창 시절에 읽었던 『역사의 개념』을 다시 읽으면서 나는 그때보다 감동이 덜한 것을, 적어도 쉽게 감화

되지 않는 것을 느꼈다. 콜링우드가 말하는, 아무 생각도 의심도 없는 '가위와 풀', 즉 짜깁기 역사 서술, 자료를 순서대로 이어붙이는 것으로만 만족하는 여러 세대에 걸친 역사학자들의 이미지는 지금 보니 사실이 아니라 주로 콜링우드의 자기중심적인 잘못된 믿음이 아니었나 싶다. 역사 서술은 항상 신중한 선택을 통해 이뤄지며 언제나 증거에 의문을 제기하고 있다는 사실을 인식하기 위해 서사학narratology의 탄생이나 '거대 서사grand narrative' 양식으로의 복귀 같은 것에 굳이 의지할 필요도 없었다. 어떤 역사 서술도 (심지어 가장 간결한 연대기조차) 콜링우드가 방법론이 다른 상상 속의 적에 대해 묘사하는 것처럼 아무런 의문이나 의심 없이 이뤄진 적은 없다. 어쩌면 콜링우드가 주장하는 '문답' 방식 역시 그의 말처럼 마냥 효과적이지만은 않을지도 모른다. 고고학이라고 알려진 역사학의 한 분야에서는 분명 그렇지 않다. 『자서전』에서 콜링우드는 단순한 호기심에서 유적지를 발굴했던 어거스터스 피트리버스의 전통을 따르는 이들을 신랄하게 비판하는 입장을 취한다(피트리버스의 구체적인 목표는 잉글랜드 남부 해안의 햄프셔주, 실체스터의 고대 로마 마을 유적의 발굴이었다). 이들과 달리 훌륭한 고고학자는 "자신이 어떤 정보를 찾고 있는가를 정확히 알지 못한 채로는 결코 구덩이를 파지 않았다". 그러나 이는 조사자가 자신이 다루는 재료의 더 넓은 가능성, 예상치 못한 결과물을 보지 못하게 만드는 질문도 있다는, 못지않게 중요한 사실을 무시하는 것이다(말하자면 정확한 질문과 문제의식에 따라 움직이는 게 항상 좋은 것만은 아니라는). 최고의 고고학 결과물뿐만 아니라 최고의 역사학 결과물 가운데 일부는 사실 호기심과 우발적인 접근에서 나온다. 콜링우드의 생각처럼 충분히 계산된 결과 중심 접근에서 나오는 것이 아니라. 그런데 예술·인문연구위원회AHRC를 비롯해 정부 자금을 지원받는 기관에는 예상외로 콜링우드의 추종자가 많다.

마지막으로 콜링우드가 연구한 두 학문, 즉 철학과 고고학·역사 사이에 어떤 관계를 지어야 할까? 양쪽 학문 사이의 '친밀한 관계'를 지속적으로 주장했던 콜링우드 자신은 이런 문제를 인식하고 있었다. 사실 콜링우드는 이들 사이에서 분명한 우선순위를 정했는데, 철학을 최우선 자리에 두었고, 고고학 연구는 역사철학 이론의 응용에 가깝다고 규정했다. 아무튼 콜링우드는 초기부터 양쪽이 혼합된 교수직에 있었지만 형이상학 웨인플리트 석좌교수가 되었지, 로마사 캠던 석좌교수가 되지는 않았다. 학자로서 활동하는 동안 대부분의 연구 역시 이런 우선순위를 따랐다. 철학 연구에 훨씬 더 큰 비중을 두었고 고고학은 여름 휴가철의 취미 정도로 깎아내리기도 했다. 그러나 콜링우드에 관한 글을 썼던 작가들이 주로, 고대사 연구에서 콜링우드의 중요성을 제대로 이해하지 못한 철학자와 문화사학자들이라는 점도 아쉬움이 남는다. 이와 관련하여 잉글리스는 특히 안타까운 부분이 많다. 잉글리스는 『영국의 로마 시대 비문』의 중요성을 인식하지 못했다는 인상을 준다. 베르길리우스의 『전원시Eclogues』와 『농경시Georgics』도 정확히 구분 못 하고 혼동한다. ('업적' '공훈' 등을 의미하는 라틴어) 'Res Gestae'가 'gesture'라는 영어 단어와 관련 있지 않나 생각하기도 한다. 또한 잉글리스는 콜링우드가 극동으로 항해할 때 탔던 선박 이름의 유래가 되는 알키누스가 "율리시즈오디세우스의 연인인 나우시카의 어머니"였다고 주장한다(이는 두 가지 점에서 틀린 주장이다. 알키누스는 나우시카의 아버지였으며, 나우시카와 오디세우스는 연인 사이가 아니었다. 적어도 호메로스의 『오디세이아』에서는). 콜리니도 콜링우드가 작성한 중요한 고고학 논문들이 실렸던 잡지 제목을 잘못 말하는 실수를 저지른다. 문제의 잡지는 『로마사 저널Journal of Roman History』이 아니라 『로마 연구 저널Journal of Roman Studies』이었고 지금도 마찬가지다.

흔히 그렇듯이 고전학 관점에서 접근하면 상황이 다르게 보인다. 콜링우드 스스로는 자신이 받은 공식 교육의 영향을 깊이 생각하지 않았을지 모른다. 앞서 말한 것처럼 오히려 그는 멀리 플라톤까지 거슬러 올라가는, 교육학의 역사 전체를 공격하는 데 더 관심을 가졌다. 그러나 알고 보면 콜링우드가 예전 옥스퍼드

'Greats', 즉 고전학 과정의 결과물이었다는 사실은 매우 중요하다. 옥스퍼드 'Greats'는 학부 학생들이 후반 2년 반 동안 한편으로 고대사, 다른 한편으로 고대 및 현대 철학을 병행하게 되어 있었다. 양쪽을 똑같이 잘하기보다는 어느 한쪽을 훨씬 잘하면서 나머지를 어떻게든 소화하려고 필사적으로 노력하는 게 일반적인 풍경이었다. 다수의 고대사학자 지망생은 최종 학위시험을 우수한 성적으로 통과하기에 충분한 철학 실력을 쌓기 위해, 즉 플라톤, 데카르트, 흄에 관한 내용을 어떻게든 머리에 쑤셔넣으려고 필사적이었다(반대로 철학자 지망생들은 최종 시험을 무사히 통과할 정도의 고대사 실력을 쌓기 위해, 즉 펠로폰네소스 전쟁이나 영국에서 치러진 아그리콜라의 전투 등을 어떻게든 기억하려고 필사적이었다). 콜링우드는 양립하기 힘들어 보이는 두 분야에 동시에 관심을 가진 '이단아'가 아니라 이는 옥스퍼드 'Greats'라는 상황에서 불가피한 것이었다. 옥스퍼드 'Greats' 과정의 교육 목표를 감안하면 콜링우드는 드문 성공 사례였다(기대 이상의 성과를 거둔 별난 학생이라고 해도 좋으리라). 어쨌든 콜링우드의 양쪽 분야에 대한 복합적인 관심은 옥스퍼드 'Greats'가 고취하고자 했던 목표와 정확히 일치한다.

달리 말하면 콜링우드는 단순히 (잉글리스와 다른 이들이 은연중에 암시하는 것처럼) 고고학 취미를 가진 철학자가 아니었다. 콜링우드를 지금은 존재하지 않는 독특한 옥스퍼드식 고전학이 만들어낸 보기 드문 성공 사례로 보는 편이 낫지 않을까 싶다(Greats는 수십 년 전에 '개혁' 과정을 거쳤다). 일단의 학생과 함께했던 그의 마지막 항해가 그리스로의 여행이었고, (『일등 항해사 일지』에서 직접 말한 것처럼) 그가 관광객이라기보다는 순례자로 델포이에 갔다는 사실은 놀라운 일이 아니다. 소크라테스가 2500년 전에 갔던 그곳으로. 콜링우드는 글에서 이렇게 말한다. "소크라테스를 예언자로 여기는 사람에게 델포이로의 여행은 메카 순례나 다름없다." 이는 옥스퍼드 고전학 전공자의 신조다.

서평 도서

1 Fred Inglis, 『히스토리 맨: R. G. 콜리우드의 생애History Man: The Life of R. G. Collingwood』(Princeton University Press, 2009)

30. 누락하고 빠뜨린 것들

━━━━━ 에두아르트 프랭켈은 20세기의 가장 유명한 고전 학자 중 한 명이었다. 그에 대해 할 말은 많고도 많다. 우선 그는 나치의 박해를 피해 영국으로 망명한 인물로 1935년부터 1953년까지 옥스퍼드 코퍼스 크리스티 칼리지의 라틴어 교수로 재직했다. 프랭켈은 로마의 희극작가 티투스 플라우투스의 작품을 근본적으로 재해석해 플라우투스의 작품이 사라진 그리스 연극의 2차 모방작들보다 훨씬 더 중요한 의미를 지닌다는 것을 보여주었다. 그는 또한 새로운 고전학 교수법을 고안해낸 개척자이기도 하다(특히 눈에 띄는 것은 전통적인 강의나 개별 지도보다는 독일식 '세미나' 활용이다). 그리고 여제자들의 이야기로 판단하자면 그는 상습적으로 여기저기를 더듬는 손버릇이 나쁜 사람이었다. 옥스퍼드 서머

빌 칼리지의 개인 지도 교수인 이소벨 헨더슨은 항상 자기 학생들에게 프랭켈 밑에서 공부하면 많은 것을 배우겠지만 "여기저기를 더듬는 일이 있을지도" 모른다며 미리 경고해주었다. 적어도 서머빌 칼리지 학생들은 이런 상황을 알고 있었다. 직접 작성한 회고록에 따르면 옥스퍼드 레이디 마거릿 홀 학생이었던 메리 워노크는 안타깝게도 그런 사전 준비가 되어 있지 못했다. 1940년대에 프랭켈의 세미나는 인기도 많고 유명세도 대단했는데, 이런 세미나 중 하나에서 워노크를 찍은 프랭켈이 식후 개별 지도 자리를 마련했다. 이는 라틴어 및 그리스어와 관련해 이런저런 영감을 주는 상당히 치열한 토론에, "키스와 (나의) 속옷을 (…) 끊임없이 만지작거리는 동작"이 뒤섞인 자리였다. 워노크는 지도를 계속 받기는 하되 '손버릇'을 피할 나름의 묘안을 짜냈다. 케임브리지 출신인 친구 이모젠을 초대하는 것이었다. 그러나 프랭켈은 한수 위였다. 프랭켈은 이모젠이 [기원전 5세기경 그리스 시인인] 핀다로스에 관심을 집중해야 하고, 메리는 초기 라틴어와 『아가멤논』에 집중하는 편이 좋겠다고 말했다. 결과적으로 프랭켈은 자기한테는 일종의 오락인 이런 저녁 시간을 일주일에 두 번 갖게 되었다. 한번은 '검은 양'과 또 한 번은 '흰 양'과(프랭켈은 두 사람의 머리카락 색깔을 가지고 그런 별칭을 붙였다). 레이디 마거릿 홀에서 고분고분하지 않은 학생 한 명이 나와서 지도 교수에게 프랭켈의 행각을 알린 뒤에야 이런 식의 개인 지도는 끝났다. 학계에 몸담고 있는 40대 중반이 넘은 여성이라면 누구나 이런 상황에 대해 애증이 교차하는 양면적인 반응을 보일 가능성이 높다. 한편으로는 지속적인 성희롱과 (남성의) 권력 남용이 노골적으로 드러나는 이런 상황에 분노를 느끼지 않을 수 없다. 다른 한편으로는 (아무튼 플라톤 이래로 끊이지 않았던) 교육의 성적인 측면이 단호하게 근절된 대략 1980년 이전, 학계가 그런 분위기이던 시절에 대한 서글픈 향수 같은 것을 억누르기 힘들다. 워노크 자신도 이런 양가감정을 가지고 있다. 프랭켈의 행동이 (그가 가르친 일부 '여학생' 못지않게 프랭켈의 아내에게) 끼친 해를 '더듬는 손버릇'에 수반되는, 그리고 그것과 불가분의 관계에 있었던 영감을 주는 가르침과 비교해 검토하는 모습이 그렇다. 또한 워노크는 여러 차례의 신문 인터뷰에서 지금까지 만난 최고의 교사로 프랭켈을 꼽았다. 우리가 도덕적 판단을 적용하든 유보하든, 중년 교수의 '더듬는 손버릇' 이야기는 전기 집필과 관련해 여러 중요한 질문을 제기한다. 유명인의 삶을 되돌아보는 이야기에 어떤 것을 포함시키고 어떤 것을 배제할 것인가? 이런 인물들의 일생을 다룬 공인 버전 이야기의 이면에는 어떤 검열 원칙이 작동하고 있는가? 특히 공인 버전이 인명사전과 다른 참고서 등에 실릴 경우에는? 그리고 이런 검열 원칙은 얼마나 중요한가? 프랭켈은 전형적인 사례이자 가장 흥미로운 사례이기도 하다. 프랭켈의 삶을 다룬 권위 있는 영어 설명 중 어느 것도 여성 제자의 몸 여기저기를 더듬는 나쁜 손버릇에 대해, 혹은 여성 제자의 개별 지도 시간에 있었던 일들에 대해 언급하지 않는다. 우리가 찾을 수 있는 가장 가까운 설명은 워드 W. 브리그스, 윌리엄 M. 콜더 3세가 편찬한 『고전학: 인물백과사전 Classical Scholarship: A Biographical Encyclopedia』에 나온 단 한 줄이다 (항목 작성자는 니컬러스 호스폴이다). "그는 열렬하게, 그러나 더없이 예의 바르게 여성의 아름다움에 탐닉했다." 더없이 '예의 바르게?' 호스폴이 믿기 힘들 만큼 순진한 게 아니라면 이미 알고 있는 사람들에 대한 (즉 옥스퍼드 고전학부 사람들 대부분에 대한) 조심스러운 암시라고 봐야 하리라. 혹은 특정 집단 안에서는 이미 주지의 사실이었던 것을 더욱 널리 흘리는 모험을 감행하고자 하는 사람에 맞서는 일종의 선제 방어일 가능성이 높다. 호스폴이 억울하지 않도록 공평하게 말하자면, 그가 집필한 프랭켈 관련 내용은 전반적으로 세심한 판단이 돋보이며 내용도 분명하다. 예컨대 권위 있는 기술 중 프랭켈의 가장 눈에 띄는 신체적 특징인 오른손 조막손 장애손가락이 없거나 오그라져서 펴지 못하는 손를 제대로 언급한 것은 호스폴의 설명이 유일하다. 이와 달리 고든 윌리엄스는 1970년 프랭켈의 사망을 기념해 『영국 학사원 회보 Proceedings of the British Academy』에 실린 장문의 회고록에서 그런 장애의 원인이 되었던 유년 시절의 질병에 대해서는 다루지만, 뒤에 프랭켈의 모습을 설명하는 문단에서는 조막손에 대해 전혀 언급하지 않는다("작은 키" "넓은 이마" "반듯한 눈동자" 등등을 언급하면서도). 사후에 성적 편력뿐만 아니라 신체적인 결함도 베일을 드리워 가려야 한다는 듯이.

공인 버전의 프랭켈의 생애는 하나같이 초인적일 정도로 오랜 시간, 엄청난 강도로 작업하는 능력에 집중한다. "그는 매일 아침 8시 30분까지는 반드시 출근했다." 윌리엄스는 이렇게 말한다. "그는 저녁 식사 때까지 일을 했고, 관심을 끄는 손님이 있는 경우가 아니면 저녁 식사 후에도 다시 일을 시작해 10시 30분경까지 했다. 그리고 귀가하여 루스(아내)와 이야기를 나눴다." "관심을 끄는 손님"이란 적어도 워노크를 지도하던 시기에는 책에서 눈을 떼지 못하는 일중독 교수라는 깨끗한 이미지를 손상시킨다. 프랭켈의 일반적인 이미지를 대변하는 또 다른 모습은 아내 루스가 죽고 불과 몇 시간 뒤의 자살이다. "프랭켈은 아내보다 오래 살기를 바라지 않았고 집에서 죽었다." 휴 로이드존스는 『DNB』, 즉 『영국인명사전Dictionary of National Biography』 구판에서 (그리고 신판에서도) 그렇게 우아하게 표현했다. 호스폴의 서술은 그보다 더 거창하다. "우리는 사랑을 위해 감행한 그의 자살을 존경한다." 어떤 사람의 아내 사랑이 여성 제자들을 '더듬는' 행위와 절대 양립할 수 없다고 생각하는 것은 어리석은 일일 것이다. 그러나 워노크의 경험에 비춰보면, 프랭켈의 극진한 아내 사랑은 분명 다르게 보인다(워노크는 프랭켈의 '탐닉' 때문에 아내 루스가 불행했다고 직접적으로 말하고 있다). 어쨌든 적어도 공인 버전에서 프랭켈의 업적과 성격은 훨씬 더 복잡하고 흥미로웠음이 분명한 실제 모습을 제대로 다루지 못하고 있다. 이미 오래전 도시화가 진행되어 중앙을 관통하는 6차로가 생긴 지역을 소개하면서 실상을 전하지 않고 평화로운 분위기의 작은 어촌 마을이라고 칭찬하기 바쁜 여행 안내서에 속아본 경험이 누구나 한두 번은 있을 것이다. 이런 식의 인물 설명도 그와 다르지 않다. 인물이 실제 살았던 지저분한 현실생활은 떼어내버린 채 무대 위의 삶을 중심으로 돌아가고 있다.

프랭켈에 대한 설명으로 가장 말을 아끼는 데다 불충분한 자료를 들자면 3권짜리 신판 『영국고전학자인명사전Dictionary of British Classicists』에 나온 내용일 듯싶다. 200명 넘는 집필자가 작성한, 700명이 넘는 고전학자의 전기식 에세이를 한데 모아놓은 것이다. 수록 대상은 라틴어 공부가 즐거워야 한다는 신념에 헌신했던 19세기 교장(거기 나온 그대로 표현하자면) 에드윈 A. 에벗부터 나치 치하의 독일을 떠나 맨체스터 대학에서 오랫동안 학생들을 가르친 권터 춘츠까지 정말 다양하다. 주요 수록 기준을 보면, 고전 학습이나 교수 분야 종사자로, 반드시 영국 태생일 필요는 없지만 영국에서 활동한 인물로, 시기상으로는 서기 1500년 무렵부터 시작해 2000년까지 사망한 사람이었다. 고대 역사가 니컬러스 해먼드와 에우리피데스의 『히폴리토스Hippolytos』를 편찬한 윌리엄 배럿은 2001년까지 죽지 않았는데도 어찌된 영문인지 마지막 순간에 아슬아슬하게 기준을 통과했다. 프랭켈에 대한 에세이를 보면, 그의 '사적인' 생활의 어떤 측면에 대해서도 언급을 엄격히 삼가고 있다. 거기에는 자살이나 조막손, 나쁜 손버릇은 고사하고, 아내 루스에 대한 언급조차 없다(사실 자살은 프랭켈의 사후 평판에서 중요한 요소로 작용해왔는데도 전혀 언급하지 않았다). 이렇게 말을 아낀 덕분에 칭찬 일색의 노골적인 전기와 거리를 두는 데 성공했을까? 그렇지도 못하다. 라틴어 산문의 운율을 다룬, 심히 부실한 프랭켈의 저서를 여기서는 "어렵고도 논란이 많은 주제를 체계적으로 다루었다"며 찬미하고 있다(고든 윌리엄은 "실패작"이라고 말했는데 이편이 적절한 표현이라 생각된다).

사람들은 프랭켈의 유명한 세미나들을 찬양하는 한편, 프랭켈을 "탁월하고 영향력 있는 교사"로 부르며 갈채를 보낸다. 워노크를 비롯한 여러 제자가 지금도 증언하는 것처럼 이는 어느 정도 의심의 여지 없는 사실이다. 그러나 아니나 다를까 여기에도 다른 측면이 있었다. 『DNB』에서 로이드존스는 "그에게는 교사로서 여러 결점이 있었"음을 솔직히 인정한다. "프랭켈은 이해가 빠른 편이 아니었고, 듣는 사람에게서 의견을 끌어내는 일도 좀처럼 못 했다. 또한 극단적인 칭찬 아니면 비난으로 치닫는 경향이 있었다. 그래서 많은 학생이 그를 무섭게 생각했다." 혹은 윌리엄스에 따르면, 어느 "피해자"는 프랭켈의 세미나 풍경을 "담비의 연설을 듣는 토끼들"이라고 묘사했다. 즉 프랭켈의 세미나는 근본적인 교수법 혁신일 뿐만 아니라 교수의 권력과 지배력을 행사하는 장이기도 했다. 집필자가 200명이 넘다보니 『영국고전학자인명사전』의 항목들 사이에는 엄청난 질적 차이가 있을 수밖에 없다. 일부 부실한 항목은 구판 『DNB』에 나온 내용을 바꿔 쓰는 수준에 지나지 않는다. (당연히 일부 항목은 신판 『DNB』에도 글을 썼던 이들의 작품이고, 이런 경우 중복 정도가 훨씬 심하다.) 그러나 이외에도 여러 결점이 있다. 최소 세 항목에서는 자녀에게 자기 아버지에 대해 경건하게 써줄 것을 의뢰하는 바람에 객관성이 확보되기 어려웠다. (고전학은 확실히 대물림되는 경향이 있다.) 그리고 북아메리카 출신 집필자들의 경우 영국 제도에 대한 이해 부족을 드러낸다. (케임브리지 대학의 고전학자이자 동양학자로 한때 제인 엘런 해리슨의 남자친구이기도 했던 R. A. 닐에 대한 글에서 집필자는 스코틀랜드 교회에서 쓰는 '교구敎區'를 가리키는 용어인 'quoad sacra'를 'quondam sacra'로 혼동해 잘못 쓰고 있다.) 일반적으로 집필 대상이 오래전에 죽었을 때는 인간적인 결점을 상대적으로 솔직하게 공개하는 경향이 있다. 가령 리처드 포슨(1759~1808)에 대한 설명에서는 그가 술을 무척 좋아했다는 내용을 볼 수 있지만, G. E. L. 오언(케임브리지 철학자, 1922~1982)에 대한 글에서는 그런 내용을 볼 수 없다.

당연히 최고로 잘된 항목들은 (상대적으로 많지 않지만) 집필자가 대상 인물의 학문적 작업에 대해 잘 알고, 그 인물의 개인 생활에도 (직접적으로든 장시간을 자료 보관소에서 보내는 노력을 기울여서든) 정통하며, 그 인물이 활동했던 사회적·문화적·학문적 환경을 두루 이해하는 경우다. 이런 집필자들만이 단순히 옮겨 적는 '가이드북' 스타일을 피할 수 있었다. 마틴 웨스트의 그리스 음악을 연구하는 역사가들에 대한 설명, 비비언 누튼의 고대 의학을 다루는 역사가들에 대한 글이 특히 훌륭하다. 여러 세대에 걸친 고전학 선생들의 별난 특징을 포착해 훌륭하게 설명한 크리스토퍼 스트레이의 원고들도 마찬가지다. 특히 별났던 사람은 에드먼드 모스헤드로 19세기 말에 옥스퍼드 윈체스터 칼리지에서 학생들을 가르쳤다. '머시Mush'라는 별명으로 불렸던 그는 학생들과 공유했던 개인어idiolect가 있었고, 그가 수업을 하는 교실에도 별칭이 붙여졌다. 학생들과 공유하는 모스헤드의 개인어는 '머시리Mushri', 모스헤드의 교실은 (예상대로) '머시룸Mushroom'이었다. 스트레이가 고전학 선생들의 이런 별난 면모만 보여준 것은 아니다.

5부 예술과 문화: 관광객과 학자들

전반적으로 이들이 고전학 수업과 교과과정을 혁신하고 개혁하는 일에 얼마나 열심이었는지를 반복해서 보여준다. 18, 19세기의 고전 교육이라고 하면 엄격한 규율과 전통을 고수하는 고집불통의 칩스 선생과 따분한 주입식 문법 교육을 떠올리는 사람이 많으리라칩스는 영국 소설가 제임스 힐턴의 중편소설 『굿바이, 미스터 칩스』에 나오는 노교사 치핑의 별명이다. 그러나 이는 (최소한 당시 상대적으로 급진적인 학교에서는) 교육 현실이라기보다는 현대에 우리가 만들어낸 잘못된 통념이다. 라틴어 공부를 재미나게 만들어보려는 열의에 불탔던 에드윈 A. 에벗은 예외적인 사례가 아니었다. 'Mush'는 자기가 구축한 세상에서 'Mushri'로 재잘재잘 떠들고 있지만은 않았다. 'Mush'는 고전학 선생들이 과학자를 결코 적으로 생각하지 않는다고 공개적으로 주장하고, 학문 분야로서 고전학에 대한 방어는 그에 대한 공격과 마찬가지로 편협할 수 있다는 날카로운 지적도 서슴지 않았다. 스트레이의 글이 훌륭한 이유는 다루는 대상을 공격적으로 조롱하지 않으면서 충분히 재미나다는 데도 있다. 『영국고전학자인명사전』 세 권을 통틀어 가장 흥미로운 항목 중 하나 역시 그렇다. 맬컴 스코필드가 집필한 해리 샌드바크(1903~1991)에 관한 글이다. 해리 샌드바크는 스토아 철학과 그리스 희극 연구로 유명한 케임브리지 대학의 고전학자다. 스코필드는 자신이 집필하고 있는 장르를 살짝 패러디하는 방법을 쓰는

데, 정색하고 쓰는 진중한 설명보다 다루는 대상에 대해 더 많은 것을 말해준다. 믿기 어려울 정도로 간결한 두어 문장으로 끝나는 샌드바크에 대한 글의 말미가 대표적이다. "샌드바크는 작고 친절한 남자였고 무모하거나 상처 주는 말은 애초에 할 줄 몰랐다. 사실 자발적으로 대화에 나서는 성향과는 거리가 멀었지만 일단 다른 사람이 말을 걸면 미니멀리스트 스타일로 반갑게 대화에 참여한다. 그에게 말을 시키지 않으면 그와 함께 있어도 침묵을 즐길 수 있다." 프랭켈에 대해서도 이처럼 흥미로운 무언가가 있었으면 좋았을 것이다. 이런 식의 사전류에서는 항상 포함 범위를 놓고 논쟁이 있게 마련이다(가령 영국의 군주 항목에 레이디 제인 그레이는 포함되는가, 아닌가?)헨리 7세의 증손녀로 에드워드 6세가 사망하자 왕위에 올랐으나 9일 만에 폐위되고 남편과 함께 처형되었다. 『영국고전학자인명사전』도 예외는 아니다. 분명히 포함될 법한 후보인데 수록되지 않은 이들이 제법 있다. 호메로스의 『오디세이아』가 사실은 시칠리아의 한 여성 작가의 작품이라는 주장을 담은 『오디세이아의 여성 작가The Authoress of the Odyssey』의 저자 새뮤얼 버틀러도 없고, 폼페이에 관한 최초의 영문 책을 집필한 윌리엄 겔도 없다. 신판 『DNB』는 이 사전에 이름을 올리지 못한 '고전 학자' '고전 고고학자' '라틴어 학자' '그리스어 학자'로 지정된 사람 수십 명을 치워버린다. 여성을 다룬 항목이 상당히 적은데(전체 700명 이상 중

40명 이하), 해당 분야가 완전히는 아니라도 대체로 남성 위주라는 정확한 지표다. 나한테 선택권이 주어졌다면 엘리자베스 1세보다는 엘리자베스 로손을 포함시켰을 것이다. 1988년에 타계한 로손은 로마사에서 중요한 인물이다. 아마 로손은 수록 대상이 '1920년 즈음까지는 출생했어야' 한다는 원칙에 따라 배제되었을 것이다. 그러나 이는 도움이 되지 않는 탈락이다. (같은 이유로 빠진 듯 보이는) 콜린 매클라우드와 마르틴 프레더릭센의 탈락도 마찬가지다. 콜린 매클라우드는 프랭켈의 제자이자 20세기에 가장 영향력 있는 고전 비평가 중 한 사람으로, 1981년 자살로 생을 마감했다. 역사학자 마르틴 프레더릭센은 1980년에 교통사고로 죽었다. 그러나 엘리자베스 1세의 언급이 암시하듯이 여기서 더 큰 문제는 전체 프로젝트의 정의에 관한 것이다. 『영국고전학자인명사전』에 착수하는 것이 얼마나 오만한 일인가라는 문제는 차치하고(혹은 이것은 어떤 학문 분야가 구제불능의 사양길에 접어들었다고 느낄 때 하는 그런 행동일까?), 19세기 중반 이후 시기에는 분명 어느 정도 의미가 있다. 19세기 중반은 고전학이 처음으로 전문 분야가 되었고 분명한 이익집단이 되었던 바로 그 시기다. 'classi-cist'(또는 'classic')라는 단어가 지금과 같은 전문적인 의미를 가지고 처음 쓰이기 시작한 시기도 바로 이때다. 이전까지는 라틴어, 그리고 정도는 덜하지만 그리스어 교육이 학교 교과과정에서 지배적인 위치를 차지했기 때문에 특정 엘리트 남성을 '고전학자 classicist'라고 지정하는 것은 거의 말이 되지 않았다. 역으로 그들 모두가 그렇게 불릴 자격이 있었다고도 말할 수 있으리라. 그렇다 보니 당연히 『영국고전학자인명사전』에서는 엘리자베스 1세와 함께 벤 존슨, 새뮤얼 존슨, 존스 에벌린, 존 밀턴, 스튜어트 밀 등을 선별해 포함시켰다. 그러나 이들과 그보다 더 최근의 전문가들을 나란히 두는 데서 얻을 것은 거의 아무것도 없다. 그럼에도 불구하고 『영국고전학자인명사전』을 통해, 여기에 나오는 전문 고전학자들이 공통으로 가지고 있는 게 있다면 그것이 무엇인지, 이것이 하나의 학문 분야로서 고전학에 어떻게 반영되는지를 생각해볼 기회를 갖는 데서 얻을 것은 있다. 처음부터 끝까지 읽은 사람이라면 누구라도 느낄, 가장 눈길을 끄는 부분은 영국과 독일 고전학의 강력하고도 복잡한 관계. 이는 부분적으로는 1930년대에 망명자들이 유입된 결과다. 문학평론가인 프랭켈과 찰스 브링크, 역사학자 펠릭스 야코비와 슈테판 바인슈토크, 고고학자 파울 야콥슈탈, 이외에도 많다. 실제로 이들 망명자의 명성은 『영국고전학자인명사전』에 나오는 더없이 따뜻한 일화들 중 하나에 의해서 훌륭하게 설명되고 있다. 망명자 다수가 (잠깐이지만) 신세를 졌던 포로수용소에 관한 일화다. 수용소는 국적에 따라 구분이 되어 있었다. 이탈리아인 수용소의 경우 교수는 세 명에 불과

　　　　　　　　5부 예술과 문화: 관광객과 학자들

했고 많은 웨이터와 요리사가 있었다(세 교수는 역사학자 아르날도 모밀리아노, 로렌초 미니오팔루엘로, 경제학자 피에로 스라파다). 반면 독일인 수용소는 학자들로 넘쳐났고 그들 중 많은 이가 고전학자였다. 영국인 소장이 세 명의 이탈리아인 교수에게 독일인 수용소에 있으면 더 편안할 것이라고 권했다. 그러자 다른 이들은 옮기겠다고 했지만, (오스윈 머리에 따르면) 모밀리아노는 그들을 만류했다. 모밀리아노는 "웨이터와 요리사가 가득한 수용소에 이탈리아인 교수 세 명이 있는 것이 독일 교수들로 가득한 수용소에 이탈리아인 웨이터 세 명이 있는 것보다 낫다"고 주장했다. 그러나 이것은 독일 학자들의 물리적인 존재 문제만이 아니었다. 19세기 초반 이래 여러 학자의 전기작가들은 독일 학계 특유의 전통을 이곳 섬나라에 들여오는 과정에서 중요한 고리 역할을 했다는 이유로 전기의 주인공을 찬미했다. 예를 들면 주교이자 역사학자였던 코놉 설월(1797~1875)은 "학구적인 독일 고고학 전통을 영국에 들여오는 데 기여했다". 고전학자이자 고문서 학자였던 월리스 린지(1858~1937)는 라이프치히에서 두 학기 동안 공부한 뒤 어두운 섬나라에 독일의 언어 분석이라는 광명을 안겨줬다. 고고학자이자 역사가이면서 역사가 아서 스트롱의 부인이기도 했던, 유지니 스트롱(1860~1943)은 뮌헨에서 아돌프 푸르트벵글러와 함께 연구한 뒤 미술사 연구에서 독일의 전통을 들여오는 같은 역할을 했다. 이와 대조적으로 프랑스나 이탈리아 학문 전통을 영국으로 들여왔다는 이유로 찬사를 받은 인물은 없다(여러 면에서 이들 나라의 학문 전통 역시 못지않게 훌륭했음에도 불구하고). 그리고 일부 학자는 독일의 학문 전통을 충분히 진지하게 수용하지 않았다는 이유로 혹평을 받기도 한다.

하지만 베를린과 뮌헨에서 지속적으로 유입된 영향에 대한 강조를 글자 그대로 받아들이기는 어렵다. 일부는 확실한 사실이었다. 그러나 만약 독일 지식의 유입이 정말로 이들 전기에서 일제히 주장하는 그런 규모였다면, 1934년 프랭켈은 옥스퍼드에 도착했을 때 마치 내 집에 있는 것처럼 편안함을 느꼈어야 한다. 하지만 그렇지 않았다. 사회적으로도, 지적으로도(1935년 그가 라틴어학과 학장으로 뽑히면서 촉발된 논란이 분명히 말해주듯이). 칭송 일색인 현대의 전기들은 이외에 많은 것과 함께 이때의 논란 역시 얼버무리고 넘어갈지 모른다. 그러나 영국인의 머릿속에 있는 독일 학문에 대한 (그리고 엄격한 학문의 상징적인 증표로서 그것의 역할에 대한) '통념'과 세미나에 대한 최신 사상을 보유하고 있는 진짜 독일 교수라는 형태의 현실 사이에, 불편한 충돌이 있었음은 분명하다(『영국고전학자인명사전』은 부지불식간에 이런 분위기를 암시하고 있다). 그러므로 누군가 새로 프랭켈의 전기를 쓴다면, 일중독 교수라는 표면적 이미지 아래 감춰진 면들을 드러내고 싸우려는 목표와 의지를 분명히 가져야 한다. 또한 프랭켈은 물론이고 다른 망명 독일 학자들을 복잡하고 감정적인 색채가 농후한 영국의 독일 고전학에 대한 환상이라는 배경과 대비시켜보려는 목표를 분명히 해야 한다(이들 망명 독일 학자 중 다수는 우리 생각과 달리 영국에서 쉽게 인정받지 못했다).

서평 도서
1 Robert B. Todd (ed.), 『영국고전학자인명사전Dictionary of British Classicists』 (Continuum, 2004)

31. 아스테릭스와 로마인

──────『아스테릭스Astérix』의 작가 르네 고시니가 1977년 사망
했을 때, 프랑스의 어느 부고 기사에서는 "마치 에펠탑이 무너진
것과 같았다"는 표현을 썼다. 에펠탑은 프랑스의 수도 파리를 대
표하는 가장 특징적인 건물이다. (한 모금만 마시면 몇 분 동안 괴력
을 발휘하게 해주는 마법의 물약을 가지고 다니며) 로마인에 맞서는
작은 체구의 용감한 갈리아족 전사의 모험담을 담은 만화가 수도
파리의 상징적인 기념물에 비견될 정도로 프랑스인의 문화적 정
체성에서 중요한 역할을 했던 것이다. 1969년의 조사 결과에 따
르면 프랑스 국민의 3분의 2가 『아스테릭스』 시리즈 중 적어도
한 권을 읽은 적이 있었다. 고시니가 사망할 무렵에는 프랑스 안
팎으로 총 판매량이 5500만 권을 넘어섰다고 하며, 아스테릭스가

(벨기에 출신의) 강력한 라이벌이었던 '탱탱'을 앞지르게 되었다『탱탱의 모험Les Aventures de Tintin』주인공. 소년 기자 탱탱이 애견 밀루와 함께 세계를 다니며 곤경에 처한 사람들을 돕고 사건을 해결하는 모험을 한다는 내용으로, 벨기에 작가 조르주 프로스페 레미가 1929년 1월 10일 에르제라는 필명으로 벨기에 신문에 연재를 시작해 벨기에뿐 아니라 세계적으로 큰 인기를 끌었다. 1965년에 발사된 프랑스 최초의 우주 위성의 이름도 아스테릭스로 명명했다. (나중에 미국은 찰리 브라운과 스누피라는 이름의 우주선으로 이에 맞섰다.) 당연히 아스테릭스의 인기와 명성을 활용한 지극히 일상적인 부산물도 적지 않았다. 예를 들어 1960년대와 1970년대에 프랑스 시장에는 머스터드소스부터 세제까지 정말 다양한 아스테릭스 활용 제품이 넘쳐났다. 이에 얽힌 흥미로운 일화도 있다. 고시니의 원고에 맞춰 그림을 그리며 『아스테릭스』 작업을 같이 했던 알베르 위데르조가 어느 지하철역에서 아스테릭스와 친구들이 세 가지 전혀 다른 제품을 최고라고 추천하는 광고가 나란히 있는 것을 보고 당황했다는 이야기다. 그때 이후로 고시니와 위데르조는 아스테릭스가 광고하는 제품 선정에 훨씬 더 엄격한 제한을 두었다고 한다.

르네 고시니는 1926년 파리에서 태어났고, 유년 시절을 프랑스와 아르헨티나에서 보낸 뒤 『매드Mad』 지를 창간한 일단의 만화가와 함께 뉴욕에서 만화를 공부했다. 1951년 프랑스로 돌아와 위데르조와 팀을 만들었다. 고시니가 글을 쓰고 위데르조가 그림을 그리는 식이었다. 둘이 함께 작업한 『옴파-파Oumpah-pah』는 비교적 단명한 만화 시리즈물로, 돌이켜보면 『아스테릭스』를 위한 일종의 예행연습이었다. 『옴파-파』는 18세기 미국 서부 오지 마을에 살면서 식민지 개척에 나선 백인에게 용감하게 맞서는 플랫핏 부족 인디언을 주인공으로 내세웠지만 말한 대로 단명했다. 그러나 1959년 고대 갈리아 사람 버전의 『옴파-파』를 내놓았을 때는 여러모로 운이 좋았다. 『필로트Pilote』라는 만화 잡지 창간호에 실렸는데, 『필로트』는 『매드』와 마찬가지로 어린이보다는 성인 대상 잡지였고, 룩셈부르크 라디오 방송국의 재정적인 지원을 받고 있었다. 따라서 잡지와 등장인물들의 즉각적인 성공은 라디오 방송국을 통해 제공되는 집중 홍보와 무관하다고 볼 수 없었다.

『갈리아인 아스테릭스Astérix le Gaulois』라는 제목으로 온전한 책이 처음 나온 것은 1961년이었다. 그로부터 16년 뒤 사망 무렵에 고시니는 시리즈의 24권인 『벨기에의 아스테릭스Astérix chez les Belges』 원고를 막 마무리한 참이었다. 정형화된 이미지의 벨기에인에 맥주와 브뤼셀 지방에서 오래전부터 재배되어 브뤼셀 스프라우트라 불리는 방울다다기양배추가 다량으로 등장한다. 여기에 불가피하게 『탱탱』의 두 등장인물이 단역으로 나오는 잔뜩 부풀려진 모험 이야기다. 이로써 『아스테릭스』는 거의 끝난 듯했다.

『벨기에의 아스테릭스』그림이 그려지기 전에 고시니가 사망했고, 위데르조는 작업을 마무리하길 극도로 꺼렸다. 그러나 그런 감정을 배려해줄 여유가 없었던 출판사는 억지로라도 그림을 그리게 하려고 소송도 불사했다. 1심에서 출판사가 이겼고 위데르조는 마지못해 작업에 착수했다. 항소심에서 판결이 뒤집혔을 때는 얄궂게도 책은 이미 출판된 뒤였다. (이제 80대가 된) 위데르조는 지난 30년 동안 시리즈는 끝났다고 선언하면서 은퇴했다가 몇 년 뒤 새로운, 1인 저작 모험 이야기를 가지고 컴백하는 일을 반복해왔다. 그동안 위데르조는 '아스테릭스 현상phénomène Astérixl'을 이용해 많은 돈을 벌기도 했다. 대표적인 것으로는 파리 바로 외곽에 세워진 보기 드물게 우아한 테마파크 '아스테릭스 공원'과 「아스테릭스와 오벨릭스 대 카이사르Astérix et Obélix contre César」「아스테릭스와 오벨릭스: 미션 클레오파트라Astérix et Obélix: Mission Cléopatre」같은 영화가 있다. 특히 약간 뚱뚱한 오벨릭스 역은 프랑스 국민배우 제라르 드파르디유에게 안성맞춤이었다.

여기서 아스테릭스 팬들에게 중요한 질문은 위데르조가 단독으로 작업해 내놓은 책들이 고시니와 위데르조의 굳건한 협력하에 나온 '고전'에 필적하는가 하는 것이다. 우선 위데르조의 단독 작품으로는 『검투사 아스테릭스Astérix Gladiateur』『아스테릭스와 클레오파트라Astérix et Cléopatre』『영국의 아스테릭스Astérix chez les

Bretons』『아스테릭스와 라트라비아타Astérix et Latraviata』 등이 있다.『검투사 아스테릭스』에서는 주인공 아스테릭스가 카이사르에게 붙잡힌 마을 시인을 구하기 위해 검투사가 된다. 영화로도 만들어진『아스테릭스와 클레오파트라』는 아스테릭스와 친구들이 이집트에 가서 벌어지는 내용을 담고 있다. 미국의 영화감독 조지프 맹키위츠의 1963년 영화「클레오파트라」의 서사를 유쾌하게 패러디한 것이 특징이다.『영국의 아스테릭스』에서는 영국에 마법의 약을 가져다주는 갈리아 전사들의 임무가 아스테릭스가 영국인에게 차를 끓이는 법을 가르쳐주는 것으로 마무리된다. 사실 고시니가 죽기 전에 위데르조는 글 쓰는 작업에서는 결코 많은 역할을 하지 않았다. 그렇기 때문인지『아스테릭스와 라트라비아타』(영어로는『아스테릭스와 여배우Asterix and the Actress』라는 제목으로 번역되었다)라는 작품으로 판단하자면 위데르조의 단독 작품은 이전의 '고전'에 필적하기 힘들어 보인다. 일단『아스테릭스』시리즈의 중요한 특징인 풍자가 김빠진 맥주처럼 진부해져버렸다. 줄거리는 지나치게 복잡한 데다 흥미가 떨어진다.『아스테릭스와 라트라비아타』는 아스테릭스와 그의 절친인 선돌 배달원 오벨릭스의 (합동) 생일 파티에서 시작된다. 멀리 콘다툼에 사는 엄마들은 아들들을 장가보낼 온갖 궁리를 하며 마을을 방문하고, 한편으로 오피둠, 즉 지방 소도시에서 기념품을 파느라 바빠 생일 파티에 참석하지 못하는 아버지들은 근사한 칼과 헬멧을 선물로 보낸다. 그런데 이들 선물이 지체 높은 로마인폼페이우스한테서 훔친 물건으로 드러난다. 아버지들은 결국 절도 혐의로 옥에 갇히고, 로마인들은 여배우를 오벨릭스가 짝사랑하는 팔발라로 변장시켜 마을로 침투시킨다. 오벨릭스를 구슬려 무기를 되찾으려는 계산이다. (팔발라는 원래 '장신구frippery'라는 의미인데, 번역자들은 만병통치약 혹은 치료의 여신을 의미하는 '파나케이아Panacea'라고 부른다.) 결국 진짜 팔발라가 나타나고 빤한 혼란이 이어진다. 이는 로마 역사의 지루한 교훈들이 여기저기 흩어져 있는, 짝짓기를 소재로 한 소극에 가깝다는 생각이 들게 한다. 『아스테릭스』 전체 시리즈에서 가장 빽빽한 말풍선 중 하나일 듯싶은 말풍선도 등장한다. 내용을 보면 숨 가쁘게 이어지는, 그렇지만 전적으로 옳다고만은 할 수 없는 기원전 1세기 로마 정치에 대한 개요로 채워져 있다. "먼 옛날 로마는 삼두정치에 의해 다스려졌어. (…) 이것은 세 명의 집정관……" 아스테릭스가 당연하게도 어리벙벙한 표정을 짓고 있는 오벨릭스에게 설명하는 내용이다.

그렇다고 위데르조의 구성이 항상 그렇게 엉성했던 것만은 아니다. 초기의 몇몇 작품을 보면 1980년대와 1990년대에 달라진 정치 상황 및 유머 스타일과 깔끔하게 조화를 이루는, 훌륭한 속편들을 만들어냈다. 『아스테릭스의 오디세이아L'Odyssée d'Astérix』

(영어판은 『아스테릭스와 석유Asterix and the Black Gold』)는 아스테릭스 일행이 마법의 약을 만드는 미지의 핵심 성분을(알고 보니 석유였다) 찾아 중동으로 떠난 뒤에 벌어지는 이야기다. 석유 산업, 오염, 복잡한 중동 정치 등을 훌륭하게 다루고 있다. 어렵게 얻은 귀한 화물을 싣고 고국으로 돌아오는 길에 영국 해협에서 달갑잖은 사고가 일어나는 바람에 세계 최초의 기름 범벅 갈매기가 탄생기도 한다. 포스트모더니즘으로의 전환도 점점 분명해지고 있다. "이번 모험이 그리 즐겁진 않군." 『아스테릭스의 아들Le Fils d'Astérix』의 중반쯤에서 아스테릭스가 오벨릭스에게 투덜댄다. "아, 괜찮을 거야." 오벨릭스가 친구를 안심시키면서 말한다. "이번 모험도 다른 때와 마찬가지로 별이 총총한 하늘 아래서 여는 연회로 마무리될 게 분명하니까." 오벨릭스는 『아스테릭스』 모험에서 공통되게 나타나는 특징적인 마지막 장면을 언급했다. 그러나 끝까지 읽고 나면 이번에는 예외임이 드러난다.

그렇지만 그보다 훨씬 더 중요한 질문은 고대 갈리아인과 그들에게 맨날 당하는 불운한 로마인 적들을 다룬 만화가 이렇게 성공한 이유다. 고시니와 위데르조는 이에 대해 크게 관심을 보이는 것을 항상 거부했다. 그들은 여기에 관심을 보이고 어떻게든 설명하려는 사람들을 '해설 병'에 걸렸다고 표현했다. 이런 기자들과 마주치면 퉁명스럽고 간단명료하게 그런 데는 관심이 없다고 분명히 밝혔다. 언젠가 고시니는 사람들이 아스테릭스를 보고 웃는 이유는 "그가 재미난 일들을 하기 때문이고 그게 전부다. 우리의 유일한 바람은 재미나게 노는 것이다"라고 말했다. 한번은 어떻게든 답을 얻고 싶었던 이탈리아의 TV 기자가 로마 제국에 맞서는 아스테릭스의 투쟁이 호소력을 갖는 이유는 "현대사회의 엄청난 무게에 짓눌리기를 거부하는 작은 인간"과 관련 있다는 의견을 (대놓고) 말한 적이 있다. 이에 대해 고시니는 자신은 지하철을 타고 출퇴근하지 않기 때문에 무언가에 짓눌리는 작은 인간들에 대해서는 알지 못한다고 역시나 분명하게 대답했다.

그러나 대부분의 평론가는 저자들과 달리 설명이 필요한 부분이 많다고 생각해왔다. 일부는 이탈리아 기자처럼 갈리아인과 초강대국 로마 사이에서 벌어지는 다윗과 골리앗의 싸움이 지니는 매력을 강조해왔다. 혹은 적어도 다윗과 골리앗 이야기를 교묘하게 비튼 것으로. 사실 주인공 아스테릭스는 우월한 계략과 지능으로 잔인한 폭력을 격퇴하는 것이 아니다. 마법의 물약을 통해 예기치 않게 적보다 더 잔인한 괴력을 쓸 수 있는 덕분에 이를 해낸다. 거듭되는 모험에서 갈리아 전사들은 기발하고 독창적인 책략들을 꾸미지만 실패할 때가 많고, 로마인들의 더없이 치밀한 계획도 마찬가지다. 그러나 독자는 걱정할 필요가 없다. 마법의 물약 덕분에 아스테릭스와 친구들이 한바탕의 소란과 함께 승리할 것이기 때문이다.

『아스테릭스』 만화가 성인을 대상으로 하는 잡지 『필로트』에 처음 연재되었던 것을 상기시키며 그 만화가 성인들에게 갖는 매력을 강조하는 이들도 있다. 『아스테릭스』에서는 현대 프랑스 문화와 정치에 대한 풍자가 여기저기 등장한다. 예를 들면 『오벨릭스와 무리Obélix et compagnie』에서는 자크 시라크 대통령의 경제 정책을 샅샅이 해부한다. 가식적인 로마 경제학자가 등장하는데 누가 봐도 시라크를 희화화한 것임을 알 수 있을 정도다. 또한 『아스테릭스, 갈리아 지방 일주Le Tour de Gaule d'Astérix』(영어판은 『아스테릭스와 연회Asterix and the Banquet』)에서 아스테릭스와 오벨릭스가 들른 마르세유에 있는 카페는 (아는 사람이 보면) 마르셀 파뇰의 「마리우스」라는 영화에 나오는 카페를 똑같이 모방한 것임을 알 수 있다.마르셀 파뇰은 프랑스의 극작가, 영화 제작자, 영화감독이다. 「마리우스」(1929)는 마르세유 항구의 카페를 무대로 한 풍자 희극 3부작 중 하나다. ("이제 제 작품이 불멸이 되었네요"라고 말한 것을 보면 파뇰은 그것이 반가웠던 모양이다.) 또한 『아스테릭스』에는 고전 예술작품에 대한 온갖 재치 있는 패러디가 등장한다. 『아스테릭스』를 사랑하는 더없이 지적인 팬들이 주장하는 것만큼 풍부하진 않지만 말이다. 특히 재치가 번뜩이는 패러디는 19세기 프랑스 화가 테오도르 제리코의 「메두사의 뗏목Raft of the Medusa」이라는 작품을 수정한 것으로, 『아스테릭스 로마 군단 병사Astérix légionnaire』 편에 등장한다. 작가들은 '메두사의 뗏목'을 불만 가득한 해적들이 타고 있는 곧이라도 무너질 것 같은 구명보트로 바꾸었다(그 그림의 의미를 정확하게 파악하지 못했을 독자들을 위해 대사를 통해 확인해주는 배려도 잊지 않는다. 그중 한 명이 'Je suis medusé'라고 외치는데, medusé는 medusa에서 파생된 동사 muduser의 분사형으로 깜짝 놀라다, 대경실색하다라는 의미다. 따라서 위의 문장은 '놀라서 할 말을 잃었다' 정도가 되겠다). 이처럼 어른들에게 갖는 호소력은 책의 판매와 직결되는 핵심 요인임에 분명하다. 대부분의 아이의 도서 구매가 어른의 구매력에 의존한다는 점을 감안한다면 말이다. 전기작가 올리비에 토드가 언젠가 말한 것처럼 『탱탱』은 아이들이 읽은 뒤 부모가 읽지만, 『아스테릭스』는 아이들이 손대기 전에 부모가 먼저 읽는 만화다.

『아스테릭스』 성공의 또 다른 주요인은 그것이 상기시키는 동시에 풍자하는 역사임에 분명하다. 영국으로 치면 교과서 속 영국 역사를 신랄하게 패러디한 『1066년 등등1066 and All That』을 생각하면 되지 않을까 싶다. 『1066년 등등』의 성공이 영국인에게 익숙한 영국 역사를 패러디하는 것이었듯이 『아스테릭스』도 프랑스 독자들을 그들 모두가 알고 있는 익숙한 순간으로 데려간다. 프랑스 학교의 교과과정에 따르면 프랑스 역사가 시작되는 순간으로. "우리 선조 갈리아인Nos ancêtres les Gaulois"은 수많은 교과서에서 지속적으로 아이들에게 강조하고 있는 내용이다. 이들 초기 선조 가운데 핵심 인물은 기원전 50년대 말 율리우스 카이사르에 맞서 일어난 유명한 반란에서 갈리아인을 이끈 지도자 베르생제토릭스라틴어 발음은 베르킨게토릭스다. 베르생제토릭스는 카이사르가 직접 기록한 갈리아 전쟁 기록에 반역자이자 갈리아 민족주의자로 나와 있는데, 갈리아 원정의 대단원을 장식한 알레시아 공방전에서 로마의 전술에 철저히 압도당한다. 무기를 버리고 카이사르에게 투항한 베르생제토릭스는 로마로 압송되었다가, 몇 년 뒤인 기원전 46년 카이사르의 개선식에 참석한 뒤 처형되었다. 현대 프랑스 문화에서 베르생제토릭스는 좌익과 우익 모두에게 국민 영웅이 되어 있다. 예를 들면 제2차 세계대전 당시 베르생제토릭스는 국민 영웅의 지위를 활용해 사뭇 다른 두 가지 역할을 동시에 수행한다. 하나는 "우리 나라 역사상 최초의 레지스탕스 전사"이고, 다른 하나는 독일에게 점령당한 뒤 (나치에 협력했던) 비시 정부와 국가 주석 페탱에게 패배했을 경우 고귀함을 지키는 방법, 고상하게 프랑스인이 되는 방법을 보여주는 상징으로서의 역할이었다. 패배한 반역자가 발휘할 수 있는 최대한의 품위를 가지고, 베르생제토릭스가 카이사르 발밑에 무릎을 꿇은 사건은 프랑스라는 나라의 역사에서 더없이 중요한 순간이자 동시에 하나의 신

5부 예술과 문화: 관광객과 학자들

화가 되어 있었다. 베르생제토릭스의 투항은 시리즈의 1편인 『갈리아인 아스테릭스Astérix le Gaulois』의 두 번째 장면에 등장하는데 여기서도 특유의 반전이 빛을 발한다. 베르생제토릭스가 던진 무기 꾸러미가 카이사르의 발끝에 떨어지고, 화들짝 놀란 카이사르는 승리를 축하하는 연설 대신 '아야!' 하는 비명을 지른다. 사실 시리즈 전체에서 아스테릭스를 베르생제토릭스와 똑 닮은 대역으로 간주해도 무방할 것이다. 카이사르의 손아귀에서 벗어난 갈리아 민족주의자라는 환상을 채워주는.

그러나 아스테릭스가 프랑스 대중문화 전통에 그렇게 깊이 뿌리 박고 있다면, 세계 여러 지역에서의 엄청난 성공은 어떻게 설명해야 할까? (내가 알기로 『1066년 등등』은 프랑스, 아이슬란드, 일본 등에서 그렇게 많은 독자의 심금을 울린 적이 없다.) 의욕적인 번역도 대답의 일부가 된다. 전체 시리즈를 영어로 번역한 앤시어 벨과 데릭 호크리지는 더없이 적극적이고 의욕적인 태도로 작업에 임했다. 프랑스 농담, 특히 특유의 재치 있는 말장난을 영어식의 새로운 표현으로 바꾸는 과정에서 의미는 동일하되 형태는 원작과 거의 관계없어지는 경우도 적지 않았다. 주요 등장인물의 이름도 예외가 아니었다. 음치인 시골 음유시인 아쉬랑스투릭스 Assurancetourix('assurance tous risques', 즉 '종합 자동차 보험')는 영어 버전에서는 캐코포닉스Cacofonix가 되었다. 프랑스 개 이델픽스Idéfix는 영어로는 도그마틱스Dogmatix로 등장한다. 벨과 호크리지는 유머를 표현한 글자 자체가 아니라 유머의 진정한 의미에 충실한 번역을 했다. 가령 앞서 언급한 『메두사의 뗏목』에서 'je suis medusé'는 패러디의 핵심을 영어로 적절히 암시하는 '우리는 제리코의 함정에 빠졌다!'로 대체되었다.

번역가들의 개입으로 대부분은 원본과는 상당히 다른 책이 탄생했다. 대표적인 경우가 『영국의 아스테릭스』다. 프랑스어 원본을 보면 『벨기에의 아스테릭스』와 흡사하게 영국인들을 프랑스인들의 고정관념에 딱 맞는 모습으로 제시하면서 웃음거리로 삼는 일이 많다. 영국인은 오후 5시면 일을 멈추고 따뜻한 물을 마시는 소위 'hot water break'를 즐기고(아직 아스테릭스가 차 끓이는 법을 알려주기 전이다), 미지근한 맥주를 마시고, 음식에 민트 소스를 잔뜩 발라 먹고, 서투르게 모방한 알아듣기 힘든 '앵글로 프랑스어Anglo-French'를 쓴다. 'goodness gracious', 즉 '아이구 세상에!' 라는 감탄사로 'Bonté gracieuse'가 자주 나온다. 그리고 영어의 'rather'에 해당되는 프랑스어 'plutôt'를 붙이는 모습도 여러 문장에 등장한다. 게다가 원래 명사 뒤에 와야 하는 프랑스어 형용사가 명사 앞에 삽입되는 경우도 반복해서 나온다(마법의 약을 말할 때도 'potion magique' 대신에 'magique potion'을 쓰는 식이다). 그러나 벨과 호크리지의 번역에서는 이처럼 가시 돋힌 프랑스 우월주의가 영국인 특유의 자기비하로 바뀌어 번역된다. 고시니나 위데르조가 나서서 영국인에 대한 희화화에 악의는 전혀 없으며 순전히 재미를 위한 것이라고 구구절절 설명할 필요가 없다. 벨과 호크리지가 이미 날카로운 가시를 뺐기 때문이다.

  기본적인 줄거리도 『아스테릭스』 시리즈의 국제적인 인기, 적어도 유럽에서의 인기를 강화하는 데 일조한다. 의도적이든 아니든 고시니와 위데르조는 유럽 대륙 대부분의 지역에 걸쳐 있는 로마 제국의 유산을 활용했다. 로마가 정복했던 곳이면 어디든지 영웅적인 저항과 매력 넘치는 원주민 자유의 투사들 이야기가 있게 마련이다. 프랑스인들에게 아스테릭스 이야기가 베르생제토릭스 이야기에 딱 맞는다고 느껴졌다면, 영국인들은 아스테릭스를 보며 로마군에 저항했던 부디카나 카라타쿠스를 떠올릴 수 있다카라타쿠스는 서기 1세기 브리타니아 카투벨라우니 부족의 족장으로 로마 정복에 맞선 원주민의 저항을 이끌었다. 독일인이라면 서기 9년 토이토부르크 숲 전투에서 로마군을 격퇴해 로마가 게르마니아 공략을 단념하게 만든 국민 영웅 헤르만의 변형으로 생각될 수 있다(라틴 문헌에서는 아르미니우스로 알려진 인물이다). 이탈리아인들로 말하자면 그들은 평소에도 로마 시대 선조들에 관한 농담을 즐기고 다소의 희화화도 웃어넘기는 편이다. 특히 선조들이 『아스테릭스』에서 그려지는 것처럼, 심각한 악행을 저지를 만큼 영악하지는 않은, 꽤 정감 있는 악당들로 그려질 때는.

아마도 미국 독자들의 지지를 얻으려는 노력이 아닌가 싶은, 갈리아족 전사들을 신세계로 데려가는 모험이 있음에도 불구하고 미국은 서구에서 유일하게 『아스테릭스』가 대중적인 인기를 얻지 못하고 소수의 기호로만 남아 있는 나라다. 미국 시장이 보여주는 이런 차이를 이론적으로 설명하려는 노력은 끊임없이 있었지만 어느 것도 썩 와닿지 않는다. 프랑스의 문화적 우월주의자들은 『아스테릭스』가 워낙 수준이 높고 세련되어서 디즈니의 아동용 만화와 영화에 열광하는 미국 대중에게는 버겁다고 여기기를 좋아한다. 그러고는 상대적으로 우아하고 고급스러우며 프랑스 분위기가 물씬 풍기는 아스테릭스 공원과 유로 디즈니 테마파크의 차이를 지적해왔다. 공교롭게도 두 공원은 파리 교외, 서로 멀지 않은 곳에 위치한다. 어떤 이들은 정치적인 설명을 시도한다. 만화에서 그려지는 착한 갈리아인과 나쁜 로마인 사이의 갈등을 미 제국주의와 새로운 초강대국의 지배에 대한 노골적인 공격으로 해석하는 것이다(따라서 이들은 중국과 중동에서 『아스테릭스』 시리즈의 생각지 못한 틈새 시장을 찾을 수 있으리라 추정한다). 그러나 핵심은 『아스테릭스』가 너무나 확실하게 '유럽적'이라는 점이다. 로마 제국의 유산은 유럽 여러 나라가 서로에 대해, 그리고 그들이 공유하는 역사와 신화에 대해 이야기할 수 있는, 대중문화 내부의 환경을 조성해주었다. 멀리 대서양 건너편에서 이를 뚫고 들어오기는 힘들다고 본다.

아스테릭스 이야기는 또한 유럽 곳곳에서 많은 이가 거기 나오는 역사 시대와 선사시대에 대해서, 그리고 거기서 구현되는 신화들에 대해서 좀더 골똘히 생각하게끔 자극해왔다. 아스테릭스 시리즈의 인기를 이용함에 있어서 고고학자들도 절대 굼뜨지 않았다. 고고학자들은 아스테릭스 시리즈의 인기를 학생과 부모들에게 박물관과 유적지 방문의 즐거움을 알리는 용도로 활용했다. 예컨대 몇 해 전 영국박물관에서 열린 철기시대와 로마 지배하의 브리타니아 소장품 '교육용 전시'는 제목을 아예 '영국박물관에 온 아스테릭스'라고 하여 아스테릭스를 구호 겸 얼굴마담으로 활용했다. 하지만 아이러니하게도 고시니와 위데르조가 다룬 갈리아-로마 갈등 시나리오의 토대가 되는 로마사에 대한 해석은 학계의 유행에서 사라진 지 오래다. 시간을 되돌려 40년 전쯤으로 돌아가보면, 로마 제국의 북쪽 속주들의 역사를 대체로 『아스테릭스』 스타일로 재구성하려는 고고학자들을 실제로 볼 수 있다. 당시에는 로마 제국주의를 전반적으로 냉혹하며 분명한 선택을 강요하는 체제로 이해했다. 이런 관점에 따르면 로마 제국주의는 점령지 원주민들에게 간단한 선택만 제공했다. 로마화하거나 저항하거나. 라틴어를 배우고, 토가를 입고, 목욕탕을 지어라. 아니면 (마법의 물약 따위가 없는 현실에서) 얼굴과 몸에 대청에서 채취한 청색 물감을 칠하고, 앞뒤로 커다란 낫을 매단 전차를 타고 가장 가까운 곳에 있는 로마 보병 분대를 학살하라(22장). 이는 『족장들의 싸움Le Combat des chefs』(『아스테릭스와 큰 싸움Asterix and the Big Fight』)에서 그야말로 우스꽝스럽게 극화된 선택인데, 책을 보면 아스테릭스가 사는 마을과 인근 갈리아인 정착지를 대비시킨다. 아스테릭스와 친구들이 로마에 열렬히 저항하는 쪽을 택했다면, 다른 마을은 똑같이 로마화를 열렬히 받아들였다. 그곳 원주민 오두막들이 그리스 로마 양식 기둥으로 장식되어 있고, 족장이 마을 중앙 광장으로 보이는 곳에 설치된 로마 인물상에 깍듯이 예우를 다하는 모습을 볼 수 있다. 그리고 마을 학교 학생들은 '주입식 문법 교육'을 받고 있다.

그때에 비하면 지금은 로마 제국에 대한 접근이 상당히 현실적이다. 밝혀진 바에 따르면, 로마인들은 『아스테릭스』 모델에서 상상하는 직접적인 통제나 문화적 균일성 등을 강요할 인력도, 의지도 없었다. 오히려 로마인들은 금전적 이득과 잡음 없는 생활에 우선순위를 두곤 했다. 원주민들이 세금을 내고, 공개적으로 반기를 들지 않고, 필요한 경우 로마의 문화 기준을 따르는 약간의 시늉만 하면, 그들의 삶은 (그들이 원하는 대로) 예전과 크게 다르지 않게 유지될 수 있었다. 이런 식의 새로운 로마 속주 생활은

5부 예술과 문화: 관광객과 학자들

16. 브리타니아의 로마화는 그저 연극이었을까? 얼마나 얄팍한 수준의 로마화였는가를 상기시켜주는 장면이다.
남편: 더 이상은 못 버티겠어 여보!
부인: 이제 괜찮아요. 여보. 다들 갔어요!

아직까지는 연재 만화로 구현되어 영원성을 부여받지는 못했다. 그러나 고고학자들 사이에서는 몇 년 전 고고학자 사이먼 제임스가 그린 코믹 삽화 하나가 유명하다. 북부 속주들에서 로마 제국주의 역사에 대한 새로운 접근법을 핵심만 압축하여 보여주는 내용이다. 삽화에는 철기시대의 둥근 오두막 형태의 작은 원주민 주택과 원주민 가족이 등장한다. 오두막 바로 옆에는 로마 도로가 나 있고, 로마 군단병이 막 주택을 지나치는 참이다(2000년이 지난 지금 고고학자들이 발굴하려고 혈안이 되어 있는 각종 잡동사니를 여기저기 무심히 떨어뜨리면서). 약삭빠른 원주민들은 도로와 오두막 사이에 커다란 얇은 판을 오려 만든 구조물을 세워두었는데, 박공벽과 기둥 등을 갖춘 로마 건축물 특유의 전면을 보여주고 있다. 원주민들은 부부가 합심해 구조물을 힘겹게 떠받치고 있다. 지나가는 로마 병사들에게 좋은 인상을 주고, 안쪽에서 태평스럽게 지속되는 원주민들의 원래 생활 모습을 감추기 위해서다. 그러나 이런 위장을 오래할 필요는 없다. "이제 괜찮아요, 여보. 다들 갔어요!" 로마 군단병이 저만큼 사라지자 원주민 부인이 남편에게 하는 말이다. 아스테릭스 시리즈에는 아직 포함되지 않은 기발한 속임수다.

서평 도서

1 Alberto Uderzo, 『아스테릭스와 여배우Asterix and the Actress』, trans. Anthea
  Bell and Derek Hockridge(Orion, 2001)

후기_ **고전학 서평 쓰기**

━━━━━ 이 책의 첫 장에선 크노소스의 선사시대 궁전에서 진행된 아서 에번스의 작업, 특히 건축물과 벽화, 그리고 사실상 모계 중심에 평화를 사랑하는 미노스 크레타 문명 전체의 '재건' 작업에 대해 살펴봤다. 나는 1장에서 에번스의 가장 중요하고 흥미로운 발견물 중 하나를 지나가듯 가볍게만 언급했다. 그것은 바로 에번스 자신이 (상당한 노력을 들였음에도 불구하고) 해독하지 못한 문자로 쓰인 수백 장의 서판이다. 그러나 에번스는 이들 서판이 두 가지 다른 유형으로 나뉜다는 것만은 확실히 인식하고 있었다. 소수는 에번스가 'A형' 또는 '선형문자 A'라고 불렀던 문자로 쓰였고, (압도적 다수인) 나머지는 그가 '선형문자 B'라고 불렀던 문자로 쓰였다. 에번스는 선형문자 A와 B 모두 그리스어가 아

니라고, 아주 원시적인 형태의 그리스어도 아니라고 생각했다.

그로부터 반세기 뒤 건축가이자 뛰어난 문자해독가인 영국인 마이클 벤트리스는 에번스가 적어도 절반은 틀렸음을 입증했다. 선형문자 A는 아직 해독되지 않은 상태지만 벤트리스는 (케임브리지 대학의 존 채드윅의 도움을 받아) 선형문자 B가 사실은 그리스어의 변형임을 밝혀낸 것이다. 말하자면 지중해에 있는 선사 문명 중 일부와 호메로스 이후로 우리가 훨씬 잘 알고 있는 그리스 세계 사이에 언어적 연관성이 존재했다. 벤트리스의 선형문자 B 해독은 20세기에 이뤄진 가장 짜릿한 문자 해독이었다(고전학자들의 기대와 달리 이들 서판은 초기 서사시가 아니라 주로 물품 대금 지급 기록이나 물건 목록, 일단의 종교인 명단 같은 행정상의 목록으로 밝혀졌지만). 그리고 1956년 벤트리스가 불과 서른넷의 나이로 자신의 문자 해독 결과물이 온전히 출판되기도 전에 자동차 충돌 사고로 목숨을 잃자, 선형문자 B 해독은 한층 더 매력적인 사건이 되었다.

그러나 선형문자 B 해독 사실은 1952년에 이미 공표되었다. 학술적인 공표 형식과는 무관하게 당시 BBC 제3프로그램(현재의 라디오 3)의 토크쇼를 통해서였다. BBC의 젊은 프로듀서 프루던스 스미스의 발 빠른 기획 덕분이었다. 스미스는 오랜 세월이 흐른 뒤 당시의 특종에 대해 다음과 같이 추억했다.

마이클 벤트리스는 제 남편과 같이 일했습니다. (…) 그래서 우리는 마이클 부부와 잘 알고 지냈지요. (…) 마이클이 크레타섬에서 나온 서판을 연구한다는 이야기를 들었습니다. 하하. 건축가가 그런 것을 한다니 재밌는 일이라고만 생각했지요. 그런데 마이클은 정말로 연구를 하고 있었고, 그것도 제대로 하고 있었습니다.

어느 날 저녁 (그 일을 결코 잊지 못할 겁니다) 우리는 런던 햄스테드에 있는 마이클의 새 집으로 저녁을 먹으러 갔습니다. (…) 그런데 마이클이 나오지 않았습니다. 다른 방에 틀어박혀 있었지요. (…) 그의 아내가 식전에 마시는 셰리주와 간단한 음료를 내왔지만 그때까지도 마이클은 나오지 않았습니다. 계속 나오지 않았어요. 살짝 배가 고파졌을 무렵 마침내 마이클이 밖으로 나왔는데 완전히 기진맥진한 모습이더군요. 그러고는 이렇게 말했죠. "이렇게 기다리게 해서 너무 죄송합니다. 하지만 해냈습니다. 내가 해냈어요!" 마치 그는 의상이나 무엇을 발표하는 것 같았습니다. "그 말이 그리스어일 줄 **알았다니까**." 마이클이 중얼거리듯 말했습니다.

다음 주 방송국 기획회의에서 내가 머뭇거리며 말했습니다. "크노소스에서 나온 서판을 해독한 사람을 알고 있습니다." 누군가가 말했습니다. "무슨 소리예요? 그건 해독이 불가능한데." 이에 내가 말했지요. "아, 아니에요. 장담하건대 확실히 **그겁니다**." 사람들이 내 말을 믿어주었고 방송에 나가게 되었습니다. 선형문자 B 해독에 관한 최초의 대외 공표였습니다. (…) 〔벤트리스를〕 설득하는 일은 어렵지 않았습니다. 그는 〔라디오가〕 공표에 적절한 장소라고 생각했지요.

이는 생각지 못한 행운과 훌륭한 기자 정신이 뒤섞인 결과물이다. 하지만 이는 또한 '최일선 고전학', 그리고 고전학의 중요한 발견들이 영국의 폭넓은 대중과 얼마나 긴밀하게 연결되어왔는가를 말해주는 행복한 기억이기도 하다. 벤트리스는 라디오가 자신의 문자 해독 소식을 처음 전하기에 적절한 장소라고 생각했다. 다른 많은 이도 근본적으로 새로운 고전학 해석을 알리고, 고전 세계에 대한 토론을 지속할 '적절한 공간'이 강의실이나 학술 잡지 밖이라고 생각해왔다. 이미 살펴본 것처럼(24장) 그리스 비극에 대한 가장 중요한 재해석의 일부는 연구실이 아니라 무대 위에서 이뤄졌다. 시인 크리스토퍼 로그가 내놓은 지극히 현대적인 『일리아스』 번역본은 지난 100여 년 사이에 나온 것 중 가장 영향력 있는 번역본이 아닌가 싶은데, 이것 역시 BBC 제3프로그램을 통해 처음 세상에 알려졌다. 나아가 (과거 10여 년 동안 좁게 보면 '서평란', 넓게 보면 문예비평 전반이 무자비할 정도로 축소되었음에도 불구하고) 평범한 신문이나 주간지에서 고대 세계에 관한 책들을 다루는, 상당히 세심한 통찰력이 돋보이는 논평을 심심찮게 볼 수 있다. 케임브리지 대학 고전학과에서 가장 영향력 있었던 선배들 중 한 명도(뛰어나면서도 어딘지 모르게 서투른 모습도 번갈아 보여주었던, 미국 태생의 모지스 핀리) 1950년대 말부터 1960년대 내내 학술지에 발표한 것보다 더 많은 내용을 서평란과 라디오 토크쇼를 통해 발표했다.

이런 맥락에서 나는 여기 실린 글들 하나하나가 비전문가들이 읽는 문예지에 실린 에세이 또는 서평에서 시작되었다는 점을 여러분에게 다시 한번 상기시키고 싶다. 아주 기쁜 마음으로. 물론 '서평 쓰기'가 상당히 엇갈리는 평가를 받고 있는 것은 사실이다. 우선, 부정까지는 아니라도 편파성이라는 기본적인 문제가 있다. 비판적인 서평은 사사로운 악감정 탓으로 매도되고 쉽고, 호의적인 서평은 노골적인 아첨으로 보이기 쉽다. 서평의 중요성, 영향력, 심지어 사람들이 얼마나 꼼꼼하게 서평을 읽는지 등과 관련해서도 역시 의문이 있다. 출판사들의 태도야말로 서평을 둘러싼 엇갈린 평가를 단적으로 보여주는 사례일 것이다. 한편으로 출판사들은 자기네 책을 논평해달라고 잡지사 서평 담당자들을 끈질기게 괴롭힌다. 그리고 다른 한편으로 서평이 도서 판매에는 크게 영향을 미치지 못하는 것 같다면서 서평이 나쁘게 나올까봐 전전긍긍하는 작가들을 안심시킨다. 사실 옳은 말이다. 달리 말해 서평을 읽고 또 읽으며 꼼꼼히 확인하리라고 100퍼센트 확신할 수 있는 유일한 사람은 저자뿐이라는 말이다. (그런 까닭에 자신이 보기에 불공평한 비판으로 아무리 마음에 상처를 받아도 작가들은 결코 불만을 이야기하는 투고 따위를 보내지 않는다. 아무도 크게 주의를 기울이지 않았던 사안에 대해 공연히 사람들의 관심만 끄는 꼴이 될 가능성이 높기 때문이다!)

하지만 이런 태도는 서평이 여전히 중요한 이유, 그리고 과거 어느 때보다 서평이 필요한 이유를 간과하고 있다. 물론 나도 불편부당하지 않으며 편견을 가지고 있는 사람이다. 그런 내가 지난 30년 동안 각종 신문과 정기 간행물 등에 1년에 10여 편의 서평을 써왔다. 또한 지난 20년 동안 나는 『타임스 리터러리 서플먼트』의 고전 분야 편집장을 맡아 어떤 책을 검토할 것인가, 어떤 평론가에게 맡길 것인가를 택하고, 원고가 들어오면 편집하는 일을 해왔다. 그리하여 『타임스 리터러리 서플먼트』가 문예 분야의 부정부패의 중심이 되었을까? 나는 그렇게 생각하지 않는다. 아무튼 특정 책에 대해 무슨 말을 할지 뻔히 예상되는 그런 사람에게는 그 책의 서평을 절대 맡기지 않는다는 게 내 기본 원칙이다. 비평가가 저자를 아는 경우에는, 비평가가 그런 관계에 휘둘리지 않고 자기 생각대로 평가를 할 수 있다는 확신이 들 때만 서평을 맡긴다(이런 경우가 아예 없으면 더 좋겠지만 고전학이라는 비교적 관계가 긴밀한 공동체 안에서는 때로 이런 상황이 불가피하다). 말하자면 나는 (아는 사이라고 해서) 항상 좋은 말만 할 사람에게는 서평을 청탁하지 않는다. 여기에 간과하기 쉬운 간단한 진리가 하나 있다. 알고 보면 공평하기가 마냥 그렇게 어려운 것만은 아니라는 점이다. 이리저리 머리 굴려가며 들키지 않게 부정한 평가를 내리기보다는 공평하기가 훨씬 쉽지 않겠는가?

그렇다면 서평의 목적은 무엇인가? 나는 소설 같은 허구를 다룬 서적과 그렇지 않은 서적 사이에 서평의 목적에 큰 차이가 있다고 생각한다. 그러나 고전학 영역에서 서평은 기본적인 품질 관리 수단으로서 해야 할 중요한 책무가 있다(사실 완벽하진 않지만 우리가 가진 최선의 품질 관리 수단이라고 본다). 라틴어가 온통 틀렸다면, 혹은 신화나 연대가 온통 뒤죽박죽이라면, 누군가는 지적을 해야 하지 않겠는가? (책이 나오고 5년 뒤 학술지에 실리는 학술 논평만이 아니라 좀더 대중적인 수단으로도.)

그러나 그보다 중요하고 흥미로운 것은(그럴싸하게 꾸며놓았다뿐이지 알고 보면 오류 지적질과 별반 다르지 않은 글에 흥미를 가질 사람이 얼마나 되겠는가?) 서평은 어떤 책이 집필하고 출판할 가치가 있게 만드는 진행 중인 논쟁의 핵심 부분이라는 점이다. 또한 책으로 인해 촉발되는 논의를 더 많은 사람에게 공개하는 수단이기도 하다. 이는 내가 학술지가 아닌 문예지에 서평을 쓰면서 느끼는 즐거움에도 분명 일조하고 있다. 말하자면 나는 서평을 쓰면서 내가 몸담고 있는 분야 최고 전문가들의 글을 꼼꼼히 살피고 핵심 주장을 이해하려 노력하는 데서도 즐거움을 얻지만 동시에 그것이 중요한 이유를 도서관과 강의실 벽을 넘어 바깥 세상에 보여주는 데서도 즐거움을 느낀다(거기에는 누가 봐도 흥미로운 것도 있고 이래저래 논란이 많은 것도 있겠지만 어느 쪽이든 상관없다). 내가 3장에 소개한 사이먼 혼블로어의 『투키디데스 해설』에 대한 서평을 생각해보자. 투키디데스에 대한 전문 해설서가 『뉴욕 리뷰 오브 북스』 지면에서 논의되는 것을 보고 혼블로어 스스로가 좀 의외라며 놀라지 않았을까 싶다. 하지만 나는 그 서평을 통해 혼블로어의 책이 우리가 투키디데스를 어떻게 제대로 또는 잘못 이해하고 있는지, 어떻게 제대로 또는 잘못 인용하고 있는지라는 문제를 제기하고 있음을 널리 보여주고자 했다. 투키디데스 이해와 인용이 올바른가라는 문제는 현재진행형이기 때문이다.

부디 내가 이런 작업에 어울리는 대담함과 솔직함을 가지고 일해왔기를 바란다. 어떤 책의 주장을 다루는 데 나는 적당히 사정을 봐주거나 하지 않는다. 그렇지만 하나의 황금률은 확실하게 가지고 있다. 나는 절대로 작가의 면전에서 말할 각오가 되어 있지 않은 내용을 서평에 넣지 않는다. "말로 할 수 없다면, 글로도 쓰지 마라."(내가 보기에는) 서평을 쓰는 모든 사람이 이를 좌우명으로 삼아야 한다. 이 책의 장들을 쭉 훑어보면서 나는 새삼 이런 원칙을 확인한다. 내가 저자들 앞에서 이미 말했던 내용이 적지 않기 때문이다. 대표적인 예로 이 책의 6장과 10장에서 다룬 피터 와이즈먼이 있다. 10년 넘게 이런저런 세미나와 토론회장에서 만나 논쟁하면서 견해차를 확인한 사이이므로 와이즈먼은 초기 로마 역사와 연극에 대한 상상력을 동원한 재구성에 내가 찬사와 실망이 뒤섞인 반응을 보이는 것을 의외라고 생각하지 않았으리라.

내가 옳은가, 그른가는 물론 별개의 문제다. 그러나 그동안 써둔 서평들을 새로운 보금자리가 될 이 책에 맞게 편집하고 수정하면서 나는 그동안 생각이 크게 바뀌지 않았음을 깨달았다(이제 와서 보면 2장에서 다룬 델포이 여사제의 여러 다른 '입'에 대한 열광은 과한 느낌이 있다는 생각이 분명히 들긴 하지만). 지금 내 바람은 이들 서평이 이곳에서 새로운 독자를 찾고, 초보자와 전문가 모두를 고전과 관련된 대화로 끌어들였으면 하는 것이다. 또한 (벤트리스가 앞으로 내가 이룰 어떤 업적보다 위대한 발견에 대해 언급하면서 말했던 것처럼) 이 책이 이들 서평에 맞는 '적절한 장소'로 밝혀지기를 바란다.

참고 자료

본문에서 내가 제기한 이슈들에 대해 상세히 알아보거나 추가 정보를 얻을 가장 확실한 자료는 당연히 서평의 대상이 되는 책이다. 아래 소개하는 내용은 체계적인 참고문헌은 아니다. 본문에서 언급한 일부 중요한 저서나 주제를 다룬 좀더 충실한 참고자료들을 소개하고 있다. 또한 관심이 있는 독자들을 위해 추가적인 읽을거리도 일부 소개하는데, 지극히 개인적인 기호에 따른 것임을 미리 밝혀둔다.

• 서론
크리스토퍼 로그가 번역한 호메로스 작품에 대한 개리 윌스의 논의는 NYRB 23(April, 1992)을 참조하기 바란다.

• 1부

1장
덩컨 매켄지의 이력에 대해서는 니콜레타 모밀리아노의 다음 책을 참조하라. *Duncan Mackenzie: A Cautious, Canny Highlander*(Bulletin of the Institute of Classical Studies, Supplement 63, 1995) 마틴 버널의 *Black Athena: the Afroasiatic roots of classical civilization*의 앞에 두 권은 1987년과 1991년에 각각 출판되었다(London and New Brunswick, NJ). 버널은 (논란이 없지 않지만) 고대 그리스 문화의 이집트, 아프리카, 셈족 기원을 강조했다. '크노소스 현상Knossos phenomenon'을 다룬 최근의

가장 흥미롭고 고무적인 책으로는 C. Gere, *Knossos and the Prophets of Modernism*(Chicago, 2009)을 들 수 있다.

3장

투키디데스의 저작에 대한 최근의 중요한 연구 결과로는 다음 책들을 들 수 있다. V. Hunter, *Thucydides: The Artful Reporter*(Toronto, 1973); T. Rood, *Thucydides: Narrative and Explanation*(Oxford, 1998); E. Greenwood, Thucydides and the Shaping of History(London, 2006).

4장

제임스 데이비드슨의 알렉산드로스에 대한 유명한 에세이는 *LRB 1*(November, 2001)에 실렸다. 고대 페르시아 사회의 여러 측면과 '지방 총독의 임무'에 대한 기본적인 정보를 알고 싶은 독자라면 T. Holland, *Persian Fire: The First World Empire and the Battle for the West*(London, 2005) 혹은 M. Brosius, *The Persians*(London, 2006)를 보면 어느 정도 공백을 메울 수 있으리라. 하드리아누스와 안티누스에 대해서는 C. Vout, *Power and Eroticism in Imperial Rome*(Cambridge, 2007)에서 잘 다루고 있다.

5장

고대 소화집Philogelos에서 선별한 농담들은 W. Hansen (ed.), *Anthology of Ancient Greek Popular Literature*(Indiana, 1998)에 번역되어 있다. 전체 완역은 B. Baldwin, *The Philogelos or Laughter-Lover*(Amsterdam, 1983)에 나와 있다.

• 2부

6장

아르날도 모밀리아노의 로물루스와 아이네이아스에 대한 에세이('How to Reconcile Greeks and Trojans')를 보고 싶다면 다음을 참조하라. *On Pagans, Jews, and Christians*(Middletown, CT., 1987)

8장

J. I. Porter (ed.), *Constructions of the Classical Body*(Ann Arbor, 1999)에 실린 A. 리클린의 'Cicero's head'는 키케로의 참수를 아주 훌륭하게 다룬 글이다. S. Butler, *Hand of Cicero*(London 2002)도 마찬가지다.

9장

(키케로의 독설이 얼마나 극단적이었는가를 보여주는) 키케로의 베레스 탄핵과 관련된 꼼꼼하고 전문적인 연구들은 다음 자료에서 볼 수 있다. J. R. W. Prag (ed.), *Sicilia Nutrix Plebis Romanae: Rhetoric, Law, and Taxation in Cicero's Verrines*(Bulletin of the Institute of Classical Studies, Supplement 97, 2007)

• 3부

11장

J. P. Hallett, 'Perusinae glandes and the changing image of Augustus', *American Journal of Ancient History* 2(1977)에는 페루자에서 발견된 투석에 대한 상세하고 (지극히 노골적인) 연구 결과가 담겨 있다(151~171쪽에 나와 있다).

12장

게르마니쿠스의 연설을 기록한 파피루스는 *World Archaeology* 26(2009)에서 도미닉 래스본이 번역하여 설명하고 있으며, www.world-archology.com/freatures/oxyrnchus/를 통해서도 볼 수 있다. 에이드리언 골즈워디의 *Anthony and Cleopatra*(London, 2010)는 두 인물을 동시에 다룬 전기다. 본문에서 인용한 노골적으로 "미친 여왕" 운운하는 호라티우스의 글은 *Odes* 1, 37에 나온다. (시의 다른 부분에서는 여왕에 대해 좀 더 미묘한 관점을 제시하고 있지만.)

13장

본문에서 나는 *Daily Life in Ancient Rome*(New Haven and London, 2003)의 재판에 소개된 제롬 카르코피노 연구의 정치적 배경에 대해서 말하고 있다.

14장

사절단의 일원으로 칼리굴라를 만난 경험에 대한 필론의 설명은 *On the Embassy to Gaius*에 나온다(하버드 대학 출판부에서 나오는 고전 총서인 Loeb Classical Library의 필론편 10권에 번역되어 있으며, www.earlychristianwritins.com/yonge/book40.html을 통해서도 볼 수 있다). 정권 교체기에 로마 제국의 유혈 기록에 대한 발터 샤이델의 주장은 2011년 케임브리지에서 했던 강의의 일부였다(www.sms.cam.ac.uk/media/1174184). Pliny, Letters 4, 22에는 네르바 황제와 함께 했던 악명 높은 만찬 이야기가 나온다.

15장

K. Hopkins and M. Beard, *The Colosseum*(London, 2005)의 많은 부분이 장기적인

관점에서 본 콜로세움의 역사를 다루고 있다.

17장

롤랑 바르트의 에세이가 마침 S. Sontag(ed.), *Barthes: Selected Writings*(London, 1982)에 다시 실렸다. 우드먼의 *Annales* 번역은 2004년에 출판되었다(Indianapolis). 그랜트의 '더없이 인기가 좋은' 펭귄 출판사 번역본은 2012년에야 신시아 데이먼의 새로운 번역본으로 대체되었다. 세네카의 농담은 황제 클라우디우스의 신격화를 풍자한 글인 *Apocolocyntosis divi Claudii* 11장에 나온다. 피소의 조상 무덤에 관한 복잡하고 (때로는 명쾌하지 않은) 역사가 P. Kragelund, M. Moltesen, J. Stubbe Ostergaard, *The Licinian Tomb. Fact or Fiction*(Copenhagen, 2003)의 주제다. 폼페이우스 마그누스의 두상은 왕립 아카데미 전시회 카탈로그, *Ancient Art to Post-Imperialism: Masterpieces from the Ny Carlsberg Glypotek*(London, 2004)에도 나온다.

18장

하드리아누스 황제 치세의 물질문화에 대해서는 T. Opper, Hadrian. *Empire and conflict*(London, 2008)의 화려한 삽화에 잘 나와 있다. 하드리아누스 황제와 관련된 성적인 측면은 C. Vout, *Power and Eroticism in Imperial Rome*(Cambridge, 2007) 에서 논의되고 있다.

• 4부

19장

L. Hackworth Petersen, *The Freedman in Roman Art and Art History*(Cambridge, 2006)에서는 해방노예 예술을 바라보는 학계의 속물근성을 풍부한 삽화를 곁들여 날카롭게 분석하고 있다. (에우리사케스의 '터무니없이 큰 기념비'에 대한 하워드 콜빈의 설명을 인용하면서.)

20장

The Oracles of Astrampsychus(그리고 고대 대중 문학의 다른 선별 작품들) 번역은 W. Hansen(ed.), *Anthology of Ancient Greek Popular Literature*(Indiana, 1998)에 포함되어 있다.

22장

벤저민 브리튼이 곡을 붙인 W. H. 오든의 서정시는 다음 자료에 재수록될 예정이다. Charlotte Higgins, *Under Another Sky: Journeys through Roman Britain*(London, 2013). 빈돌란다 문서를 가장 명쾌하게 설명한 자료로는 다음 책을 들 수 있다. A. Bowman, *Life and Letters on the Roman Frontier: Vindolanda and its People* (London, 1994)

23장

엘리너 디키가 작업한, 이중 언어 사용 대화를 번역을 곁들여 다룬 정말 훌륭한 신판이 나왔다. (다소 놀랍게도) 다음과 같은 제목으로. *The Colloquia of the Hermeneumata Pseudodositheana: Volume 1, Colloquia Monacensia-Einsidlensia, Leidense-Stephani, and Stephani*(Cambridge, 2012).

•5부

24장

크리스토퍼 모리세이는 2002년 캐나다에서 열린 고전학 학회에서 아이스킬로스의 문장 재사용에 대해 이야기했다. 당시 발표문이 http://morec.com/rfk.htm에 요약되어 있다.

25장

휠서의 「라오콘 군상」에 대한 풍자적인 글은('Laokoon und das Schicksal des Tiberius: Ein Akrostikon') *Antike Welt* 31(2000)에 발표되었다.

26장

리 퍼머의 삶에 대한 주요 설명은 다음 자료를 참조하라. A. Cooper, *Patrick Leigh Fermor*(London, 2012).

27장

폼페이 석고상에 얽힌 좀더 상세한 이야기는 다음 자료를 참조하라. Eugene Dwyer, *Pompeii's Living Statues: Ancient Roman Lives Stolen from Death*(Ann Arbor, 2010) 최근 폼페이의 역사와 유명세는 삽화가 들어간 다음 카탈로그의 주제다. V. C. Gardner Coates, K. Lapatin J. L. Seydl (eds), *The Last Days of Pompeii: Decadence, Apocalypse, Resurrection*(Malibu, 2012).

31장

로마인에 맞선 아스테릭스의 용감한 투쟁으로 대변되는 프랑스 역사에 대한 신화가 틀렸음을 밝히는 기백 넘치는 프랑스인의 모습을 보고 싶다면 다음 자료를 참조하라. C. Goudineau, *Par Toutatis!: que reste-t-il de la Gaule?*(Paris, 2002)

───── 최초 발표를 위해, 그리고 여기에 새로 싣기 위해 이들 에세이를 준비하고 다듬는 과정에서 내가 감사해야 할 사람들은 많고도 많다. 존 스터록은 처음으로 내게 좋은 서평이란 무엇인가를 보여주었고, 퍼디 마운트는 나를 믿고 『타임스 리터러리 서플먼트』의 고전학 부분을 맡기는 모험을 감행했다. 메리케이 윌머스와 로버트 B. 실버스는 『런던 리뷰 오브 북스』와 『뉴욕 리뷰 오브 북스』의 편집자로서 관대하게 내 서평을 실어주었다(이외에도 이들 잡지와 관련된 모든 사람, 특히 레아 헤더먼을 알아가는 과정이 내게는 크나큰 즐거움이었다). 지난 20년 동안 『타임스 리터러리 서플먼트』는 내게 제2의 집이나 다름없었고, 지금은 (모린 앨런을 비롯해) 그곳의 모든 직원이 이런 사실을 알고 있다. 더불어 그들이 내게 얼

마나 중요한 존재인가도. 나는 2002년 피터 스토타드가 『타임스 리터러리 서플먼트』에서 편집 일을 시작했을 때 그를 처음 만났다. 그때 이후로 피터는 결코 없어서는 안 될 친구이자 멘토, 그리고 (고전학뿐만 아니라 다른 분야에서도 좋은) 논쟁 상대가 되어주었으며, 피터의 영향은 이 책의 여러 장에 알게 모르게 숨어 있다.

우리 가족(로빈, 조, 래프)은 원고를 집필하고 고쳐 쓰는 힘든 작업을 하는 내내 나와 함께해주었고, 그런 과정에서 자신들이 생각하는 것보다 훨씬 많은 영감을 주었다. (로빈은 그동안 내가 결코 필요 없을 것이라고 말했던 무수한 사진을 찍어주었는데 사실은 필요가 있었다.) 데비 휘태커는 언제나처럼 초고를 완성된 작품으로 바꾸는 어마어마한 작업을 맡아주었다. 프로파일 출판사의 수전 힐렌은 능숙하게 원고를 교열해주었고, 보든 부시악은 솜씨 좋게 교정을 해주었다. 친구 페니 대니얼, 앤드루 프랭클린, 루스 킬릭, 발렌티나 쟁커는 처음부터 끝까지 내가 길을 벗어나지 않게 지지해주고 응원해주었다. 모두에게 진심으로 감사한다.

앞의 헌사를 보면 알겠지만 나는 이 책을 내가 만난 최고의 편집자이자 가장 가까운 친구 중 하나인 피터 카슨에게 헌정했다 (이 책을 만드는 아이디어 자체가 그의 것이었다). 책을 준비하면서 꼭 해야지 하고 생각했던 말이 있는데 이것 역시 피터가 가르쳐준 것이다. 훌륭한 집필과 출판에는 지성, 전문성, 근면성뿐만 아니라 인내심, 유머, 연민도 필요하다는 것이다. 피터가 일러준 교훈들, 그와 함께 했던 점심 시간들은 영원히 잊지 못할 것이다.

안타깝게도 피터는 이 책이 출판되기 전에 세상을 떠났다. 그러나 다행히 교정쇄를 봤고, 표지를 승인했고, 책의 탄생을 축하해주고, 그에게 바친다는 나의 헌사를 봤다. 삼가 고인의 명복을 빈다.

참고문헌

Earlier versions of these essays appeared as follows:

Introduction: *New York Review of Books (NYRB)*, 12 January, 2012.

1. *London Review of Books (LRB)* 30 November, 2000; review of J. A. MacGillivray, *Minotaur: Sir Arthur Evans and the Archaeology of the Minoan Myth* (Jonathan Cape, 2000).

2. *LRB* 11 October, 1990; review of Jane McIntosh Snyder, *The Woman and the Lyre: Women Writers in Classical Greece and Rome* (Bristol Classical Press, 1989); J. J. Winkler The Constraints of Desire: *The Anthropology of Sex and Gender in Ancient Greece* (Routledge, 1990); Giulia Sissa *Greek Virginity*, translated by Arthur Goldhammer (Harvard, 1990).

3. *NYRB* 30 September, 2010; review of Donald Kagan, *Thucydides: The Reinvention of History* (Viking, 2009); Simon Hornblower, *A Commentary on Thucydides, Volume III, Books 5.25–8.109* (Oxford University Press, 2008).

4. *NYRB* 27 October, 2011; review of Philip Freeman, *Alexander the Great* (Simon and Schuster, 2011); James Romm (ed), translated from the Greek by Pamela Mensch, *The Landmark Arrian: The Campaigns of Alexander* (Pantheon, 2010); Pierre Briant, translated from French by Amelie Kuhrt, *Alexander the Great and his Empire: A Short Introduction* (Princeton University Press, 2010); Ian Worthington, *Philip II of Macedonia* (Yale University Press, 2008); James

Romm, *Ghost on the Throne: The Death of Alexander the Great and the War for Crown and Empire* (Knopf, 2011).

5. *Times Literary Supplement*, 18 February, 2009; review of Stephen Halliwell, *Greek Laughter: A study of cultural psychology from Homer to early Christianity* (Cambridge University Press, 2008).

6. *TLS*, 12 April, 1996; review of T. P. Wiseman, *Remus, A Roman Myth* (Cambridge University Press, 1995); Matthew Fox, *Roman Historical Myths: the regal period in Augustan literature* (Clarendon Press, 1996); Gary B. Miles, *Livy, Reconstructing early Rome* (Cornell University

Press, 1995); Carole E. Newlands, *Playing with Time, Ovid and the Fasti* (Cornell University Press, 1995); T. J. Cornell, *The Beginnings of Rome, Italy and Rome from the Bronze Age to the Punic Wars, c 1000 – 264BC* (Routledge, 1995).

7. *TLS*, 11 May, 2011; review of Robert Garland, *Hannibal* (Bristol Classical Press, 2010); D. S. Levene, *Livy on the Hannibalic War* (Oxford University Press, 2010).

8. *LRB* 23 August, 2001; review of Anthony Everitt, *Cicero: A Turbulent Life* (John Murray, 2001).

9. *TLS* 30 September, 2009; review of Margaret M. Miles, *Art as Plunder: The ancient origins of debate about cultural property* (Cambridge University Press, 2008); Carole Paul, The Borghese Gallery and the Display of Art in the Age of the Grand Tour (Ashgate, 2008).

10. *TLS* 13 May, 2009; review of T. P. Wiseman, *Remembering the Roman People: Essays on Late-Republican politics and literature* (Oxford University Press, 2009).

11. *NYRB* 8 November, 2007; review of Anthony Everitt, *Augustus: The Life of Rome's First Emperor* (Random House, 2006).

12. *NYRB* 13 January, 2011; review of Stacy Schiff, *Cleopatra:* A Life (Little, Brown, 2010).

13. *TLS* 13 September, 2002; review of Anthony A. Barrett, *Livia: First Lady of Rome* (Yale University Press, 2002); Sandra R. Joshel, Margaret Malamud and Donald T. Maguire Jr, *Imperial Projections: Ancient Rome in Modern Popular Culture* (John Hopkins University

Press, 2001).

14. *LRB* 26 April, 2012; review of Aloys Winterling, *Caligula: A Biography*, translated by Deborah Lucas Schneider, Glenn Most and Paul Psoinos (Univer-

sity of California Press, 2011).

15. *LRB* 2 September, 2004; review of Edward Champlin, *Nero* (Harvard University Press, 2003).

16. *TLS* 24 June, 2005; review of Richard Hingley and Christina Unwin, *Boudica: Iron Age Warrior Queen* (Hambledon, 2005); Vanessa Collingridge, Boudica (Ebury Press, 2005); Manda Scott, *Boudica. Dreaming the Hound* (Bantam Press, 2004).

17. *LRB* 22 January, 2004; review of Cynthia Damon (ed.), *Tacitus: Histories I* (Cambridge University Press, 2002).

18. *LRB* 18 June, 1998; review of Anthony Birley, *Hadrian: The Restless Emperor* (Routledge, 1997).

19. *TLS* 29 February, 2012; review of Henrik Mouritsen, *The Freedman in the Roman World* (Cambridge University Press, 2011); Keith Bradley and Paul Cartledge (ed.), *The Cambridge World History of Slavery, Volume One: The Ancient Mediterranean World* (Cambridge University Press, 2011).

20. *TLS* 17 March, 2010; review of Jerry Toner, *Popular Culture in Ancient Rome* (Polity Press, 2009); Estelle Lazer, *Resurrecting Pompeii* (Routledge, 2009).

21. *TLS* 31 January, 2007; review of Sheila Dillon and Katherine. E. Welch, *Representations of War in Ancient Rome* (Cambridge University Press, 2006).

22. *TLS* 4 October, 2006; review of David Mattingly, *An Imperial Possession: Britain in the Roman Empire, 54 BC – AD 409* (Allen Lane, 2006).

23. *TLS* 13 June, 2003; review of J. N. Adams, *Bilingualism and the Latin Language* (Cambridge University Press, 2003).

24. *TLS* 15 October, 2004; review of Edith Hall, Fiona Macintosh and Amanda Wrigley (ed.), *Dionysus since 69: Greek tragedy at the dawn of the third millennium* (Oxford University Press, 2004).

25. *TLS* 2 February, 2001; review of *D'après l'Antique: Paris, musée du Louvre,16 octobre 2000–15 janvier 2001* (Réunion de musees nationaux, 2000); Richard Brilliant, *My Laocoon: Alternative claims in the interpretation of artworks* (University of California Press, 2000); Salvatore Settis, *Laocoönte, Fama e stile* (Donzelli, 1999).

26. *LRB* 18 August, 2005; review of Patrick Leigh Fermor, *Roumeli: Travels in Northern Greece* (John Murray, 2004), Patrick Leigh Fermor, *Mani: Travels in the Southern Peloponnese* (John Murray, 2004), Patrick Leigh Fermor, edited by Artemis Cooper, *Words of Mercury* (John Murray, 2004).

27. *TLS* 6 September, 2007; review of Judith Harris, *Pompeii Awakened: A story of rediscovery* (I. B. Tauris, 2007); Victoria C. Gardener Coates and Jon L. Seydl (ed.), *Antiquity Recovered:The legacy of Pompeii and Herculaneum* (Getty Publications, 2007).

28. *LRB* 26 July, 1990; review of Robert Fraser, *The Making of 'The Golden Bough': The Origin and Growth of an Argument* (Macmillan, 1990).

29. LRB 25 March, 2010; review of Fred Inglis, *History Man: The Life of R.G. Collingwood* (Princeton University Press, 2009).

30. *TLS* 15 April, 2005; review of Robert B. Todd (ed.), *Dictionary of British Classicists* (Continuum, 2004).

31. *LRB* 21 February, 2002; review of Albert Uderzo, *Asterix and the Actress*, translated by Anthea Bell (Orion, 2001).

옮긴이 강혜정
서울대 동양사학과를 졸업하고 전문 번역가로 활동 중이다. 옮긴 책으로는 『폼페이, 사
라진 로마 도시의 화려한 일상』 『오로지 일본의 맛』 『알려지지 않은 미국 400년 계급사』
『1만 시간의 재발견』 『반지성주의』 『주키퍼스 와이프』 『역사가 당신에게 들려주고 싶은
이야기』 『누구도 멈출 수 없다』 등이 있다.

고전에 맞서며

: 전통, 모험, 혁신의 그리스 로마 고전 읽기

초판 인쇄 2020년 9월 18일
초판 발행 2020년 9월 25일

지은이 메리 비어드
옮긴이 강혜정
펴낸이 강성민
편집장 이은혜
마케팅 정민호 김도윤
홍보 김희숙 김상만 지문희
독자모니터링 황치영

펴낸곳 (주)글항아리 | 출판등록 2009년 1월 19일 제406-2009-000002호
주소 10881 경기도 파주시 회동길 210
전자우편 bookpot@hanmail.net
전화번호 031-955-1936(편집부) 031-955-2696(마케팅)
팩스 031-955-2557

ISBN 978-89-6735-822-8 03900

이 도서의 국립중앙도서관 출판예정도서목록(CIP)은 서지정보유통지원시스템 홈페이지
(http://seoji.nl.go.kr)와 국가자료종합목록 구축시스템(http://kolis-net.nl.go.kr)에서
이용하실 수 있습니다. (CIP제어번호: CIP2020036760)

잘못된 책은 구입하신 서점에서 교환해드립니다.
기타 교환 문의: 031) 955-2661, 3580

www.geulhangari.com